21世纪独立学院应用型创新人才培养系列规划教材

大学国防教育

（第二版）

主编　王传中

执行主编　朱　伟　吴忠国　王瑞祥

WUHAN UNIVERSITY PRESS
武汉大学出版社

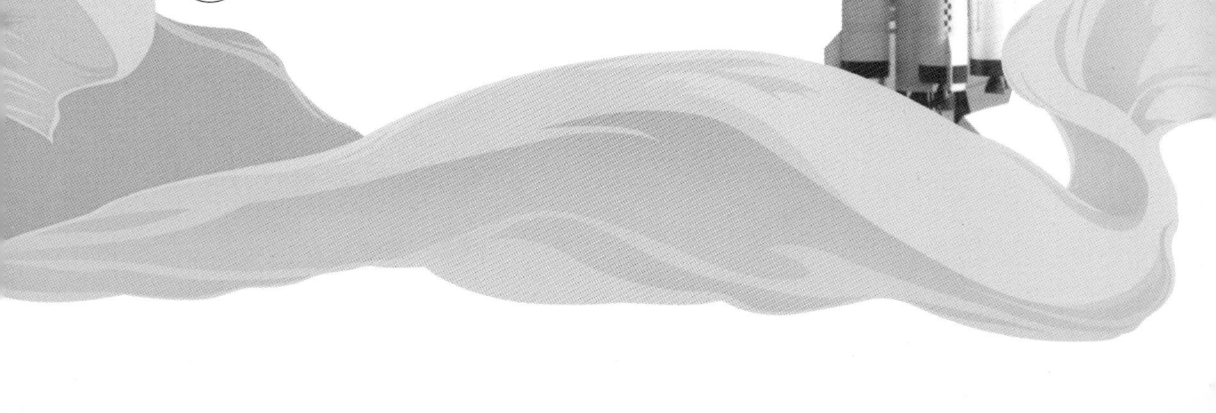

图书在版编目(CIP)数据

大学国防教育/王传中主编;朱伟,吴忠国,王瑞祥执行主编.—2 版.
—武汉: 武汉大学出版社,2011.8(2020.7 重印)
21 世纪独立学院应用型创新人才培养系列规划教材
ISBN 978-7-307-09131-3

Ⅰ.大… Ⅱ.①王… ②朱… ②吴… ③王… Ⅲ.国防教育—高等学校—教材 Ⅳ.G641.8

中国版本图书馆 CIP 数据核字(2011)第 168415 号

责任编辑:王金龙 责任校对:王 建 版式设计:詹锦玲

出版发行: **武汉大学出版社** (430072 武昌 珞珈山)
(电子邮箱: cbs22@whu.edu.cn 网址: www.wdp.com.cn)
印刷:武汉市宏达盛印务有限公司
开本:720×1000 1/16 印张:18.5 字数:359 千字 插页:1
版次:2009 年 8 月第 1 版 2011 年 8 月第 2 版
2020 年 7 月第 2 版第 10 次印刷
ISBN 978-7-307-09131-3/G · 2248 定价:43.00 元

《大学国防教育》编辑委员会

内容提要

在科学发展观的指导下，依据教育部、总参谋部、总政治部 2007 年 1 月 24 日联合颁发的《普通高等学校军事课教学大纲》，结合新世纪新阶段的国际形势特点，组织长期从事军事理论课教学的专家、教授编写了本教材。其内容包括中国国防、军事思想、国际战略环境、军事高技术、信息化战争、人民防空和突发事件等内容。可作为普通高等学校军事理论课教学使用。

前　言

2001 年 4 月 28 日，《中华人民共和国国防教育法》颁布实施。《中华人民共和国国防教育法》指出，“国防教育是建设和巩固国防的基础，是增强民族凝聚力、提高全民素质的重要途径”；同时还指出，“学校的国防教育是全民国防教育的基础，是实施素质教育的重要内容”；并规定:" 高等学校、高级中学和相当于高级中学的学校应当将课堂教学和军事训练相结合，对学生进行国防教育。" 这表明，我国的学校国防教育已经有了专项法律依据，也标志着学校的国防教育步入了法制轨道。在高等学校设置国防教育课程，组织在校学生进行军事训练，是《中华人民共和国国防法》、《中华人民共和国兵役法》、《中华人民共和国国防教育法》赋予高等学校的神圣职责。为了全面贯彻实施《中华人民共和国国防教育法》，适应我国独立学院国防教育的需要，根据教育部颁发的《普通高等院校国防教育教学纲要》精神，我们编写了这本独立学院国防教育教材。

国防教育具有很强的综合育人功能，特别是在增强忧患意识、培养全球视野、激发爱国热情、增强社会责任感等方面所起的作用，是其他教育所难以比拟的。在普通高等院校开设军事理论课，组织学生进行军训和进行经常性的国防教育，对于提高大学生的综合素质，增强国防观念，拓宽知识面，对于培养未来高技术战争所需要的国防后备人才，尤其是高科技人才将起到直接和间接的作用。从道德意义上说，保卫国家安全，是每个公民最高的社会公德。因此，国防教育与" 两课" 教育异曲同工，相得益彰。在传授知识的基础上，加大对大学生的能力培养，是培养高级专门人才的重要任务。军事理论课通过讲授军事科技，使大学生了解我国与发达国家在军事技术方面的差距，从而激发学生钻研专业知识、积极参与实践、努力提高自己解决问题的能力。科技与市场经济的发展，使培养人才的模式向口径、适用面广的方向发展，对普通高校大学生进行军事教学，既是适应新时期军事斗争准备、加强后备人才队伍建设的重要举措，也是强化当代大学生国防观念，提高大学生综合素质的一项积极探索。加强高校国防教育，对于促进全民国防教育，对于国家和国防的现代化建设，都有重要的战略意义。

本书主要针对独立学院在校大学生，根据其年龄、文化结构和身心状况，紧密围绕大学生的生活、学习、成长等方面，通过较为系统地学习国防知识、我国军队建设思想、军事技能、常规武器知识以及野外生存技能等，理论指导实践，领会中国人民解放军的优良传统，增强组织纪律观念，培养勇敢顽强、刚毅坚韧、乐观向上的意志品质。

本教材内容共分七章。由王传中、朱伟、吴忠国、胡允达、陆保生、周学益、戴新武、唐蓉、金明野、陈帆、韩国辉、何华、李松竹、陶劲松、郭善林、贺南、沈宏斌、蒋革胜、童铸、陈莉、龙行年、钟勇、龚丽娜、谢伯华、黄静、申进、刘莹、徐娟、郭懿、余功茂、徐雄伟、吕仲茂、秦辉、卢醒春、肖帆、李艳、成慧君、帅永成、余祥庭、姜昕、饶子正、李建新、赵迎新、张少峰等同志参加收集、查阅资料和撰写工作。全书由王传中、朱伟、吴忠国、王瑞祥统稿。最后由王传中审定。

由于军事高新技术日新月异，编者水平有限，疏漏之处在所难免，恳请各位读者批评指正，以便进一步完善。

编者

2010 年 6 月

目　录

第一章　中国国防

国防是国家生存与发展的安全保障，一国国防是否巩固，事关国家和民族的兴亡。自古以来，有国就有防，国无防而不立。在我国当今构建和谐社会的进程中，运用辩证唯物主义和历史唯物主义的观点，探讨国防在社会发展历史进程中的特殊地位和作用，研究当代中国国防的重大理论与实践问题，建设强大的现代化中国国防，是推进国家全面建设、维护国家生存与发展安全、促进世界和谐稳定的重要课题。

第一节　国防概述

国防是个历史概念。它随着国家的产生而产生，随着国家的发展而发展。我国国防历史悠久。早在公元前21世纪，就建立了国家，开始了国防建设。古往今来，世界各国推行的国防政策有所不同，但所有国家国防的实质都是以捍卫和维护国家利益为最终目的。

现代国防，在形式上，是一种立体的、全球性的活动；在内容实质上，则体现了不同阶级之间的利益冲突。当今，衡量一个国家国防力量的强弱，军事力量不是唯一标准，国家的政治、经济、文化、科技、外交等方面都在一国的国防中发挥重大作用。尤其是21世纪，人类社会诸方面已经成为一个紧密联系的有机整体，国防只有成为这个有机整体不可分割的一部分，才可能具有更大的威力。

当今世界，和平与发展仍然是时代的主题。但是，世界仍存在一些不安定因素。霸权主义和强权政治仍然是威胁世界安宁与稳定的主要根源；不公正、不合理的国际经济旧秩序仍在损害着发展中国家的利益；民族、宗教、领土、资源等因素引发的局部冲突时起时伏；国与国之间的一些历史遗留问题仍待解决。世界并不太平，因此，我们必须居安思危，既要加速发展，搞好经济建设，又要建立起强大的国防，确保国家安全，以保障我国经济建设与和谐社会的构建顺利平安进行。

一、现代国防的含义和基本类型

（一）国防的含义

国防，即国家的防务，是指国家为防备和抵抗侵略，制止武装颠覆，保卫国家的主权、统一、领土完整和安全所进行的军事及与军事有关的政治、经济、外交、科技、教育等方面的活动。

国防的基本内容包括国防建设与国防斗争两个方面。国防建设，是指为国家安全利益需要，提高国防实力而进行的各方面的建设。现代国防建设包括武装力量建设、国防体制建设、国防科学技术研究、国防工业建设、国防工程建设和战场建设、军事交通、国防动员、对人民群众进行国防教育、建立国防法规等，这些都属于国防建设的范畴。国防斗争，是指为了国家的安全和经济利益，反抗外来侵略而采取的以军事为主，包括政治、经济、外交等方面的行动。

国防是一个综合概念，内涵十分丰富。其基本要素有以下几个方面：①

1. 国防的主体

国防的主体，是国防活动的实行者，通常为国家。国防是国家的事业，是国家的固有职能。任何国家，从诞生之日起，都要防备和抵御各种外来侵略，以保障国家安全。国防随着国家的产生而产生，随着国家的发展而发展，最终，随着国家的消亡而消亡。国家的本质是阶级专政的工具，是统治阶级利益与意志的体现，实现这种利益与意志，必须通过国家权力。国防是维护国家的这种权力，同时，也只有依靠国家的这种权力才能使国防得以运转，只有国家才能领导和组织国防事业。国防又是国家的防务，与国家的各个部门、各种组织以及全体公民都息息相关。加强国防建设，进行国防斗争，必须依靠国家各个方面的综合力量。

2. 国防的目的

国防的目的主要是捍卫国家的主权、统一、领土完整和安全。国家和主权不可分割，主权是国家存在的根本标志。如果一个国家的主权被剥夺，其他的一切，包括国家的独立、领土完整、传统的生活方式、基本的政治制度、社会准则和国家荣誉、尊严等，都无从谈起。因此，捍卫国家主权，始终是国防首要的根本目的和任务。保卫国家统一、反对分裂，历来是一个国家的内部事务，绝不允许外国干涉，这是一个原则性问题，不能有丝毫的含糊。因此，保卫国家的统一历来是国防的重要任务。当外国敌对势力插手国家的民族事务，破坏国家的民族团结，危及国家的统一和完整时，国防力量必须予以坚决打击，发挥其维护国家统一和完整的职能作用。

领土是指位于国家主权支配下的地球表面的特定部分及其底土和上空。领土是国家存在和发展的自然物质前提，是构成国家的基本要素之一。国家主权与国家领土具有密切联系，领土既是国家行使其主权的空间，也是国家主权行使的对象。领土完整的含义是：凡属本国的领土，决不能丢失，决不允许被分裂、肢解和侵占。任何国家不得破坏别国的领土完整。任何集团或个人不得进行旨在分裂本国（或

① 陈云金，吴忠国．国防教育教程［M］．武汉：武汉大学出版社，2007：3-6.

别国）领土完整的活动。国家的领土被侵占，主权必然要遭到侵犯。国防捍卫国家主权的独立，必然要保卫国家领土的完整。

3. 国防的手段

国防的手段是指为达到国防目的而采取的方法和措施。根据《中华人民共和国国防法》的规定，我国国防的手段包括军事活动以及与军事有关的政治、经济、外交、科技、教育等方面的活动。

国防的主要手段是军事手段，现代国防的根本职能是捍卫国家利益，防备和抵御外来侵犯；防备和平息内部和外部的敌对势力相互勾结所发动的武装暴乱。对付武装入侵和武装暴乱最根本和最有效的手段莫过于采取军事手段。一是军事手段是最具有威慑作用的手段，可以对各种可能的外来侵犯进行有效的阻止或遏制；二是军事手段是唯一能够有效对付武装侵略的手段，它可以用军事力量所拥有的巨大的即时打击能力给侵略者造成物质和精神的严重损害，从而迫使其中止侵略行动，以至放弃侵略企图；三是军事手段是解决国家之间矛盾冲突的最后手段，当国家之间主权、利益的矛盾积累达到极限时，就只有通过最高的斗争形式——武装冲突或战争予以彻底解决。同时，军事手段还能够作为各种非军事手段的强有力后盾，可以强化各种非军事手段的国防功能。因此，军事手段理所当然地成为国防的主要手段。

政治手段作为国防手段之一，指的是“与军事有关的”政治活动，而不是政治本身的全部含义。政治与国防关系密切。一方面，国防直接保卫的国家主权，是政治的第一需要；国防直接保卫的国家领土，是政治的物质前提；国防直接保卫的国家安全利益与发展利益，是政治的根本追求。国家政权、政治制度也要靠国防力量来捍卫。另一方面，政治对国防起着决定性的支配作用。国家的政治需要，决定国防的根本性质和基本类型；国家的政治指导思想和路线，决定国防的方向、方针和原则；国家的政治制度，决定国防的根本体制；国家的政治素质，制约国防的客观效应。

经济是国防的基础，社会经济制度决定国防活动的性质，社会经济状况决定国防建设的水平。现代条件下，无论是国防建设还是国防斗争，都要广泛采用经济手段，这些手段主要有国防经济活动、经济动员、经济战、经济制裁等。国防经济活动是为国防而进行的生产、分配、交换、消费及其管理的实践活动。其目的是保持一定的军事实力与潜力，从而有效地保障国家安全。国民经济动员是指国家将经济部门及其相应的体制有组织、有计划地从平时状态转入战时状态所采取的措施，目的是充分调动国家经济能力、提高生产水平、扩大军需用品生产、保障战争需要。经济战是敌对双方为夺取战略优势和战争胜利而进行的经济斗争，主要指战争期间各种形式的经济斗争，也包括和平时期的经济封锁和经济扰乱。其根本目的是给敌人造成经济恐慌，动摇其进行战争的物质基础，使敌方经济陷于崩溃，以便战而胜之。经济制裁是指国家为一定的政治、军事目的，对另一方强行实施的惩罚行为。在国防斗争中使用这一手段，可削弱被制裁国的政治、经济、军事实力，促使其国内不满情绪的发生和增长。

国防外交活动主要是指国家与国家之间为了国防目的而开展的外交活动。由于这种外交主要涉及军事领域，所以又称军事外交。它既有通常意义上外交的一般特征，又具有区别于其他外交工作的特殊规律，是集外交与军事于一体的活动。它的范围很广，领域很多，活动的内容也十分丰富。从总体上讲，国防外交主要涉及国家与国家之间、军事集团与军事集团之间的军事政治关系、军队关系、军事战略关系、军事科技关系和军事经济关系等。具体可以划分为：军事双边往来；多边军事交往；非官方军事交往；军事科技交流和军工合作；军事结盟；军事援助；军事经济合作；边防管理等。国防外交涉及的各个方面的活动都不是孤立的，而是有机联系的。从事国防外交活动的主体也不单纯是武装力量，还包括国家机关与民间的一些部门。

除上述因素外，与军事有关的科技、教育等，也是国防的重要手段。

4. 国防的对象

国防的对象是指国防所要防备、抵抗和制止的行为。根据《中华人民共和国国防法》的界定，国防的对象，一是“侵略”；二是“武装颠覆”。

国防要防备和抵抗的是“侵略”。《中华人民共和国国防法》对国防对象的这一法律界定，既有国际法理依据，又符合国防的实际需要，与国家安全所面临的威胁相一致，不仅表述方法合理恰当，而且意义深远重大。其理由：一是与国际约章相衔接。联合国 1974 年专门通过了《关于侵略定义的决议》，该决议已经对“侵略”作了非常详尽的定义。凡属于决议所指的侵略，均属于运用国防力量防备和抵抗的对象。二是与国家《宪法》的提法相一致。我国《宪法》第 29 条和第 55 条都采用了“抵抗侵略”的提法，而不是“抵抗武装侵略”。三是与国防活动的客观实际相适应。立法应为现实服务，制定国防法律也应为国防建设和国防斗争服务。如果以法律的形式规定国防只是防备和抵抗“武装侵略”，在今后的国防建设和斗争中，则很可能束缚自己的手脚。现实当中，确实存在着武装侵略和非武装侵略。但是，当今世界的现实是，一个主权国家对另一个主权国家的非武装侵略及其反侵略大多要以武力为后盾，而且有些所谓的非武装侵略，是非国防手段不能抵御的。因此，国防所要防备和抵抗的，是“侵略”，而不仅仅是“武装侵略”。

国防应把“武装颠覆”作为制止的对象。所谓颠覆是指推翻现政府。反颠覆是国家的大事，它不完全属于国防的范畴，但与国防又密切相关，需要进行具体的分析。根据宪法，我国是一个实行社会主义制度和人民民主专政的多民族国家。那些以推翻社会主义制度、推翻人民民主专政、分裂国家为目的的颠覆活动，不是一般的反政府活动，而是危及我国的国体和政体，对国家的主权、统一、领土完整和安全构成严重威胁的活动。但是，如果这类活动不采取武装暴力的形式，则仍然属于由国家安全部门去对付的事情，不需要动用国防力量。只有属于武装性质的颠覆活动，如武装叛乱、武装暴乱，才必须动用国防力量。把“武装颠覆”作为国防的对象，把“制止武装颠覆”作为国防的一项重要职能写入《国防法》，具有特殊的重要意义：一是各种武装颠覆活动，包括分裂国家的“独立”、武装叛乱以及企图推翻社会主义制度的武装暴乱，已构成对我国安全的主要威胁之一。二是从我国当前面临的国际国内环境看，武装颠覆并非纯粹来自内部，甚至主要不是来自内部，各种形式的“独立”、武装叛乱和暴乱，一般都有外国势力插手，具有内外勾结危害祖国的特点。对付这一类“武装颠覆”，也是国防的职能。

（二）国防的基本类型

当今世界各国都是根据本国的利益和战略需要，建立不同类型的国防。按照不同的国防观念和目标，目前世界各国的国防归纳起来大致有以下四种类型：①

1. 扩张型

扩张型是指某些经济发达大国，为了维护本国在其他一些国家和地区的利益，奉行霸权主义侵略扩张政策，对别国进行侵略、颠覆和渗透，其特点是把本国的“安全”建立在别国屈服的基础上，把“国防”作为侵犯别国主权和领土、干涉他国内政的代名词。

2. 自卫型

自卫型是指在国防建设上以防止外敌入侵为目的。主要依靠本国的力量，广泛争取国际上的同情和支持，以达到维护本国的安全、周边地区和世界的和谐稳定的目的。

3. 联盟型

联盟型是指以结盟形式，联合一部分国家来弥补自身力量的不足。联盟型国防又可分为扩张和自卫两种。从联盟国之间的关系来看，还可分为一元体系联盟和多元体系联盟。前者有一个大国处于盟主地位，其余国家则从属于它；后者基本处于伙伴关系，共同协商防卫大计。

4. 中立型

中立型主要是指一些中小发达国家，为了保障本国的繁荣和安全，严守和平中立的国防政策，实施总体防御战略和寓兵于民的防御体系。

我国是社会主义国家，国家独立自主、自力更生地建设和巩固国防。我国坚定不移地奉行防御性的国防政策。实行积极防御战略，坚持全民自卫原则。在外交上，我国一贯奉行“和平共处”五项原则，在处理国际事务中，与各国友好合作，不称霸，不依附任何大国，不同别国结盟。我国的国防是为了保卫国家主权和领土

① 郝强．国防教育概论［M］．北京：高等教育出版社，2002：26.

完整，不具有扩张性质，也不与他国结盟，是属于自卫型国防。

二、国防的基本特征

（一）国家安全的整体性

现代国防的基本职能，不仅要维护地缘的“硬边疆”安全，还要着力维护好国家的“软环境”安全有利，力争国家政治、经济、军事、文化、科技、外交、自然等领域的整体安全。

（二）国防实力的综合性

现代国防是国家综合实力的体现。国家综合实力是国家政治、经济、军事、文化、科技、外交、自然等综合力量的集合。现代国防实力，尽管军事实力依然是国防实力的主体，但是，军事实力必须以国家政治、经济、文化、科技、外交、自然等实力为基础，只有充分发挥国家综合实力的威力，国防才能对国家全方位安全发挥最佳效能。

（三）国防手段的多元性

当今世界国家与国家方方面面的关系日益不可分割，因而国家的威胁来自诸多方面。单纯的军事手段，已不能满足国家全方位安全的需要。现代国防斗争，不仅可以使用军事手段进行武力“硬对抗”，而且也要通过政治对话、外交谈判、经济封锁、心理施压、军备控制等非军事手段在更广阔的领域进行“软对抗”。要针对不同时期、不同情况、不同领域选择使用不同的手段，决不能固守单一手段。

（四）国防建设的系统协调性

现代国防是一个以科技为龙头、以经济为骨干，谋求综合国防效能的有机系统。现代国防更加重视整个国防系统的整体威力而不是某些单元的作用，更加重视质量优势与数量优势的有机统一。因此国防建设必须着眼全局，军队、准军事组织、后备力量，军种兵种比例，武器装备，战场建设等各个方面、各个领域全面系统地协调统一发展。

（五）国防事业的社会性

随着国防内涵的扩展，全面增强国家防卫能力必然涉及社会的各个领域、各条战线。国防不只是“军防”，还关系到各种领域各条战线和每一个公民切身利益，与整个社会密不可分。“国家兴亡，匹夫有责”。国防是全社会的事业，必须动员调动全社会的力量参与。

三、国防历史

国防是随着国家的产生而产生的。中国国防的历史源远流长。在人类社会的历史长河中，神州大地先后经历了奴隶社会、封建社会、半封建半殖民地社会和社会主义社会。与之相应，国防也经历了无数个强盛与衰落的交替，从而给我们留下了宝贵的国防遗产和深刻的历史教训。

（一）古代国防的兴衰

1. 奴隶社会时期的国防

中国的奴隶社会时期始于公元前 21 世纪夏朝的建立，止于公元前 221 年秦朝的建立。这一时期是中国古代国防历史的开端。

夏朝从征伐三苗开始，确定其统治地位，建立了世袭制度，开始了中国历史上的“家天下”局面。①

禹伐三苗，称其所率军队为“济济有众”，并严厉告诫所属军队要严格听从他的指挥。可见，当时已有强大的军队，并且有比较严密的组织。

商汤灭夏以后，商朝的军队组织更为庞大，其中商王直接统辖的就有左、中、右“三师”。而且商朝后期，战车已成为作战的主力，青铜制的戈、矛、刀、箭镞等武器已普遍使用。

公元前 11 世纪，周武王兴兵伐纣，灭商建西周。西周实行分封诸侯，扩充军队。王室拥有“西六师”和“成周八师”，人数达 14 万以上，分封的诸侯也都各自拥有一定的武装力量，战时听从周王调遣。到了春秋战国时期，社会生产力得到很大发展，“分土封侯制”更为盛行，各诸侯国之间不断发生战争和兼并。在这种情况下，战国七雄纷纷变法以加强国力，图谋霸主地位。特别值得一提的是，秦国通过变法由原来比较落后的弱国一跃成为当时最先进的强国，为其统一中国奠定了坚实的基础。“七雄”的改革实为一场封建化运动，它推动社会向前迈进了一大步。

2. 封建社会时期的国防②

封建社会时期始于公元前 221 年秦朝的建立，止于 1840 年的鸦片战争爆发。

秦朝是我国历史上第一个多民族的统一的中央集权的封建国家。秦灭六国之后，采取了一系列巩固统一的措施，设立三公九卿制度，推行郡县制，扩大军队，修治驰道，修筑长城，委派大将统率中央常备军戍守边疆和驻守京师，解除边患。公元前 211 年，迁徙居民到边疆垦田生产，这对巩固国防具有重要的历史意义。公元前 214 年，征服越族，至此，秦朝疆域得到扩大，成为当时世界上最大的国家。

公元 208 年，爆发了历史上著名的赤壁之战，历史进入魏、蜀、吴三国鼎立时期。这一时期延续了几十年，其间各国因时势与环境的不同，更易兵制，互相争斗。魏军分中军、水军和屯田军三部分。这一时期，各国都强制实行军民分离的世袭兵役制，以此确保兵源。两晋时期虽有短期的统一，但内乱不断，民不聊生，国力衰弱，时局动荡。至于边防，统治者无暇顾及。

---

① 王中兴，刘元勤．国防历史（上）［M］．北京：军事科学出版社，2003：2-3.

② 王中兴，刘元勤．国防历史（上）［M］．北京：军事科学出版社，2003：35-39.

两晋之后，经过南北朝之变，隋文帝杨坚于公元581年建立了隋朝。隋朝统治时间极短，前后只有30年，但期间也曾采取了许多加强国防的措施，如重新修建和加固长城，开凿御道，建造新兵器和修制战略地理图书等。

公元618年，唐朝灭隋，开始统一全国的战争，不断加强国防。唐太宗李世民在位时，制定了在行动上决不屈辱投降而以坚强的武备作后盾的总方针。从公元635年，派遣大将军李靖攻取了吐谷浑，开通了河西走廊，到公元648年灭龟兹，唐朝完全统辖了西域地区，有效地防御了外敌入侵，加强了西部边防，维护了唐朝的统一。由于重视经济发展和加强武备，唐朝一直延续了280年。

公元960年春，后周禁军统帅赵匡胤发动“陈桥兵变”，建立了北宋。从公元964年开始，北宋采取统一全国的军事行动。其战略部署是先消灭南方割据政权，然后北上削平北汉，收复幽云地区。对外则采取守势。但是，由于军事上实行“更戍法”和兵将分离的政策，致使军队指挥不灵，战斗力削弱。1127年，北宋终因统治阶级不思抗战，政治腐败、边防空虚而未能抵住金军再次南侵，最终灭亡。

南宋高宗即位后，其军队曾两次大败金军。1140年初，抗金名将岳飞和韩世忠连战湖北、江苏、河南等地，取得大捷，打得金军落荒而逃。但是，高宗与秦桧等一伙投降派强令岳飞班师回朝，葬送了爱国军民浴血抗金的胜利果实。到1279年，南宋终于灭亡。

1271年，元朝开国后，在全国设立十大行省，加强中央集权，军事上实行军民异籍、军民分治的政策，兵役上实行举族皆兵制。

1368年，朱元璋称帝于南京，建立了明朝。1561年，民族英雄戚继光率领由浙江义乌的农夫与矿工组成的“戚家军”，构筑水城，严格训练，彻底消灭了广东、福建的倭寇。到1566年，倭寇被彻底平定，海防恢复了安定。1567年，明政府为加强边防，调用戚继光镇守镇江。戚继光为明朝的边塞防御做出了卓越贡献。

1644年，清军入关，开始统一中国。康熙首先平定“三藩”之乱，然后攻克台湾，并三次亲征噶尔丹。到1757年，彻底平定了准噶尔上层反动分子的长期叛乱活动，从而巩固了新疆地区的边防。

从18世纪70年代起，英国东印度公司企图以通商手段打入西藏，但由于六世班禅等爱国首领的反对，英殖民者未能得逞。1792年，清政府又粉碎了英殖民者唆使的廓尔喀（尼泊尔）的侵藏行径。次年，颁布《钦定西藏章程》并派遣驻藏大臣加强管理，这使西藏的守卫力量大大加强。1820年，英侵略者又唆使张格尔窜入天山南路的维族地区，并随之进入喀什噶尔、英吉沙尔、叶尔羌、和阗等城。1827年，清军前去镇压，在人民的大力支持下，屡次打败叛军，最终俘获张格尔，粉碎了英殖民者的侵略阴谋。

17世纪中叶，英国开始海上走私，向中国大量输入鸦片，另外，还派遣了大批传教士，使他们成为侵华的内线和帮凶。清政府虽然加以防备，但屡禁不止。当林则徐领导中国人民开展禁烟运动时，英国侵略者则以此为借口，悍然发动了侵华的鸦片战争。

自夏以来的古代国防，在不同时期有着不同的特点。奴隶社会时期，一直进行着土地兼并、人口争夺和争夺霸主的战争。这一时期虽有“战胜而强立”，“富国强兵”的思想，但没有统一的国家，缺乏国防意识，可以说，这一时期没有实际意义上的国防。

秦朝开始了封建社会时期。秦朝的国防，集中表现为“富国”和“强兵”、“农”和“战”的统一，汉朝进一步发展了“富国强兵”的思想，隋朝提出了“兵民合一”的思想，唐朝有了明确的“居安思危”的国防意识，宋朝则采取“偃武修文”的政策，元朝的国防则表现为“思大有为于天下”，明朝则以亲王守边，以纵深防御为重，清朝前期重视国防，励精图治。总之，自秦朝开始，万里长城成为国防的象征。以后天下的分合，朝代的更替，无不与国防休戚相关。

（二）近代国防的孱弱①

1. 帝国主义列强的侵华战争

1840 年，中国进入近代历史时期，这一时期是中华民族备受屈辱的时期，其国防历史基本上是有国无防的历史。在此期间，帝国主义列强先后多次发动了侵华战争，无不以中国的失败而告终。

1839 年，林则徐虎门销烟的伟大壮举，虽然洗刷了鸦片泛滥以来带给中国的耻辱，维护了民族的尊严，但面对英国的舰队及四千余侵略者，清政府则无能为力，第一次鸦片战争终于爆发了。1841 年 5 月 27 日订立了屈辱的《广州和约》。8 月英军又相继攻陷厦门、定海、宁波、上海、镇江，直逼南京。1842 年 8 月 29 日，清政府屈膝求和，签订了中国近代史上第一个不平等条约——中英《南京条约》，主要内容是割让香港和赔款白银 2100 万两等十三项条款。后又签订《中英五口通商章程》和《虎门条约》。美、法、沙俄等国也都强迫清政府签订了不平等条约。

19 世纪 50 年代，英、法等国向清政府提出修改条约的要求遭到拒绝，于是，英国在 1856 年 6 月制造了“亚罗号事件”，首先向广州附近各炮台进攻，第二次鸦片战争爆发。法国派军协同英军作战，美、俄也参与谋划，结成了侵华联合战线。

19 世纪 70 年代后，世界资本主义向帝国主义阶段过渡。它们的侵略魔爪伸向中国的西北、西南、东南等边疆和海疆，使中国出现了严重的边疆危机。在西北，1865 年 4 月，英俄支持浩罕国军事头目阿古柏建立了“哲德沙尔”政权。1875 年 6 月，沙俄悍然出兵侵占了伊犁地区，后来又逼迫清政府签订了中俄《伊犁条约》

① 王中兴，刘元勤. 国防历史（中）[M]. 北京：军事科学出版社，2003：12-215.

和一系列勘界议定书，割去了中国7万多平方公里的土地。在东南，美国于1867年公然出动军舰进犯台湾。1874年，日本出兵侵犯台湾，强迫清朝签订了《台事专约》，赔偿日本军费50万两白银，并承认琉球为日本属国。后来，日本正式吞并了琉球王国，改之为冲绳县。在西南，英国组织“探险队”进犯云南，于1876年9月强迫清政府签订了中英《烟台条约》。1890年和1893年，双方又先后签订了《藏印条约》和《藏印续约》，从此，英国的侵略势力伸进了西藏。

1883年12月，法军向驻扎在越南山西的清军进攻，中法战争爆发。1885年6月9日，双方签订了《中法和约》，承认越南为法国的保护国，两国派员勘定中越边界，在中越边界开埠通商，规定中国修建铁路应向法国“商办”等，从此，法国势力侵入了云南和广西。

1887年，“明治维新”后的日本制定了《征讨清国策》。1894年7月25日，日本对清朝不宣而战，在牙山口外海丰岛海面，袭击中国舰队和中国雇用的运兵船，中日战争爆发。8月1日，中日同时宣战，9月17日，发生黄海大战，因邓世昌、林永升等爱国将领拼死抗击，使日军“聚歼清舰于黄海中”的狂妄计划未能得逞。

1895年，李鸿章在日本签订了《马关条约》。《马关条约》严重损害了中国领土、主权的完整，并引起了帝国主义瓜分中国的狂潮，标志着中国半殖民地半封建社会的基本形成。

1900年6月10日，英国海军中将西摩尔率领英、美、法、德、俄、日、意、奥八国联军先遣队2066人，向北京进犯，开始了八国联军的侵华战争。由于义和团的沿途阻击，西摩尔率残兵败将逃回天津，17日晨，联军攻陷大沽炮台。接着天津失陷。8月14日，北京陷落。次年9月9日，清政府与八国及比利时、西班牙和荷兰等国签订了《辛丑条约》，使中国主权进一步丧失，清朝统治者完全成为帝国主义列强的忠实走狗。《辛丑条约》后，英、美、俄等军队驻扎北京，控制了从北京到山海关一带的军事重地。1903年秋，帝国主义列强又发动了对西藏的侵略战争。次年，日本与沙俄为了争夺中国东北，爆发了日俄战争。稍后，英、德在长江流域；美、日在东北；英、法在西南部虎视眈眈，剑拔弩张，中国大地充满了连年的战祸，民族处于生死存亡的关头。

2. 中国人民的反帝斗争

鸦片战争开始后，林则徐提出了如何对付英军入侵问题的设想，其主要内容是：以守为战，以逸待劳；在近海陆地歼敌，不在远洋接仗，组织民众，军民配合，火攻英船；与沿海各省协力筹防，共同对敌，自发地进行反侵略斗争。

1841年5月29日，盘踞广州北部炮台的英军闯入三元里肆虐，茶农韦绍光带领村民奋起反击，当场打死敌人数名，余敌逃走。翌日清晨，三元里一带数人前往英军占领的四方炮台佯攻，诱敌至牛栏冈围攻，伤毙英军50名。6月3日，三元里人民把四方炮台层层包围，附近县400余乡的群众也来参战，终于将英侵略军赶出了虎门。这是中国近代史上人民群众大规模武装反侵略的第一场战斗。它充分表明了中国人民不畏强敌，敢于斗争的英雄气概。

1851年开始的太平天国农民战争，是反帝反封建的农民战争。在第二次鸦片战争前，太平天国以推翻清朝反动政府为己任，但绝不与打着“中立”幌子的外国列强苟且合作。第二次鸦片战争后，英法等国撕下“中立”的伪装，公开支持清政府镇压太平天国，他们组织了华尔洋枪队，后改称“常胜军”。1862年4月初，何伯率领的英法侵略军和华尔的“常胜军”共2000余人向太平军阵地进攻。在罗家巷的战斗中，太平军打死打伤“常胜军”数十人，击伤何伯，灭了洋人的威风。5月中旬，太平军在奉贤南桥镇东打死打伤不少侵略军，击毙法国海军司令卜罗德。在柘林镇，太平军2000余人与侵略军展开激烈鏖战而全部壮烈牺牲。6月初，太平军在青浦打败侵略军，活捉“常胜军”副统领法尔恩德，收复县城。9月，在慈溪击毙来援的“常胜军”统领华尔。1863年2月，中外反动武装1万人进犯太仓，太仓军民同仇敌忾，奋勇反击，使得来犯之敌四处逃窜。

1885年2月23日，中越边境上的重镇镇南关失守于法军。失守后，70岁老将帮办广西军务冯子材就任前敌主帅。他在关前隘口抢筑了一条横跨东、西两岭的长墙，并在两岭上赶修炮台，誓与长墙共存亡。3月24日，当法军扑到墙下、爬上长墙时，冯子材大呼一声，手执长矛跃出墙外，杀进敌阵，全军感奋，肉搏冲锋，将法军逼离长墙。当时壮、瑶、白等少数民族人民及越南义军也前来助战，包围了法军，翌日发起总攻，毙敌1000多人，法军全线崩溃，这就是威震中外的镇南关大捷，它扭转了中法战局。

1894年7月25日，中日甲午战争爆发。当日舰逼迫“高升”号投降时，遭到“高升”号上千余名中国将士的坚决拒绝，最终在交战中被日舰击沉，大部分官兵壮烈殉国。

1895年6月，台湾人民同登岛的日军展开了战斗，台湾各阶层人民声称：“愿人人战死而失台，决不愿拱手而让台”，表达了誓与台湾共存亡的坚强决心，著名的人民义军首领徐骧、姜绍祖、吴汤兴等人率义军痛击日军，但终因缺饷缺械，孤立无援，而未能取得主动。至10月，不畏强暴的台湾军民经过5个多月的激烈战斗，打了大小100多仗，打死打伤日军3.2万多人。台湾军民为保卫祖国的神圣领土，写下了不朽的篇章。

义和团的斗争风暴波及山西、河南、内蒙古以及东北等地。在东北，当俄军进攻瑷珲城时，义和团据守一个多月，在三姓，守城军设法阻止敌舰驶入，并于1900年7月25日击沉俄舰一艘。27日俄军再犯，三姓军民奋战，击毙俄军200多人，击沉俄舰一艘。在珲春，守城军民毙敌200余人。义和团和清军在中国北部的反帝斗争，令帝国主义列强心惊胆战。

20世纪初，中国资产阶级已经形成，他们也加入了反帝反封建斗争的行列。其中以孙中山领导的辛亥革命最为著名，他们所创设的兴中会，以“驱除鞑虏，恢复中华”为宗旨。孙中山等资产阶级领袖，领导了多次武装起义，最终推翻了帝制，完成了旧民主主义革命，把中华民族反帝反封建的运动推向一个新的高潮。

3. 民国时期的国防

（1）军阀混战与中华民族的觉醒。1911年的辛亥革命，终于推翻了几千年的封建统治，但由于革命的不彻底，仍没有使中国摆脱半殖民地半封建的状况，帝国主义依然在华夏大地上横行无忌，他们为维护其在华利益，纷纷扶植自己的代理人：先有袁世凯称帝，后是张勋复辟，各派军阀以帝国主义为靠山，割据称雄，混战不休。直、皖、奉三大派系军阀先后窃取中央政权，贿选国会议员和总统，出卖国家和民族利益。“二十一条”的签订和“巴黎和会”中国外交的失败，充分暴露出北洋政府的腐败无能，使中国面临被帝国主义进一步瓜分的命运，激起了中华民族同仇敌忾、共御外侮的决心和勇气。以五四运动为标志，中国反帝反封建的资产阶级民主革命发展到新阶段。1921年7月，中国共产党的成立，把中国人民的救亡图存斗争推向新的阶段，中国工人阶级开始以自觉的姿态登上了历史舞台。

（2）日本的入侵和中国人民的抗战。1931年9月18日，日本发动了“九一八事变”。面对日本帝国主义的野蛮侵略，蒋介石却奉行“攘外必先安内”的方针，一味奉行不抵抗政策，出卖民族利益，使东北大片国土迅速沦陷。1937年7月7日，日本发动“卢沟桥事变”，进一步扩大了对中国的侵略，中华民族到了生死存亡的紧要关头。中国共产党高举团结抗日的旗帜，肩负起救民族于危难的神圣使命，领导全国各族人民进行了艰苦卓绝的八年抗战，终于取得了我国近代史上第一次抗击外敌侵略的完全胜利。

（3）解放战争及新中国的成立。抗日战争胜利后，中国人民迫切需要一个和平安全的休养生息的环境，中国共产党顺民心，从民愿，不计前嫌，准备与国民党第三次携手，合作建国。但蒋介石背信弃义，妄图消灭中国共产党及其所领导的军队。在中国共产党的领导下，经过三年解放战争，中国人民终于推翻了蒋家王朝，建立了人民当家作主的新中国。

近代国防历史是中华民族遭受外国列强凌辱的耻辱史，同时也是中华民族英勇反抗侵略，争取民族解放和独立的斗争史。这一时期，广大人民群众的反侵略思想同清朝反动统治者的妥协思想形成鲜明的对照。政府腐败无能，人民却在沉睡中醒来，这一时期的国防实为有国无防。国家主权和领土大量丧失，不平等条约纷纷签订，边疆领土大片割让。历史以血的教训告诉我们，落后就要挨打，忽视国防，就会丧权失国。

（三）新中国国防的发展与强盛

中华人民共和国成立以来，新中国国防大体经历了四个发展阶段。①

第一阶段，初创时期（1949—1953年）。这一时期新中国处在外御帝国主义侵略，内治战争创伤和恢复经济的时期。国防建设主要完成了三个方面的任务：一是解放了全国大陆和大部分沿海岛屿，肃清了大陆上国民党反动派的残余武装，平息了匪患，建立了边防和守备部队，加强了海边防的守卫；二是取得了抗美援朝战争的胜利；三是建立健全了统一的军事领导机构和军事制度，加强了对全国武装力量的领导，逐步完成从单一陆军向诸军兵种全面建设的过渡。

第二阶段，全面建设时期（1953—1966年）。这一阶段是我国国防现代化建设突飞猛进的重大时期。1953年12月召开的全国军事系统党的高级干部会议，是军队建设和国防建设的一个里程碑。会议确定了我国国防建设的主要任务是：防御帝国主义侵略，保卫社会主义建设，保卫亚洲与世界和平。制定了“积极防御”的战略方针，提出了实现国防现代化的重大战略措施，包括：精简军队，压缩国防开支，加速发展工业，为国防现代化打基础；加强国防工程建设，在沿海、边防和纵深要地建设防御工程体系；实行义务兵、军官薪金、军衔三大制度；大办军事院校，重新划分战区，完善战略、战役指挥体系；加强动员准备，建立各级动员机构和动员制度。这些重大措施有力地促进了我国国防现代化建设的全面发展，初步形成了具有中国特色的国防体系。经过10年艰苦努力，国防科技工业体系初步建立，常规武器基本实现国产化，某些领域已接近当时的世界先进水平，并成功地爆炸了第一颗原子弹。

第三阶段，曲折中发展时期（1966年5月—1978年）。“文化大革命”中，国防和军队建设，尽管遭到了严重干扰和破坏，但毛泽东、周恩来等国家主要领导人仍然警觉地注意维护我国的安全，保持了军队的稳定，顶住了国际霸权主义的压力。同时对发展国防尖端技术始终没有放松，从而成功地进行了地地导弹核武器试验和地下核试验。特别是第一颗氢弹爆炸成功，第一颗人造卫星发射成功，极大地增强了国防实力。

第四阶段，现代化建设新时期（1978年12月至今）。在十一届三中全会上，邓小平同志根据国际形势的不断缓和，特别是世界和平力量的增长，提出了“和平与发展”是当今世界两大主题的观点，从而确定全党工作的重点和国防建设的指导思想实行战略性转变。在这一正确指导思想的指引下，我军现代条件下的作战能力有了新的提高，军队建设和国防建设已逐步走上了健康发展的轨道。江泽民主持中央军委工作后，继承毛泽东军事思想和邓小平新时期军队建设思想，着眼时代

① 陈云金，吴忠国．国防教育教程［M］．武汉：武汉大学出版社，2007：12.

特点、社会历史条件和我国安全环境的发展变化，紧紧围绕“打得赢”、“不变质”这两个历史性任务，实施科技强军战略；按照“五句话”的总要求，全面建设一支强大的现代化、正规化革命军队；建设一个符合我国国情并反映时代特征的有中国特色的现代化国防。胡锦涛主持中央军委工作以来，对新时期军队建设历史任务作了进一步明确，指出军人要为巩固执政党的地位提供力量保证；为维护国家重要战略机遇期提供安全保证；为国家利益拓展提供强有力支撑；为维护世界和平促进共同发展发挥重要作用。在十届全国人大五次会议上，胡锦涛进一步强调，按照科学发展观，要求推动部队建设又好又快发展，积极为构建社会主义和谐社会贡献力量。

新形势下国防和军队建设不断呈现出健康向上发展的良好局面：我军在精兵、合成、高效方面取得了重大进展；信息化条件下的防卫作战能力逐步增强；干部队伍的整体素质显著提高；综合保障能力不断增强；部队正规化水平有了很大提高；军事科学理论繁荣发展；后备力量建设迈上新的台阶；巩固和发展了军政军民团结的大好局面。

（四）国防历史的启示①

我国四千多年的国防历史，有过声威远播、天下归附的武功；有过引而不发、强虏驻足的宁静；有过遍体鳞伤、不堪回首的屈辱；也有过抗敌卫国的巨大胜利。纵观国防历史可以看到，凡重视国防，无不国力强盛，人民安居乐业；凡无视边防，无不国力疲弱，内乱外患，丧权失国。重温这一漫长的国防历史可以从中得到有益的启示。

1. 强大的经济实力是国防强大的基础

经济是国防的物质基础，国防强大依赖经济发展，这是我国国防历史给予我们的深刻启示。

早在中国古代，统治者就认识到国富才能兵强，自强方可自立，无不把发展经济作为巩固国防、争夺霸权的重要措施。春秋时期，晋国还是一个国贫兵弱的小国。晋文公执政后，通过整顿内政、发展经济、扩充军队等一系列的综合治理，使晋国实力急剧膨胀，有“晋国天下莫强”的声威，先后兼并20余国，一跃而成为中原霸主。秦国重用商鞅进行变法，推行了“开阡陌”、“废井田”等一系列土地改革措施，极大地解放了生产力，促进了经济的发展，对秦军南征百越、北逐匈奴，最终吞并六国完成统一大业发挥了重要作用。唐朝由“贞观之治”达到封建社会的鼎盛时期，更是当时统治者注重发展经济的结果。

与此相反，各朝各代的衰落、灭亡，遭受外敌的入侵而不能自保，几乎毫无例

---

① 陈云金，吴忠国．国防教育教程［M］．武汉：武汉大学出版社，2007：14.

外是这个王朝后期政治腐败，经济落后，结果动摇了国防的根基。由此可见，只有经济的强盛，才有强大的国防，才能有政权的稳固、国家的安全。

2. 政治昌明是国防巩固的根本

国家政策的正确与否，直接关系到国防的兴衰。只有政治的昌明，才能有巩固的国防。这是国防历史给我们提供的又一深刻启示。

春秋战国时期，各诸侯国就十分注意修明政治，变法图强，把尊贤厚士，举贤任能，选拔优秀人才治理国家作为强国的根本大计。汉高祖得天下后，实行“文武”政策，建立法制，修明政治。此后，文帝、景帝至武帝，都实行比较开明的治国之策。国家的昌盛才为西汉长达200多年的基本安定奠定了基础。相反，秦朝实行暴政，激起农民起义，终致推翻秦始皇梦想千秋万年、子孙相继的基业；宋朝由于机构臃肿，官员奢侈腐化，国力衰竭不堪，无力抵抗外侵，终为元兵所灭亡；明朝由于皇帝昏庸，宦官专政，始被起义军所败，后又为清兵所亡。特别是近代中国，由于清政府政治日趋腐朽，国防日益虚弱，面对列强入侵屡战屡败，乞降求和，割地赔款，使国家遭受了前所未有的奇耻大辱，将中国人民带进了苦难的深渊。

总之，国防的兴衰、王朝的更替、近代中国的百年国耻，都深刻地告诉我们，政治的昌明是国防巩固的基础，是国家得以长治久安的根本保证。

3. 国家的统一和民族的团结是国防强大的关键

我国国防史给予我们的另一重要启示，就是在面临外敌入侵、国家危亡的关头，只有国家统一、民族团结、共同抵抗，才能筑起一道坚强的国防长城，取得反侵略战争的胜利。

近代西方列强发动了对我国的一系列侵略战争，使中国逐渐沦为半封建半殖民地社会。一个重要的原因是，统治者在侵略者面前，不仅不发动和依靠广大人民进行反侵略的正义战争，反而认为“患不在外而在内”。由于统治者害怕人民，采取与人民对立的立场，尽管广大人民奋起反抗侵略者，但都处于自发、分散的状态，缺乏统一指挥，没有形成一致对外的合力，无法改变战争的局面。

抗日战争时期，中国共产党主张全国军民团结起来，建立广泛的抗日民族统一战线，共同抵抗日寇侵略。同时，坚持人民战争的战略指导方针，放手发动群众，团结一切可以团结的力量共同抗击敌人。我党领导的八路军、新四军挺进敌后，开辟了广大的敌后抗日根据地，运用人民战争的战略战术，同全国军民一道有效地打击了日本侵略者，最后取得了抗日战争的全面胜利。

历史证明，国家的统一、民族的团结、全国军民一致共同抵抗侵略的精神和意志，才是国防的真正的钢铁长城。这是造成淹没一切侵略者的人民战争这片汪洋大海的基础；这是让一切侵略者都望而生畏的真正铜墙铁壁；这是民族自强的根本、国防力量的源泉。

第二节　国防法规

国防法规是为调整国防领域中各种社会关系而由国家制定或认可的法律规范的总称。国防法规是随着国防的产生而产生的。国防法规对于人们的行为具有指引、评价、教育、预测、强制的功能，对于国防活动具有保证国家对国防的统一领导，建设国防现代化，巩固和提高武装力量战斗力，维护军队和军人合法权益等作用。在我国构建社会主义和谐社会、依法治国的新形势下，国防法规对于加强国防和武装力量建设，做好军事斗争准备，发挥着越来越重要的作用。

新中国成立之初，我国就着手制定国防法规，特别是最近20年，国家加大了国防立法工作的力度，制定了一系列国防法律、规章，使国防和武装力量建设走上了全面正规的法制化轨道。但是，我国的国防法规体系还不够健全，国防法规的内容还不够完备，国防法制建设的任务仍然很繁重。

一、国防法规的内涵与特征

（一）国防法规的内涵

国防法规是指国家制定或认可，并由国家强制力保证实施的，关于国防事务的法律规范的总称①。它明确规定了公民、社会组织等社会各单元在国家防务事务中的权利与义务，是调整国防领域中各种社会关系的综合性法律规范体系。

国防法规包含以下几个方面的含义：

国防法规是由国家制定或认可，并由国家强制力保证执行的法律规范。这是国防法规的基本特征。这一特征使国防法规体现了国家意志，同时与由国家机关制定的其他法律法规及规章区别开来。

国防法规的目的是通过立法加强国防建设，以捍卫国家主权、统一、领土完整和安全，防备和抵御外来侵略、颠覆；是依法治国、建设社会主义法治国家的总要求。

国防法规所要调整的社会关系是一个特定领域，即在武装力量建设、兵役制度、国防动员、国防科技、国防经济、国防教育以及战备交通、电信电讯等国家防务工作中所形成的社会关系。这一特定领域主要包括两个主要方面：一是直接与军事斗争有关的各种社会关系；二是可转化为军事斗争的实力，是与国家防务工作必不可少的基础工作有关的各种社会关系。

国防法规是调整国防建设与管理中所产生的社会关系的各种法律规范的总称，包含各种不同法律效力的法律渊源。

---

① 王耀辉，毛光宏．国防法学概论［M］．武汉：湖北人民出版社，2008：6.

（二）国防法规的特征

国防法规的调整对象是国防建设活动中所产生的各种关系。国防关系包括国家在国防建设方面的社会关系、武装力量建设方面的军事关系。国防法规除了具有其他法规的一般特征外，还有以下几个方面的特有特征：①

1. 国防法规调整对象的特殊性

国防法规调整对象的特殊性，表现在调整对象的主体、客体、内容的特殊性。国防法律关系主体的特殊表现为，通常情况下，国家作为一个整体是国防法律关系的主体；而在其他法律关系中，国家作为一个整体通常不是法律关系的主体。国防法律关系的客体特殊表现为，作为国防法律关系的客体有：用于国防的专有物或可用于国防的一般物，国防、军事科学技术方面的发明创造，军事或与军事有关的行为；而其他法律关系的客体不会涉及国防的专用物，不会涉及军事或与军事有关的行为。在法律关系内容方面的特殊表现为，权利与义务是指国防建设活动中所产生的特定的权利与义务，这些权利与义务不以社会组织、公民的意志为转移，而以国家的利益为主导，具有很强的法定性与规定性，而其他的法律关系（如民事法律关系、经济法律关系）的内容，当事人可以协商。

2. 国防法规设定行为的特殊性

民事法律主要设定可以做什么，刑事法律主要设定禁止做什么，国防法律主要设定必须做什么。当然国防法规当中也有大量的权利性规范，但是与其他部门法相比，义务性规范较多。例如：国防法第 51 条规定："企事业单位应当按照国家的要求承担国防科研生产任务，接受国家军事订货，提供符合质量标准的武器装备或者军用物资。"国防法第 52 条规定："公民和组织应当遵守保密规定，不得泄露国防方面的国家秘密，不得非法持有国防方面的秘密文件、资料和其他秘密物品。"这一特点是国家利益至上的突出表现，与国防行为的严酷性、牺牲性有关。

3. 国防法规法律后果的特殊性

法律后果包括奖励性后果和制裁性后果两种。国防法规采用的奖励与制裁的方式独特，如奖励、惩罚、附加刑等。这种法律后果在其他法规中是没有的。由于国防行为是关系到国家整体利益，关系到国家的生存与发展，因此对违反国防法规的法律制裁比其他违法行为的处罚要严厉。但这种"从严"是体现在国防法律法规的条文上，而不是在国防法规的适用上。如：我国刑法第七章对"危害国防利益罪"的处罚，比其他条款中相应的行为严厉。以破坏通信行为为例，第七章第 369 条规定：破坏军事通信的处三年以下有期徒刑、拘役或者管制；破坏重要军事通信的处三年以上十年以下有期徒刑，情节特别严重的处十年以上有期徒刑、无期徒刑或者死刑。此规定比破坏民用通讯设备罪处罚要严厉。以上例子充分表明了国防法

① 王耀辉，毛光宏．国防法学概论［M］．武汉：湖北人民出版社，2008：17.

法律后果的特殊性。

4. 国防法规公开程度的特殊性

公开性是法律的基本属性之一，法只有公开，才能有效地实施与监督。国防法规中效力较高的法律文献是公开的，如全国人民代表大会及其常务委员会制定的国防法、国防教育法、兵役法等。但是由于军事斗争的残酷性、军事斗争的对抗性，在国防建设活动中，对涉及军事建设与军事活动的有关法律规范，特别是国家军事机关制定的相关法规、规章，如《中国人民解放军内务条令》等必须在一定时期一定范围内保密，超出一定的范围，不但无利反而有害。因此，某些军事法规、规章只能在特定范围内公开，公开程度十分有限。

二、国防法规的地位与作用

在依法治国，实现国防现代化的今天，国防法规在维护国家主权、领土完整，巩固党的执政地位，建设和谐社会，维护国家经济建设发展等方面具有重要的地位与作用。①

（一）国防法规的地位

1. 国防法规是国家生存与发展的重要制度保障

国家从产生以来就面临着生存与发展这两大课题。国防法规是国家生存的重要制度保障。国家存在的标志是领土、人民与主权。国防实力是保卫领土完整、维护人民安全、捍卫主权独立的前提。为了促进国防实力的提高，保障国防建设的顺利进行，在国家经济实力不断增强的基础上，逐步增加国防投入，不断提高国防和军队现代化水平，建设与国家安全和发展利益相适应的巩固国防和强大军队。所有这些都需要有一整套制度来保障其顺利进行。国防法规就是针对国家的国防建设与管理的最具有强制力的制度体系，它通过保障国防实力建设的顺利进行，来实现对国家生存的保障。国防法规的制定、颁布与执行直接关系到国防建设的好坏、关系到国防管理的效能。同时，国防法规是国家发展的重要制度保障。国家想要发展就必须具备一个良好的发展环境，只有在国家稳定、人民团结、独立自主的基础上才可能集中精力发展国家。而这良好的内部环境与外部局势的构建都需要一个稳固而强大的国防作为后盾。作为国防建设重要组成部分的国防法规，直接关系着国家国防实力的发展，进而影响着国家各项事业的发展。健全且行之有效的国防法规，是国家向着健康有序的道路发展的制度保障。

2. 建立健全国防法规是现代国防建设的根本需要

现代国防是指以国家综合国力为后盾，与现代战争相适应，运用先进科学技术

① 王耀辉，毛光宏．国防法学概论［M］．武汉：湖北人民出版社，2008：25.

武装起来的强大国防。其主要内容包括武装力量、国防经济、国防科技、国防管理等方面。其主要特征表现为：科学技术的先导性、人员素质的决定性、综合国力的整体性。现代国防的主要内容与主要特征决定现代国防建设不是一个封闭的系统，而是国家综合国力建设和发展系统工程中的子系统，在现代国防建设中不仅要处理好武装力量内部各兵种的任务、规范、比例等问题，更为重要的是处理好科技发展与国防现代化，国民教育与武装力量的人员素质、武装力量的战斗力与国家的整体实力等一系列涉及社会各个方面的因素。处理好这些关系如果仅仅依靠人们的思想道德观念、政府的行政手段是无法满足国防建设的需要的，处理好这些关系如果仅仅依靠军队内部的条令、条例也是无法满足现代国防建设的需要的，因此必须建立健全国防法规，满足现代国防建设的需要。

3. 国防法规是国家法律体系的重要组成部分

法律体系是指以一个国家现行的法律为基础，以宪法为母法，以部门法为主体，组成的一个内容和谐一致、形式完整统一的法律规范的有机整体。在社会主义事业的发展过程中，不可避免地会不断产生一些新的社会关系，当这种社会关系发展到一定阶段的时候，相应地就会有新的法律制度或法律部门产生。在科学技术迅猛发展条件下，要求社会发展的整体结构上，无论是行政区域的划分、工业的布局、基本建设投资、能源的开发、交通运输与通信网络的建设，还是国民教育的普及、对外国际交流、科学技术的发展、卫生体育的发展等，都应充分考虑国防的需要，并以此促进现实国防实力与潜在国防实力有机结合，并根据军事斗争的需要能及时相互转换，以提高国防综合实力。20 世纪以来，世界上许多国家都加强了国防方面的立法工作。如：1903 年澳大利亚颁布了《澳大利亚国防法》、1947 年美国公布了《美国国家安全法》等。

4. 建立健全国防法规是依法治国防的必然要求

党的十七大报告指出："国家的政治生活、经济生活的各个方面，民主和专政的各个环节，都应做到有法可依，有法必依，执法必严，违法必究。""有法可依"是建立和加强社会主义法制的前提。只有制定完备的法律，才能谈到依法办事和人们在社会生活的各个方面守法的问题。这就要求国家高度重视和加强立法工作，根据社会发展的需要及时进行立法。"国家兴亡，匹夫有责"，国防不仅是武装力量、军人的职责，也是社会全体成员、各种社会组织的共同职责。这一涉及国家的政治生活、经济生活的各个方面各个环节的有关国家防务的大事，如果不能坚持社会主义法制的基本要求，对建设民主、法制的社会主义国家来说必将是一个严重的缺陷，必将影响民主、法制的建设进程。根据社会主义法制的基本要求，建立健全国防法规，形成一个不同层次、不同效力、不同方面的有关国家防务法律体系，将大大促进我国法制化进程。

（二）国防法规的作用

国防法作为国家意识的体现，并由国家强制执行的法律规范，为国防建设与管理的开展提供了明确的标准与规范，使国防工作的一切行为都必须在其框架内进行，保证了国防建设的正常开展与发展方向。其具体作用主要体现在以下几个方面：

1. 为国防建设与发展提供法律依据

我国当今社会正处于民主与法制建设的重要阶段，“依法治国”成为了国家的重要发展方向。国防建设与发展领域如何能够做到有序、有效、快速的发展成为了摆在我们面前的重大课题。国防法规的制定、颁布与执行为依法治国、依法治军提供了明确的法律依据，使国防工作的开展真正做到了有法可依，也使国防工作的方向、目的更加明确。

2. 为国防建设与发展保驾护航

国防法规的另一个重要作用，就是为国防建设的开展提供了强有力的法律保障。国防法在明确了各项法律、法规的同时，也明确了其法律效力。对于危害国防，阻碍国防发展，违反国防法规的违法犯罪行为，国防法规将给予惩处。这种法律的强制作用对于维护国防建设、保护国家利益起到了极大的作用。正是由于国防法规的这种强制力作用的存在，才使国防法规具有存在的价值与意义，也才能发挥它的法律作用，使国防建设与发展的正常秩序与规范能够得到保证。

3. 规范各种主体在国防领域中的权利与义务

国防建设不是空中楼阁，它必须通过国家内部的各种主体来保证它的发展。而各种主体之间的关系，以及他们关系的处理与调整直接影响到了国防的发展。国防法以法律的形式明确了国防各主体之间的权利与义务，使国家机关、公民、个人与组织对于各自在国防中的权利与义务得以明确，并参照各自的权利与义务规范自己的行为，处理相互之间的关系，从而达到国家国防协调发展的目的。

正是由于国防法规具有极其重要的地位与作用，我国十分重视国防法规的立法工作。新中国成立以来，为了适应国防建设的需要，我国先后制定了《中华人民共和国兵役法》、《中国人民解放军干部任免暂行规定》等大量国防法律法规，为国防法的形成奠定了基础。1997 年 3 月经中华人民共和国第八届全国人民代表大会第五次会议审议通过并公布实施的《中华人民共和国国防法》，明确规定了我国国防的方针、政策、性质、任务、制度、建设目标以及实行国防建设等的一系列内容，并分别对国家机构的国防职权，公民、组织的国防权利与义务，军人的义务和权益，以及对外军事关系等问题作了明确的规定。它的颁布标志着我国国防法体系的基本建立，必将推动国防法体系的进一步完善。

三、国防法规体系

国防法规的体系是指由不同层次、不同门类的国防法律规范构成的相互联系、相互制约、和谐一致的有机整体。

（一）国防法规体系的层次①

根据我国国防立法的权限和法律规范的效力等级，我国国防法规体系按纵向划分为五个层次。

1. 宪法中的国防条款

《中华人民共和国宪法》中的国防条款在国防法规体系中居于最高的地位。主要包括：武装力量的领导体制、性质、任务、建设方针和活动的根本准则；军队在国家政治制度中的地位；公民在国防方面的基本权利和义务；国防建设的领导和管理体制；全国总动员、局部动员和宣布战争状态的制度；国家和社会对伤残军人及军人家属的优抚政策；军事审判机关和军事检察机关的设置等。

2. 基本国防法律

由全国人民代表大会制定。如《中华人民共和国国防法》、《中华人民共和国兵役法》以及《中华人民共和国刑法》分则中的第七章和第十章等。

3. 国防法律

由全国人民代表大会常务委员会制定。如《中华人民共和国国防教育法》、《中华人民共和国人民防空法》、《中华人民共和国军事设施保护法》等。

4. 国防法规

中央军委制定的军事法规，如《中国人民解放军内务条令》、《中国人民解放军纪律条令》、《中国人民解放军队列条令》等；国务院单独制定或与中央军委联合制定的国防行政法规，如《中国人民解放军现役士兵服役条例》等。

5. 国防规章

中央军委各总部、各军兵种、各军区制定的军事规章；国务院各部委单独制定或与军委有关总部联合制定的国防行政规章；有立法权的地方权力机关和行政机关制定的地方性国防法规和规章。

（二）国防法规体系的内容

1. 国防领导方面的法律制度

国防领导方面的法律制度，是关于我国国防领导体制、国家机构在国防活动中的领导职权等方面的法律规范的总和，是国防法律制度中最重要的组织制度。主要包括：国家最高军事统帅、国防决策机构、国防行政领导机构、国防指挥机构、国防协调机构、国防咨询机构的设置，职权划分和相互关系等制度。根据我国宪法和

① 陈云金，吴忠国．国防教育教程［M］．武汉：武汉大学出版社，2007：16.

国防法的规定，在现行的国防领导体制中，由全国人民代表大会及其常委会、中华人民共和国主席、国务院和中央军事委员会共同行使领导职责。中央军事委员会是我国武装力量的领导机关。不同的国家机构在国防方面的职权主要有：立法权、任免权、决定权、监督权和行政权。

2. 武装力量建设方面的法律制度

武装力量建设的法律制度，是关于武装力量的性质、任务、建设目标、建设原则、体制规模以及兵役制度的法律规范的总和。主要包括：

武装力量体制、兵役制度、军队体制编制、军事训练制度、军队武器装备管理制度、军队政治工作制度、军队后勤制度 、人民武装警察部队方面的制度、优抚与安置制度。

3. 国防建设事业方面的法律制度

国防建设事业方面的法律制度，是关于国家在调整国防建设活动中的各种社会关系的法律规范的总和。主要有以下内容：

国防科研生产法律制度、国防动员法律制度、国防教育法律制度、军事设施保护法律制度、人民防空法律制度、安全防卫法律制度、对外军事关系方面的法律制度以及涉及军控、军贸、军训、军工合作等其他行为的法律制度。

4. 军事刑事方面的法律制度

军事刑事法律制度，是规定军职人员违反职责犯罪和其他公民危害国防利益犯罪及其刑事处罚的法律规范的总和。它以刑法、军事刑事法规、规章、司法解释等形式规定了军职人员违反职责犯罪和其他公民危害国防利益犯罪的种类、适用法律，以及处罚原则、刑事处罚种类、诉讼程序和执行方式等。

四、公民的国防义务和权利

公民的国防义务，是指宪法和法律规定的公民在国防活动中对国家必须履行的某种责任。这种责任是根据国家和人民的根本利益确定的，并由国家运用法律的强制力保证它的实现。公民的国防权利，是指由国家宪法、法律赋予公民在国防活动中所享受的权益或资格。国家从法律和物资上保障公民享有这种权利。

（一）公民的国防义务

根据《中华人民共和国国防法》的规定，我国公民的国防义务主要包括兵役义务；接受国防教育的义务；保护国防设施的义务；保守国防秘密的义务；支持国防建设、协助军事活动的义务等。

1. 兵役义务

我国国防法第50条第1款规定：“依照法律服兵役和参加民兵组织是中华人民共和国公民的光荣义务。”我国兵役法第3条规定：“中华人民共和国公民不分民族、种族、职业、家庭出生、宗教信仰和教育程度，都有义务依照本法的规定服兵役。”根据我国兵役法，公民履行兵役义务主要有三种形式：一是服现役。二是服预备役。三是参加军事训练，包括参加预备役人员的军事训练，普通高等学校和高级中学学生的军事训练。

2. 接受国防教育的义务

接受国防教育作为公民的一项义务，是指每一个公民都要按照国家的规定，通过一定的形式，接受国防教育，增强国防观念，并把它当作自己的光荣职责。具体地说，就是我国公民有义务接受国防理论、军事知识、国防法制、国防历史、国防精神、国防体育等内容的教育。对拒绝接受国防教育的义务主体，要视情况追究法律责任。我国许多省、市的国防教育条例都明确规定：对不接受国防教育的重点对象，要进行批评教育；批评教育不改的，要强制其接受教育，或给予行政处分。

3. 保护国防设施的义务

国防设施，是指国家直接用于国防目的的建筑、场地和设备。国防设施是国防的物质屏障。在战时，它是打击敌人、抵抗侵略的重要依托；在平时，它具有制约敌对力量的威慑作用。我国公民均应对国防设施履行不同的保护义务。

4. 保守国防秘密的义务

国防法规定，公民应当遵守保密规定，不得泄露国防方面的国家机密，不得非法持有国防方面的文件、资料和其他秘密物品。

5. 支持国防建设、协助军事活动的义务

根据我国国防法的规定，公民在支持国防建设、协助军事活动方面的义务：一是支持国防建设，包括参与国防宣传、履行兵役义务、协助做好军人及其家属的优抚工作、促进军民团结等。二是为武装力量的军事训练、战备勤务、防卫作战等活动提供便利条件或者其他协助。主要包括：根据需要，主动为武装力量使用档案、资料、设备、交通、通信、场地、建筑等提供方便；为武装力量执行任务的人员提供必需的饮食、住宿、医疗、卫生保障等。三是支前参战的义务。主要包括：战时踊跃参军、配合部队作战、担负战时勤务、保卫重要目标等。

（二）公民的国防权利

根据《中华人民共和国国防法》的规定，我国公民有以下三种相对独立的国防权利：

1. 对国防建设提出建议的权利

国防法第54条规定：“公民和组织有对国防建设提出建议的权利。”这一规定，是公民依宪法享有对国家事务的建议权在国防建设方面的体现，充分体现了我国人民当家作主的社会主义性质。在我们国家，人民是国家的主人，公民有权关心国防建设，有权对国防建设提出建议。

2. 制止、检举危害国防行为的权利

我国国防法第54条规定：公民和组织有对危害国防的行为进行制止或者检举

的权利。这一规定，是对宪法关于公民有维护国家安全、荣誉和利益的义务和关于公民检举权规定在国防方面的体现。这一权利表现为两个方面：一方面，公民为维护国防利益，有权依法对危害国防的行为，即对行为人违反国家的有关法律，不履行国防义务，超越国防权利的界限，对国防利益造成破坏或侵害的行为予以制止、检举。另一方面，要求国家对公民为维护国防利益而行使的制止、检举权予以支持和保护；并对检举的危害国防利益的违法犯罪行为，必须查清事实，负责处理，绝不允许对检举人压制和打击报复。否则，将承担法律责任。

3. 在国防活动中因经济损失得到补偿的权利

我国国防法第 55 条规定："公民和组织因国防建设和军事活动在经济上受到直接损失的，可以依照国家有关规定取得补偿。"这一规定，体现了我国一切为了人民利益的社会主义本质，既保护了公民的经济权利，又有利于调动公民依法积极参加国防建设和军事活动。

第三节 国防建设

中华人民共和国成立后，经过近 60 年的艰苦努力，我国建成了正规、有效、强大的国防体系。国防建设取得了举世瞩目的成就。

一、国防领导体制

国防领导体制是指国防领导的组织体系及相应制度。它包括国防领导机构的设置、职权划分、相互关系等。它是国家政权的重要组成部分。一般设有最高统帅、最高国防决策机构、国家行政机关中管理国防事务的部门、武装力量领导指挥系统。

(一) 国防领导体制的历史发展①

中华人民共和国成立以来，为使国防领导体制适应国家政治、军事、经济、科技的发展，进行了多次调整和改革，在实践中不断发展和完善。

新中国成立初期，《中华人民共和国中央人民政府组织法》规定，设立中央人民政府人民革命军事委员会，作为国家最高军事领导机关，统一管辖并指挥中国人民解放军及其他武装力量。人民革命军事委员会下设总参谋部、总政治部、总后勤部。

1954 年 9 月 20 日，第一届全国人民代表大会通过并颁布的《中华人民共和国宪法》规定，设立国防委员会，中华人民共和国主席统率全国武装力量，担任国

① 张万年. 当代世界军事与中国国防 [M]. 北京：中共中央党校出版社，2003：152-154.

防委员会主席，不再设立中央人民政府革命军事委员会。9 月 28 日，中共中央政治局《关于成立党的军事委员会的决议》决定在中央政治局和书记处之下成立党的军事委员会，担负整个军事工作的领导。至 1958 年 7 月以前，中共中央军事委员会领导下的人民解放军总部曾实行总参谋部、训练总监部、武装力量监察部、总政治部、总干事部、总后勤部、总财务部、总军械部等八大总部的体制。

1958 年 7 月，中共中央军委扩大会议通过的《关于改变组织体制的决议》规定，中央军委是中共中央的军事工作部门，是统一领导全军的统率机关，军委主席是全军统率。中央军委领导下的总部体制仍恢复总参谋部、总政治部、总后勤部三总部体制。

1975 年和 1978 年通过的《中华人民共和国宪法》规定，中华人民共和国武装力量由中国共产党中央委员会主席统率，国家不再设国防委员会。

1982 年 9 月，第五届全国人民代表大会第五次会议通过的第四部宪法规定，设立中华人民共和国中央军事委员会，领导全国的武装力量。中央军事委员会实行主席负责制，主席由全国人民代表大会选举或罢免，对全国人民代表大会和全国人民代表大会常务委员会负责。与此同时，中共中央军事委员会继续存在，其职能和国家中央军委完全相同。这表明中央军委同时有两个名称：一个是中共中央军委，一个是国家的中央军委，从而确立了党和国家高度集中统一的行使领导职权的国防领导体制。

（二）国防领导职权①

根据宪法和国防法，中华人民共和国的国防领导职权由中共中央、全国人大及其常务委员会、国家主席、国务院、中央军委行使。

1. 中共中央的国防领导职权

中国共产党作为执政党，是领导中国社会主义事业的核心力量。中共中央在国家生活包括国防事务中发挥决定性的领导作用。有关国防、战争和军队建设的重大问题，都是由中共中央、中央军委、中央政治局及其常务委员会作出决策并通过必要的法定程序，作为党和国家的统一决策贯彻执行。它是国防的最高权力机构。

2. 全国人民代表大会及其常务委员会的国防职权

中华人民共和国全国人民代表大会是最高国家权力机关，它在国防方面的职权主要有：决定战争与和平的问题；制定有关国防方面的基本法律；选举国家中央军事委员会主席，根据中央军事委员会主席的提名，决定中央军事委员会其他组成人员及其罢免事项；审查和批准包括国防建设计划在内的国民经济和社会发展计划和计划执行情况的报告；审查和批准包括国防经费预算在内的国家预算和预算执行的

① 张万年．当代世界军事与中国国防［M］．北京：中共中央党校出版社，2003：154-157.

情况的报告；改变或者撤销全国人民代表大会常务委员会在国防方面的不适当的决定；应当由全国人民代表大会行使的国防方面的其他职权。

全国人民代表大会常务委员会在国防方面的主要职权：在全国人民代表大会闭幕期间，行使全国人民代表大会在国防事项中的职权。

3. 国家主席在国防方面的职权

中华人民共和国主席在国防方面的职权主要有：根据全国人民代表大会的决定和全国人民代表大会常务委员会的决定，宣布战争状态；发布动员令；公布全国人民代表大会及其常务委员会制定的有关国防方面的法律；根据全国人民代表大会常务委员会的决定，授予在国防方面国家的勋章和荣誉称号；批准和废除同外国缔结的有关国防方面的条约和重要协定。

4. 国务院在国防方面的职权

中华人民共和国国务院是最高国家权力机关的执行机关，是最高国家行政机关。它在国防方面的职权是领导和管理国防建设事业，包括：编制国防建设发展规划和计划；制定国防建设方面的方针、政策和行政法规；领导和管理国防科研生产；管理国防经费和国防资产；领导和管理国民经济动员和人民武装动员、人民防空、国防交通等方面的有关工作；领导和管理拥军优属工作和退出现役的军人安置工作；领导国防教育工作；与中央军事委员会共同领导中国人民武装警察部队、民兵的建设和征兵、预备役工作以及边防、海防、空防的管理工作；法律规定的与国防建设事业有关的其他职权。

5. 中央军事委员会在国防方面的职权

中华人民共和国中央军事委员会是最高国家军事机关，负责领导全国武装力量。其职权主要包括：统一指挥全国武装力量；决定军事战略和武装力量的作战方针；领导和管理中国人民解放军的建设，制订规划、计划并组织实施；向全国人民代表大会或者全国人民代表大会常务委员会提出议案；根据宪法和法律，制定军事法规，发布决定和命令；决定中国人民解放军的体制和编制，规定总部以及军区、军兵种和其他军区级单位的任务和职责；依照法律、军事法规的规定，任免、培训、考核和奖惩武装力量成员；批准武装力量的武器装备体制和武器装备发展规划、计划，协同国务院领导和管理国防科研生产；会同国务院管理国防经费和国防资产；法律规定的其他职权。

中央军委实行主席负责制，中央军委主席即为全国武装力量的统帅。中央军委组成人员为：中央军委主席 1 人，副主席若干人，委员若干人。中央军委之下，设有人民解放军总部机关，即中国人民解放军总参谋部、总政治部、总后勤部、总装备部。各总部既是中央军委的工作机关，又是全军军事、政治、后勤、装备工作的领导机关。总参谋部负责组织领导全国武装力量的军事建设，组织指挥全国武装力量的军事行动；总政治部负责管理全军党的工作、组织进行政治工作；总后勤部负责组织领导全军后勤工作；总装备部负责组织领导全军装备工作。

二、国防建设成就

国防建设是国家为提高国防实力而进行的各方面的建设，内容十分广泛，包括武装力量建设；边防、海防、空防、人防及战场建设；国防科技与国防工业建设；国防法规与动员体制建设；国防教育以及与国防相关的交通运输、邮电、能源、水利、气象、航天等方面的建设等。新中国成立后我国的国防建设取得了显著成就，主要有以下几个方面：①

（一）武装力量领导体制建设

新中国成立后，根据中央人民政府1949年10月19日的命令，成立了中央人民政府人民革命军事委员会，作为全国武装力量的最高统帅机关。1954年9月，第一届全国人民代表大会第一次会议通过的宪法规定，中华人民共和国主席统率全国武装力量，并决定设立国防委员会和国防部，由国家主席担任国防委员会主席。与此同时，取消了中央人民政府人民革命军事委员会，在同月召开的中央政治局会议上，决定在中央政治局和书记处之下成立中共中央军事委员会，领导中国人民解放军和其他武装力量。军委下设总参谋部、总政治部、总后勤部，作为军委的工作机关。为加强我军武器装备建设，1998年，中央军委增设了总装备部。在中央军委的领导下，还设有负责各军种组织建设、军事训练和战备作战的海军、空军、第二炮兵指挥机关，此外，直接隶属中央军委的还有军事科学院和国防大学等单位，以及负责指挥驻扎在各大战略区范围内的陆、海、空军部队和民兵的大军区领导机关。

1982年起，党和国家共同设立中央军事委员会。这种体制，既贯彻了党对军队绝对领导的根本原则，又适应我军已成为国家主要成分的实际，进一步完善了国家武装力量的领导体制，体现了党领导军队与国家领导军队的一致性。这种领导体制，便于运用国家机器来加强武装力量的建设，可以使党中央对军事工作的决策、指示具有法律效力，成为国家意志，以保证军队的最高领导权、指挥权高度集中统一。这种领导体制，也符合我国的国情和军情，坚持了党领导军队的传统，体现了四项基本原则这个立国之本的要求，体现了中国共产党作为唯一的执政党在国家政治生活中的领导地位和作用。

（二）中国人民解放军的革命化、现代化和正规化建设

新中国成立后，人民解放军在继续加强革命化建设的同时，尤其注重现代化、正规化的建设。特别是改革开放以来，我国国防实力得到进一步加强，国防现代化建设，尤其是军队的现代化建设，有了突破性的进展，取得了一系列重大成就。经

① 陈云金，吴忠国．国防教育教程［M］．武汉：武汉大学出版社，2007：24.

过近60年的艰苦努力，人民解放军由单一的陆军发展成为诸军兵种合成的现代化军队，不仅研制和装备了种类比较齐全的常规武器装备，而且拥有了具有较强威慑力的原子弹、氢弹等尖端武器装备及信息化武器装备和太空竞争能力。

21世纪以来，人民解放军继续向着更高级的阶段迈进。根据高技术战争的特点和影响，开始把军事斗争准备的立足点放在打赢现代技术特别是信息化条件下的局部战争上面，军队建设正逐步实现由数量规模型向质量效能型、由人力密集型向科技密集型的转变。在发展武器装备方面，根据信息化条件下局部战争的需要，努力发展高技术“杀手锏”；在改革调整体制编制方面，进一步压缩军队规模，在减少数量的同时，根据优先发展海军、空军、二炮及加强技术兵种建设的原则，优化了诸军兵种的比例结构，完善合成体制，使军队体制编制更能适应联合作战的需要；在改革教育训练方面，为培养掌握现代科技知识和战争知识、精通现代军事科学理论的高层次指挥人才，指挥院校增设了硕士、博士生教育，部队训练加大了实战力度。

面向21世纪的人民解放军将按照江泽民主席提出的“政治合格、军事过硬、作风优良、纪律严明、保障有力”的总要求，继续优化编制体制，更新教育训练内容和手段，改善武器装备，加强质量建设，提高诸军兵种的合成化水平，向精兵、合成、高效的方向发展。可以预见，21世纪的人民解放军将能够面对任何挑战而不辱使命。

（三）国防科技工业体系建设

国防科技是衡量一个国家综合国力的重要标志，也是国防现代化建设的一个重要标志。我国的国防科技经过近60年的建设和发展，从无到有、从小到大、从落后到先进，建立起了包括信息电子、船舶、兵器、航空、航天和核能等门类齐全、综合配套的科研实验生产体系，取得了一大批具有国内或国际先进水平的科研成果，为我军现代化建设和切实增强我国的综合国力作出了重要贡献。

在军事信息电子方面，逐步发展成为具有相当规模、门类齐全的新兴工业部门，特别是在指挥自动化、情报侦察、预警探测、电子对抗和通信等方面，为我军提供了各种新式装备和产品，进一步增强了部队侦察、通信、指挥和作战能力；在船舶工业方面，先后自行研制建造了核动力潜艇、常规潜艇、导弹驱逐舰、导弹护卫舰、导弹快艇等作战舰艇，以及各种辅助船舶和新型鱼雷、水雷、反水雷等新装备；在兵器工业方面，研制生产了一大批性能先进的坦克、装甲车辆、火炮、弹药、轻武器、军用光电器材和综合火控、指挥系统等新型武器装备，为我军现代化作出了重要贡献；在航空工业方面，已累计生产歼击机、轰炸机、直升机、运输机、教练机等60多个型号1万余架军用飞机，基本满足了海空军作战和飞行训练的需要；在航天科技工业方面，已拥有地地、地空、海空和空空导弹武器系统，运载火箭、各种应用卫星的研制发射和实验能力，在世界航天技术领域占有一席之地;在核工业方面，我国不仅可以生产制造原子弹、氢弹，还掌握了核潜艇技术，形成了我国的核威慑力量，在和平利用核能方面，我国也取得了突破性进展。

（四）国防后备力量建设

我国国防后备力量建设，经过几代人的努力，形成了一整套制度和优良作风，打下了坚实的基础。党的十一届三中全会以来，尤其是从1985年，党中央、国务院、中央军委明确提出“精干的常备军和强大的后备力量相结合，是建设现代化国防的必由之路”这一基本指导方针之后，作为一支伟大战略力量的国防后备力量，越来越受到党和国家的高度重视，并在全国范围内形成了一个各级地方党政领导关心后备力量建设、各级军事机关狠抓后备力量建设、社会各界和广大人民群众积极支持后备力量建设的可喜局面。我国国防后备力量建设，经过一系列的调整改革，各项工作均取得了明显的成绩。一是实现了指导思想的战略性转变，走上了和平时期稳步发展的轨道。二是确立并实行了民兵与预备役相结合的制度，初步形成了具有中国特色的国防后备力量体系，并下大力重点抓基干民兵队伍建设和预备役部队建设，加强了训练，更新了武器装备，使我国后备兵员的整体素质有了较为明显的提高。三是注重了宏观指导，合理布局，边海防、大中城市和重点地区的民兵工作得到加强。四是民兵、预备役部队在参战支前、保卫边疆、发展生产、扶贫帮困、抢险救灾、维护社会治安等方面发挥了重要作用，为国家的改革、发展和稳定做出了巨大的贡献。五是健全了国防动员机构，为了保证国家一旦发生战争的情况下，能很快由平时状态转入战时状态，调动足够的人力、财力、物力应对战争的需要。六是加强了国防教育，恢复并加强了对大学、高中（含相当于高中）在校学生的军训工作，使国防教育正逐步纳入到整个国民教育体系之中，走上了法制化、规范化的轨道。

三、国防政策

国防政策，是国家在一定时期所制定的关于国防建设和国防斗争的基本行动准则，是国家政策的组成部分①。由国家依据其军事和政治、经济、科技、文化、地理以及国际环境等条件制定。国家的一切国防活动，以及与国防有关的其他活动都必须以国防政策为依据。

（一）国防的基本目标和任务

国防的基本目标和任务，取决于不同时期国家的发展战略和安全形势。2008年《中国的国防》白皮书明确指出中国国防的基本目标和任务是维护国家安全统一，保障国家发展利益；实现国防和军队建设全面协调可持续发展；加强以信息化

① 张万年．当代世界军事与中国国防［M］．北京：军事科学出版社，1999：168.

为主要标志的军队质量建设；贯彻积极防御的军事战略方针；坚持自卫防御的核战略；营造有利于国家和平发展的安全环境。

（二）国防建设与经济建设保持协调发展

正确处理国防建设与经济建设的关系，服从和服务于国家经济建设大局，保持国防建设与经济建设的协调发展，是国防建设适应新时期国家总体发展战略的必然要求，是中国国防建设一个长期的基本方针。

（三）贯彻积极防御的军事战略方针①

中国在战略上实行积极防御、全民自卫和后发制人的原则，坚持“人不犯我，我不犯人，人若犯我，我必犯人”。立足于用现有武器装备作战，继承和发扬以劣胜优、以弱胜强的优良传统。适应国际战略形势和国家安全环境的变化，迎接世界新军事变革的挑战，加速推进中国特色军事变革，充分做好信息化条件下的防卫作战准备。

（四）独立自主地建设现代化国防②

中国的社会制度、对外政策、历史传统和自然地理环境等国情，决定了中国必须独立自主地建设和巩固国防。独立自主，就是依靠自己的力量来保障国家的安全。事实证明，依赖别国，就有可能受制于人，招致国家利益受损、安全不保。中国国防政策的独立自主性表现在：坚持不与任何国家或国家集团结盟，不参加任何军事集团；坚持从国情出发，独立自主地进行决策和制定战略；坚持主要依靠自己的力量建设国防，完善工业和国防科技体系，发展先进武器装备；坚持国家利益高于一切的原则，独立地处理一切对外军事事务。

（五）实行军民结合、全民自卫③

在国防建设和国防斗争中，继承和发扬人民战争的优良传统，坚决地依靠广大人民群众的力量，坚持军民结合、全民自卫的原则。在武装力量建设方面，重视民兵和预备役的建设，搞好学生军训，实行精干的常备军与强大的后备力量相结合。在国防斗争中，发挥民兵和广大群众的威力，在边防、海防前线建立起军、警、民结合的联防体系，并重视发挥民兵在平时打击犯罪分子、维护社会治安和社会稳定的作用。加强公民的国防教育，强化人民群众的国防意识。加强国防动员建设，完善国防动员法规，健全国防动员机制，加强国防动员演练，保证一旦发生战争，能够充分动员广大人民群众实行全民自卫。国防工业和科技的发展，实行军民结合、

---

① 张万年．当代世界军事与中国国防［M］．北京：中共中央党校出版社，2003：124.

② 张万年．当代世界军事与中国国防［M］．北京：中共中央党校出版社，2003：124.

③ 张万年．当代世界军事与中国国防［M］．北京：中共中央党校出版社，2003：124-125.

平战结合、军民兼容的原则。在经济发展规划、工业生产布局、大型工程施工、科技教育事业、交通邮电建设和新兴产业发展等方面都要积极贯彻国防要求，实现寓国防人才于民，寓国防科技于民，寓国防物资于民，把国防事业植根于人民群众社会实践的沃土之中。

（六）走有中国特色的精兵之路①

在新的历史时期，中国人民解放军按照建设信息化军队、打赢信息化战争的目标，深化改革，锐意创新，加强质量建设，走有中国特色的精兵之路，努力建设一支革命化、现代化、正规化的人民军队。中国军队坚持把控制数量、优化结构、理顺关系、提高质量作为现代化建设的一条基本方针。20 世纪 80 年代中期以来，中国已经完成三次大规模裁军，共裁减军队员额 170 万，军队总规模将保持在 200 万人左右。通过裁军，改善了官兵编配比例，完善了领导指挥体制，优化了军兵种结构，深化了联勤保障体制改革，调整了院校体制编制，加强了海军、空军和第二炮兵建设。坚持把信息化作为现代化建设的发展方向和战略重点，积极开展了信息化建设的研究和实践。坚持把武器装备作为加速推进中国特色军事变革的重要物质技术基础，依托国家经济发展和科技进步，适应国家安全需要，不断加快武器装备现代化进程。坚持加快实施人才战略工程。力争经过一二十年的努力，拥有一支懂得信息化战争指挥和信息化军队建设的指挥军官队伍，一支能够熟练掌握手中武器装备的士官队伍。

（七）加强国际安全合作、维护世界和平

中国坚持根据《联合国宪章》的宗旨和原则，在和平共处五项原则的基础上开展军事交流与合作，与世界各国发展友好关系，致力于推动各种形式的国际安全对话与合作。注重加强同有关国家在安全与防务领域的双边及多边战略磋商和对话，促进了相互信任、交流与协作。注重加强地区安全合作。坚持与邻为善、以邻为伴，奉行睦邻、安邻、富邻的周边外交政策，积极推动亚太地区安全对话合作机制的建设。注重加强非传统安全领域的合作。主张采取综合措施，标本兼治，共同应对非传统安全威胁。注重参与联合国维和行动。

（八）积极参与军控、裁军和防止核扩散

中国反对军备竞赛，主张根据公正、合理、全面、均衡的原则，实行有效的军备控制和裁军。中国支持国际社会采取的有利于维护世界和地区和平、安全、稳定的活动，支持国际社会为公正合理地解决国际争端、军备控制和裁军及防止核扩散所做的努力。

---

① 张万年．当代世界军事与中国国防［M］．北京：中共中央党校出版社，2003：125-126.

四、国防教育

国防教育，是国家为适应国防需要，对全体公民的观念、品德、智力和体质等方面，有组织、有计划地进行各种与国防有关的教育训练的活动。

当今世界，无论是大国还是小国，无论是发达国家还是发展中国家，无论是社会主义制度国家还是资本主义制度国家，都把国防教育作为建设和巩固国防的重要基础工程，并作为增强民族凝聚力，提高全民素质，弘扬爱国主义精神的重要途径。因此，接受国防教育，承担国防责任，是国家对每一个公民的基本要求。

（一）国防教育的地位和目的①

1. 国防教育的地位

国防教育法第 2 条规定："国防教育是建设和巩固国防的基础，是增强民族凝聚力、提高全民素质的重要途径。"这一规定，明确了国防教育的重要地位。

国防教育是建设和巩固国防的基础。只有搞好国防教育，才能使全体公民明确国防的目的、任务，自觉地为国防建设贡献力量；只有搞好国防教育，才能造成爱军尚武的风气，为国防建设创造良好的社会氛围；只有搞好国防教育，才能激发公民的爱国奉献精神，为国防建设奠定坚实的思想基础。

国防教育是增强民族凝聚力的重要途径。在长期的和平环境中，人们容易思想麻痹，精神涣散，特别是在改革开放的新形势下，人们的经济意识有所增强，奉献意识有所削弱；自主意识有所增强，集体意识有所削弱。加强新形势下的国防教育，对于振奋民族精神，增强民族凝聚力，具有特殊的现实意义。

国防教育是提高全民素质的重要途径。进行国防教育，既可以提高公民的政治觉悟，增强法纪观念，提高思想道德水平，又可以扩大知识面，改善知识结构，提高科学文化水平，从而全面提高公民的素质。因此，应把国防教育作为加强国防建设的战略性措施，纳入社会主义精神文明建设总体规划，纳入国民教育体系，常抓不懈，筑起中华民族坚不可摧的精神长城。

2. 国防教育的目的

国防教育法第 3 条规定："国家通过开展国防教育，使公民增强国防观念，掌握基本的国防知识，学习必要的军事技能，激发爱国热情，自觉履行国防义务。"这一规定，明确了国防教育的目的。

增强国防观念，使公民具备一定的国防观念，主动履行国防义务。增强国防观念，主要是培养公民的忧患意识、尚武意识和责任意识，做到居安思危，常备不懈，人人关注国家安危和兴衰，在不同岗位上为国防建设作贡献。掌握基本的国防知识。公民掌握基本的国防知识，可以使行动建立在理性认识的基础上，明确自

① 中华人民共和国国防教育法．人大常委会 2001 年 4 月 28 日通过。

己在国防活动中应当做什么以及怎么做，从而更自觉、更有效地参加和支援国防建设与国防斗争。学习必要的军事技能。学习军事技能的过程可以使公民进一步加深对国防知识的理解、掌握，提高在战争中保卫国家和进行自卫的技术、能力。激发爱国热情。爱国热情是千百年来固定下来的对自己祖国的一种最深厚的感情，是国家安全最深厚的根基。要通过教育，激发公民对祖国辽阔土地、壮丽山河的无限热爱，对祖国灿烂文化、悠久历史的无限热爱，对人民的无限忠诚和对国家命运的深切关心，增强维护国家安全的责任感。自觉履行国防义务。要通过国防教育，使每一个公民都明确应当承担哪些国防义务，履行义务对国防事业具有什么作用，从而更好地在国家的领导下实施国防行为。

（二）国防教育的方针和原则

国防教育法第4条规定：“国防教育贯彻全民参与、长期坚持、讲求实效的方针，实行经常教育与集中教育相结合、普及教育与重点教育相结合、理论教育与行为教育相结合的原则，针对不同对象确定相应的教育内容分类组织实施。”这一规定，明确了国防教育的方针和原则。

1. 国防教育的方针

根据《中华人民共和国国防教育法》，我国国防教育的方针是：

全民参与。全民参与国防教育有两方面的含义：一方面，全体公民都是国防教育的对象，都有接受国防教育的权利和义务；另一方面，全体公民都是国防教育的主体，普及和加强国防教育是全社会的共同责任，国家支持、鼓励社会组织和个人开展有益于国防教育的活动。

长期坚持。国防观念的形成，是日积月累的历史积淀，绝非一朝一夕之功；国防观念的保持，是反复教育、不断强化的结果，不可能一劳永逸；国防观念的承续，需要一代又一代地口授身传，不能止息。因此，国防教育必须长期坚持，代代相传，以便使国防意识成为民族的心理定势，对公民的行为产生习惯性影响。

讲求实效。国防教育应注重实际效果，不能片面追求形式，制造表面效应。要保证国防教育收到实效，必须加强教育的针对性，根据不同人员、不同时期的思想反映，采取不同的方法，提出不同的要求，突出不同的内容，使国防教育切合实际，深入人心。

2. 国防教育的原则

根据《中华人民共和国国防教育法》，我国国防教育的原则是：

经常教育与集中教育相结合。经常教育是在日常工作和生活中随机进行的非专门教育。其形式灵活多样，不拘一格，其作用是耳濡目染、潜移默化。集中教育是利用一定的时间、在一定的场所对有关人员进行的专门教育，主要形式是授课和专题参观活动。经常教育的特点是广泛性、群众性。集中教育的特点是系统性、组织性。两者在增强公民国防观念方面有不同的功效，其作用不可互相替代。要把这两种教育形式有机地结合起来，使其相辅相成。

普及教育与重点教育相结合。普及教育是对全体公民的一般教育，重点教育是对部分公民的加强教育。重点教育的对象是：各级领导干部、现役军人、民兵、预备役人员、高等院校和高级中学的学生。重点教育要着重抓，普及教育要普遍抓。普及教育是重点教育的基础，只有搞好普及教育，重点教育才能取得更显著的成效。

理论教育与行为教育相结合。理论教育，是以课堂讲授、阅读书籍等形式进行的，以传播国防思想、国防历史、国防法规等方面的知识为目的的教育活动。行为教育，是结合军事训练、执行任务等进行的，以传授技能、锻炼体格、陶冶情操为目的的教育活动。理论教育和行为教育是密不可分的两个方面，应在重视理论教育的同时，加强行为教育，促进国防知识向国防行为的转化，提高公民的国防行为能力。

（三）国防教育的组织和保障

国防教育法第6条规定："国务院领导全国的国防教育工作。中央军事委员会协同国务院开展全民国防教育。地方各级人民政府领导本行政区域内的国防教育工作。驻地军事机关协助和支持地方人民政府开展国防教育。"根据这一规定，国务院和地方各级人民政府是领导国防教育工作的主体，在组织实施国防教育中发挥主导作用。军事机关担负着直接领导国防活动的重任，协助和支持人民政府搞好国防教育是其义不容辞的责任。

1. 国防教育的组织

国防教育的组织主要是指学校国防教育和社会国防教育的组织。

学校国防教育。国防教育法第13条规定："学校的国防教育是全民国防教育的基础，是实施素质教育的重要内容。"搞好学校的国防教育，不仅可以提高青少年学生的综合素质，而且，可以有力地推动全社会的国防教育。学校应当将国防教育列入学校的工作和教学计划，采取有效措施，保证国防教育的质量和效果，高等学校、高级中学和相当于高级中学的学校应当将课堂教学与军事训练相结合，对学生进行系统的国防教育。负责培训国家工作人员的各类教育机构，如党校、行政学院等，应当将国防教育纳入培训计划，设置适当的国防教育课程。

社会国防教育。国防教育法第5条规定："一切国家机关和武装力量、各政党和各社会团体、各企业事业组织以及基层群众性自治组织，都应当根据各自的实际情况组织本地区、本部门、本单位开展国防教育。"根据这一规定，国家机关应当根据各自的工作性质和特点，采取多种形式对工作人员进行国防教育。企业事业单位应当将国防教育列入职工教育计划，结合政治教育、业务培训、文化体育等活动，对职工进行国防教育。城市居民委员会、农村村民委员会应当将国防教育纳入社区、农村社会主义精神文明建设的内容，对居民、村民进行国防教育。文化、新闻、出版、广播、电影、电视等部门和单位应当根据形势和任务的要求，采取多种形式开展国防教育。

2. 国防教育的保障

国防教育的保障主要是指师资、经费、教材、设施等方面的保障。

师资保障。国防教育教员应从热爱国防教育事业、具有较高文化素养和军事素养的人员中选拔。人民解放军和武装警察部队应当根据需要和可能，为驻地有组织的国防教育活动选派军事教员。对国防教育教员，应根据其担负的任务，采取适当方式进行培训，不断提高他们的理论水平和教学能力。

经费保障。国防教育经费主要来源于国家财政，同时应广开渠道，多方筹集国防教育经费。国家鼓励社会组织和个人捐赠财产，资助国防教育的开展。国防教育经费应本着节俭的原则，合理使用，杜绝浪费，提高使用效益。

教材保障。全民国防教育使用统一的国防教育大纲。国防教育大纲由国家国防教育工作机构组织制定。各地和有关部门应依据国家的国防教育大纲编写本地区、本部门的国防教育教材。

设施保障。人民解放军和武警部队应当根据需要和可能，为驻地有组织的国防教育活动提供必要的军事训练场地、设施以及其他便利条件。被命名为国防教育基地的烈士陵园、革命遗址和其他具有国防教育功能的博物馆、纪念馆、科技馆、文化馆、青少年宫等场所，应当对有组织开展国防教育活动的中小学生免费开放，在全民国防教育日向社会免费开放。有条件的地方可创办少年军校、国防教育园或国防教育中心。各种国防教育设施应随着当地经济的发展，不断改善条件，充分发挥其在传播国防知识、培植国防观念、提高公民素质方面的作用。

（四）国防教育的内容和形式

国防教育内容十分丰富，实施国防教育的形式也多种多样，凡是能达到弘扬爱国主义和革命英雄主义精神，使全体公民增强国防观念，以增强保卫国家安全的意志、技能和体魄为目的的内容、方法和形式均可采用。

1. 国防教育的内容

我国目前开展的国防教育，其内容大致可以概括为：

国防理论教育。主要内容和体系有：国防的地位和作用，国防的构成及其相互关系；马克思主义关于国家和国防的学说、战争观和国防论；国防建设的指导思想、方法和原则，国防建设与经济建设及其他建设的关系；古今中外军事思想、人民战争、人民军队的理论、后勤力量建设的理论；国防战略、党和国家的防卫方针、原则和政策等。

国防形势教育。主要内容有：当今世界政治、经济、军事格局情况；世界战争和局部战争的形势；各国的国防政策和国防模式；我国周边局势；邻国动向以及我国对外政策等。

国防知识教育。国防知识涉及的领域很广，包括的内容很多，主要有国家武装力量的构成情况；现代科技在军事上的应用；常规武器的战术技术性能、现代军事知识、防护知识；岛屿与争端；世界遗留问题；领土、领海、领水、领空知识；现代战争特点等。

国防法制教育。国防法制教育是指以国防及军事法律制度为内容的教育，是以增强国家综合国防实力为目的，依据国家国防和军事法规，通过一定手段，有计划地对公民的国防法律观念和行为施加影响的活动过程。

国防精神教育。国防精神是一个国家的民众关心祖国的前途和命运，支持国防的巩固与强大，维护国家的尊严和安全的民族意识和心理素质。其主要内容有爱国主义精神、爱军尚武精神、革命英雄主义精神、国际主义精神以及民族自主、自尊、自强精神等。

国防体育教育与训练。国防体育也称军事体育，是体育运动的一个组成部分。包括越野、爬山、通过障碍、游泳、军体拳、攀登等。目前我国已经开展的项目有射击、无线电、潜水、摩托艇、摩托车、航海模型、航空模型、航海多项、航空（飞行）、跳伞、滑翔、军事五项、定向运动等。

此外，还有国防历史、国防外交、国防战略等方面的教育内容。实施国防教育时，要针对不同的教育对象，精选不同的教育内容，有所区别，有所侧重。

2. 国防教育的形式

国防教育应根据不同的时间、地点和教育对象，采取不同的教育形式。综合我国各地的做法，主要有以下几种：组织军训，组织理论研讨班，普及国防教育读物，组织英模报告会，在报刊、电台开辟国防教育专栏，利用广播，电视、电影进行宣传，开展国防知识比赛、歌咏比赛、演讲比赛，开展国防月、国防周、国防日教育活动，开展军事夏令营，组办少年军校，开展拥军优属活动，开设国防教育课程。

（五）国防教育的重大意义①

1. 国防教育维系国家安全与发展

任何一个民族和国家在其发展的历史长河中，都会遇到各种各样的困难和问题。归纳起来无非是安全问题和发展问题。发展是安全的基础，安全是发展的保障。为了保证安全和发展，国家要有强大的国防实力，更需要大批优秀的国防人才，由此必须增强全民的国防观念，这些都离不开国防教育。

“畏危者安，畏亡者存”及“居安思危、思则有备、有备无患”，这些历史经验的总结，是经过无数历史事实证明了的哲理，它强调了对全民开展国防教育的重要意义。当前，国际形势的主要趋势是缓和，世界大战的可能性大大减小，保持相

① 陈云金，吴忠国．国防教育教程［M］．武汉：武汉大学出版社，2007：47.

对和平的国际环境，为各国发展提供较为稳定的外部条件是能够实现的。然而，无数历史经验证明，在和平时期，人们的和平麻痹思想容易滋长，国防观念容易淡化。因此，对全民开展国防教育，使全体国民增强国防观念，关心和支持国防事业，提高保卫国家和民族安全的自觉性，是巩固和加强国防，保证国家长治久安和实现国家发展战略目标的一项重要战略措施。

2. 加强国防教育有利于增强综合国力

国家的综合国力，是以经济技术为基础，包括政治、经济、文化、教育、科技、意识形态、对外关系、国防等的综合建设与综合运用。国防是国家综合国力的重要体现。如果在国家的发展目标上，没有或者看轻了国防的位置，那不仅是片面的，而且是危险的。所以，从我国四化建设的长远需要出发，重视国防建设是十分重要的。开展国防教育就是要使人们认识到国防在四化建设中的地位，认识到国防力量是综合国力的有机组成部分，自觉地把国防现代化作为实现四个现代化的一大目标去为之奋斗，这是全面实现社会主义现代化宏伟目标的必然要求。

3. 接受国防教育是法律赋予每个公民的神圣义务和职责

一个国家和民族要强大要发展，必须使每个公民能够以国家利益为重，系国家安危于一身，关注国家和民族在世界民族之林中的地位。爱国主义最基本的内涵就是要求每个公民明确自己在国家政治生活中应享有的权利和义务。公民必须忠于自己的国家。因此，为了保卫国家的安全，公民必须依法履行对国家的义务。

当前，世界上许多国家都把国防教育作为公民的基本教育内容。美国政府把广泛动员民族利益视为“社会第一勤务”，采取各种方式向公民灌输“国家至上”的思想。瑞士是一个永久性的中立国，已有170多年没有卷入战争，但瑞士公民的国防意识是世界一流的。瑞士法律规定：全体公民从20岁到50岁期间，要定期或不定期分别参加近卫军、卫国军和国民军三种军事组织的军事训练。

在我国，国防教育早已引起党和政府的高度重视，尤其是青年学生，始终是作为教育的主要对象。《中华人民共和国宪法》第55条规定：“保卫祖国，抵抗侵略是中华人民共和国每一个公民的神圣职责。依照法律服兵役和参加民兵组织是中华人民共和国公民的光荣义务。”兵役法对国防教育、兵员征集等均作了具体规定。兵役法第47条规定：“为了对付敌人的突然袭击，抵抗侵略，各级人民政府、各级军事机关，在平时必须做好战时兵员动员的准备工作。”在对全民开展国防教育中，尤其突出了对学生的国防教育。兵役法第43条规定：“高等院校的学生在就学期间，必须接受基本的军事训练。根据国防建设的需要，对适合担任军官职务的学生，再进行短期集中训练，考核合格的，经军事机关批准，服军官预备役。”第45条规定：“高级中学和相当于高级中学的学校，配备军事教员，对学生实施军事训练。”为了贯彻执行宪法和兵役法的规定，全国各级地方政府又相继制定了结合本地区特点的国防教育法规。2001年颁布的国防教育法用一章共5条的条款对学校开展国防教育作了明确的规定。在高校开设军事理论课，接受基本军事训练是让符合法定年龄而又无条件服现役的公民接受国防教育和依法服兵役的一种有效形式，是法律赋予每个大学生的光荣义务和历史使命。

4. 开展国防教育是加速国防现代化建设和落实战时兵员动员的重要措施

国防现代化是指国防建设具有现代先进的科学技术水平，其核心是要建设一支强大的现代化、正规化的革命军队，其标志是武器装备现代化。在国防现代化建设中，我们既要把军队、民兵、预备役人员的政治素质提高到一个新水平，又要把全体公民的国防意识提高到一个新的水平，同时还要大力组织全体军人、民兵、预备役人员和全体公民努力学习先进的思想和科学文化技术。如果没有具有一定军事素养和科学文化知识的人去驾驭武器装备，即使再先进的武器，也难发挥其应有的作用，也难以制定出战胜对手的方略。现代国防是全民的国防，提高全民的国防能力是维护国家安全的可靠保证。开展全民国防教育也是为了应对突发事件，抵御外来侵略，储备一定兵员的需要。未来战争的新特点对兵员工作提出了新的、更高的要求。战时兵员动员将成为决定战争胜负的重要因素之一。历史经验证明，只有在平时有计划、有步骤地组织好、储备好各类军官和兵员，才能保证战时的需要。世界上任何一个国家都不可能在和平时期保持一支庞大的现役部队，为了解决平时少养兵、战时多出兵的矛盾，大多数国家通常都是在保持一支精干的常备军的前提下，通过各种形式训练和储备大量后备人员，以保障战时部队的迅速扩充和建立。

目前，我国正在加快进行经济建设，我们需要一个安定的国际和平环境。要获得和保持这样一个和平环境，就需要有一支数量适中、质量可靠的正规军与众多高质量的后备力量相结合的威慑力量来取得。开展全民国防教育既能增强公民的国防观念，树立国家安全意识，又能通过教育和训练来培养公民严守纪律、不畏艰险的作风，还能使公民强健体魄，掌握国防所需要的军事技术知识和技能，从而增强每个公民的国防素质，使国家安全和国防巩固具有稳固的基础。我国已有高等学校1500 多所，在校学生 1100 万余人。因此，在高校的学生中有计划地开展国防教育，实施军事训练，就能做好兵员储备和预备役军官的培养工作，做到寓兵于民，寓官于校，这对于加强国防后备力量建设，做好兵员动员的准备工作，都具有十分重要的战略意义。

5. 国防教育是培养合格人才的好形式

提高全民族的思想道德素质和科学文化素质，培养各级各类合格人才，是构建社会主义和谐社会的总体战略。

首先，国防教育是对大学生进行以爱国主义为核心的国防观念的教育。通过国防教育，加深大学生对党、对祖国、对人民军队的感情，培养他们高度的献身精神和不怕困难、不怕牺牲的顽强意志，使每个学生明确个人在国家生活中的地位，具有为国家和民族献身的使命感和光荣感，树立为保卫国家利益和民族尊严而自觉斗争的精神，从而进一步增强民族的凝聚力和向心力。

其次，通过军事理论和军事技术的学习和实践，使大学生了解最新的军事科学技术的成就，以扩大学生的知识面，改善学生的知识结构。学习军事指挥、军事管理知识，提高学生的实践能力，可以进一步培养学生的创造力和综合思维的能力。

再次，通过严格的军事训练，可以使学生增强体质，磨炼意志和毅力，提高自我防护能力和学习的效率。军训非常有利于大学生良好行为规范的养成，能有效地加强纪律性和培养勇往直前、团结一致、关心他人的良好的作风和高尚的品德。

我们党和政府明确指出："高等学校培养出来的大学生、研究生，应当有坚定正确的政治方向，爱祖国、爱社会主义，拥护中国共产党的领导，努力学习马克思主义；应当热心于改革开放，有艰苦奋斗的精神，努力为人民服务，为实现具有中国特色的社会主义现代化而献身；应当自觉地遵纪守法，有良好道德品质；应当勤奋学习，掌握现代科学文化知识。还要从他们中间培养出一批具有共产主义觉悟的先进分子。"目前在高校开展的国防教育，正是紧紧围绕这一目标而进行的。

五、武装力量

武装力量是国家或政治集团所拥有的各种武装组织的统称。中国武装力量由中国人民解放军现役部队和预备役部队、中国人民武装警察部队、民兵组成。①

（一）中国人民解放军

中国人民解放军是中国共产党缔造、领导的，用马克思列宁主义、毛泽东思想武装起来的无产阶级的新型人民军队，是执行革命政治任务的武装集团，是为中国无产阶级和各族人民群众利益服务的工具，是中华人民共和国武装力量的主要组成部分，是人民民主专政的坚强柱石，是保卫社会主义祖国和人民和平劳动的钢铁长城。

1. 中国人民解放军的性质

我军的性质是由中国共产党的性质决定的，中国共产党为了实现自己的纲领、路线和奋斗目标，领导和创立了自己的一支新型的人民军队。其主要标志是：坚持党对军队的绝对领导；坚持全心全意为人民服务的宗旨。这些都是我军性质的具体反映。

2. 中国人民解放军的宗旨

军队的宗旨是由军队的性质决定的。1945 年，毛泽东在《论联合政府》报告中明确对我军的宗旨作了科学的概括："紧紧地和中国人民站在一起，全心全意地为中国人民服务，就是这个军队的唯一宗旨。"这一宗旨深刻地表明我军来自人民，服务于人民，是人民的子弟兵。

① 张万年．当代世界军事与中国国防［M］．北京：军事科学出版社，1999：211.

3. 中国人民解放军的任务

《中华人民共和国宪法》规定，国家武装力量属于人民。它的任务是巩固国防，抵抗侵略，保卫祖国，保卫人民的和平劳动，参加国家建设事业，努力为人民服务。这是我军的神圣职责。

中国人民解放军始终致力于保障国家安全，维护世界和平，促进人类进步的正义事业，是一支维护世界和平的坚强力量。新中国成立后，人民解放军遵照中共中央、中央军委的指示，根据朝鲜民主主义人民共和国、越南民主共和国、老挝王国等政府的请求，先后派出部队进行抗美援朝、援越抗法、援越抗美和援老抗美的斗争，帮助这些国家的人民赢得了救国战争的胜利。中国人民解放军的这些光辉业绩，在世界人民保卫和平斗争的史册上万古流芳。

（二）中国人民解放军预备役部队

中国人民解放军预备役部队，是以现役军人为骨干，以预备役军官、士兵为基础，按统一编制为战时能迅速转化为现役部队而组建起来的部队。它是实施成建制快速动员的有效组织形式，是提高储备兵员质量的好办法，是加强国防建设的重要措施。

中国人民解放军预备役部队组建于1983年，分为陆军、海军、空军基地和兵种预备役部队。其师、团已列入军队建制序列，授有番号、军旗，实行统一编制，按地区编组。预备役部队平时隶属省军区，战时动员后归指定的现役部队指挥。中国人民解放军预备役部队的任务是：努力提高部队的军政素质，不断增强现代条件下快速动员和作战能力；切实做好战时动员的各项准备工作，随时准备转为现役部队执行作战任务；积极参加社会主义建设，在物质文明和精神文明建设中，发挥骨干带头作用。

（三）中国人民武装警察部队

中国人民武装警察部队是中华人民共和国武装力量的重要组成部分，是保卫社会主义现代化建设的一支重要力量。

1950年9月，为保证武装力量更好地履行对内职能，在中国人民解放军部分陆军的基础上，组建了中国人民公安部队。此后，公安部队的领导体制、隶属关系和名称几经变更。1982年6月，将看押劳改犯、守护地方重要目标和警卫省、自治区、直辖市党政机关以及驻华使领馆的人民解放军部队，同公安部门原来实行义务兵役制的武装、边防、消防警察，统一组建人民武装警察部队。1983年4月，中国人民武装警察部队正式成立。1985年1月，原属中国人民解放军基建工程兵的水电、交通、黄金部队列入武警部队系列。1987年8月，武装森林警察也列入武警部队序列。

中国人民武装警察部队的主要职能是：通过执行边境武装警卫任务、边境检查勤务、安全勤务、海上巡逻勤务来维护国家政权和尊严；通过预防和镇压敌对势力的破坏，应付各种紧急意外情况，维护社会治安任务；通过执行警卫任务、守卫勤务、消防工作、反恐怖活动，保卫党政领导机关、重要目标和人民生命财产的安全。

（四）中国民兵

中国民兵是由不脱产的人民群众组成的武装组织，是中华人民共和国武装力量的组成部分，是中国人民解放军的有力助手和强大后备力量。全国的民兵工作由国务院、中央军委领导，由总参谋部主管；各大军区按照上级赋予的任务，负责本区域的民兵工作；省军区、军分区和县（市）人民武装部是本地区民兵领导指挥机关；乡、镇、部分街道和企事业单位设有人民武装部，负责民兵和兵役工作。地方各级人民政府，对民兵工作实施原则领导，对民兵工作实施组织和监督。民兵的主要任务是：在军事机关的领导下，战时担负配合常备军作战、独立作战、为常备军作战提供战斗勤务保障以及补充兵员等任务，平时担负战备执勤、抢险救灾和维护社会秩序。民兵分为基干民兵和普通民兵。《中华人民共和国兵役法》规定：凡年满18～25岁符合服兵役条件的男性公民，除征集服现役者外，均编入民兵组织服预备役。28岁以下退出现役的士兵和经过军事训练的人员，以及选定参加军事训练的人员编入基干民兵组织。其余18～25岁符合服预备役条件的男性公民，编入普通民兵。

第四节　国防动员

国防动员，亦称战争动员，简称动员，是国家或政治集团由平时状态转入战时状态，统一调动人力、物力、财力为战争服务所采取的措施。通常包括人民武装动员、国民经济动员、人民防空动员和交通战备动员等。动员是国防活动的重要组成部分。动员准备的完善程度，是国防强弱的标志之一。中国坚持全民办国防，着眼于发挥现代人民战争整体优势，加强以综合国力为基础的国防动员建设。

一、国防动员的意义①

（一）动员是增强国防实力的重要措施

在和平时期，国家把动员准备纳入经济建设和社会发展的总体规划，贯彻军民结合、平战结合的方针，可以增强战争潜力。同时通过动员准备，激发人民的爱国主义和国防观念，使国家政局稳定、经济发达、科技进步，迅速增强综合国力。一旦战争爆发，通过战时动员，就能迅速地把战争潜力转变为战争实力。就武装力量

① 陈云金，吴忠国．国防教育教程［M］．武汉：武汉大学出版社，2007：36.

建设而言，为了应对敌人的突然袭击和入侵，保持一定数量的常备军是必要的，但在平时要保持一支满足战争需要的庞大军队，任何国家，即使是经济发达国家都无法做到。平时保持精干的常备军作为战时动员扩建部队的骨干力量，同时积极训练、储备后备力量，以便战时根据需要组编参战。这样既可以加速国民经济的发展，又可以从根本上增强国防实力。

（二）动员是增强国防威慑力的有效手段

一个国家的国防威慑力，不仅取决于常备军的数量和质量，而且还取决于军队后备力量和其他动员潜力，取决于常备军与后备力量动员准备的有机结合以及动员机制健全完善程度和运行效率。平时充分做好战时动员的准备工作，建立强大的后备力量和健全的动员体制，可以使敌人望而生畏，不敢贸然发动进攻。特别是处于防御地位时，应该采取积极的对策，以充分有效的动员，显示应付战争的能力和拼死抵抗的决心，迫使敌人延缓或放弃侵略战争。我国的后备力量既是潜力又是实力。我国的民兵是现实力量和后备力量的统一体。平时，加强国防后备力量建设，做好战争动员准备，无疑可以增大威慑力量，从而达到制约战争爆发，维护和平的目的。

（三）动员是夺取战争主动权的可靠保障

决定战争胜负的因素是多方面的，其中后备力量的强弱，兵员质量的优劣，以及战时动员的准备和实施的好坏，都是其重要的影响因素。随着现代科学技术的飞速发展及其在军事领域的广泛应用，使现代战争的突发性和速决性显著增大，发动战争的一方往往先发制人，迫使对方在无戒备或准备不充分的情况下仓促应战，力求达到速战速决的效果。第二次世界大战以来，突然袭击、不宣而战，已成为首先发动战争一方的惯用手法。处于防御地位的国家，如果战时动员工作的准备和实施得不好，在战争初期往往处于被动地位，甚至来不及实施动员和完成战略展开，其武装力量和经济命脉就已经陷于瘫痪。历史表明，在现代战争中，谁能保持强大的后备力量，并以最快的速度动员起来投入战争，谁就能取得战争的主动权。

二、国防动员的分类

国防动员按规模把动员分为总动员和局部动员、按方式把动员分为公开动员和秘密动员、按时间把动员分为初期动员和持续动员。我国国防法的规定，当中华人民共和国的主权、领土完整和安全遭受威胁时，国家将依照宪法和法律规定，进行全国总动员或者局部动员。

（一）总动员

总动员亦称全面动员，是国家采取紧急措施，在全国范围内实施的战争动员。即将全国军事、政治、经济、科技、文化以及社会生活的各个方面转入战时轨道。总动员通常在爆发大规模战争需要举国迎敌时进行，时机一般选择在战争初期。决定实施总动员的权限属于国家最高权力机关，总动员令通常由国家元首或政府首脑发布。

总动员有如下特征：一是全面性。总动员涉及国家各个地方、各个领域，包括军事、政治、经济、文化等各个部门，即“一切为了战争”。就人员而言，总动员可能涉及每一个有能力承担国防义务的公民。为了应付大规模战争，总动员将使国家转入战时体制，全国进入战争状态，一切部门和全体公民都要服从战争需要，以各种不同的方式支持战争的进行。二是彻底性。由于全面战争往往比局部战争更复杂、更激烈、更残酷，因而总动员的程度也就更为彻底，它将使国家所具有的战争潜力更多地转化为战争实力，使政府的各种机制更多地由平时状态转换为战时状态，并由此导致整个国家的活动中心和社会生活发生根本性的改变。三是持续性。总动员多是为全面战争而实施的。一般说来，全面战争比局部战争涉及的范围更广，持续的时间也更长。这就要求总动员也随之持续下去，成为长时间的分批次进行的活动。因此，动员可能持久进行，或者反复进行，甚至整个战争的自始至终都贯穿着动员。

（二）局部动员

局部动员，是国家在部分地区或部门进行的动员。通常是动员部分武装力量和人力、物力、财力进行战争。根据战争的发展，局部动员也可能上升为总动员。决定实施局部动员的权限，属于国家最高权力机关。

局部动员是古今中外战争动员中最常见的动员类型。第一次世界大战、第二次世界大战及战后的多次局部战争中，许多国家都进行过这种局部动员。我国进行抗美援朝战争、对印自卫反击作战、对越自卫反击作战，都进行过这种类型的动员。与总动员相比，局部动员具有以下特征：一是有限性。局部动员多是为局部战争而实施的。其作用、目的、时间、范围都有限，因此局部动员的规模必须严格控制。这样不仅可以尽量减少国家的负担和损失，还有利于达成政治上的主动。进行局部动员时，国家体制不做根本改变，社会的各个方面和公民也大多保持正常的生产和生活，维持正常的社会秩序。动员是在局部地区和某些部门进行，不涉及国家的总体发展布局和正常的经济建设。二是不稳定性。局部动员的不稳定性主要是说它有多种发展趋势，有可能发展上升为总动员，也可能只在局部地区或部门进行，不需再发展扩大。这就要求在局部动员之前和实施过程中，必须对战争的发展趋势不断地进行研究，做出科学的预测，以便有所准备，一旦需要，及时向总动员过渡。

实施总动员还是局部动员，是由战争规模和国家战略意图决定的，两者在一定条件下相互转化。随着战争规模的扩大，局部动员有可能升级为总动员。同样，随着战争规模的缩小，原来在全国各行各业进行的总动员，则逐步变为局部动员，国家的大部分地区和部门恢复正常状态。

三、国防动员的内容

（一）人民武装动员

人民武装动员，是国家将军队及其他武装组织由平时体制转为战时体制所采取的措施。通常包括现役部队、武装警察部队、预备役部队、民兵和预备役人员以及相应的武器装备和物资等动员。它是国防动员的核心。

人民武装动员根据国家发布的动员令，按照动员计划组织实施。主要措施有：①扩编现役部队。临战前使军队迅速转入战时状态，现役军人一律停止转业和退伍，外出军人立即归队；迅速组建扩建新的作战部队和保障部队，实施战略展开。②征召预备役人员，按战时编制补充现役部队。③预备役部队调整为服现役。④改编和扩充其他武装组织。⑤动员和组织民兵参战。⑥征用急需物资。主要是运输工具和工程机械、医疗器械、修理设备等，以满足军队扩编的需要。⑦健全动员机构，加强组织领导。

（二）国民经济动员

国民经济动员，是为保卫国家安全，有计划、有组织地提高国民经济应变能力的活动。平时，它是加强国防经济潜力建设和应付突发事件的重要措施，是调节国防经济常备力量与国民经济比例关系的手段，是遏制战争的强大威慑力量。战时，它是快速、有序地将国民经济体制由平时状态转入战时状态，将国防经济潜力转化为国防实力，赢得战争胜利的重要保证。国民经济动员包括工业、农业、科技、医疗卫生、城市建设、商业贸易、财政金融等领域的动员。国民经济动员能力是国防现代化水平和综合国力的重要体现。

国民经济动员根据国家发布的动员令组织实施。主要做法是：①根据战争需要，调整军工生产在国民经济中所占的比例，重新分配人力、物力、财力，统筹安排军需民用。②动员生产线启封并投入军工生产，充分发挥军工厂的生产能力；改组民用工业结构和产品结构，扩大军工生产。③搬迁、疏散可能遭到战争破坏的重要工厂和战略物资，加强重要经济目标的保护。④调整科学技术研究机构及任务，加速研制新式武器装备。⑤调动医疗卫生以及外贸、文教等各行各业的力量为战争服务。⑥改组农业，提高农业产量，加强粮食生产和储备，保障军民粮食的供给。⑦加强经济资源的开发利用和管理，扩大生产，厉行节约，保障战争需要。

（三）人民防空动员

人民防空动员，是国家战时发动和组织人民群众防备敌人空袭所采取的措施。有的国家称为民防动员，是国防动员的重要组成部分。主要任务是：依据国家有关法律法令，动员社会力量，进行防空设施建设，组建防空专业队伍，普及防空知识教育，组织掩蔽疏散，配合防空作战，消除空袭后果。目的是保护居民、经济设施和其他重要目标安全，减少国家及人民群众生命财产的损失，保存战争潜力。

战时人民防空动员，根据国家发布的动员令，在统一部署、统一指挥下组织实施。按照防空动员计划，组织居民疏散隐蔽和对重要物资、工厂企业、科研单位、机关进行搬迁疏散；对重要经济目标实施防护，减少经济损失；扩大防空专业队伍，进行防空袭斗争，消除空袭后果，配合城市防空和要地防空作战；动员人民群众，协助各部门恢复生产和生活秩序。

平时人民防空动员准备工作要做到坚持长期准备、重点建设、平战结合。主要做法是：①制定和完善人民防空动员法规，建立和健全各级领导机构。②拟制各项防空动员计划，如人口和物资疏散、工业搬迁计划，重要经济目标防护措施和抢修预案以及各种保障方案。③组织实施人民防空工程的建设与管理。④按照专业对口、平战结合的原则，组织训练抢险抢修、医疗救护、消防、防化、通信、运输等防空专业队伍，提高专业技能。⑤对人民群众进行防空知识教育和训练，使其掌握防空的基本知识和技能，提高自救互救能力。⑥人民防空重点城市，根据战时需要，结合平时周转供应，做好粮食、医疗、油料等必要物资的储备。

（四）国防交通动员

国防交通动员是国家根据国防需要，统制各种交通运输线、设施和运输工具，保障人员、物资、装备运输的措施。其任务是：保障军队机动、兵员和武器装备的补充、军工生产、军品供应、军民疏散、工厂搬迁以及其他人员和物资的前送后运等。国防交通动员对于保障战争需要，夺取战争胜利具有重要意义。

思考题：

1. 现代国防的含义及基本要素是什么？
2. 从我国国防历史中可以得到哪些有益启示？
3. 什么是国防法规？
4. 我国的国防主要政策有哪些？
5. 中国人民解放军的性质是什么？
6. 谈谈加强国防后备力量建设的重要意义。
7. 什么是国防动员，它是如何分类的？
8. 我国国防教育的目的和方针、原则是什么？
9. 作为公民与大学生，谈谈如何履行国防义务。
10. 谈谈在高等学校开展国防教育的意义。

第二章 军事思想

军事思想是从总体上对战争与军事问题的理论概括，是指导现实和未来军事斗争的强大思想武器。不同的历史时期，不同的阶级，国家或政治集团，在军事思想理性认识层面上有不同的内容和表现形式。军事思想又是军事科学的综合性基础理论门类，它既从军事科学其他门类中汲取营养，又对军事科学其他门类具有总体的指导作用。① 同时，军事思想对人类其他社会活动具有重要的借鉴意义。

第一节 军事思想概述

一、军事思想的科学含义

军事思想是关于战争与军队问题的理性认识，通常是指国防与军队建设、战争准备与实施的指导理论和基本原则。它同军事学术、军事技术、军事历史、军事地理等学科门类统称为军事科学或军事学，是军事科学的重要组成部分，属于社会意识形态，受世界观与方法论的制约。军事思想是战争活动的理论概括，它来源于具体的军事实践活动，又给军事实践以理论指导，并随着战争和军事实践活动的发展而发展。

军事思想具有政治性、时代性、实践性、发展性、继承性的特点。② 要深入理解军事思想的科学含义，必须了解“战争”与“军事”这两个概念及二者之间的内在联系。战争是人类社会的一种特殊现象，是人们为达到一定的政治、经济目的，通过暴力手段来“解决阶级和阶级、民族和民族、国家和国家、政治集团和政治集团之间、在一定发展阶段上的矛盾的一种最高的斗争形式”。③ 其主要特征就是暴力形式。军事是准备和实施以战争为中心的各种社会活动，诸如作战指导、作战计划、战略战术、作战动员、后勤保障等活动的理论和实践活动。战争的

① 王厚卿．军事思想论纲［M］．北京：国防大学出版社，2000：1.

② 郝翔．国防教育概论［M］．北京：高等教育出版社，2002：110-111；牛力，郭同岭．军事思想与军事战略［M］．武汉：通信指挥学院内部资料（1998）：3-7.

③ 毛泽东选集（第1卷）［M］．北京：人民出版社，1991：171.

对立面是和平，是相对和平而存在的社会形态；军事一般与民事相对应，与其他社会形态如政治、经济、文化、外交等处于同一层次，不但存在于和平时期也存在于战争时期。战争与军事既相互联系又相互区别，规定了军事思想研究的对象与范围。①

马克思辩证唯物主义和历史唯物主义认为，物质决定意识，意识对物质具有能动的反作用。就军事领域而言，战争实践决定军事思想，军事思想又对战争实践具有能动的反作用。总体而言，军事思想是战争活动的行动指南，是其他军事学科的理论基础，对人类其他社会活动具有重要的借鉴意义，是指导我国国防现代化建设，做好未来战争准备的强大思想武器。因此，对军事思想，特别是对当代中国军事思想的学习与研究，对我国国防和军队建设，战争准备，遏制战争和打赢战争，制定军事政策，维护和巩固党的执政地位，捍卫社会主义制度，保卫人民和平劳动，确保国家领土完整和主权统一，维护和巩固世界和平，都具有深远的指导作用。②

二、军事思想的形成与发展

作为一种相对独立的意识形态，军事思想的发展经历了一个由低级到高级，由萌芽状态到形成发展的历程。它总是随历史的发展而发展，随战争的发展而发展。

（一）古代军事思想

中国古代军事思想（公元前21世纪—公元1840年）是中国军事思想发展的早期阶段，它反映了中国奴隶主阶级和封建地主阶级的军事思想。一般认为，中国古代军事思想萌芽于殷商，形成于西周，成熟于春秋战国，经过封建社会漫长岁月的发展，到明清时期完成了它的历史终结。中国从奴隶制社会到封建社会前期，军事思想的发展水平一直居于世界领先地位。据实物和文献记载，早在氏族社会末期，就有兵书出现，如《汉书》就录有《黄帝》十六篇和《神农兵法》一篇；③到了西周时期，《军志》和《军政》两部军事文献相继出现，④标志着中国古代军事思想已经形成；春秋战国时期，随着社会经济的迅速发展，社会剧烈变革，争霸兼并战争频繁发生以及社会思想领域的“百家争鸣”等历史潮流的不断涌动，出现了一大批适应时代特点和战争要求的军事理论著作，如《孙子兵法》、《吴子兵法》、《尉僚子》、《六韬》等，而且儒、道、法、墨等诸子百家典籍中也有大量深

---

① 朱梅生．军事思想概论［M］．北京：国防大学出版社，1997：3-5.

② 李鹏青．普通高等学校军事教程［M］．北京：军事科学出版社，2006：32-33.

③ 《汉书·艺文志·兵书略》.

④ 《军志》和《军政》虽亡佚，但后来许多兵法著作中有其引言出现，如《孙子兵法·军争》即有“军政曰：言不相闻，故为金鼓；视不相见，故为旌旗”之论。

邃的军事思想。自秦汉至明清，中国古代军事思想得到了较大的充实和发展，先后有数以千计的各类兵书问世。20 世纪 30 年代，陆达节编著的《历代兵书目录》，著录有兵书 1304 部，6831 卷；① 至明清时期，大兴研武之风，存世兵书多达 1685 部，出现了中国古代军事思想发展的第二个高峰。总之，中国古代军事思想内容博大精深，历史源远流长，是人类军事思想宝库中一颗璀璨的明珠。②

外国古代军事思想（公元前 8 世纪—公元 17 世纪）。③ 公元前 8 世纪至公元 5 世纪，是西方古代奴隶制社会时期。在这个时期，古希腊、古罗马等奴隶制国家，为了扩张领土、建立霸权、掠夺奴隶和财物，进行过频繁的战争，涌现出一大批著名的将帅，产生了丰富的古希腊和古罗马的军事思想。古希腊的军事思想主要散见于希罗多德的《希腊波斯战争史》、修昔底德的《伯罗奔尼撒战争史》、色诺芬的《长征记》等历史著作和著名军事人物的军事活动史料中，主要代表人物有伯里克利、色诺芬、埃帕米农达斯、亚历山大等；古罗马的军事思想，主要见之于当时的历史学家波里比阿、阿庇安、塔西佗、李维、普鲁塔等有关罗马历史的著作，主要军事代表人物有汉尼拔、费边、西庇阿、恺撒、屋大维等。值得注意的是，“从古代遗留下来的文献中，可以发现希腊先贤的著作中含有相当丰富的战略思想……始终包含海权因素在内”④。在这点上，古希腊“海权”战略思想与中国古代军事战略思想的“重陆轻海”倾向有本质区别。

从公元 476 年西罗马帝国灭亡到 1640 年英国资产阶级革命开始，是欧洲的中世纪时期，即欧洲的封建社会时期。这一时期主要军事代表人物有贝利萨留、古斯塔夫二世、杜伦尼等，主要代表作有毛莱斯著《战略学》，李欧著《战术学》，弗里德里希二世著《战争原理》、《军事典范》等。然而“中世纪宗教神学占据欧洲整个文化领域，军事理论作为西方文化的一部分，也处于低潮”⑤。

（二）近代军事思想

中国近代军事思想（1840—1949 年），⑥ 是在中国军事思想新旧变革、中西融合中形成和不断发展的，它反映了中国近代封建统治阶级、农民阶级和资产阶级的军事思想，是一种带有过渡性质的军事思想形态。⑦ 反映地主阶级革新派和洋务派的军事思想的代表人物主要有林则徐、魏源、曾国藩、胡森翼、刘坤一等，代表作

---

① 王显臣，许保林．中国古代兵书杂谈［M］．北京：解放军出版社，1983：2.

② 王厚卿．中国军事思想论纲［M］．北京：国防大学出版社，2000：2.

③ 朱梅生．军事思想概论［M］．北京：国防大学出版社，1997：19-25.

④ 纽先钟．西方战略思想史［M］．桂林：广西师范大学出版社，2003：25-30.

⑤ 李效东．比较军事思想［M］．北京：军事科学出版社，1999：45.

⑥ 中国近代军事思想良莠并存，内容庞杂，带有过渡性质，故本节将产生于 20 世纪上半叶的毛泽东思想纳入中国现代军事思想体系中论述。

⑦ 王厚卿．中国军事思想论纲［M］．北京：国防大学出版社，2000：3.

有《海国图志》、《曾胡治兵语录》等；反映农民阶级军事思想的代表人物主要有洪秀全、杨秀清、洪仁玕等，代表作如《太平军目》、《兵要四则》、《行军总要》等；反映中国资产阶级军事思想的主要代表人物有孙中山、黄兴、蔡锷等，代表作如《中国同盟会革命方略》、《军国民篇》等；反映国民党军事思想的主要代表人物有蒋介石、蒋百里、杨杰、白崇禧等，代表作如《国防论》、《国防新论》、《游击战纲要》等。

外国近代军事思想（1640—1945 年）。外国近代军事思想一般可分为资产阶级军事思想和马恩列斯军事思想。西方近代资产阶级军事思想内容非常广泛，体系比较庞杂，其大体产生于 15 世纪末到 17 世纪中叶，主要代表人物是意大利的马基雅弗利，主要代表作有《君主论》、《佛罗伦萨史》、《罗马史》等；形成于 17 世纪中叶到 19 世纪上半叶，主要代表人物有拿破仑、克劳塞维茨、若米尼等，代表作主要有《战争论》、《战争艺术概论》等；从 19 世纪中叶到第二次世界大战结束，是西方近代资产阶级军事思想发展时期，主要代表人物有马汉、杜黑、施利芬、福煦、鲁登道夫、富勒等，代表作如《海权对历史的影响》、《现代战争》、《战争原理》、《总体战》、《装甲作战》等。①

马恩列斯军事思想，是马列主义理论体系和无产阶级军事科学的重要组成部分，它以辩证唯物主义和历史唯物主义为理论基础，汲取了以往军事思想的精华，正确地揭示了战争的本质和客观规律，是科学的理论体系。主要内容包括马克思主义关于战争根源的学说，暴力革命的学说，人民战争及战略战术学说，无产阶级军队建设学说，国防建设学说等。②

（三）现代军事思想

“二战”结束以后，世界战略格局发生了重大变化，各种势力重新分化组合，形成了美苏为首的两极制衡体制。1989 年东欧剧变，此后苏联解体，世界进入了后冷战时期（或多极混乱），各种军事理论相继涌现。“二战”结束以来，比较著名的军事理论著作有利德尔·哈特的《战略论》、柯林斯的《大战略》、拉塞尔·F. 韦格利的《美国军事战略与政策史》等。总之，这些军事理论著作集中反映了西方当代军事思想的某些共同特点。例如，“美、俄、英、法、德、日等国在军事战略思想上，都遵循全球性、威慑性、联盟性、均衡性的战略方针”③；“在作战指导思想上认为火力是作战威力的基础，集中兵力是作战胜利的奥妙，强调突然性是夺取战争主动权的原则，把机动作为克敌制胜的法宝”④；“在国防与军队建设

① 郝翔．国防教育概论［M］．北京：高等教育出版社，2002：112.
② 卿竹松，唐晶荣．军事思想教程［M］．北京：国防大学出版社，2000：68-86.
③ 李效东．比较军事思想［M］．北京：军事科学出版社，1999：72-94.
④ 李效东．比较军事思想［M］．北京：军事科学出版社，1999：188-204.

思想上始终遵循与国家安全基本目标相适应的原则、合理够用原则、协调发展原则、坚持精干的常备军与强大的后备力量相结合的原则、效率效能原则、依法治军原则等"①。

从20世纪90年代起，人类社会迎来了一场空前广泛、深刻的新军事变革，使军事形态的五大支柱：军事技术、武器装备、军事人员、军事思想和军事组织体制得到跨时代的跃升，特别是各国军事思想得到了彻底的、全面的创新。当前世界军事思想总的发展趋势是：以机械化战争理论为核心的工业时代的军事思想，正在全面地向以信息化战争理论为核心的信息时代的军事思想转变。

三、军事思想的体系内容及其代表作

军事思想通常是由战争观和方法论，军队和国防建设思想，战争指导思想等内容构成的一个完整理论体系。军事思想各部分相互联系，相互从属，是一个有机的整体。

战争观和方法论。战争观是人们对战争这一人类社会特殊活动现象的总的看法和基本态度。战争观通过对战争产生、发展、消亡的历史发展过程以及战争与政治、经济、科学技术、文化等因素的考察与揭示，使人们认识战争起源、战争性质、战争作用、战争消亡等根本性问题。研究与指导战争的方法论主要回答如何认识战争规律，并在此基础上如何正确指导战争，让战争按人们的意志转移等问题。战争观和方法论是军事思想的基础和核心。

军队和国防建设思想。军队和国防的本质和根源是什么，军队和国防建设与国家经济有什么联系，如何建设军队和国防等，都是军事思想要回答的重要内容。此外，军事思想不但要回答战争是什么，怎样认识战争，怎样建设国防和军队等一系列问题，还要回答怎样指导战争的问题。②

人们带着这些疑问，在长期的军事活动中得出了各式各样不同的结论，创造了大量的军事理论著作，其中最具代表性的主要有：《孙子兵法》和《战争论》。

《孙子兵法》，亦称《孙子》，春秋末期孙武所著，是中国古代最著名的兵书。《孙子》共约6000余字，文字苍古雄劲，内容博大精深，全书共分为"计、作战、谋攻、形、势、虚实、军争、九变、行军、地形、九地、火攻、用间"十三篇，所以又称《孙子十三篇》。"《孙子兵法》包含朴素的军事哲学思想，谨慎的战略思想，灵活机动的战术思想，达到了他那个时代所能达到的高度，军事思想非常丰富。"③ 宋

---

① 李效东．比较军事思想［M］．北京：军事科学出版社，1999：140-159.

② 李鹏青．普通高等学校军事教程［M］．北京：军事科学出版社，2006：36.

③ 王显臣，许保林．中国古代兵书杂谈［M］．北京：解放军出版社，1985：123-124.

神宗时《孙子兵法》被确定为《武经七书》之首。①

《战争论》，近代西方资产阶级军事思想的奠基作。作者卡尔·冯·克劳塞维茨，普鲁士人，生于1780年，卒于1831年。《战争论》是法国大革命和拿破仑战争经验的总结，是对德意志军事思想的革新，它深受德国古典哲学的影响。全书共3卷8篇124章，加上附录，约69万字，内容十分丰富，对战争的性质、战争理论、战略、战斗、军队、防御、战争计划等问题作了详尽的阐述和深刻的分析。其主要观点有：战争是通过另一种手段的继续；理论应该是一种考察，而不是死板的规定；要善于运用民众战争；防御不应是单纯的据守，应该有进攻和反攻；集中兵力，速战速决等。《战争论》代表了近代资产阶级军事思想的最高成就，曾得到无产阶级革命导师马克思、恩格斯、列宁、毛泽东等人的高度评价和一致肯定，在军事思想发展史上具有重要的地位。②

第二节　毛泽东军事思想

毛泽东军事思想是以毛泽东为代表的中国共产党人关于当代中国革命战争和军队问题的科学理论体系，是马克思列宁主义普遍原理与中国革命战争实践相结合的产物，是中国革命武装斗争历史经验的总结，是中国共产党集体智慧的结晶，是毛泽东思想的重要组成部分。毛泽东军事思想不仅过去是指导我军战胜强大敌人的思想武器，而且也是新世纪新阶段军队建设、国防建设和军事斗争的指导思想和理论依据。

一、毛泽东军事思想的产生、形成和发展

从1921年中国共产党成立至1935年1月党的遵义会议前，是毛泽东军事思想的产生时期。在这一时期，我党先后帮助孙中山创建黄埔军校，参与组织广东战争和北伐战争，接受了马克思关于暴力革命的学说，提出了“上山”可以“造成军事势力的基础”。③ 此后，毛泽东进一步强调“以后要非常注意军事，须知政权是由枪杆子中取得的”。④ 第一次大革命失败以后，我党先后举行了南昌起义、秋收

① 《武经七书》：宋神宗元丰三年四月乙未，下诏校定《孙子》、《吴子》、《六韬》、《司马法》、《三略》、《尉僚子》、《李卫公问对》，并且雕版刊行，号称“七书”。《武经七书》即源于此。它是我国古代军事理论的精华，是古代兵书的代表。

② 卿竹松，唐晶荣．军事思想教程［M］．北京：国防大学出版社，2000：51-67；克劳塞维茨．战争论（1、2、3卷）［M］．北京：解放军出版社，1985.

③ 宋时轮．毛泽东军事思想的形成及其发展［M］．北京：军事科学出版社，1984：25.

④ 毛泽东军事文集（第1卷）［M］．北京：军事科学出版社，1993：2.

起义和广州起义，标志着我党独立领导革命战争和创建农民军队的开始。在井冈山斗争期间，毛泽东先后写了《中国的红色政权为什么能够存在》、《井冈山的斗争》和《星星之火，可以燎原》等著作，创立了农村包围城市道路的理论，在具体的实践中，以农村根据地为依托，把武装斗争和土地革命结合起来，开展广泛的人民战争，制订了一系列适合红军特点的战略战术原则，规定了人民军队的一系列建军原则等，为毛泽东军事思想科学体系的进一步形成奠定了基础。

从 1935 年党的遵义会议至 1945 年抗日战争结束，是毛泽东军事思想形成较为完整系统的理论体系的时期。这一时期我党先后纠正了“左”、右倾军事路线和政治路线错误；提出了以坚决的民族革命战争反对日本帝国主义进攻中国的总任务，把抗日游击战提高到战略地位；开展整风运动，在全党掀起了马列主义学习的热潮。在理论上，毛泽东及其他无产阶级革命家、军事家们先后发表了《中国革命战争的战略问题》、《抗日游击战争的战略问题》、《论持久战》、《论联合政府》、《游击战与运动战》等文章和著作，进一步论证了武装斗争的重要性，发展了人民军队的建军理论；在理论上对人民战争思想作了深刻的阐述，使人民战争思想更加理论化和系统化；全面发展了人民战争的战略战术思想，提出了许多新的战略战术原则，① 形成了严谨的科学体系。

抗日战争胜利以后，我军又经历了人民解放战争、抗美援朝战争及社会主义革命和建设时期。这一时期，毛泽东军事思想得到了全面的运用、丰富和发展。解放战争期间，毛泽东在理论上提出了著名的十大军事原则，在实践中以大规模的运动战和阵地战相结合，连续取得了辽沈、淮海、平津三大战役的胜利。毛泽东的战争指导艺术达到了炉火纯青的程度，先后发表了《抗日战争胜利后的时局和我们的方针》、《集中优势兵力，各个歼灭敌人》、《将革命进行到底》等大量文章、指示和电文，对人民战争战略防御及进攻，运动战、游击战及大规模阵地战等理论作了进一步的丰富和发展，② 提出了“决定战争胜败的是人民，而不是一两件新式武器”③ 的著名论断。抗美援朝战争时期，毛泽东根据当时的情况和特点，在《给中国人民志愿军的命令》、《祝贺中国人民志愿军的重大胜利》、《抗美援朝的伟大胜利和今后的任务》等著作和电文中，提出和阐述了在现代条件下进行反侵略战争的一系列建军和作战原则，为毛泽东军事思想增添了适应现代化战争需要的新内容。

---

① 牛力，郭同岭．军事思想与军事战略［M］．武汉：通信指挥学院内部资料（1998）：25-27.

② 王厚卿．中国军事思想论纲［M］．北京：国防大学出版社，2000：625-626.

③ 毛泽东选集（第 4 卷）［M］．北京：人民出版社，1991：1195.

二、毛泽东军事思想的主要内容

毛泽东军事思想包括无产阶级的战争观和方法论、人民军队建设思想、人民战争思想、人民战争的战略战术思想和国防建设思想五大部分。五者是一个相互联系、不可分割、完整的科学理论体系。

（一）无产阶级的战争观和方法论

毛泽东运用马克思主义的立场、观点和方法，通过研究中外军事理论，在总结中国革命战争经验的基础上，形成了具有中国特色的无产阶级战争观和方法论，丰富和发展了马克思主义研究和指导战争的基本理论，是毛泽东人民军队、人民战争、人民战争的战略战术、国防建设思想的理论基础。

无产阶级的战争观。战争观是指人们对战争的根本看法。毛泽东认为："战争——从有私有财产和有阶级以来就开始了的、用以解决阶级和阶级、民族和民族、国家和国家、政治集团和政治集团之间、在一定发展阶段上的矛盾的一种最高的斗争形式。"① 这深刻地揭示了战争的社会根源和阶级本质。在战争与政治关系问题上，毛泽东提出："'战争是政治的继续'，在这点上说，战争就是政治，战争本身就是政治性质的行动，从古以来没有不带政治性的战争。"② 在战争与经济问题上，毛泽东强调，战争不但是军事和政治的竞赛，还是经济的竞赛，强调经济力量是战争的物质基础。另外，毛泽东在人与武器的相互关系问题上也作出了"武器是战争的重要因素，但不是决定因素，决定因素是人而不是物"③ 的著名论断。

研究和指导战争的方法论。毛泽东军事思想关于战争问题的认识论和方法论，有着极其丰富的内容，主要包括：战争是一种物质的必然运动，是可以认识的；军事理论来源于战争实践，战争规律是客观实际在人们头脑中的反映；研究和指导战争必须从敌我双方各方面的实际情况出发，探索战争的客观规律，并且按照这种客观规律去指导战争；不同的战争有不同的规律，要着眼其特点和发展，不但要研究战争的一般规律，更重要的是研究战争的特殊规律；在计划与实施作战中，认识的对象必须包括敌我两个方面；要按照侦察、判断、决心、部署的逻辑顺序，不断深化对战争的认识，解决主客观之间的矛盾，实施正确的战争指导等。这些内容归结到一点，即是从敌我双方的客观实际出发，按照战争的客观规律去指导战争。④ 正如毛泽东指出："战争的规律——这是任何指导战争的人不能不研究和不能不解决

---

① 毛泽东选集（第1卷）［M］. 北京：人民出版社，1991：171.

② 毛泽东选集（第2卷）［M］. 北京：人民出版社，1991：479.

③ 奚纪荣，施芝华. 军事思想［M］. 上海：上海社会科学出版社，2004：16-23.

④ 牛力，郭同岭. 军事思想与军事战略［M］. 武汉：通信指挥学院内部资料（1998）：70.

的问题。”①

（二）人民军队建设思想

以毛泽东为代表的中国共产党人把建设一支人民军队作为武装斗争的首要问题。人民军队思想，就是毛泽东关于建设人民军队的理论，亦称建军思想，是毛泽东军事思想科学体系的重要组成部分。其内容主要包括以下几个方面：

1. 建设一支无产阶级性质的新型人民军队

建设一支无产阶级性质的新型人民军队，是中国共产党领导全国人民进行革命战争的首要问题。毛泽东指出：“军队是国家政权的主要成分。谁想夺取国家政权，并想保持它，谁就应有强大的军队。”② “没有一个人民的军队，便没有人民的一切。”③ 因此，无产阶级要想夺取政权，建立新的国家机器，必须首先建立和掌握军队，为此毛泽东提出了“枪杆子里面出政权”的著名论断。在这一思想的指导下，我们党先后发动了南昌起义、秋收起义和广州起义，创建了一支由中国共产党直接掌握的人民军队，并且经长期的革命战争和实践，建立了人民民主专政的国家政权，取得了新民主主义革命的彻底胜利。

这支军队必须是在中国共产党的绝对领导之下，具有无产阶级性质的新型人民军队。它表明这支军队是执行无产阶级革命政治任务的武装集团。对于敌对阶级，它是压迫的工具；对于人民大众，它是人民利益的卫士，是属于人民和保护人民的。它和一切属于少数人，压迫人民的旧式军队、旧式警察等完全不同，是新型的人民军队。④

2. 对人民军队的宗旨和任务作了明确的规定

毛泽东指出：“紧紧地和中国人民站在一起，全心全意地为中国人民服务，就是这个军队的唯一的宗旨。”⑤ 军队是阶级斗争的工具，它的宗旨必须受其阶级所制约。人民军队是中国共产党缔造和领导的革命军队，无产阶级的属性就决定了我军来源于人民群众，是为中国无产阶级和广大劳动群众服务的利益集团。“他们不是为着少数人的或狭隘集团的私利，而是为着广大人民群众的利益，为着全民族的利益，而结合，而战斗的。”⑥ 正是紧紧地和中国人民站在一起，全心全意为人民服务这一唯一宗旨，决定了我军像儿子忠于母亲一样地忠于人民，所以人民爱戴和拥护它，帮助它克服困难，在极端艰苦的环境之下，不断地巩固和壮大起来。

---

① 毛泽东选集（第1卷）[M]. 北京：人民出版社，1991：170.
② 毛泽东选集（第2卷）[M]. 北京：人民出版社，1991：547.
③ 毛泽东选集（第3卷）[M]. 北京：人民出版社，1991：1074.
④ 宋尽贤. 军事学教程 [M]. 北京：高等教育出版社，1996：114.
⑤ 毛泽东选集（第3卷）[M]. 北京：人民出版社，1991：1039.
⑥ 毛泽东选集（第3卷）[M]. 北京：人民出版社，1991：1039.

人民军队的宗旨，指明了军队建设的根本方向，揭示了军队建设的实质，是指导军队建设的重要原则。这个宗旨体现在我军的根本职能上，就是执行打仗、做群众工作和生产三大任务。毛泽东指出，“红军的打仗，不是单纯地为了打仗而打仗，而是为了宣传群众、组织群众、武装群众，并帮助群众建设革命政权才去打仗的”①。毛泽东强调，这支军队也要当两支用，一方面打仗，一方面生产。毋庸置疑，三大任务是由我军的性质、宗旨和中国革命战争的特点所决定的，三位一体，缺一不可，而战斗的任务，在三大任务中居主要地位。

3. 形成一整套人民军队的建军原则

在中国革命战争的实践中，逐步形成了一整套人民军队的建军原则：

坚持党对军队的绝对领导。确立中国共产党对人民军队的绝对领导，是人民军队建设的一条根本原则。始终不渝地坚持党对军队的绝对领导，是毛泽东建军思想的核心。早在“三湾改编”时，毛泽东就确立了党领导军队的原则。《古田会议决议》强调要从政治上、思想上和组织上加强党对军队的绝对领导。这一原则表明：军队必须是完成党的政治任务的工具，军队必须坚决贯彻执行党的路线、方针、政策，军队的一切行动必须听从党中央和中央军委的指挥。中国共产党是唯一的、独立地领导和指挥这支军队的政党，我军必须完全自主地、始终如一地置于党的领导之下。毛泽东强调指出：“我们的原则是党指挥枪，而决不容许枪指挥党。”②

建立强有力的革命的政治工作。政治工作是我军的生命线，是毛泽东建军思想的一个重要原则。1929 年的《古田会议决议》，奠定了人民军队政治工作的基础，旗帜鲜明地确立了政治工作的地位。1937 年 10 月，毛泽东对我军政治工作的基本原则做了系统的概括：“八路军的政治工作的基本原则有三个，即：第一，官兵一致的原则……第二，军民一致的原则……第三，瓦解敌军和宽待俘虏的原则。”③官兵一致、军民一致和瓦解敌军这三大原则，是我军政治工作的基础。

实行三大民主，执行三大纪律八项注意。政治、军事、经济三大民主是我军民主制度的基本内容，是毛泽东对我军民主制度建设的高度概括。所谓政治民主即是官兵在政治上是平等的，下级有权对上级提出批评建议等；军事民主即在训练和作战时，实行官兵互教、发动士兵总结战斗经验，讨论执行作战计划的方法等；经济民主即实行经济公开，组织人员监督（连队）经济开支以及同不良行为作斗争。毛泽东制定的三大纪律八项注意是人民军队宗旨的体现，是我军一切纪律的基础，是全军行动的基本原则，是在革命战争实践中，根据斗争需要对军队纪律提出的针对性要求，其内容因时而异，是逐步形成和完善起来的。1947 年 10 月，中国人民

① 毛泽东选集（第 1 卷）[M]. 北京：人民出版社，1991：86.

② 毛泽东选集（第 2 卷）[M]. 北京：人民出版社，1991：547

③ 毛泽东选集（第 2 卷）[M]. 北京：人民出版社，1991：379.

解放军总部颁布训令，将三大纪律八项注意的内容作了统一规定。三大纪律八项注意是我军的光荣传统，既是我军的军事纪律，又是我军的政治纪律和群众纪律。

在加强革命化建设的同时，加强正规化和现代化建设。毛泽东指出，“革新军制离不了现代化，把技术条件增强起来”①，“为着准备战略反攻，非提高新式技术建设新式军队不可，须知没有现代新式技术装备的足够数量的军队，要实行反攻，收复失地是不可能的”②。在正规化建设方面，毛泽东指出，部队建设的正规化，就是要求实行统一的指挥、统一的制度、统一的编制、统一的纪律、统一的训练，就是要求实现诸兵种的密切协同动作。这些论述为我军的革命化、正规化、现代化建设指明了方向。③

（三）人民战争思想

人民战争是指广大人民群众为反抗阶级或民族的压迫而组织武装起来进行的战争。和其他战争形式一样，人民战争很早就登上了历史舞台。毛泽东就曾经把中国奴隶社会时期发生的武王伐纣战争，称为“当时的人民解放战争”④。著名的资产阶级军事家若米尼首次明确地使用了“人民战争”这一概念。⑤ 人民战争有两个最基本的特征，即战争的正义性和广泛的群众性。

毛泽东人民战争思想，是马列主义普遍原理与中国革命战争实践相结合，在共产党领导下，动员、组织、武装群众进行革命战争所确立的伟大学说，是党和毛泽东指导中国革命战争的基本理论，是毛泽东军事思想的核心。⑥ 其基本观点是：战争的正义性是实行人民战争的政治基础，因而能够在战争中组织广大人民群众参加和支援战争；“战争的伟力之最深厚的根源，存在于民众之中”⑦，因而只有依靠和动员广大人民群众才能赢得战争；战争胜负的决定因素是人而不是物。因为“武器是战争的重要的因素，但不是决定的因素，决定的因素是人不是物。力量对比不但是军力和经济力的对比，而且是人力和人心的对比。军力和经济力是要人去掌握的”⑧。毛泽东人民战争思想主要包括以下内容：

1. 必须坚持中国共产党的统一领导

---

① 毛泽东选集（第2卷）[M]. 北京：人民出版社，1991：511.

② 毛泽东军事文选 [M]. 北京：战士出版社，1981：168.

③ 牛力，郭同岭. 军事思想与军事战略 [M]. 武汉：通信指挥学院内部资料（1998）：91-106.

④ 毛泽东选集（第4卷）[M]. 北京：人民出版社，1991：1495.

⑤ [瑞士] 若米尼. 兵法概论 [M]. 北京：军事科学出版社，1994：51.

⑥ 牛力，郭同岭. 军事思想与军事战略 [M]. 武汉：通信指挥学院内部资料（1998）：109.

⑦ 毛泽东选集（第2卷）[M]. 北京：人民北京出版社，1991：511.

⑧ 毛泽东选集（第2卷）[M]. 北京：人民出版社，1991：469.

毛泽东指出："在无产阶级已经走上政治舞台的时代……任何的革命战争如果没有或违背无产阶级和共产党的领导，那个战争是一定要失败的。"① 我们的经验是："无产阶级要取得胜利，就完全要靠他的政党——共产党的斗争策略的正确和坚决。"② 中国共产党对革命战争的统一领导是进行人民战争的政治、思想、组织保障。政治领导就是用中国共产党的路线、方针、政策统一全党、全军和全体人民的思想和行动，使之在政治上与党中央保持一致；思想领导就是用无产阶级的革命理论，教育人民，引导人民群众批判和克服各种错误思想，用人民战争的战略和策略武装人民的头脑，树立必胜的信念和艰苦奋斗、不怕牺牲的奋斗精神；组织领导就是建立党对军队和地方组织的各级党的工作机构，这些机构实行党委集体领导的制度。③ 以上是坚持中国共产党对革命战争的统一领导，以有效贯彻人民战争指导思想最根本性的措施和制度。

2. 组织最广泛的人民统一战线

组织最广泛的人民统一战线，动员群众、组织群众、武装群众，是实行人民战争的根本前提和坚实基础。因为革命战争是群众的战争，只有动员群众才能进行战争，只有依靠群众才能进行战争。广泛深入地动员群众，就要充分发挥正义战争的巨大号召力，实行全民总动员；就要实行正确的政策，联合一切可以联合的力量，结成广泛的革命统一战线，把广大人民群众动员起来，直接或间接地同敌人作战；就要充分发挥各种组织的作用，把一切人力、财力和物力都投入战争和支援战争。④ 为了把人民群众组织到革命战争中去，毛泽东创造性地提出了"三结合"的武装力量体制。"三结合"武装力量体制在不同时期有不同的表现形式。土地革命时期，毛泽东实行主力红军、地方红军和赤卫队三结合体制；抗日战争期间，实行主力兵团、地方兵团和人民自卫军三结合体制；解放战争时期和新中国成立后一段时期，采用野战军、地方军和民兵三结合体制；新的历史时期，实行人民解放军、人民武装警察部队和民兵三结合体制。在三结合武装力量体制中，人民军队始终是实行人民战争的骨干力量。毛泽东指出："在中国，主要的斗争形式是战争，而主要的组织形式是军队。"⑤

3. 必须建立巩固的革命根据地

战争是敌我双方物质和精神力量的综合较量。实行人民战争必须有巩固的战略

---

① 毛泽东选集（第1卷）[M]. 北京：人民出版社，1991：183.

② 毛泽东选集（第1卷）[M]. 北京：人民出版社，1991：115.

③ 宋尽贤. 军事教程 [M]. 北京：高等教育出版社，1996：108.

④ 牛力，郭同岭. 军事思想与军事战略 [M]. 武汉：通信指挥学院内部资料（1998）：120.

⑤ 毛泽东选集（第2卷）[M]. 北京：人民出版社，1991：543.

基地。中国共产党领导中国人民进行的革命战争是在复杂的历史条件下，在各种反动势力异常强大的特殊情况下进行的人民战争。革命要生存与发展，就要求必须实行工农武装割据，建立稳固的革命根据地。因为有了稳固的革命根据地，军队才能拥有休养生息的良好环境，人力、物力和财力才能得到充分的保障，训练、备战、组织动员等斗争形式才能顺利地开展下去。根据这种客观条件和现实需要，毛泽东提出了实行工农武装割据，在农村建立革命根据地，走农村包围城市道路的伟大思想。他深刻地指出："如果革命的队伍要准备积蓄和锻炼自己的力量，并避免在力量不够的时候和强大的敌人作决定胜负的战斗，那就必须把落后的农村造成先进的巩固的根据地，造成军事上、政治上、经济上、文化上的伟大的革命阵地，借以反对利用城市进攻农村区域的凶恶敌人，借以在长期战斗中逐步地争取革命的全部胜利。"① 建立农村根据地，走农村包围城市武装道路，是毛泽东对马克思主义军事思想的一个重大发展。

4. 以武装斗争为主，各条战线各种斗争形式相互配合

战争不仅是敌对双方军事力量的较量，而且是双方政治、经济、科技、文化、外交等方面的总较量。只有以武装斗争为主，各条战线、各种斗争形式相互配合，形成全面的人民战争，才能最大限度地发挥人民战争的威力。毛泽东指出："着重武装斗争，不是说可以放弃其他形式的斗争；相反，没有武装斗争以外的各种形式的斗争相配合，武装斗争就不能取得胜利。"② 在具体的战争实践中，一方面以武装斗争为主，并同其他斗争形式紧密配合，成为我们党实行人民战争的一条基本经验。在土地革命战争、抗日战争和解放战争各个历史时期，我党通过武装斗争与政治斗争相配合，制订了正确的纲领、路线和政策，建立了革命统一战线，对敌展开了强大的政治攻势，达到了瓦解敌军的目的；通过武装斗争和外交斗争的配合，把正义战争"得道多助"的可能性变为现实，获取了更多的援助；通过武装斗争与经济斗争相配合，打击了敌人和不法分子的经济封锁与破坏活动，削弱了敌人的经济力量，在经济上为武装斗争的胜利提供了保障；通过武装斗争与文化斗争相配合，揭露了敌人的反动本质和政治欺骗，教育和团结了广大人民，提高了部队的文化素质、士气和战斗力。另一方面，武装斗争和其他各条战线、各种斗争形式的相互配合，既是实行人民战争的要求，同时人民战争的正义性质，又为实现这种要求提供了有利的前提条件，加上正确的领导，就能变为现实。③

（四）人民战争的战略战术思想

人民战争的战略战术思想，是人民军队在人民群众支持和配合下进行革命战争

---

① 毛泽东选集（第2卷）[M]. 北京：人民出版社，1991：635.

② 毛泽东选集（第2卷）[M]. 北京：人民出版社，1991：636.

③ 王厚卿. 中国军事思想论纲 [M]. 北京：国防大学出版社，2000：720-721.

的指导艺术和作战方法，是以毛泽东为代表的中国共产党人，根据中国革命战争的特点和规律，在人民战争和人民军队建设的基础上，总结我军作战经验，逐步形成、发展和完善起来的。灵活机动是毛泽东人民战争的战略战术思想最主要的特色。

战略上藐视敌人，战术上重视敌人。毛泽东在指导中国革命战争的实践中，曾多次强调指出，革命者必须在战略上、全体上藐视敌人，敢于同他们斗争，敢于夺取胜利；同时又要在战术上、策略上，在每一个局部上，在每一个具体问题上，重视敌人，采取谨慎态度，讲究斗争艺术。他说："我们的战略是'以一当十'，我们的战术是'以十当一'，这是我们制胜敌人的根本法则之一。"① 同时，战略上藐视敌人与战术上重视敌人又是辩证统一的。正如毛泽东所说："同世界上一切事物无不具有两重性（即对立统一规律）一样，帝国主义和一切反动派也有两重性，它们是真老虎又是纸老虎……从本质上看，从长期上看，从战略上看，必须如实地把帝国主义和一切反动派，都看成纸老虎。从这点上，建立我们的战略思想。另一方面，它们又是活的铁的真的老虎，它们会吃人的。从这点上，建立我们的策略思想和战术思想。"② 只有在战略上藐视敌人，才能谈得上战术上重视敌人；只有战术上重视敌人，才能实现战略上藐视敌人，二者是辩证统一不可分割的。以毛泽东为代表的中国共产党人在长期的革命战争实践中，为我们提供了将二者完美结合在一起的光辉典范。

坚持积极防御，反对消极防御。毛泽东明确指出："积极防御，又叫攻势防御，又叫决战防御。消极防御，又叫专守防御，又叫单纯防御。消极防御实际上是假防御，只有积极防御才是真防御，才是为了反攻和进攻的防御。"③ 在长期的实践中，毛泽东根据中国革命战争的特点和规律，将积极防御的一般原理创造性地运用于中国革命的战争实践中。毛泽东积极防御战略思想的基本精神是：自卫的、后发制人的，强调攻防辩证统一的以及持久胜敌等三个方面。实行积极防御的军事战略方针是由中国战争固有的防御性质、积极防御本身特点以及中国革命战争的进程和结局所决定的。实践证明，积极防御是无产阶级战略思想的核心内容，是我军一贯坚持的战略指导思想，是制定我军战略方针和作战原则的理论依据。

集中优势兵力，各个歼灭敌人。集中优势兵力，各个歼灭敌人是我军的基本作战方法，也是我军作战的优良传统，二者不可分割是辩证统一的关系。集中优势兵力，各个歼灭敌人的基本作战方针是歼灭战。各个战争时期，毛泽东都要求把歼灭战作为战役战斗上必须遵循的基本方针。通过打歼灭战，我军不断争取战争和战场

① 毛泽东选集（第1卷）［M］．北京：人民出版社，1991：225.
② 毛泽东选集（第4卷）［M］．北京：人民出版社，1991：1191-1192.
③ 毛泽东选集（第1卷）［M］．北京：人民出版社，1991：198.

主动权，改变敌我力量对比，直至最后战胜敌人。在具体的战争指导上，我军强调集中优势兵力，即集中主力于主要作战方向，反对军事上的平均主义。各个歼灭敌人，就是在向敌进攻时，为形成和保持真正的优势，要拣弱的打，先弱后强，由小到大，这也是集中优势兵力，各个歼灭敌人的基本战法之一。

采取三种作战形式紧密配合，适时进行战略转变。运动战、阵地战、游击战是我军三种基本作战形式。前两种属于正规战，后一种属于非正规战。运动战，就是正规兵团在长的战线和大的战区层面上，从事战役和战斗的外线速决进攻战的作战形式；阵地战，就是依托坚固阵地或野战阵地进行防御，或对据守坚固阵地或野战阵地防御之敌实施进攻的作战形式；游击战，是分散流动的作战形式，也是一种群众性的武装斗争形式。在土地革命战争、抗日战争和解放战争时期，我军根据敌我力量消长状况、战争形势和战略任务的变化以及地理环境对作战的影响等，适时进行以改变主要作战形式为基本内容的战略转变，这也成为中国革命战争的一条重要指导原则。总之，三种作战形式密切配合，紧密结合，适时转换，精彩纷呈，最终达到保存自己、消灭敌人的战争目的。

做好作战准备，不打无准备无把握之战。不打无准备无把握之战这一原则不仅适合于人民战争，也适用于任何其他战争，因而具有普遍意义。在中国革命战争中，我军长期处于敌强我弱、敌大我小的不利态势，要以弱胜强、以劣胜优，遵循不打无准备无把握之战这一原则尤显重要。毛泽东指出："我们历来不打无准备无把握之战，也不打只有准备但无把握之战。"① 因此，不打无准备无把握之战，是实现战争目的的一个重要作战指导思想，是毛泽东军事思想的一个重要战略战术原则。

慎重初战，实行有利决战。初战是指战争或战役的第一仗，也称序战。初战对战争的进程以及战争的全局有重大的影响。因此慎重初战，无论对进攻或防御都具有普遍的指导意义。为此毛泽东在总结红军反"围剿"作战经验时，提出了"初战"三原则，即"必须打胜"；"必须照顾全战役的计划"；"必须照顾下一战略阶段"。慎重初战是实行有利决战的重要前提。决战有战略决战和战役战斗决战之分，其中战略决战是战争最关键的决定性阶段。"不论在何方说来，决战阶段的斗争，是全战争或全战役中最激烈、最复杂、最变化多端的，也是最困难、最艰苦的，在指挥上说来，是最不容易的时节。"② 为此，毛泽东要求"一切有把握的战役和战斗应坚决地进行决战，一切无把握的战役和战斗应避免决战，赌国家命运的

---

① 中共中央文献编辑委员会．毛泽东著作选读（下册）［M］．北京：人民出版社，1986：703.

② 毛泽东选集（第1卷）［M］．北京：人民出版社，1991：215-216.

战略决战应根本避免。"① 不论是战斗的或大或小，还是战略决战，都要执行有利决战，避免不利决战的原则。

作战指导的主动性、灵活性和计划性。主动性即是军队行动的自由权。要争取和保持主动，必须具备两个基本条件，即力量的优势和主客观指导工作的正确性。在具体的战争实践中必须力争主动，避免被动。中国共产党领导的历次革命战争的胜利，在战略上都经历了由劣势变优势、由被动变主动的转换过程，都是作战指导上主动性的光辉范例；灵活性即是灵活地使用兵力，是具体地实现主动性于作战实践中，是战争指导的中心任务。灵活地使用兵力就必须从客观实际出发，抓住时机、地点、部队三个关节，灵活地使用和变换战术体系中的矛盾体；计划性是一切行动的事先策划和准备，包括对作战行动所制定的方针和行动部署等。它是实现指挥灵活性，争取主动避免被动的一个重要环节。作战指导的主动性、灵活性和计划性是相互联系不可分割的。②

综上所述，以毛泽东为代表的中国共产党人，在长期的革命战争实践中，从"十六字诀"到"十大军事原则"的提出，创造性地制订了一整套实行人民战争的战略战术。充分展现了毛泽东及老一辈无产阶级革命家和军事家们高超的指挥艺术和卓越的军事才能。

（五）国防建设思想

从中国革命战争的胜利，到1978年党的十一届三中全会，是中国的社会主义革命和建设时期。在这一时期，以毛泽东为核心的党的第一代领导集体，为捍卫国家的独立、主权、领土完整和安全，保卫社会主义革命和建设的顺利进行，及时地提出了建设现代化国防，防御外敌入侵的战略思想。我党军事工作的中心也由过去单纯地发动革命，进行革命战争为主，转变成以发展经济为中心，促进包括国防建设在内的全面建设。为此党中央、毛泽东根据国际国内形势的发展变化提出了一系列国防建设的指导思想和原则。

根据国家安全利益的需要，确定了国防建设的战略地位，规定了国防建设的根本目标，强调我国国防力量建设既是为和平的对外政策服务，又是为了反对战争维护世界和平。

在国防现代化建设的任务和基本内容方面提出：必须以现代化为中心，把我军建设成为一支强大的现代化、正规化的革命军队；发展国防科技和国防工业，建立一个独立的完整的现代化的国防工业体系；建设强大的国防后备力量，完善民兵和各种类型的预备役制度，实行义务兵役制；建立包括武装力量动员、国民经济动员、科学技术动员、政治动员和群众性防卫动员等内容的国防动员体制；搞好战略

---

① 毛泽东选集（第2卷）[M]. 北京：人民出版社，1991：506.

② 王厚卿. 中国军事思想论纲 [M]. 北京：国防大学出版社，2000：727-760.

后方建设，战场建设和战略物资储备；开展全民国防教育，增强全国人民的国防观念和备战意识；发展军事理论科学，实现国防理论的现代化。

在国防现代化建设的指导思想和方针、原则上，毛泽东国防建设思想要求：必须坚持以现代化为中心的指导思想；确定了以经济建设为中心，国防建设要服从经济建设的大局，并与经济建设协调发展的原则；国防建设要坚持独立自主，自力更生的方针，按照中国的实际情况，依靠中国人民自己的力量来建设国防，不排斥不反对向外国学习；国防工业上，贯彻走军民结合、平战结合的基本原则；在武器装备发展问题上，实行尖端武器与常规武器并举，坚持“两条腿走路的方针”。

在捍卫国家主权、领土完整和安全的国防斗争思想上明确了捍卫国家安全是国防斗争的基本任务，国防斗争的根本目的是维护国家利益；坚持积极防御的战略思想和战略方针，始终不移地坚持和发展积极防御的战略思想；依靠全国人民，坚持全民国防，实行人民战争；建立反对战争，维护世界和平的国际统一战线；从最坏的估计出发，做好反侵略战争的准备；指出帝国主义是现代战争的根源等。①

三、毛泽东军事思想的历史地位和指导意义

毛泽东军事思想对中国革命产生了深远的影响，不仅指导中国人民以劣势装备战胜了国内外强大敌人，而且在理论上也独树一帜，在军事思想发展史上占有极为重要的地位。

毛泽东军事思想是中国革命战争取得胜利的重要法宝。1840 年鸦片战争以后，中国沦为半殖民地半封建国家，不少仁人志士为拯救中华民族进行过无数次的反帝反封建斗争，但是由于没有正确的军事思想指导，屡遭失败。自 1927 年我党独立领导革命战争以来，在长达半个多世纪的时间里，我军进行了两次国内革命战争，一次民族解放战争，一次抗美援朝战争，这些战争我们都取得了胜利。我军之所以能从小到大，由弱到强，以劣势装备战胜国内外强大敌人，其根本原因在于有中国共产党的领导和先进的军事理论即毛泽东军事思想作指导。② 总之，毛泽东军事思想正确地回答和解决了半殖民地半封建的中国进行革命战争的一系列理论和实践问题，不断与“左”、右倾主义，违背中国革命战争客观规律以及照搬外国战争经验等错误的军事路线作斗争。实践证明，只要以毛泽东军事思想为指导，革命战争就能胜利，反之就会遭受挫折甚至失败。

毛泽东军事思想是我国国防、军队现代化建设的指南。毛泽东军事思想的基本原理，不仅在战争年代是指导我们战胜国内外强大敌人的锐利武器，而且在新时期仍是国防与军队建设和夺取未来反侵略战争胜利的指南。当前，国际国内形势虽然

① 王厚卿．中国军事思想论纲［M］．北京：国防大学出版社，2000：726-800.

② 郝翔主．国防教育概论［M］．北京：高等教育出版社，2005：133.

发生了明显的变化，战争的特点、战争的样式以及战争的手段等也与过去不同，但是，我国国防与军队建设仍然离不开毛泽东军事思想的指导。例如，在如何处理革命化与现代化建设关系问题上、在国防现代化目标的确定问题上、在武器装备发展重点以及如何解决人与武器的关系等问题上，我们仍然需要正确的军事思想作指导，这一正确的指导思想只能是符合我国国情的无产阶级先进军事理论——毛泽东军事思想。当然，在具体的实践过程中，一定要坚持发展的原则，在继承中发展毛泽东军事思想，反对“过时论”和照搬照抄的“僵化论”。

毛泽东军事思想是对马列主义军事理论的重大发展。马克思、恩格斯、列宁、斯大林的军事理论从始至终都贯穿着辩证唯物主义和历史唯物主义。毛泽东把马克思主义的认识论创造性地引入军事领域，系统地阐明了认识战争运动的辩证过程，精辟地论述了军事领域中一系列军事辩证法则，形成了独具特色的毛泽东军事辩证法思想；创造了农村包围城市武装夺取政权的理论，丰富了马克思关于暴力革命的学说；制定了一整套人民军队的建军原则，创造性地解决了把以农民为主要成分，进而建设成为无产阶级军队的问题，对马克思无产阶级军队建设思想作出了重大发展；创立了以人民军队为骨干，实行“三结合”武装力量体制以及以武装斗争为主，各条战线、各种斗争形式相互配合的人民战争思想，极大地丰富和发展了马列主义的人民战争学说；系统地制定了灵活机动的战略战术，解决了以劣势装备战胜强大敌人的重大课题，形成了独具特色的当代中国化的马克思主义军事理论。此外，毛泽东军事思想还走出国界，成为世界军事理论的研究对象，成为世界人民的共同财富，在全世界产生着广泛而深刻的影响。①

总之，毛泽东军事思想是绝对真理和相对真理的辩证统一，是一个开放的、发展的科学体系，具有普遍的指导意义。因此，新世纪新阶段我们仍然要坚持和发展毛泽东军事思想。

第三节　邓小平新时期军队建设思想

邓小平新时期军队建设思想是马列主义军事理论与中国军事实践相结合的产物，是毛泽东军事思想的继承和发展，是以邓小平为代表的中国共产党人对中国人民军队的建设及其相关的其他军事问题所作的科学总结和理论概括，是新时期我军建设和改革的根本依据和指导思想。其内容十分丰富，是一个有着严密逻辑结构的理论体系，它系统地回答了新的历史条件下军队建设的一系列重大问题，反映了新时期军队建设和军事斗争的基本规律。

---

① 牛力，郭同岭．军事思想与军事战略［M］．武汉：通信指挥学院内部资料（1998）：32-33.

一、邓小平新时期军队建设思想的主要内容

（一）战争与和平思想

20 世纪 70 年代末至 80 年代初，邓小平通过对国际形势的深入分析，正确地把握了时代发展的脉搏，辩证而科学地洞察了和平与战争的关系问题，形成了具有特色的邓小平战争与和平理论，作出了和平与发展是时代主题的准确判断。在具体的实践中，他领导我军建设进行指导思想的战略性转变，为我们党制订正确的路线、方针、政策提供了理论依据。

1. 和平与发展是当今时代的两大主题

从 20 世纪 50 年代前后的资本主义和社会主义两大阵营的对垒到 60、70 年代的美苏争霸，从 80 年代末、90 年代初的东欧剧变，苏联解体到新旧秩序的交替，世界战略格局在分化组合的同时，时代主题也在发生变化。邓小平透过纷繁冗杂的国际关系，从战略上首先得出了和平与发展是当今世界两大主题的科学结论。20 世纪 80 年代中叶，邓小平指出："国际上有两大问题非常突出，一个是和平问题，一个是南北问题。还有其他许多问题，但都不像这两个问题关系全局，带有全球性、战略性的意义。"① 后来他对这一问题作了进一步阐述，"现在世界上真正大的问题，带全球性的战略问题，一个是和平问题，一个是经济问题或者说发展问题。和平问题是东西问题，发展问题是南北问题。"② 邓小平的这一思想客观地反映了当时的政治、经济形势，揭示了历史发展过程中，战争与和平的辩证关系问题正在发生改变。

鉴于此，邓小平强调，首先，我们必须正确看待和平的力量，并积极推进其向前发展。邓小平认为，世界和平力量的增长超过了战争力量的增长。这个和平的力量，首先是第三世界，我们中国是第三世界的一分子，第三世界是不希望战争的，美国人民、苏联人民也是不支持战争的，世界很大，复杂得很，但一分析，真正支持战争的没有多少，人民是要求和平反对战争的。③ 其次，正确处理发展这个当今世界面临的战略性问题。邓小平指出："中国能不能顶住霸权主义、强权政治的压力，坚持我们的社会主义制度，关键就看能不能争得较快的增长速度，实现我们的发展战略。"④ "发展才是硬道理。"⑤ 对于我们国家而言，发展更是关系到社会主义制度的前途和命运。必须深刻认识到军备竞赛、穷兵黩武所带来的恶果，因为它

---

① 邓小平文选（第 3 卷）[M]. 北京：人民出版社，1993：96.
② 邓小平文选（第 3 卷）[M]. 北京：人民出版社，1993：105.
③ 邓小平文选（第 3 卷）[M]. 北京：人民出版社，1993：127.
④ 邓小平文选（第 3 卷）[M]. 北京：人民出版社，1993：356.
⑤ 邓小平文选（第 3 卷）[M]. 北京：人民出版社，1993：377.

不仅不能带来和平，更谈不上促进发展。

2. 世界大战是可避免的，对新时期战争根源与形式要有新认识

邓小平强调指出："可以争取相当长一段时间的和平。如果世界和平的力量发展起来，第三世界国家发展起来，可以避免世界大战。"① 正是由于邓小平对当今战争发生发展的科学预见，我们国家的战略决策才据此进行了重大调整。可以说，我们党对于世界性战争能否推迟或者避免的预测，经历了一个从毛泽东时代立足"早打、大打、打核战争"的临战状态到相对和平时期的建设轨道上来的曲折过程。

虽然，世界大战可以推迟或者避免，但"战争的危险还是存在的"②，新时期局部战争和武装冲突将成为当代战争的主要形式。要维护世界和平，就要从各个角度反对霸权主义，所以不能简单地认为战争可以避免，战争的危险就不存在，就会天下太平。要赢得和平，必须做好反对战争的诸方工作，否则战争仍有可能降临。正如邓小平指出"小的战争不可避免……世界上希望我们好起来的人很多，想整我们的人也有的是。"③

（二）军事战略思想

新时期，邓小平根据对和平与战争问题新的认识，立足我国的国情与军情，正确地把握国际形势的重大变化，适时实行国防与军队建设指导思想的战略性转变；根据国家发展战略的要求，明确提出我国仍然实行积极防御的军事战略方针；要求积极研究现代条件下人民战争的特点和规律。新时期邓小平军事战略思想，对我国军队和国防建设具有十分重要的指导意义。

1. 实行国防和军队建设指导思想的战略性转变

基于对和平与发展是当今世界两大主题的科学判断，1985 年中央军委作出了军队建设指导思想实行战略性转变的重大决策。由此，我军从 20 世纪 60 年代形成的立足"早打、大打、打核战争"的指导思想，步入了一个新的发展时期。实行战略性转变是时代的要求。党的十一届三中全会以来，我们党确立了以经济建设为中心的基本路线。邓小平指出："现在需要的是全国党政军民一心一意地服从国家建设这个大局，照顾这个大局。这个问题，我们军队有自己的责任，不能妨碍这个大局，要紧密配合这个大局，而且要在这个大局下面行动。"④ 这里的国家建设主要指经济建设。既然党的基本路线确立了以经济建设为中心，那么，国防和军队建

① 邓小平文选（第 3 卷）[M]．北京：人民出版社，1993：249.
② 邓小平文选（第 3 卷）[M]．北京：人民出版社，1993：127.
③ 邓小平文选（第 3 卷）[M]．北京：人民出版社，1993：319.
④ 邓小平文选（第 3 卷）[M]．北京：人民出版社，1993：99.

设必须服从服务于党的这一基本路线。同时，转变战略思想也是国防和军队建设自身发展的要求。在过去战略思想的指导下，我军在体制、编制、结构、武器装备、人员素质等方面都存在与现代化、正规化建设相抵触的问题。为了解决这些难题，适应新时期军队建设的要求，提高军队的质量、增强战斗力，必须首先从战略指导思想上作出重大调整。

实现国防和军队建设指导思想战略性转变的基本内容十分丰富。主要包括：实行国防与军队建设立足点的转变，从过去立足大战的临战状态转移到相对和平时期的建设轨道上来；实行国防建设与国家建设关系的转变，国防和军队建设必须服从和服务于国家经济建设大局；实行军队建设目标的转变，军队和国防建设必须以现代化为中心；实行数量与质量关系问题的转变，走有中国特色的精兵之路，注重质量建设，全面提高军队的战斗力；实行国防建设其他领域里的转变，更加注重常备军和后备力量、物质力量和精神力量、国防动员和国防教育等构成的国防总体力量的建设。

2. 实行积极防御的军事战略方针

作为指导我国未来反侵略战争的基本依据，新时期的军事战略方针，必须根据国际形势的变化和国家发展战略的要求来确定，它不但是党和国家总的军事政策，也是军队建设和军事斗争的基本依据。邓小平明确提出我国仍然实行积极防御军事战略方针。他指出："我们未来反侵略战争，究竟采取什么方针？我赞成就是'积极防御'四个字。"①

实行积极防御战略方针是由我国社会制度所决定的。我国是社会主义国家，这一性质决定了我们要坚决反对霸权主义，维护世界和平。目前我国对内正致力于建设有中国特色的社会主义，加强现代化建设，努力提高人民的生活水平；对外奉行独立自主的和平外交政策，这是我国的一项基本国策。同时，我国一贯坚持不结盟，不参加任何性质的军事集团，不搞扩张，反对任何形式的霸权主义、强权政治，坚持依靠自己的力量来遏制和抵御战争。这些基本方针政策决定我们必须贯彻积极防御的战略方针。另外，中国是一个发展中国家，依据我们的实际发展状况和根本利益，也必须实行积极防御的战略方针。邓小平指出，中国是一个和平力量，制约战争的力量，我们的主要目标就是要让自己尽快发展起来。因此，需要一个和平的国际环境，集中力量发展自己。同时，他又强调指出，就是将来现代化了，我们也仍然要坚持积极防御的战略方针。② 但有一点要明确，"积极防御本身就不只

① 中央军委办公厅．邓小平关于新时期军队建设论述选编［M］．北京：八一出版社，1993：44.

② 中央军委办公厅．邓小平关于新时期军队建设论述选编［M］．北京：八一出版社，1993：43.

是一个防御，防御中有进攻。”①

实行积极防御战略方针对新时期军事斗争具有重要的指导意义。为了使我国国防与军队建设适应未来战争的需要，必须坚持正确的军事战略指导方针。实行积极防御的战略方针，有利于我军革命化、现代化、正规化的建设，有利于落实和统筹规划新时期军事斗争准备，有利于为社会稳定和经济发展提供强有力的安全保障，有利于保持和发展我国与世界各国的睦邻友好关系，确保我国现代化建设具有一个稳定的国际环境。总之，坚持积极防御的战略方针，是符合新时期斗争的特点和规律的。在未来的军事斗争中，有利于我们始终在战略决策中掌握主动。

3. 必须努力研究现代条件下的人民战争

人民战争永远是我们克敌制胜的法宝。历史经验告诉我们，“只要我们坚持人民战争，敌人就是现在来，我们以现有武器装备也可以打，最后也可以打胜。”②敌人要是打进来，我们就会让敌人处于人民战争的汪洋大海之中。我们所拥有的优势，绝不是现代化装备所能够代替的。但同时，邓小平也指出，搞人民战争并不是不要军队现代化，我们也要讲究技术，不讲究技术是要吃亏的，装备的改进会使人民战争更有力量。③ 因此，我们必须正确处理人民战争与军队现代化建设的辩证关系问题。

必须深入研究现代条件下人民战争的制胜之道。现代战争其实质就是综合国力的较量。随着科学技术的进步，一大批高精尖武器装备在战争中的广泛应用，必将给人民战争的实施带来新的挑战，同时也会给人民战争在新时期的发展提供新的机遇。邓小平指出，我们要有充分的信心，要寻求现代条件下人民战争克敌制胜之道。必须研究新的战法，通过对武器装备的不断改进，人员素质的不断提高，深入探索，比较研究，找出人民战争与现代高技术战争联结的基点。首先，继续发扬人民战争具有整体效能的特点。在现代条件下，对人民力量的各个要素、各个部分进行科学、有效的调动组合，充分发挥各部门最大限度的效能。其次，在深入分析现代战争的特点和规律的基础上，寻求人民战争的新战法。新战法的研究必须依靠广大人民群众的智慧，依靠全军指战员、军事研究人员不懈的探索，必须坚持群众路线。第三，必须在实践中发展人民战争理论。邓小平指出，继承毛泽东军事思想，研究现代条件下的人民战争，特别要加强研究高技术条件下的人民战争。随着时代

① 中央军委办公厅．邓小平关于新时期军队建设论述选编［M］．北京：八一出版社，1993：44.

② 邓小平文选（第2卷）［M］．北京：人民出版社，1994：77.

③ 军事科学院，中央文献研究室．邓小平论国防和军队建设［M］．北京：军事科学出版社，1992：60.

的发展，人民战争的研究与实施也必须向前发展。①

(三) 军队建设与改革思想

党的十一届三中全会以来，邓小平坚持解放思想，实事求是，一切从实际出发的科学态度，通过对我国国情、军情以及国际形势的正确分析，系统地论述了新时期我军建设的指导思想、奋斗目标和具体措施，成为新时期我军建设的纲领和行动指南。

1. 必须“把我军建设成为一支强大的现代化、正规化的革命军队。”②

建设强大的现代化、正规化革命军队是新时期军队建设的总目标和总任务。这一科学的战略构想，既发扬了我军的优良传统，汲取了历史经验，又具有新的时代特征。同时，革命化、现代化、正规化的建设又是一个有机的整体。它们互相联系、互相促进，构成了新时期军队建设的鲜明特色。

必须大力加强我军的革命化建设。革命化建设是我军建设的根本，是现代化、正规化建设的政治保证和精神动力。新时期，邓小平深刻分析和论述了我军革命化建设的重要性。首先，革命化充分体现了人民军队的性质和宗旨，是我军的政治优势。邓小平认为，任何时候，任何条件下，军队的无产阶级性质都是通过革命化来保证的。其次，革命化建设是我军未来反侵略战争中制胜的强有力武器。因为，人民军队素质的提高，必须有优良的战斗作风和严格的组织纪律，只有加强作风和纪律建设，才能充分提高军队的战斗力，才能提高干部战士在现代条件下的作战能力。第三，军队革命化建设关系到国家稳定的大局，是我国长治久安、经济发展的重要保证。邓小平曾经指出“我们国家之所以稳定，军队没有脱离党的领导，这很重要。”③

新时期军队建设要以现代化为中心。新时期，我军建设的主要矛盾是现代化战争的客观需要同我们现代化水平还比较低的矛盾。因此，我军的指导思想必须确立以现代化建设为中心，这是新时期我军建设和现代战争的客观需要。首先，我军建设的主要矛盾决定我军建设必须以现代化为中心。目前，我军现代化水平虽然取得了较大进步，但与先进国家相比还有相当大的差距，还不能完全适应客观需要；其次，是应付严峻的国际战略形势变化的要求。国际霸权主义、强权政治对于我国仍具相当的威胁，我们必须要做好充分的军事斗争准备；第三，是国家现代化总体建设的要求；第四，是积极防御军事战略方针的要求；最后，是现代条件下的人民战争的要求。我们面对的敌人将是用高技术武装起来的敌人，因此，要战胜他们不但

---

① 牛力，郭同岭．军事思想与军事战略［M］．武汉：通信指挥学院内部资料（1998）：183-328.

② 邓小平文选（第2卷）［M］．北京：人民出版社，1994：395.

③ 张天荣．邓小平军队革命化建设思想研究［M］．北京：国防大学出版社，1997：97.

要发扬人民战争的传统优势，而且还必须掌握一定的现代化武器装备以及高技术条件下的作战理论。

新时期必须提高军队正规化建设的水平。新的历史时期，要加强军队的组织管理，保持人民解放军的高度集中和稳定，提高军队战斗力，必须加强军队正规化建设，使正规化建设水平上一个新台阶。邓小平同志对我军正规化建设十分重视，强调了一系列有关正规化建设的措施和指导方针。在进入新时期之际，邓小平果断提出："军队要整顿"、"军队要像军队的样子"。① 他指出正规化问题必须同军事领域内的变革形势相适应，要注意研究新情况、新问题。正规化建设水平必须随现代战争的发展而发展，随武器装备现代水平的提高而提高。因此，现代条件下，我军能否建立起符合现代战争特点和规律、与军队现代化水平相适应的作战运行机制，能否提高战斗力，形成具有强大的整体作战效能等，正规化建设至关重要。

2. 以改革为动力，走有中国特色的精兵之路

邓小平在我军建设的实践过程中，为了把我军建设成为一支强大的现代化、正规化、革命化军队，提出了实现这一建设目标和任务的一系列根本性措施。这些措施主要包括：

必须以战斗力为标准，走有中国特色的精兵之路。必须把提高战斗力作为新时期军队建设和改革的出发点和落脚点，作为检验军队各项工作的根本标准。邓小平明确指出："军队就是提高战斗力"，② 要从战胜更强大的对手来衡量我军战斗力的可靠性，消肿、精简军队，就是要把军队搞精干，有利于提高战斗力。部队各项工作的最终出发点就是要解决战斗力的问题。那么什么是真正的战斗力呢？邓小平指出，只看表面不行，要看实战能力。真正的战斗力，就是要有赢得现代战争特别是高技术战争的能力。

要把教育训练提高到战略地位。邓小平指出，部队在不打仗的情况下，要搞好教育训练，"把教育训练提高到战略地位"。③ 通过教育训练，提高干部指挥现代化战争的能力，使干部战士掌握现代化战争的知识。要搞好教育训练，一是靠部队自己勤学苦练，注意合成训练；二是要靠学校，把干部战士送入学校去学习、培训，使他们经过学习后既能打仗，又能搞社会主义建设。④

要正确处理好数量与质量的关系问题。精简军队人员的数量就是为了提高军队的质量建设，要搞好质量建设，必须在数量上下工夫。邓小平指出："要搞少而精

① 邓小平文选（第2卷）[M]. 北京：人民出版社，1994：2.
② 邓小平文选（第2卷）[M]. 北京：人民出版社，1994：410.
③ 邓小平文选（第2卷）[M]. 北京：人民出版社，1994：59.
④ 邓小平文选（第2卷）[M]. 北京：人民出版社，1994：21，289.

真正顶用的，真正是现代化的东西”。① 同时，我们也要正确处理好数量与质量的辩证关系，要有必要的数量，因为中国是一个大国，没有必要的武装力量是不行的。没有一定规模的军队就不能保证我们国家的安全，保证我们现代化建设事业有一个稳定的战略环境。

建立科学的体制编制。邓小平指出，搞好军队的编制整顿、体制整顿，可以适当解决军队的其他问题。“编制要严格搞，要切实遵守编制。可以说编制就是法律”。目前，我军建设还有许多深层次矛盾和问题仍未得到根本解决，主要是军队的规模、数量、体制编制、政策制度等方面的问题。军队改革必须同军队的稳定和发展相统一协调，军队改革不能急于求成，要积极而又稳妥地进行，成熟一件办一件。②

（四）国防建设思想

邓小平在新的历史时期，继承了毛泽东国防建设思想，并且结合国内外形势的客观需要，提出了一系列符合国家总体防务的新思想，是新时期我国国防现代化建设的指导理论。

1. 新时期继续坚持全民办国防的方针

邓小平指出，国防建设要继续沿着毛泽东开创的道路前进，仍然要坚持全民办国防的指导方针。因为，我们的国防是人民的国防，坚持全民办国防的方针，是军队和国防现代化建设的需要，是维护国家长久治安以及社会、经济全面发展的根本保证。

全民办国防是我们必须遵循的原则和方针。新中国成立以后，毛泽东明确提出，中国必须建立强大的国防军，要建立强大的国防军必须依靠全体人民解放军的指挥员、战斗员和全国工人、农民及其他人民一道，协同努力，才能达到目的。党的十一届三中全会以后，邓小平同志继续坚持这一思想，在这一思想的指导下，我国新时期国防建设取得了重大发展。同时，全民办国防的方针充分体现了我国军队和国防建设的人民性和群众性的本质，是社会主义社会的优势。只有坚持和贯彻这一方针，才能确保发挥依靠广大人民群众战胜国内外敌人的优势，才能从根本上确保我国社会主义现代化建设事业积极而健康地向前发展，确保有中国特色社会主义国防现代化建设的顺利进行。此外，全民办国防的方针是实施现代条件下人民战争的要求。现代条件下人民战争的实施，离不开广大人民群众的参与。平时依靠广大人民群众参与国防建设，提高全民国防观念，战时才能更大限度地发挥出人民战争的巨大能量。同时，要深刻体现积极防御的军事战略总方针的内涵，更离不开人民

① 卿竹松，唐晶荣．军事思想教程［M］．北京：国防大学出版社，2000：305.

② 姜普敏，藏士明．当代中国马克思主义军事理论［M］．北京：国防大学出版社，1997：181-183.

群众的参与。

2. 加强国防教育，增强全民国防观念

加强新时期全民国防教育，树立全民强烈的国防意识，关系到国防现代化建设的大局，是我国未来反侵略战争的重要举措。

新时期国防教育必须要深入持久地开展下去。一个国家、一个民族的国防观念，是维系国家安全的精神长城，是国防建设的社会思想基础，必须要长久地维持。而增强国防观念的基本途径就是加强国防教育。同时，持久而深入地开展国防教育也是提高全民素质的有效措施。另一方面，国防教育的实质就是以爱国主义为核心内容的教育。新时期的国防教育可以增强中华民族的凝聚力，增强人民的使命感和责任感。邓小平曾明确指出，在新的历史条件下，爱国和爱社会主义都是为一个总的目标，即把中国发展起来，把民族振兴起来。

3. 建立有效的国防动员体制和强大的国防后备力量

建设有中国特色的社会主义现代化国防，必须要有一支强大的国防后备力量，建立完善的国防动员体制。为了适应现代化战争的需要，我国的战争动员必须做到迅速地最大限度地把已经具备的战争潜力转化为战争的军事力量。后备力量是我们实施现代条件下人民战争的重要保证。

必须建立有效的国防动员体制。国防动员是关系国家安危和战争胜负的战略问题。邓小平指出，解决国防动员体制问题，关键是坚持平战结合、军民兼容的原则。贯彻这个原则，必须把战争动员纳入国民经济和社会发展的总体规划中来，纳入整个国防建设包括军队建设和后备力量建设之中来。邓小平对于民兵和预备役建设十分重视。他指出，坚持现代条件的人民战争，民兵仍然是一支重要的战略力量。20 世纪 80 年代初期，邓小平进一步指出，组建预备役部队是一个好办法，可以寓兵于民，平时少养兵，养精兵、战时多出兵。党的十一届三中全会以来，党中央和中央军委根据新时期军队和国防建设的需要，不断加强和改进预备役建设，组建了预备役部队。这支部队有统一的编制，是以现役军人为骨干，以预备役人员为基础而组建的。它的建立，标志着我国国防后备力量开始进入一个新的发展阶段。

4. 加强国防立法，增强法制意识

在邓小平的倡导下，我国的国防立法工作取得了显著的成绩和重大进展，先后颁布了《中华人民共和国国防法》、《中华人民共和国预备役军官法》、《中华人民共和国现役军官法》、《中华人民共和国国防教育法》等一系列法律法规。国防和军队建设必须做到有法必依、执法必严、违法必究。

邓小平指出，党有党纪，国有国法，军有军规，对一切无纪律、无政府、违反法制的现象，都必须坚决反对和纠正，丝毫不能宽容。国防和军队的建设事关国家稳定的大局，必须严格依法办事，服务、服从于国家的相关法律法规政策。只有这样，才能保证我国国防现代化的顺利进行，保证我国在捍卫国家的领土、主权的未来战争中立于不败之地。另一方面，必须加强国防法制教育，增强国防法律意识。邓小平指出，在党政机关、军队、企业、学校和全体人民中，都必须加强纪律教育和法制教育。广泛而深入地开展国防法制教育是全民普法教育的一个重要内容，是我国军事法规建设中一个带基础性的内容，是增强全民国防观念的重要方面，是培养新时期国防现代化建设需要的复合型人才的客观需要。①

二、邓小平新时期军队建设思想的历史地位和现实意义

邓小平新时期军队建设思想，集中反映了改革开放和社会主义现代化建设时期军队建设的基本规律，是我国国防和军队建设的根本依据和指导思想。新世纪新阶段我们必须用邓小平新时期军队建设思想指导军队和国防建设，全面系统地把握其科学体系，并在实践中丰富和发展邓小平新时期军队建设思想。

邓小平新时期军队建设思想是毛泽东军事思想的继承和发展，是当代中国的马克思主义军事科学。马克思主义军事科学，是人类发展史上反映无产阶级利益和要求的崭新的军事科学形态。毛泽东和他的战友们在创建人民军队和长期的战争实践中形成了毛泽东军事思想。邓小平新时期军队建设思想是毛泽东军事思想的继承和发展，“邓小平同志是捍卫、坚持和发展马列主义、毛泽东思想的杰出代表。”②从继承的意义上说，邓小平新时期军队建设思想中的每条基本原则都体现着毛泽东军事思想的光辉。特别是实事求是是军队建设精髓的原则，党对军队的绝对领导的原则，加强组织纪律性和发扬优良传统的原则，军队建设要服从国家经济建设大局的原则以及国防现代化的原则等，更是和毛泽东军事思想一脉相承。邓小平指出：“不仅今天，而且今后，我们都要高举毛泽东思想的旗帜。”③ 从发展的意义上说，毛泽东军事思想主要是在以战争和革命为主题的条件下形成的军事运动规律的科学。邓小平新时期军队建设思想，则是在和平与发展成为时代主题条件下形成的。因此，它必须要解决这个时代这个环境在军事上提出的新问题，带有强烈的自身特色，如军队建设的指导思想，实行战略性转变的思想，走精兵之路的思想，新时期的战略方针思想和现代条件下人民战争思想等。从这一意义上说，邓小平新时期军队建设思想是毛泽东军事思想一个崭新的发展阶段。

邓小平新时期军队建设思想是建设有中国特色社会主义理论的重要组成部分。我们军队的建设和改革是整个国家建设和改革的重要组成部分。邓小平新时期军队

① 牛力，郭同岭．军事思想与军事战略［M］．武汉：通信指挥学院内部资料（1998）：324-331.

② 中共中央文献研究室．江泽民论有中国特色社会主义［M］．北京：中央文献出版社，2002：1.

③ 邓小平文选（第2卷）［M］．北京：人民出版社，1994：291.

建设思想，就是建设有中国特色社会主义理论和中国军队建设实际相结合的产物，就是建设有中国特色社会主义理论在军队建设领域的体现和落实。首先，解放思想，实事求是是建设有中国特色社会主义的理论精髓，同样也是邓小平新时期军队建设思想的理论基础；其次，“一个中心、两个基本点”的基本路线，是建设有中国特色社会主义理论的核心内容，而正是这一点，构成了邓小平新时期军队建设思想的灵魂；第三，以经济建设为中心，解放和发展社会生产力是建设有中国特色社会主义理论所规定的根本任务，而正是这一点规定了军队在积极搞好自身建设的同时，要服从经济建设这个大局，在这个大局下行动，同时也为建设现代化正规化革命军队提供了物质保证。更为重要的是，邓小平新时期军队建设思想的实践是建设有中国特色社会主义理论及其实现的安全保证。正如江泽民强调的那样，“必须按照邓小平同志关于新时期军队建设的思想，走有中国特色的精兵之路，把人民解放军建设成为强大的现代化正规化革命军队，不断增强我国国防实力，为改革开放和经济建设提供强有力的安全保证。”①

邓小平新时期军队建设思想是我军建设的科学指南。在邓小平新时期军队建设思想的指导下，我军的建设取得了长足的进步和举世瞩目的成就。邓小平新时期军队建设思想是我军极其宝贵的精神财富，是对我们党和军队浴血奋战和艰苦奋斗的科学总结，是建设现代化、正规化革命军队的根本指导思想，是我军在新的历史时期进行建设和发展的一面鲜明的旗帜。② 邓小平新时期军队建设思想之所以成为我军建设的指导思想，主要体现在以下几个方面：一是它揭示了和平时期国防和军队建设的基本规律；科学地阐明了相对和平时期军队建设与经济建设的相互关系及其基本规律；军队建设各要素和各方面相互作用与影响的基本规律；和平时期军队战斗力生成的基本规律等。二是它符合我国国情和我军建设实际，具有鲜明的中国特色和强大的生命力。邓小平紧紧抓住我军建设的主要矛盾，创造性地回答和解决了新时期我军建设的一系列重大理论和实践问题，为我军建设指明了方向。三是它符合当代和未来战争的客观要求，是指导我国进行未来战争的强大的思想武器。③

总之，在社会主义市场经济的确立和改革开放深入发展的时代条件下，在国防和军队建设面临许多新特点、新情况的背景下，在战争形态、规模、样式等发生重大变化的新世纪新阶段，我们必须继续高举邓小平新时期军队建设思想伟大旗帜，在江泽民国防和军队建设思想以及胡锦涛关于国防和军队建设重要论述等先进理论

---

① 中共中央文献研究室．江泽民论有中国特色社会主义［M］．北京：中央文献出版社，2002：467.

② 姜普敏，藏士明．当代中国的马克思主义理论［M］．北京：国防大学出版社，1997：13-21.

③ 宋尽贤．军事学教程［M］．北京：高等教育出版社，1996：137.

的指引下，把我国国防和军队建设推向新的更高的发展阶段，努力把我军建设成为一支强大的现代化革命军队。

第四节　江泽民国防和军队建设思想

江泽民国防和军队建设思想，是“三个代表”重要思想的重要组成部分，是以江泽民为核心的第三代领导集体，在新的历史条件下结合国际战略形势和时代特征，把马克思主义军事理论和我国国防与军队建设的实际和实践相结合，继承和发展毛泽东军事思想，高举邓小平新时期军队建设思想的伟大旗帜，对军队和国防建设所作的理论指导。

一、江泽民国防和军队建设思想的主要内容

（一）坚持党对军队绝对领导的根本原则，加强思想政治建设

江泽民国防和军队建设思想，内容丰富，涵盖广泛，紧紧围绕把我军建设成为一支强大的现代化、正规化的革命军队的总目标、总方针，明确提出了军队和国防建设要在“政治合格、军事过硬、作风优良、纪律严明、保障有力”的总要求下进行。

1. 坚持党对军队的绝对领导是我们建军的根本原则

江泽民自 1989 年主持军委工作以来，对坚持党对军队的绝对领导问题十分重视。他指出，必须始终不渝地坚持党对军队的绝对领导。“我军建设所以能够获得巨大进步，关键在于我们始终高度重视建设一支忠于党、忠于人民的干部队伍。”① 人民军队的性质就是始终忠于党、忠于国家、忠于社会主义、忠于人民。历史证明，人民军队之所以能够发挥为人民服务的重大作用，是与党的绝对领导地位分不开的。目前，国际战略格局出现了一些新的变化，然而霸权主义、强权政治以及冷战的后遗症依然存在。另外，我国国内社会稳定，经济保持健康快速发展，政治清明，而我国军队建设势必与之相适应。江泽民同志强调要坚持党对军队的绝对领导，就是要永葆人民军队的性质，保持和发扬人民军队的光荣传统。

新时期只有坚持党对军队的绝对领导，才能保持和发扬人民军队的优良传统，建设全新的人民军队。我军的优良传统是新时期军队建设必须保持和发扬的。中国人民解放军从八一南昌起义到新时期革命化、正规化建设的过程中，始终坚持一切为了人民，一切依靠人民，全心全意为人民服务的宗旨；坚持以马克思主义军事理论、毛泽东军事思想、邓小平新时期军队建设思想为指导，积极研究现代条件下反侵略的战争，注重质量建设；坚定不移地实行政治民主、经济民主、军事民主制

① 江泽民．关于二十年来军队建设的历史经验［N］．解放军报，1999-01-08（1）．

度，真正做到政治合格、军事过硬。严格地说，这些优良传统的形成，都是在中国共产党的绝对领导下进行的。总之，江泽民关于我军革命化、现代化、正规化建设的一系列重要论述，表明没有共产党的领导就没有一支新型的人民军队，就不能适应世界新形势变化发展的要求。

2. 加强军队政治思想工作，用“三个代表”重要思想武装全军

江泽民在1994年军委扩大会议上指出：“搞好军队的思想政治建设，是搞好军事训练、后勤保障以至整个军队现代化建设的重要基础。思想政治建设是革命化建设的核心，是引导全军干部战士拒腐蚀、永不沾，永葆人民军队革命本色的可靠保证。所以，我们必须高度重视军队的思想政治建设，必须把它摆在全军各项建设的首位。”① 从根本上讲，全军之所以要把思想政治建设摆在各项建设的首位，是由我军现代化、正规化建设以及我军的性质、职能和思想政治建设的重要地位决定的，同时也是历史的要求。

江泽民主持军委工作以后，根据时代主题的变化，着眼未来，着眼于我军建设面临的新情况、新问题，着眼于我军现代化、正规化建设的实际需要，着眼于始终保持人民军队的性质、宗旨，旗帜鲜明地指出，必须高度重视军队的思想政治建设，把它摆在全军各项建设的首位，军队要“政治合格”。在具体工作中，各级党委要坚持不懈地用“三个代表”要求、教育官兵，带头学习实践“三个代表”重要思想，不断开创军队建设的新局面。“三个代表”重要思想科学地指明了加强军队思想政治建设的指导方针、基本原则和工作重点，继承和发扬了毛泽东军事思想和邓小平新时期军队建设思想的理论成果，也为我军更好地适应时代变化的要求提出了科学指导思想。总之，贯彻和落实“三个代表”重要思想，必须正确认识发展社会主义市场经济在我军官兵思想上产生的双重影响，要科学地观察，不断充实思想政治教育的内容，探索承袭与改革之间的相互关系。军队必须勇于面对时代的挑战，始终保持健康向上的发展态势。②

（二）确立了适应时代要求的新安全观③

江泽民在和平与发展成为时代主题的背景下，在邓小平国家安全观的基础上，针对国际环境的新变化，提出了树立新安全观的重要思想。强调运用综合手段，多种措施并举，重视和平条件下军事力量的综合运用与建设。新安全观的提出对我国在新形势下国防和军队建设具有重要的指导意义。

1. 现代安全观的新内涵

---

① 中共中央文献研究室．十四大以来重要文献选编（中册）[M]．北京：人民出版社，1997：1124.

② 奚纪荣，施芝华．军事思想 [M]．上海：上海社会科学出版社，2004：273-274.

③ 王厚卿．中国军事思想论纲 [M]．北京：国防大学出版社，2000：947-958.

所谓“安全”，一般是指社会行为主体没有或很少受到威胁的生存状态。传统的国家安全观有两大焦点：一是如何应对外来的战争威胁和军事入侵；二是怎样防止外部政治干预、压力和颠覆。冷战结束以后，世界形势发生了深刻的变化。和平与发展成为时代的主旋律，全球化浪潮不断高涨，各国之间的相互依存关系不断加强。在这样一个历史转折时期，江泽民对我国的国家安全进行了深入的研究和思考，于1999年3月26日明确提出了新的安全观。其特点概括起来有以下四个方面：一是摒弃冷战思维，坚决维护世界和平发展的主流。江泽民指出：“我们认为，新安全观的核心，应该是互信、互利、平等、合作。”① 维护和平是国际形势发展的主流。然而当今世界，冷战思维依然存在。江泽民利用各种国际场合严肃批评冷战思维的各种表现。二是经济科技因素在国际安全环境中发挥着重要作用。江泽民指出，经济优先已成为世界潮流，经济科技因素越来越成为当今国际关系中最首要的、最关键的因素。三是现代安全内容丰富，涵盖面广。江泽民强调，现代安全首先应以维护人类的安全为宗旨。他提出了政治安全、经济安全、军事安全、文化安全、环境安全、社会安全等一系列新的安全思想，并主张通过国际合作来应付人类共同面临的威胁和挑战。四是国家安全必须与国际安全有机结合，确立普遍的安全意识。江泽民指出，所有国家，都不能以牺牲别国的安全来换取自己的安全。

2. 运用综合手段和多种措施，谋求跨世纪的国家安全

江泽民指出，世界在变化，我们的思想行动也应随之变化，必须积极探索维护国家安全的新思路和新方法。这种新思路主要体现在以下几个方面：一是通过科教兴国实现综合国力的跨越式发展，从根本上解决国家安全问题。江泽民指出：“当今世界，各国之间的竞争越来越表现为科学技术和人才的竞争。科技的发展，知识的创新，越来越决定着一个国家、一个民族的发展进程。”② 只有我们发展了，才不会受制于人。二是充分发挥军事手段在维护国家安全中的支柱作用。江泽民指出，我们要看到霸权主义的战争威胁依然存在，有时还是很严峻的。强调加强国防和军队现代化建设的必要性和紧迫性，主张经济建设和国防建设要两头兼顾，协调发展，大力推进我军的质量建设，充分发挥军队在国家安全中的基本保证和坚强后盾作用。三是把外交斗争作为实现国家安全经常和有效的手段。江泽民坚定地执行邓小平的外交战略，灵活运用外交斗争这一有力武器，运筹帷幄，使我国树立了良好的国际形象，提高了我国的国际声望。

（三）以新时期军事战略方针统揽、指导军队建设

强化新时期军队建设，必须有正确的战略方针作指导。江泽民强调指出，必须以积极防御战略方针指导和统揽全军各项建设和一切工作。也就是说，积极防御战

① 江泽民．建立适应时代需要的新安全观［N］．解放军报，1999-03-27（1）．

② 江泽民．在考察北京大学时的讲话［N］．人民日报，1998-04-30（1）．

略方针是我军军事战略的总方针，不能违背和脱离，任何军事工作都必须在它的指导下进行。

1. 继续贯彻执行积极防御的战略方针①

积极防御战略方针的实质是以积极主动的防御行动对付进犯之敌的攻势，其目的是为了消耗和歼灭敌人，为转入战略反攻和战略进攻创造条件。我国之所以要实施这一军事战略方针，江泽民做了明确的回答。他指出，作为我们整个国家的战略方针，就是邓小平同志所概括的积极防御。因为积极防御和我们的改革开放、把经济搞上去的方针政策以及政治方面的一些政策都是相符合的。这是邓小平同志在和平环境下对毛泽东军事思想的一个非常重要的发展。

江泽民还强调指出，军事战略方针归根结底是治国之道，如果军事战略错了，损失是很大的。我们国家的军事战略方针，是根据整个国际形势的发展变化来确定的。当今世界形势动荡多变，天下并不安宁，但世界大战在一个较长时间内打不起来。邓小平同志从这个大形势考虑，提出采取新时期积极防御的军事战略，是完全正确的，因为我们不需要走出去打人家，我们从来就是反对侵略，支持一切正义事业的。

江泽民的这些重要论述，使我们清楚地看到确立积极防御军事战略的理论基础、目的、背景以及原则立场。积极防御军事战略方针的确立，确保了我国军事战略的连续性，它是依据我国发展战略的要求以及整个国际形势的发展变化来确定的。更为重要的是，积极防御军事战略方针充分地表达了中国人民爱好和平，反对霸权的原则立场。江泽民曾经指出，在战争与和平问题上，我们从来不主动挑起战争，我们是爱好和平的，也是始终致力于维护和平的，我们坚决反对一切侵略性的、非正义的战争，反对任何形式的霸权主义和强权政治。

2. 按照“五句话”的总要求，加强军队各项建设

既然积极防御的战略方针是统揽我军一切建设的总的战略方针，所以我军的各项建设包括军事的、政治的、教育的、后勤保障的以及理论的都必须紧紧围绕积极防御战略方针来开展、进行。那么，怎样以新时期战略方针指导和统揽我军的各项建设，江泽民根据实际，做了非常重要的论述。提出了“政治合格、军事过硬、作风优良、纪律严明、保障有力”这“五句话”的总要求。

应该说“五句话”中的五个方面，是相互联系、不可分割的整体。政治合格放在“五句话”之首，其重要性不言而喻，它是积极防御战略方针的政治支柱；军事过硬是我军职能的基本要求；作风优良是我军鲜明的特色；纪律严明是我军胜利完成各项任务的重要保证；保障有力是我国国防和军队建设的物质技术保证。总

① 中共中央文献研究室. 江泽民论有中国特色社会主义 [M]. 北京：中央文献出版社，2002：449-455.

之，军队建设必须遵循“五句话”的总要求，在积极防御军事战略方针的统揽下，把人民解放军的革命化、现代化、正规化建设提高到一个新水平。①

（四）深化军队改革，走有中国特色的精兵之路

江泽民指出：“加强质量建设，走有中国特色的精兵之路，是实现我军现代化的正确选择。”军事、政治、后勤、装备等各项工作，都要贯彻改革创新精神，在改革创新中谋发展、求突破，要抓住影响和制约军队建设发展的突出矛盾和主要问题，继续推进体制编制、政策制度等方面的调整改革。军队改革既要适应发展社会主义市场经济的要求，又要适应军事应急的要求，一切都立足于“打得赢”、“不变质”。② 总之，要通过改革，建立起科学的领导、指挥、管理、保障体制和运行机制，提高我军建设的质量和效益，增强我军的作战能力。

1. 深化军队改革，迎接世界军事发展的挑战

军队改革是迎接世界军事变革这一严峻挑战的迫切需要，势在必行。当前高新技术正在世界范围内迅猛发展，高新技术的广泛应用，正在深刻改变着世界的社会经济面貌，也正深刻改变着军事斗争的面貌，引发了军事领域里一系列革命性的变化。江泽民指出：“世界军事变革的加速发展和武器的系统效能的空前提高，加强我军的质量建设显得愈来愈重要，愈来愈紧迫。”③ 应当承认，我国军队现代化建设水平与先进国家相比还有相当大的差距。因此，如何加强我军质量建设，使其适应世界军事变革的要求，成为深化军队改革的重中之重。江泽民曾庄严地指出，迎接世界军事发展的挑战，是我们无法回避的历史责任。

深化军队改革，是适应国家改革形势和解决部队深层次矛盾的客观需要和根本途径。当前我国正处在建立社会主义市场经济体制为标志的历史性大变革时期，随着经济全球化的深入发展，社会的全面变革势必触及每一个领域，势必给军队建设带来深刻的影响。鉴于此，我军的许多政策和制度以及工作方式必须进行改革。江泽民认为，作为军队来讲，不能只等着国家财政增加经费来解决，而是要积极地通过深化改革，向科学管理要效益。越是经费困难越要改革，这是经济条件不富裕的军队加强现代化建设的客观要求。另外，深化军队改革是解决军队建设深层次矛盾的根本途径。可以说，我国在现代化建设方面已经取得了长足进步，但是，比较而言，我军武器装备现代化、人的现代化和编制体制现代化与世界先进水平相比还有相当大的差距，解决这些矛盾的根本途径，一方面要加强建设，另一方面就是要深

① 王厚卿．中国军事思想论纲［M］．北京：国防大学出版社，2000：966-972.

② 中共中央文献研究室．十四大以来重要文献选编（下册）［M］．北京：人民出版社，1999：2593.

③ 中共中央文献研究室．十五大以来重要文献选编（上册）［M］．北京：人民出版社，2000：703.

化改革。

2. 走有中国特色的精兵之路，注重质量建设

走有中国特色的精兵之路与深化军队改革是紧密相连的。1992 年，江泽民在党的十四大报告中，正式提出了“走有中国特色的精兵之路”的重要思想。另外，在 2000 年颁布的《中国的国防》白皮书中也指出，在新的历史时期，中国军队努力加强质量建设，走有中国特色的精兵之路，目标是建设一支有中国特色的革命化、现代化的人民军队，减少数量，提高质量，是军队现代化建设的一条基本方针。中国军队依靠科技强军，实现军队由数量规模型向质量效能型、由人力密集型向科技密集型的转变；按照现代战争的特点，努力提高武器装备现代化建设的水平，改革和完善军队的体制编制，改进军队的训练和院校教育的内容与方法。

走中国特色精兵之路必须正确处理数量与质量的关系问题。减少军队的数量，其主要的目的就在于提高部队的战斗力，提高部队的质量。要搞好质量建设，必须对部队进行“消肿”，当然也要保持一定的数量，二者是相辅相成的关系。目前，世界各主要国家军队的建设越来越在质量上下工夫。过去，由于我国军队人员多，军费开支相对过大，不仅不利于军队现代化建设，也不利于国家建设。所以，军队建设应该减少数量，使军队更精干，军事素质更高。“军队要努力适应现代战争的需要，注重质量建设，全面增强战斗力。”①

（五）完善国防动员体制，始终不渝地增强全民国防观念

完善国防动员体制，建设强大的后备力量，增强全民的国防观念，是我军深化改革，走有中国特色精兵之路的要求。江泽民在 1991 年 6 月为《民兵工作条例》集训班题词时写到：实行精干的常备军和强大的后备力量相结合，建设现代化的国防。这一重要题词重申了我国国防和武装力量建设长期坚持的一个基本指导方针，即“三结合”的武装力量体制的方针，这一方针不但过去是，而且将来也是现代条件下实行人民战争的重要组织形式。要建设一支强大的后备力量，必须加强国防教育，增强全民的国防观念。

1. 完善国防动员体制，加强后备力量建设

江泽民在十五大报告中明确指出：“要深入持久地开展拥政爱民、拥军优属工作，进一步巩固军政、军民团结。加强民兵、预备役部队建设，完善国防动员体制。继续加强中国人民武装警察部队和公安、国家安全等部门的建设”。②

完善国防动员体制，是国防和军队建设的需要。我国的国防动员体制是按照毛

① 中共中央文献研究室．江泽民论有中国特色社会主义［M］．北京：中央文献出版社，2002：467.

② 中共中央文献研究室．江泽民论有中国特色社会主义［M］．北京：中央文献出版社，2002：477-478.

泽东人民战争思想和积极防御战略方针建立起来的。为了适应现代战争特别是高技术条件下战争的要求，江泽民强调，国防动员体制必须要结合国家体制改革，认真探索未来反侵略战争的快速动员问题，按照社会主义市场经济的要求，建立和完善国防工业运行机制，加强国防教育。后备力量建设要切实做到“招之即来，来之能战，战之能胜”的总要求。① 新时期国防动员体制应与预防恐怖主义、邪教、分离主义等破坏活动联系起来考察，并纳入议事日程。

必须进一步加强民兵和预备役部队的建设。民兵建设是后备力量建设的重要内容。1990 年修订的《民兵工作条例》② 对民兵工作的任务、指导原则、组织建设、政治工作、军事训练、武器装备、战备值勤、物资保障等各方面都作了进一步的明确规定，为新形势下如何解决民兵工作中出现的新情况新问题提供了理论指南。在预备役部队建设的问题上，江泽民同志十分重视。预备役部队是以国家平时预备军人为基础，以现役军人为骨干组成的战时能迅速转为现役部队的武装组织，通常分为军种和兵种两种。中国的预备役部队是从 1983 年 3 月开始组建的，分为军种和兵种预备役师、团，并列入中国人民解放军建制序列，授予军旗和番号，执行中国人民解放军条例、条令。目前，预备役部队在编制体制、组织计划、军事训练、武器装备、规章制度等方面已步入正轨。

2. 加强国防教育，增强全民国防观念

江泽民指出：“各级党组织、政府和人民群众要关心、支持国防和军队建设。加强国防教育，增强全民国防观念。”③ 这是对全党全军和全国各族人民的共同要求。增强全民国防观念，依靠广大人民建设军队和国防是我们的优良传统，要深入持久地开展全民国防教育，大力宣传、认真贯彻落实《国防法》、《国防教育法》，把国防教育纳入规范化、法制化的轨道，纳入整个国民教育体系。

江泽民指出，开展全民国防教育是当前加强和改进思想政治工作的一个重要内容，在整个思想教育总体系中有着重要的位置，应把它纳入到这个总体系中去……国防不仅是军队的事，而且是整个国家的防务，是一个国家综合国力的体现。对公民进行国防教育不是单纯的军事教育，应当贯彻于政治、经济、外交、科技、军事等各方面，成为对公民进行以爱国主义为主要内容的全社会性的教育活动。因此，国防教育应当成为社会教育不可分割的一部分。④ 江泽民进一步强调，每个公民无

① 中共中央文献研究室．江泽民论有中国特色社会主义［M］．北京：中央文献出版社，2002：477-481.

② 缪合林．国防教育文选［M］．武汉：湖北人民出版社，2000：124-131.

③ 中共中央文献研究室．江泽民论有中国特色社会主义［M］．北京：中央文献出版社，2002：477.

④ 缪合林．国防教育文选［M］．武汉：湖北人民出版社，2000：37-38.

一例外都应接受国防教育，而且要长期进行下去，应作为公民的终身教育来抓，不能搞“一阵风”。把国防教育作为社会的系统工程来建设，把国防教育的内容转化为每个公民的精神财富和品质，使之成为国民公法，形成一种强大的精神力量。

（六）加强军事科学研究，积极探索新形势下军队建设的特点和规律

江泽民多次强调，先进的军事理论，历来是军队建设得以健康发展的必要条件，是战争的重要制胜因素。当代军事领域正在发生深刻的变革，我军必须深入研究这些变革所带来的影响，以推动军事理论的发展和创新。①

1. 加强现代条件下的军事科学研究

江泽民指出，一定要加强现代条件下的军事科学研究。军事科学是军队建设和军事斗争的理论方略，是决定未来反侵略战争的行动指南。具有中国特色的军事科学是毛泽东、邓小平等老一辈无产阶级革命家、军事家在长期的革命战争实践以及社会主义建设事业中逐步形成和发展起来的，对于过去的军事斗争起到了重要的指导作用。新的历史时期，国防和军队建设必须始终不渝地坚持有中国特色的军事科学理论，并在具体实践中不断完善和发展。江泽民主持中央军委工作以来，创造性地实践了毛泽东军事思想和邓小平新时期军队建设思想，对新时期建军、治军的特点和规律进行了探索，从理论上作出了新的概括，明确了国防和军队建设的方向。应该指出，有中国特色的军事科学研究是有中国特色的社会主义经济、政治、文化在社会主义初级阶段的基本纲领的总要求，不可偏废。

在实践中，必须深入贯彻落实军事理论的研究成果。军事理论研究必须继承毛泽东军事思想，高举邓小平理论伟大旗帜，以江泽民国防和军队建设思想为行动指南，坚持理论与实践相结合的原则，拿出扎扎实实抓好国防和军队建设的办法和措施。同时，军事理论的研究成果必须贯彻落实，在实践中检验和提高。按照解放思想、实事求是的精神，研究新情况、新问题，随实践的发展而不断发展，因为党的指导理论从来就是开放的理论，而不是封闭的理论。只有这样，军事理论研究的成果才能保持旺盛的生命力和科学的指导作用。

2. 探索新形势下军队和国防建设的特点和规律

江泽民强调，军事科学研究的一个重要任务，就是要对以往的战争经验进行系统的总结，这一点很重要。同时，必须研究现代条件下局部战争的特点和规律，提高驾驭现代战争的能力；要积极探索在国际战略格局发生深刻变化的时期，在对外开放和发展社会主义市场经济的条件下，在科学技术迅猛发展，给世界军事领域带来深刻变化的背景下，结合军队建设的特点和规律，全面加强部队建设，提高战斗力。

---

① 中共中央文献研究室．十四大以来重要文献选编（下册）[M]．北京：人民出版社，1999：2136.

首先，军队建设的特点和规律必须与新形势的要求相适应。新时期，世界战略格局经历了深刻的变化，和平与发展仍是当今时代的两大主题。但是局部战争、武装冲突以及恐怖主义仍在世界各地蔓延；冷战时期的两极战略格局已然消失，人类正努力向多极战略格局方向发展；经济全球化越来越深入，我国对外开放的力度也越来越大；随着20世纪末的海湾战争、科索沃战争以及21世纪初的阿富汗战争和伊拉克战争的爆发，信息化战争悄然而至。这些重大变化使得军队建设的特点和规律更具挑战性。因此，要积极研究和制定使军队建设与国际战略格局新变化、新要求协调发展的重大措施和办法。利用新形势带来的积极因素，推动军队建设的新发展，克服消极影响，解决困扰军队建设的一系列难题。

其次，必须深入研究现代条件下人民战争的特点和规律。江泽民指出："无论武器装备如何发展，战争形态如何变化，人民战争都是我们克敌制胜的法宝"。① 在高技术条件下，我们仍然要坚持人民战争，因为战争的本质没有改变，决定战争胜负的首要因素仍然是人。"应付现代技术特别是高技术条件下的局部战争，现阶段我们确实有困难和短处，但我们也有自己的优势，我们真正的优势还是人民战争"。"要着眼于现代技术特别是高技术条件下的局部战争的特点，深入研究和积极探索现代条件下人民战争的指导规律，努力探索现代条件下以劣势装备战胜优势装备之敌的战法。"②

二、江泽民国防和军队建设思想的历史地位

江泽民国防和军队建设思想是新形势下国防和军队建设的指导思想。它阐明了军队建设的核心问题、军队建设的总目标、军队建设的根本途径和措施等问题，为中国军队打赢信息化战争、捍卫国家主权和安全、维护世界和平提供了强大的思想武器，具有重要的历史地位。

江泽民国防和军队建设思想系统地继承和发展了毛泽东军事思想和邓小平新时期军队建设思想。以江泽民为核心的第三代领导集体在社会主义市场经济确立和改革开放的深入发展以及国防和军队赖以存在的社会环境发生深刻变化的历史条件下，总结新经验、分析新情况，集中全党和全军的智慧，作出了许多重要的理论概括，创造性地发展和丰富了马克思主义军事理论，是马克思主义中国化的历史进程中，共产党人在军事领域先后形成的三大理论成果之一。毛泽东军事思想主要是在民主革命时期针对战争年代的特点而形成的，反映了战争年代我军建设的规律；邓小平新时期军队建设思想主要是党的十一届三中全会以来，针对相对和平环境的历

① 江泽民．论国防和军队建设［M］．北京：解放军出版社，2003：351.

② 中共中央文献研究室．江泽民论有中国特色社会主义［M］．北京：中央文献出版社，2002：450-451.

史特点形成的，反映了相对和平时期我军建设的规律。“江泽民创造性地坚持和运用毛泽东军事思想、邓小平新时期军队建设思想的立场、观点和方法，紧密结合实践，总结新经验、探索新规律，科学阐明了新的历史条件下国防和军队建设的地位作用、目标任务、指导方针、总体思路、根本途径、战略步骤、发展动力和政治保证等问题，形成了一个完整的军事理论体系，把我们党的军事指导理论提升到了一个新阶段。”①

江泽民国防和军队建设思想是当前指导我军建设的根本依据和理论指南。20世纪80年代末90年代初以来，随着国际风云的变幻以及新军事革命的到来，我军建设面临诸如现代化战争的高技术性与我军装备相对落后、高技术战争与我军官兵科技文化素质较低等一系列矛盾。要解决这些矛盾，使我国国防和军队建设稳定、快速、健康地向前发展，从容地面对世界新军事革命带来的挑战，必须要有相应的适应时代特点的军事思想的科学指导。江泽民军队和国防建设思想，正是针对我军建设的矛盾和面临的严峻挑战而提出来的，具有极强的针对性、实践性和可操作性。从我国国防和军队建设的实践来看，近年来我军现代化建设取得了极大的成就：全面贯彻“三个代表”重要思想，使国防和军队建设始终围绕“打得赢”、“不变质”的两个历史性课题，保证了正确的发展方向；裁减军队员额，使部队更加精干、编制更加科学合理；国防和军队建设服从国家经济建设的大局，有力地支援了国家经济建设，也为军队现代化建设奠定了雄厚的物质基础；军队建设“五句话”总要求的落实，加速了部队革命化、现代化、正规化建设，大大提高了军队的战斗力；新时期军事战略方针的制定，为我军打赢未来反侵略战争奠定了基础；“科技强军”战略的实施，大大提高了我军官兵的文化素质；军队大力加强社会主义精神文明建设，使我军成为威武之师、文明之师等。这些成就的取得以及国防和军队建设的良性发展，都离不开江泽民国防和军队建设思想的科学指导。②

江泽民国防和军队思想是国防和军队现代化建设，打赢未来战争的理论指南。打赢现代技术特别是高技术条件下局部战争是江泽民国防和军队建设思想的核心内容。江泽民国防和军队建设思想赋予了新时期军事战略方针全新的内容，使我们正确认识了面临的主要战争类型；认识了军事斗争准备的主要矛盾；明确了人民战争在未来战争中的地位作用；指明了军队和国防建设的发展方向以及坚持用新时期军事战略方针统揽全局的思想等。这些思想都是紧紧围绕着如何打赢未来战争而提出来的，是加强军事斗争准备、夺取未来战争主动权的理论指南，对加强我军全面建设，实现国防和军队建设跨越式发展具有长期的指导意义。③

---

① 奚纪荣，施芝华．军事思想［M］．上海：上海社会科学出版社，2004：252.

② 于保中，李定邦．新世纪治军方略研究［M］．济南：黄河出版社，2001：10-12.

③ 李鹏青．普通高校军事教程［M］．北京：军事科学出版社，2006：47.

第五节　胡锦涛关于国防和军队建设重要论述

建立巩固的国防，建设强大的人民军队，是社会主义现代化建设的战略任务。胡锦涛主持军委工作以来，坚持以毛泽东军事思想、邓小平新时期军队建设思想、江泽民国防和军队建设思想为指导，作出了关于国防和军队建设的一系列重要论述，① 他强调指出："全面履行党和人民赋予的新世纪新阶段军队历史使命，必须坚持以毛泽东军事思想、邓小平新时期军队建设思想、江泽民国防和军队建设思想为指导，把科学发展观作为国防和军队建设的重要指导方针，贯彻新时期军事战略方针，加快中国特色军事变革，做好军事斗争准备，提高军队应对多种安全威胁、完成多样化军事任务的能力，坚决维护国家主权、安全、领土完整，为维护世界和平贡献力量。"② 这一讲话高度地概括了我军的性质、宗旨和职能使命的要求，指明了人民军队建设和发展的方向。总之，胡锦涛从治党治国治军的战略高度出发，科学地洞察和把握了当今时代发展大势，提出了一系列国防和军队建设的新思想和新观点，成为新世纪新阶段我国国防和军队建设的理论和行动指南。

一、坚持党对军队的绝对领导，把思想政治建设放在首位

共产党对军队的绝对领导，是由共产党的性质和军队的阶级属性决定的，是军队建设的根本原则和军队政治合格的可靠保证。这个根本原则是毛泽东在建军初期提出的，是我军一贯坚持的根本原则。胡锦涛强调指出："必须始终坚持部队建设的正确政治方向。要抓住高举旗帜、听党指挥这个根本，坚持不懈地用马克思主义中国化的最新成果武装官兵。要大力加强党的先进性建设，着力提高各级党组织贯彻落实科学发展观的能力，严格政治纪律和组织纪律，确保部队在任何时候任何情况下都坚决听从党中央、中央军委指挥。"③ 因此，新时期军队建设必须始终从政治上、思想上、组织上保证党对军队的绝对领导，保持正确的政治方向。只有这样，才能确保人民军队的纯洁性和"不变质"，才能抵制某些西方国家对我国进行的"西化"、"分化"活动并由此在军队建设中造成的不良影响。

胡锦涛强调，必须始终坚持把思想政治建设摆在军队各项建设的首位。思想政治建设是军队革命化建设的核心，是我军的根本性建设，也是我军立于不败之地的重要前提和可靠保证。新形势下，部队面临许多新情况新问题，思想政治建设必须

---

① 温家宝．政府工作报告［N］．光明日报，2007-03-18（3）．

② 胡锦涛．十七大报告［N］．人民日报，2007-10-25（4）．

③ 胡锦涛．在十届全国人大五次会议解放军代表团的讲话［N］．中国国防报，2007-03-15（1）．

拓宽视野，开阔思路，开拓创新。要坚持不懈地用中国特色社会主义理论体系武装全军，切实打牢官兵高举旗帜、听党指挥、履行使命的思想政治基础。要扎实抓好深入学习实践科学发展观活动，围绕党员干部受教育、科学发展上水平、履行使命见成效的总要求，紧密联系当前形势任务和部队实际，确保学习实践活动取得实实在在的效果。“要大力倡导和培育‘忠诚于党，热爱人民，报效国家，献身使命，崇尚荣誉’的当代革命军人核心价值观，深化我军历史使命教育、理想信念教育、战斗精神教育和社会主义荣辱观教育，从思想上、政治上、组织上确保我军始终成为党绝对领导下的人民军队，确保国防和军队建设科学发展，确保有效履行新世纪新阶段我军历史使命。”① 胡锦涛指出，部队思想政治建设，必须“要把领导干部作风建设摆在突出位置，全面加强新形势下的思想作风、学风、工作作风、领导作风和干部生活作风建设，努力实现领导干部作风的进一步转变。”② 2007 年 1 月，总政治部发布《中国人民解放军思想政治教育大纲（试行）》，明确规定人民解放军的思想政治教育是中国共产党在军队中进行的理论武装和思想引导工作，科学规范了全军各类部队和人员的思想政治教育，加强了思想政治教育法规制度建设。2008 年 4 月，中央军委批准、四总部联合发布《中国人民解放军军人委员会工作条例》，为新形势下军队基层的政治民主、经济民主、军事民主建设提供了制度保证。③

二、坚持以科学发展观为指导，积极稳妥地推进军队各项改革

胡锦涛强调指出：“坚持以科学发展观指导部队建设。”④ 新世纪新阶段必须更加坚定不移地高举邓小平理论和“三个代表”重要思想伟大旗帜，切实用科学发展观武装头脑、指导实践、推动工作。“我们要从坚持党对军队绝对领导、确保军队建设正确方向，从完成各项任务、推进事业发展中，充分认识把学习贯彻科学发展观不断引向深入的重大意义，”“切实地把学习贯彻科学发展观作为思想政治建设的主线突出出来，在舆论宣传、学习培训、实践运用、典型引导等各方面加大指导力度，营造浓厚氛围。要始终着眼有效履行新世纪新阶段我军历史使命，把科学发展观贯彻到军事、政治、后勤、装备各项建设的方方面面和全过程，尤其要紧密联系军事斗争准备实际，联系现代化特别是信息化建设实际，联系构建社会主义

① 开创国防和军队现代化建设新局面［N］. 解放军报，2009-03-14（1）.

② 胡锦涛. 在十届全国人大五次会议解放军代表团的讲话［N］. 中国国防报，2007-03-15（1）.

③ 2008 年中国国防（白皮书）：加强思想建设［EB/OL］. 中华人民共和国国务院新闻办公室发布. http：//www. gov. cn. 2009-01-20.

④ 胡锦涛. 在十届全国人民代表大会五次会议解放军代表团的讲话［N］. 解放军报，2007-03-14（1）.

和谐社会实际，在运用科学发展观解决问题、推进发展上不断取得新成效”。①

在科学发展观的指导下，积极稳妥地推进军队各项改革，为军队建设又好又快发展提供更具活力的体制机制保障。在实践过程中，调整改革军队体制编制和政策制度，逐步推进军队组织形态的现代化，争取到2020年形成一整套既有中国特色又符合现代军队建设规律的科学的组织模式、制度安排和运作方式。调整改革国防科技工业体制和武器装备采购体制，提高武器装备研制的自主创新能力和质量效益。建立和完善军民结合、寓军于民的武器装备科研生产体系、军队人才培养体系和军队保障体系。建立和完善集中统一、结构合理、反应迅速、权威高效的国防动员体系。②

三、加强军队革命化、现代化、正规化建设，积极开展信息化条件下的军事训练

胡锦涛指出，军队革命化、现代化、正规化建设是统一的整体，必须全面加强、协调推进。要始终坚持党对军队绝对领导的根本原则和人民军队的根本宗旨，深入进行军队历史使命、理想信念、战斗精神和社会主义荣辱观教育，大力弘扬听党指挥、服务人民、英勇善战的优良传统。坚持科技强军，按照建设信息化军队、打赢信息化战争的战略目标，加快机械化和信息化复合发展，积极开展信息化条件下军事训练，全面建设现代后勤，加紧培养大批高素质新型军事人才，切实转变战斗力生成模式。坚持依法治军、从严治军，完善军事法规，加强科学管理。③

胡锦涛指出，军事训练是推进部队全面建设、实现科学发展的重要着力点。要在全军进一步兴起大抓军事训练的热潮，积极推进机械化条件下军事训练向信息化条件下军事训练转变。④ 首先，人民解放军坚持把军事训练作为推进部队全面建设、提高部队战斗力的基本途径，改革训练内容、方法、管理和保障，科学构建信息化条件下军事训练体系。其次，拓宽军事训练领域。加强信息化条件下战略战役指挥训练和部队训练，举行跨区域检验性对抗演练，进行整建制夜间训练，开展后勤、装备保障综合演练。重视加强反恐、维稳、处突、维和、抢险救灾等非战争军事行动训练。再次，深化训练改革。构建信息化条件下军事训练内容体系，编修新一代《军事训练与考核大纲》，推广训练改革的创新成果。加强军兵种联合训练，

---

① 徐才厚．以更加饱满的热情和自觉的行动，掀起学习贯彻科学发展观新的热潮［N］．中国国防报，2007-03-08（1）．

② 2008年中国国防（白皮书）：国防政策［EB/OL］．中华人民共和国国务院新闻办公室发布．http：//www. gov. cn. 2009-01-20.

③ 胡锦涛．十七大报告［N］．人民日报，2007-10-25（1）．

④ 胡锦涛．推动部队建设又好又快发展［N］．解放军报，2007-03-14（1）．

强化作战要素训练，突出指挥协同训练和战法研究，改进区域协作训练。完善基地训练，发展模拟训练，推开网络训练，开展对抗训练。最后，改革军事训练考评机制，从难从严训练，实施军事训练全过程全要素精细管理。开展复杂电磁环境下训练。普及电磁频谱、战场电磁环境等基础知识，学习掌握信息战特别是电子战等基本理论。突出信息化武器装备和指挥信息系统操作使用训练，进行合同战术训练基地信息化改造，重视开展复杂电磁环境下演练。①

在积极推进信息化条件下军事训练的同时，在不断提高部队信息化条件下的防卫作战能力的同时，不断“加强国防科研和武器装备建设”。② 因为国防科研和武器装备水平是信息化条件下作战能力的物质基础，必须坚持以国家经济发展和科技进步为依托，坚持以自力更生为主，加快武器装备现代化建设。为此必须调整改革国防科技工业体制和武器装备采购体制，提高武器装备研制的自主创新能力和质量效益。建立和完善军民结合，寓军于民的武器装备科研生产体系、军队人才培养体系和军队保障体系，坚持勤俭建军，走出一条中国特色军民融合式发展路子。

胡锦涛指出，为了适应世界军事发展新趋势和我国发展新要求，必须推进军事理论、军事技术、军事组织、军事管理创新。深入研究新的历史条件下建军治军特点规律和人民战争战略战术，繁荣和发展军事科学。③

四、增强全民国防观念，正确处理国防建设与经济社会发展之间的关系

胡锦涛指出，增强全民国防观念，完善国防动员体系，加强国防动员建设，提高预备役部队和民兵建设质量。加强人民武装警察部队建设，更好履行维护国家安全和社会稳定、保障人民安居乐业的职责使命。坚持拥军优属、拥政爱民，积极开展军民共建，巩固军政、军民团结。各级党组织、政府和人民群众要一如既往地支持国防和军队建设，军队要继续为经济社会发展作贡献。④

中国奉行防御性的国防政策。中国把捍卫国家主权、安全、领土完整，保障国家发展利益和保护人民利益放在高于一切的位置上，努力建设与国家安全和发展利益相适应的巩固国防和强大军队，在全面建设小康社会进程中实现富国和强军的统一。新世纪新阶段中国国防政策的基本内容是：维护国家安全统一，保障国家发展利益；实现国防和军队建设全面协调可持续发展；加强以信息化为主要标志的军队质量建设；贯彻积极防御的军事战略方针；坚持自卫防御的核战略；实行积极防御

① 2008 年中国国防（白皮书）：推进军事训练转变［EB/OL］. 中华人民共和国国务院新闻办公室发布 . http：//www. gov. cn. 2009-01-20.

② 温家宝 . 政府工作报告［N］. 光明日报，2007-03-18（3）.

③ 胡锦涛 . 十七大报告［N］. 人民日报，2007-10-25（4）.

④ 胡锦涛 . 十七大报告［N］. 人民日报，2007-10-25（4）.

的军事战略方针，坚持和发展人民战争的战略思想；始终依靠人民建设国防、建设军队，实行精干的常备军和强大的后备力量相结合，增强国家战争潜力和国防实力；健全统一高效的国防动员机制，加强经济、科技、信息和交通动员，提高后备力量建设质量；创新人民战争的内容和形式，探索人民群众参战支前的新途径，发展信息化条件下人民战争的战略战术；服从国家建设大局，支持地方经济社会发展，巩固军政、军民团结。① 胡锦涛指出，全军要充分认识构建社会主义和谐社会的重大意义，全面把握构建社会主义和谐社会对加强军队建设、履行职能使命提出的新要求，自觉做构建社会主义和谐社会的坚定拥护者、热情宣传者、积极实践者。要自觉坚持社会主义核心价值体系，大力弘扬部队先进典型的崇高精神，巩固和发展团结、友爱、和谐、纯洁的内部关系，积极参加和谐社会的创建活动。②

进入新世纪以来，世界处于大变革大调整大变化之中。和平与发展仍然是时代主题，求和平、谋发展、促合作已经成为不可阻挡的时代潮流，但全球性挑战日益增多，新的安全威胁因素不断出现。面对复杂的国际国内形势，胡锦涛要求“全军官兵要增强忧患意识和使命意识，把军事斗争抓得紧而又紧，实而又实，不断提高应对多种安全威胁，完成多样化军事任务的能力，有效维护我国安全和发展利益，为全面建设小康社会提供坚强的安全保障……要积极参加和支援国家经济建设，为民造福，为国兴利，为构建社会主义和谐社会作贡献。”③ “要积极探索改革开放和发展社会主义市场经济条件下密切军政军民关系的有效途径和办法，坚持贯彻国防建设与经济建设协调发展的方针，努力开创国防和军队建设的新局面。”④ 因此，在具体的实践中，必须实现国防和军队建设全面协调可持续发展。坚持国防建设与经济建设协调发展的方针，把国防和军队现代化建设融入经济社会发展体系之中，使国防和军队现代化进程与国家现代化进程相一致，促使军队建设与构建社会主义和谐社会相一致。国防和军队建设，在中国特色社会主义事业总体布局中占有重要地位，必须站在国家安全和发展战略全局的高度，统筹经济建设和国防建设，在全面建设小康社会进程中实现富国和强军的统一。

胡锦涛关于国防和军队建设的重要论述，是对马列主义军事思想、毛泽东军事思想、邓小平新时期军队建设思想以及江泽民国防和军队建设思想的继承和发展，

---

① 2008 年中国国防（白皮书）：国防政策［EB/OL］. 中华人民共和国国务院新闻办公室发布. http：//www. gov. cn. 2009-01-20.

② 胡锦涛. 按照科学发展观要求，推动部队又好又快发展，积极为构建社会主义和谐社会贡献力量［N］. 中国国防报，2007-03-15（1）.

③ 转引自曹刚川. 紧紧围绕党和国家工作大局，履行好新世纪新阶段我军历史使命［N］. 中国国防报，2007-03-08（1）.

④ 胡锦涛. 按照科学发展观要求，推动部队又好又快发展，积极为构建社会主义和谐社会贡献力量［N］. 中国国防报，2007-03-15（1）.

是新世纪新阶段指导我国国防和军队建设的强大思想武器。

思考题：

1. 如何理解军事思想的科学含义？
2. 军事思想经历了哪几个发展阶段？
3. 毛泽东军事思想的科学含义是什么？
4. 毛泽东军事思想的主要内容有哪些？
5. 简述毛泽东军事思想的历史地位和现实指导意义。
6. 现代战争中如何运用和发展毛泽东人民战争思想？
7. 邓小平新时期军队建设思想的科学含义是什么？
8. 邓小平新时期军队建设思想的主要内容有哪些？
9. 邓小平新时期关于我国国防建设的内容有哪些？
10. 江泽民国防和军队建设思想的主要内容有哪些？
11. 新安全观的特点是什么？我们如何谋求未来的国家安全？
12. 如何正确认识和把握“五句话”的总要求？
13. 胡锦涛关于国防和军队建设的重要论述包括哪些方面？

第三章 国际战略环境

战略环境是一个国家生存和发展的客观条件。对所处的战略环境进行客观分析和科学判断，是一个国家特别是国家的战略指导者，制定正确的国际战略和外交方针的客观基础和前提条件。国际战略，是指主权国家或国家集团在国际关系领域运用国家综合力量，维护和发展国家利益，实现一定时期对外目标的全局性、总体性规划。这种客观需求的存在是由满足不断拓展的国家利益需求，以及国际局势、国际力量对比的变化所决定的。实践证明，如果对自己所处的战略环境的分析和判断发生偏差、出现失误，就很难在全球化进程中把握机遇，甚至可能丧失维护国家安全的战略主动权。“中国的和平发展需要一个稳定的国际安全环境”①。坚持中国特色社会主义道路，坚持和平崛起的发展道路与所处的战略环境特别是国际战略环境休戚相关。

第一节 战略环境概述

一、战略与战略环境

所谓“战略”，它的原始含义是指导战争全局的谋划和策略，随之延伸到与战争相关的方方面面。随着社会的发展已演变为指导宏观的、全局的、重大问题的策略，泛化到指政治、经济、外交、安全、地缘等领域的关于目标、方针、政策和策略等，如经济发展战略、外交战略、地缘政治战略等。人们逐渐接受了的战略的时代含义是“认识的科学”和“指导的艺术”，而将战略用于指导国家综合安全的宏观谋略，更体现了战略的时代内涵和深刻本质，符合战略具有的全局性、动态性的特征，是人们“认识的科学”和“指导的艺术”上的与时俱进。当代的国家安全战略，是指在平时和战时，组织和运用国家武装力量的同时，组织和利用国家的政治、外交、经济等综合力量以实现国家目标的艺术和科学②。从战略具有全局性、对抗性、谋略性和预见性的基本特征看，战略由战略目的、战略方针、战略力量和

① 杨毅. 国家安全战略研究［M］. 北京：国防大学出版社，2007：245.

② 杨毅. 国家安全战略研究［M］. 北京：国防大学出版社，2007：6.

战略措施构成。

鉴于此，与国家生存与发展密切相关的战略环境是指国际和国内的政治、经济、军事、外交、地理等各种因素的相互联系与作用对国家安全或战争全局产生实质性影响的状况和趋势。战略环境包括国际战略环境和国内战略环境。战略环境的实质是个“形势”问题，是政治、经济、军事形势的综合体现。目前，国际安全形势总体稳定的基本态势进一步发展，但不稳定、不确定因素也在增多，新挑战和新威胁不断出现，这是国际战略环境的基本状态和发展趋势。这种状态和趋势表明，在各国利益既有交叉又有矛盾甚至对抗的条件下，战争始终是各国为维护本国的国家利益而可能采取的一种方式。在当今世界，各国在经济利益的矛盾——各国在世界政治领域的分歧或对立——外交斗争或军事斗争（战争），已经机制性的影响国际安全。“这种机制的运行特点是：各国在经济和利益上的一致或矛盾通过国际政治中外交手段的作用，而产生抑制或诱发战争的效应。”① 我们制定国际战略时应予以慎重考虑。

二、战略环境的基本要素

战略环境是独立于战略指导者意识的客观存在，其内涵揭示的是国家赖以生存与发展的各种因素的总和，主要包括政治、经济、军事、外交、科技、地缘等各方面的因素。它构成国家战略环境的基石。反映出世界主要国家在政治、经济、军事等领域的利害关系，对国家战略环境起决定性作用。从国家战略利益层面上看，战略环境所涉及的要素是广义上的安全因素。一般认为，战略环境，特别是国际战略环境的基本要素为政治、经济、军事因素。为此，研究国际战略环境“要求确立世界经济、政治、军事‘三位一体’的系统观，并把研究的重点置于世界经济政治与世界军事的内在联系及其相互影响、相互作用方面”。②

（一）战略环境中的政治因素

这里的政治是指国家最高领导集团在内政及国际关系方面的活动。它以维护本国的最高利益为目的。从国际政治的角度看，霸权主义和强权政治仍是影响国际安全环境的重要因素。美国制定的战略目标是尽可能长久地维持其在单极世界中的一超独霸地位，其对外政策建立在唯我独尊的价值判断的基础之上，对国际战略环境的影响起着决定性作用。但大国之间的互动表现出来的既相互牵制和竞争，又相互协调、彼此借重和务实合作，是政治目的和需要作用于经济、外交、安全等方面的大国政治关系之情势。政治多极化进程中的各大国之间建立的各种合作伙伴关系，反映的是政治关系上的良性互动推进互相信任，追求的是相对稳定的外部环境。这

① 武桂馥．战略环境与安全战略研究［M］．北京：解放军出版社，2008：2.

② 武桂馥．战略环境与安全战略研究［M］．北京：解放军出版社，2008：7.

对于国际形势的总体缓和、稳定起到了积极的推动作用。从国内政治的角度看，各国历来将国家安全视为最高的政治利益和最根本的国家利益。各国对来自国家主权、统一和领土完整的威胁；对国家基本制度的革命或演变；对政府的非正常更迭，引起的社会剧烈动荡等，都会在组织和运用国家武装力量的同时，组织和运用国家的政治、外交、经济等综合力量来捍卫国家战略利益。保卫国家体制的良好运行是最大的政治需要。国家在统筹国内国际两个大局，妥善应对纷繁复杂的国际安全环境时，都会在内政及国际关系方面发挥政治的作用。政治安全是国家安全的根本。中国共产党第十六届四中全会决定提出，不断提高“应对国际局势和处理国际事务的能力”①。在我们党的历史上，这是第一次提出党应对国际局势和处理国际事务的能力。这不仅是党的执政能力建设的主要任务，更重要的是从国际战略的政治高度提高党的对外能力。

当今世界各国间的政治关系，其实是政治行为体通过对国际环境的控制和利用来实现以权力、利益、安全为核心的特定权力，并利用国际环境展开相互竞争与协调的过程及其形成的空间关系。为此，它越来越广泛与复杂。

（二）战略环境中的经济因素

经济发展与生存利益直接相关。当前世界经济面临的一些问题和隐忧，特别是金融危机已成为世界经济危机的主要形态时，使世界经济发展存在许多不确定性。这不仅对经济全球化进程中的共同发展的经济模式化下的合作环境的构建与营造产生重大影响，而且从经济领域向政治、安全和社会领域扩大，直接影响国家战略环境，特别是以美国为代表的发达国家在联合国、世界贸易组织、世界银行、国际货币基金组织等全球性国际组织中仍占据主导地位。因此，世界上的主要国家都在围绕美国的动向加紧调整自己的经济政策和安全战略，以提高其国家经济竞争力和企业市场竞争力。实践证明，强大的经济基础的缺失，制约着国防实力的提高，阻碍着政治影响力的扩大，从而使国际战略力量对比严重失衡的局面难以从根本上改变。各国在经济全球化进程中越来越关注经济安全问题。一方面随着形势发展，世界大战和大国全面对抗在较长时期内可以避免，各国政府将主要精力放在了发展本国经济上；另一方面，随着全球化的发展，各国经济相互渗透、相互依赖程度加深，任何一国政府都不能回避经济问题对本国利益的影响。因此，经济安全成为各国安全战略的重要组成部分。立足于国家经济发展战略层面，各国在国内和国外两个方面，将经济安全领域一般界定在金融、能源、资源、粮食、主导产业和高新技术、国际市场、关键基础设施以及生态环境等方面。

众所周知，一国的经济利益是该国赖以生存的根本利益，也是传统军事安全的基础。任何对这一根本国家利益的威胁，一是可能对更广泛的国家和地区产生冲击

① 中共中央关于加强党的执政能力建设的决定［M］. 北京：人民出版社，2004：8.

乃至动荡；二是可能引起国内社会矛盾激化乃至社会动荡和激烈冲突。在发展中国家经济安全问题日趋严峻，发达国家维护自身经济安全不遗余力，且相互传递之时，随着中国改革开放进程的加快，中国在能源、金融和对外经济贸易等方面的风险在不断扩大，必须从我国国家安全的视角关注并应对经济安全问题，为改革开放和现代化建设创造良好的国际环境。

历史和现实表明，在国际战略舞台上，世界经济构成了世界政治的坚实基础，它的影响：一是科技创新下的世界各国在世界经济中经济实力的变化，决定着它们在国际政治斗争中地位的消长。二是世界各国在不同时期的经济状况的变化，最终制约着各国不同时期的对外政策的选择。三是经济利益上的利害冲突，构成了错综复杂的国际政治斗争的根源。四是经济因素在当代世界政治中作为实现政治目的手段，作用已变得十分突出，并不断加强。为此，在世界里“经济力量将是决定一国是处于主导或相对优势地位还是从属地位的日益重要的因素”①。

（三）战略环境中的军事因素

军事因素是影响战略环境分量最重的一个因素。各国对军事战略的制定，无一不对战争进行全局、长远的谋划和运筹以及运用军队所能运用的资源，以军事手段来达成一定的国家政治目的。其重心是准备与实施战争，核心是军事战略方针。具体包括国家利益对军事战略的需求，军事形势判断以及国防与军队建设等方面的内容。它服从国家战略，服务于国家安全战略的总目标。和平与发展仍然是时代主题，但至今一个也没有完全解决好。从国际军事态势看，一是新军事变革向纵深发展，以信息化为主要特征的军事竞争加剧，军事力量对比失衡的局面没有明显改变；二是美国为确保全球战略利益不断进行全球部署调整，增强在亚太地区的军事能力。不少大国都推行强硬军事路线；三是北约东扩以及北约军事战略的调整，其负面效应日趋严重；四是全球军费大幅度增长成为国际军事形势的一个亮点；五是军事同盟以及越来越频繁的各种军事演习引起国际社会特别关注；六是局部战争和武装冲突时有发生；七是“各国更加重视以军事手段配合外交斗争，一些地区军备竞争升温，国际军控和防扩散体制面临重大挑战”②。从中国安全形势看，目前乃至较长一段时期内，我国与周边国家没有直接的军事冲突，但战争威胁还是存在的。有为实现祖国统一而不能排除的战事，有海洋国土和海洋权益冲突可能发生的战事，还有反恐之战也可能发生等。所有这些是世界和平与稳定和中国走和平发展道路难以回避的威胁因素。因此，军事因素成为构成战略环境状况的核心因素。军事安全是国家安全的基本保障。“中国坚持把科学发展观作为国防和军队建设的重要指导方针，立足适应世界军事发展新趋势，以维护国家主权、安全、发展利益为

---

① 江涌．经济全球化背景下的国家经济安全［J］．求是，2007，（6）：62.

② 国务院新闻办公室．2008 年中国的国防［EB/OL］．http：//www. gov. cn. 2009-01-20.

根本出发点，以改革创新为动力，在更高的起点上推进国防和军队现代化”①。

战略环境是动态的，随着国内外形势的发展而不断变化。正确认识和分析国际战略环境，应确立世界经济、政治、军事“三位一体”的系统观。在这种系统观里，世界经济是世界政治的基础，它最终决定和影响着世界政治，也就必然深刻影响着世界军事。仅从军事安全因素对国际关系的影响不断上升看，我们分析研究国际战略环境，必须从世界经济与战争因素的消长，全面而系统地研究当今世界经济的发展对世界军事的影响，不仅是我们深刻认识当今世界的国际战略环境，正确估量世界范围内战争与和平因素消长的必由之路，而且是我们制定正确的国防战略所必需的客观依据。当代世界经济与世界军事力量格局的变化，各国经济发展不平衡以及世界经济的动态变化，使各国实力基础具有明显差异。这种国际差异不仅在很大程度上决定着各国在国际政治舞台上的影响力，而且在很大程度上支配着各国在世界军事战略格局中的地位和对国际军事冲突的反应能力。

第二节　国际战略环境

一、国际战略环境的基本概念与重点研究的内容

国际战略环境，是一个时期内世界各主要国家在矛盾斗争或合作共处中的全局状况和总体趋势。它是国际政治、经济、军事形势的综合体现，主要包括有关各方力量消长、利益得失、矛盾升降、斗争起伏，特别是在双边与多边关系中的分化与组合、对抗与妥协等方面的状况与趋势。它关系到国家的生存和发展、安危与兴衰，影响着一个国家军事斗争的对象、任务和目标，因而是各个国家在国际环境中生存必须首先考察和关注的外部环境和条件。它的形成和发展与人类社会的形成和发展密切相关，它是自近代国家产生并在世界范围内形成相应的国际关系体系以后才真正形成的。战略环境特别是国际战略环境是制定战略的客观基础。任何国家（集团）的战略，无不受一定战略环境的制约和影响。

国际战略环境的范围是极其广泛的，应该研究的内容涉及诸多方面，对其研究是一个复杂的系统工程。对于某一国家（集团）和战略指导者来说，最值得注意并要正确认识和客观分析的有以下几个方面②：

一是时代特征。一般认为世界整体在发展过程中所处的大阶段为一个时代。不同阶段之间相互区分的显著标志称为时代特征，它明显反映了世界发展总进程中的矛盾状况与斗争态势。时代特征所反映的是世界的总貌，不是个别国家的现象，也

---

① 国务院新闻办公室. 2008 年中国的国防［EB/OL］. http://www.gov.cn. 2009-01-20.

② 吴温暖. 军事理论教程［M］. 厦门：厦门大学出版社，2008：296-297.

不是国际社会短时期的形势变化。正确认识并把握时代特征，有助于战略指导者从宏观上依据当代世界的主要矛盾和总的发展趋势，对国际战略环境作出正确的判断，避免战略指导的重大失误。

二是世界战略格局。主要是从国际层面，针对世界主要战略力量之间相互作用形成的关系结构而言的。一般认为，世界战略格局，是世界各国政治、经济、军事力量在其消长和分化、组合过程中所形成的，对国际格局具有重大影响又相对稳定的力量结构，它反映了一定时期内国际间的力量对比、利益矛盾和需求以及基本的战略关系。对其进行分析与研究，有助于从总体上了解世界各主要国家在世界格局中的地位以及战略利益方面的矛盾和需求，有助于对世界形势及其可能的发展趋向作出基本的估计。

三是主要国家的战略动向。世界各国由于政治、经济、安全利益和所采取的对外政策的异同，或是对手，或是朋友，或既不是对手也不是朋友。各国的战略走向，既互为条件、相互依存，又相互影响和制约。其中一些实力较强的世界性和地区性大国，特别是超级大国所推行的战略，对地区乃至世界的安全与稳定具有重大的影响，对其他国家的战略也有不同程度的影响，体现在防范和牵制他国上。因此，一定时期内各主要国家的战略动向及其发展趋向，是国际战略环境的重要组成部分。了解主要国家的战略动向，有助于在国际关系领域特别是大国关系上具体地研究国际战略环境，进而对世界形势做出正确判断。

四是当代世界战争与和平的趋势。马克思主义历来认为经济是政治的基础，政治是经济的集中体现，而战争则是政治在暴力手段上的继续。进入新世纪以来，“国际安全形势发展既存在着令人欣慰的新进展，亦存在着使人无法释怀的新问题，而且一些长期存在着的老问题依然困扰着各地区的和平与稳定”①。在当今世界各国利益既有交叉又有矛盾甚至对抗的条件下，战争是各国为维护本国的利益而可能采取的一种方式。也就是说，只要战争根源存在，战争与和平始终是国际安全面临的重大问题。对于一个国家的主权和安全来说，来自外部的战争威胁是最严重的威胁。因此，当代世界战争与和平的趋势在国际战略环境中最引人注目，也是各国研究和制定军事战略时关注的中心。

五是周边安全形势。周边安全形势，是指周边国家（集团）直接、间接影响本国安全的条件和因素。由于周边国家地缘政治结构具有稳定性，其结构内的所有行为体的行为以及行为体之间的关系产生着约束和控制作用。为此，周边安全形势中最值得注意的是周边国家与本国的利益矛盾、对本国的战略企图、与本国密切相关的军事力量及其部署等直接影响本国安全的情况和因素。如果周边国家与本国存在领土与海洋权益争端，还有民族矛盾尖锐而复杂，就会使其周边安全形势复杂而

① 金一南．国际战略形势分析 2008［M］．北京：国防大学出版社，2008：4.

严峻①。

以上几个方面是我们研究国际战略环境的重点内容。本章重点对国际战略格局、当前安全形势与中国周边安全环境进行阐述。

二、国际战略格局

格局是指事物的结构、状态、样式，它受各种力量相互作用而形成乃至发生变化。国际战略格局是指在国际事务中具有重要影响的力量在一定历史时期相互联系、相互作用而形成的较为稳定的力量结构。它反映的是一定时期内在国际关系中起主导作用的力量之间的相对关系和结构形式。它的形成、发展和变化取决于各国政治、经济、军事力量的不断发展和相互对比发生的变化。大国（集团）之间相互关系的调整和大国（集团）之间的国际地位的变化，是导致世界格局变动的主要因素。从这个意义上看，国际战略格局又分国际政治格局、国际经济格局和国际军事格局，国际战略格局是这几种格局的综合，常以国际格局言之。它集中反映了一定时期内主要国际政治行为主体的综合力量对比、利益矛盾和需求以及基本的战略关系，是国际政治的核心内容，是各国生存与发展的基本外部环境即国际战略环境的重要组成部分。为此，国际战略格局指的是“活跃在世界舞台上的主要角色间相互作用和组合形成的一种结构。它具体表现为主要角色在追求权利、权力与利益、维护和平与发展等政治活动中形成的各种各样的关系以及相互间展开的多层次多方位的对抗与合作式样”②。对国际战略格局的分析，有助于从总体上了解世界各主要国家在世界全局中的地位及战略利益方面的矛盾和需求，有助于对国际形势做出基本的判断。因此，准确把握国际战略格局及其发展趋势，对于制定国家发展战略和政策，具有十分重要的意义。

（一）“二战”以来国际战略格局的演变

第二次世界大战彻底粉碎了以欧洲为中心的传统世界格局，英国和法国虽然取得了胜利，但是战争创伤严重，实力大为削弱，德、意、日等战败国退出国际政治舞台的中心。而美国和苏联通过战争成长为两个最具有影响的超级大国。第二次世界大战以后，美苏两国的战时同盟关系迅速破裂，由同盟转为对手，“面对欧洲老牌西方列强战后一蹶不振，世界上一下子出现如此多与苏联有相同意识形态和社会制度的共产党国家，世界第一强国美国领导西方各国，为捍卫资本主义的政治制度和生活方式，转而与以苏联为首的社会主义阵营相抗衡，几乎不可避免”③，由此形成长期的冷战格局。由于这一切，肇始于1945年2月雅尔塔会议所达成的东西

① 吴温暖．军事理论教程［M］．厦门：厦门大学出版社，2008：296-297.

② 梁守德，洪银娴．国际政治学理论［M］．北京：北京大学出版社，2006：124.

③ 杨奎松．冷战时期的中国对外关系［M］．北京：北京大学出版社，2006：1.

方分割世界的框架协议，人们把这种两极对垒、两大阵营对抗的世界格局称之为雅尔塔体制。它在世界格局重新整合的关键时期，为重建战后国际秩序确立了目标。

近半个世纪的冷战局面，以美国和苏联为首的东西方两大集团，从各自的立场出发，在政治、经济、军事、文化各个领域内展开了全球范围的争夺和对峙。在意识形态上，美国和苏联根本对立；在政治经济体制上，双方完全不同；在军事上，北约和华约两大军事集团相互对峙。两个超级大国为争夺世界霸权展开了长期的较量。这期间，它们之间虽然没有发生直接的武装冲突，但同样是剑拔弩张、惊心动魄。

1991 年，苏联解体，两极格局崩溃，雅尔塔体制终结。45 年的“冷战”展现给世人的是一幅沉浮、变幻的历史画卷。有相互对抗而不妥协的战略关系维持；有国际政治力量的分化组合特别是第三世界的形成造成的极大冲击；有“实力”加“谈判”维持均势下美苏关系缓和。雅尔塔体制终结，是多种因素作用的结果。但重要原因之一，是由于苏联走上霸权主义道路，社会主义国家的团结遭到破坏，阵营趋于瓦解。美国利用苏联的国内困境，加紧实施的和平演变既定方针，加速了超级大国苏联解体的进程。两极格局的瓦解，国际战略格局又一次发生了巨大转变。与以前不同的是，这次转变是在相对和平的条件下完成的。两极世界格局的打破，美国成为世界上唯一的超级大国，无论是经济、科技和军事实力，还是国际影响力、文化扩散力，都远远超过其他国家。但是，世界其他战略力量也迅速发展，欧盟、俄罗斯和中国脱颖而出并不断发展壮大，成为世界公认的战略力量中心，给国际关系带来了前所未有的深刻变化。在国际战略格局框架结构为“一超多强”时，以往两极体制下对垒分明的情况消失了，代之以各国关系既合作又竞争的局面，竞争中有合作，合作中有竞争，而且“以综合国力为主要载体的国际竞争越来越激烈”①。随着和平与发展的时代特征越来越鲜明，这种变化的影响，将是持久的、深远的。

综观国际战略格局的演变史，特别是从“国际战略格局作为国际斗争的直接产物和国际战略运用的必然产物”② 看，有其明显的特征，有其演变的动因与规律特点。国际战略格局的基本特征：一是，国际战略格局总是反映着一定时代条件下的战略力量，特别是主要战略力量对比关系。为此，国际战略格局总是同一定的历史阶段相联系，与时代的发展密切相关。二是，国际战略力量的形成与其拥有的经济实力以及在世界经济体系中的地位紧密相关。为此，国际战略格局总是同“世界经济格局”③ 相适应，并以经济格局为基础。三是，从国际秩序主要是指由国际

① 何兰．冷战后中国对外关系［M］．北京：中国传媒大学出版社，2005：2.

② 吴温暖．军事理论教程［M］．厦门：厦门大学出版社，2007：303.

③ 指世界范围内各种经济力量之间相互关系的结构状态。

社会共同制定，并要求各国共同遵守的国际准则这一国际关系范畴看，国际战略格局总是同一定形式的国际秩序相互关联、相互作用。分析与观察国际战略格局演变的动因与过程，我们可以深刻认识到：国际战略格局的演变，从根本上说，是决定这种格局的国际战略力量及其相互关系的重大改变。国际战略格局的演变，是内外部因素共同作用的结果。国际战略格局演变的过程，反映了国际战略力量之间的矛盾和斗争的发展过程。为此，国际战略格局的演变有其自身的规律特点：在其演变过程中，既有必然性，也有偶然性；既有量变的积累，也有质变的飞跃；既有渐进方式，也有突变方式。揭示格局演变的动因和过程，并循着其演变的规律特点，我们可以更深入地了解格局演变内在的矛盾运动，从而更好地把握其本质特征。这对我们直面当代国际战略格局，并准确预测其发展趋势是十分重要的。

（二）当代国际战略格局

"冷战结束以来国际关系的发展演变，进一步揭示出和平与发展已成为新的时代主题，同时也表明国际关系正日趋复杂化"①。经济全球化使国际经济政治化和国际政治经济化的趋势进一步加强，各国之间政治与经济关系的交互作用更加明显，也带来许多需要国际社会通力合作才能解决的安全和社会方面的新问题。冷战的结束，打破了原有的两极世界格局，美国成为唯一的超级大国。世界格局的基本特征是"一超多强"，趋向多极，正处于向多极化过渡的重要时期。

1. 和平与发展仍是当今时代主题

时代主题，是指人类社会某一发展阶段带有全球性、战略性和关于全局的核心问题。它是某一时代基本特征的集中反映，代表着这个时代的本质和发展趋势，规定着该时代各国人民相应的主要任务。在20世纪80年代，邓小平就指出，现在世界上真正大的问题有两个，一个是和平问题，一个是经济问题或者说是发展问题。和平问题就是反对霸权主义，维护世界和平，就是争取维护世界整体的非战争状态；发展问题主要是南北问题，既是发展中国家的经济发展问题，也是全人类的经济发展问题，是当今世界的核心问题。这就是说，当今时代的主题是和平与发展。80年代中期以后特别是冷战结束后，国际战略形势已经明显朝着缓和的方向变化，和平与发展的时代呼声在全球范围内日益高涨。因此，"世界各主要国家在制定各自走向21世纪的安全战略时，都十分重视世界经济形势与本国经济状况以及世界范围的高技术竞争等因素对本国安全的影响，并力求将这些战略要素的重大制约作用充分反映出来"②。我们看到当今世界各主要国家已经实施或进行调整的安全战略，都具有与科技、经济发展密切关联，融为一体的显著特点：

一是在信息技术和知识经济的推动下，经济全球化已经成为当今世界最主要的

① 何兰. 冷战后中国对外关系［M］. 北京：中国传媒大学出版社，2005：3.

② 武桂馥. 战略环境与安全战略研究［M］. 北京：解放军出版社，2008：36.

发展趋势之一，加深了各国之间的相互依存关系。从发达国家对发展中国家能源和资源的依赖，以及发展中国家对发达国家技术和资金的依赖这种情况看，在客观上不允许再恢复到与世界生产力发展水平不相适应的国家间敌对或大国对峙的国际关系格局，从而推动和平与发展的潮流继续前进。

二是冷战结束后，“其他诸强出于不同战略层面的考虑，均将处理与美国的关系放在最重要的位置”①。美国处于有利地位，但大国关系呈良性互动。它们主要采取经济、外交、政治等手段解决相互间的问题。特别是“9·11”事件后，美国的战略重点有所调整，美国要全力以赴打击恐怖主义和伊斯兰极端势力，在单边主义抬头的同时，明确了同其他大国长期合作的意愿。目前，奥巴马新政府的战略走向表现为温和的多边主义霸权战略框架，大国之间的协调和对话将不断增强。尽管美国等西方国家在国际关系中推行霸权主义和使用武力的倾向在增长，但主要大国之间尚没有形成敌对、对抗关系，特别是类似于前苏联及华约集团那样的美国的全球战略性对手还不可能出现。对中国、俄罗斯等主要国家，美国的基本战略仍是主要通过接触或“伙伴关系”，把俄、中纳入美国、西方国家主导的国际体系，同时对中俄实施长期战略防范。美国与欧洲大国之间尽管在许多重大问题上，如北约和欧盟东扩、北约作用的发挥、部署弹道导弹防御系统以及伊拉克问题、伊朗核问题，甚至反恐问题上，有各种各样的矛盾分歧，但其同盟关系是能够基本维系的。近期国际社会广泛关注的俄美出现的激烈摩擦与较量，其实是俄、美的强国志与图霸心的摩擦与较量。因此，“有斗有和，斗而不破”的模式仍将是相当长一个时期内大国关系的基本模式和特征。今后相当长一个时期，其他大国与美国之间将维系“有选择地合作”与“有节制地抗争”的态势。

三是发展经济和科技仍是各国国家战略的核心。当今，美国和欧盟在经济方面展开激烈的经济竞争，日本努力恢复其经济发展势头，俄罗斯已确立了以发展经济为中心的国家政策，中国经济将继续保持高速增长。各国更重视科技特别是科技创新和国际市场的竞争。因此，21 世纪的格局取决于各国以经济和科技实力为中心的综合国力竞争。

四是南北矛盾更加突出，核心仍然是经济发展问题。这个由政治层面演变而来的突出矛盾，表明发展中国家的主要任务是集中精力解决经济发展问题。不仅如此，在当前国际金融危机仍在蔓延和深化时，“全球各国都处在世界经济这条大船上，面对金融危机的狂风恶浪，只有大船上所有成员都齐心协力、同舟共济、共克时艰，才能把世界经济这艘大船平安地驶向彼岸”②。

以上充分说明，“在时代主题是和平与发展的背景下，国际安全形势的基本态

---

① 何兰．冷战后中国对外关系［M］．北京：中国传媒大学出版社，2005：1.

② 胡锦涛会见布朗——面对狂风恶浪全球同舟共济［N］．人民日报，2009-04-01.

势是总体安全稳定，中国的总体安全能够得到保证”①。当代国际战略格局在一个比较长的时期内维系着“一超多强”，但从当今国际战略格局中起主导地位的大国关系看，特别是谋和平与求发展的强大合力，将推动着世界战略格局朝着多极化的方向发展，目前是重要的过渡时期。多极化的形成将是一个长期、复杂和曲折的过程。

2. 世界战略格局处于向多极化过渡的重要时期

21 世纪前 20 年，是多极化国际战略格局形成与发展的关键时期，也是我国全面建设小康社会，实现中华民族伟大复兴的关键时期。在这一时期，世界总体和平、局部战乱，总体缓和、局部紧张，总体稳定、局部动荡，将是国际战略形势发展的基本特征。“世界主要战略力量对比在‘一超多强’格局下将发生重大变化，大国间的新型国家关系将逐步形成，一个相互借重、相互依存、相互制衡的多极化国际战略格局将逐步显现”②。

（1）世界格局多极化是大势所趋。冷战结束后，特别是进入 21 世纪，世界形势向政治多极化、经济全球化、社会信息化和军事高技术化方向发展。因此世界格局多极化不仅是大势所趋，而且发展迅速，目前处于重要的过渡时期。除了美国在极力营造以它为领导的单极世界，大多数国家都致力于推进世界多极化。中国和包括俄罗斯在内的其他大国，均主张世界多极化、国际关系民主化、维护世界多样性，主张遵循公认的国际准则处理国际事务和国与国关系，主张加强联合国的作用。这不仅是对单边主义的制衡，更显示出世界格局多极化是大势所趋，不可阻挡。

从美国单边主义气势受挫收敛看，“9·11”事件后的一系列事态特别是发动的伊拉克战争，进一步激化了美国同伊斯兰世界的反美势力的矛盾，也使“先发制人”战略和单边主义在国内外遭到广泛质疑。目前美国面临的伊拉克难题、巴以冲突难题、朝核难题和伊朗核问题难题，都接受了联合国参与和其他大国的合作。国际社会对美国单边主义和“先发制人”的强烈批评与反对，体现了国际社会的理性思考，也使奥巴马执政后的美国政府表示将同布什政府的单边政策决裂。美国副总统拜登 2009 年 2 月 7 日在第 45 届慕尼黑国际安全会议上阐述有关奥巴马政府外交政策的演讲中表示，美国将增加与外部政策的“接触”、“倾听”和“磋商”，并特别强调重启美俄关系。美国明确同其他大国的合作意愿，反映了美国在接受权力平衡理念的同时，有对其力量的分散使用和过度消耗的担忧。未来的世界不可能是美国一家独霸③。

---

① 何兰．冷战后中国对外关系［M］．北京：中国传媒大学出版社，2005：3.

② 武桂馥．战略环境与安全战略研究［M］．北京：解放军出版社，2008：126.

③ 康绍邦，宫力．国际问题二十讲［M］．北京：中共中央党校出版社，2006：6.

从主要大国的战略关系观察，虽然存在分歧与摩擦，但保持着有效的战略沟通，主要采用经济、外交、政治、文化等手段解决相互间的问题。大国政治与安全关系保持基本稳定，国际战略力量对比严重失衡的局面有所改善。这表明，除了美国之外的主要大国追求力量及其影响力（政治、安全或经济贸易等方面）的相对均衡化，这是走向摒弃强权政治的国际关系民主化，是承认世界各国发展道路和模式的多样化。同时，也是美、欧、俄、中等各大战略力量相互借重、相互制衡，没有任何一种力量能够操纵控制世界，也没有任何一个大国能够为所欲为、独断专行的多极化。国际社会近年来广泛关注俄罗斯经济持续增长，综合国力不断增长。正如俄罗斯外交部长拉夫罗夫在对2006年外交工作进行总结时特别强调的一样，“俄罗斯因素”在国际事务中的作用大大提高，不仅仅是因为俄国内实力增强，而且在于俄善于明确捍卫自身利益及正确把握当今世界的发展趋势①。可以这样认为，对于俄罗斯如此迅速地开始在经济上康复和恢复自己的国际地位，不是所有人都有思想准备的。中国经济保持了稳定中求增长的良好态势，在全球发展与和平事业中日益增大的发言权和影响力，使中国的国际地位明显提高，特别是中国与各大国建立的各种合作关系，为中国提供了回旋余地更大的国际舞台。中俄两国加强在国际和地区事务中的战略协作，为维护世界和平、促进共同发展将作出更大贡献，不仅造福两国人民，而且造福世界各国人民。中俄不断加强合作将成为世界政治多极化体系的基础，是抵制美国企图建立单极独霸世界的主要力量。多极化已经成为国际战略格局发展的必然趋势。世界总体缓和的国际形势，既有利于现有的政治力量充分发挥作用，又有利于新生政治力量的崛起，从而造就了有利于多极化趋势加速发展的主体环境。

（2）多极格局的形成将是一个长期、复杂和曲折的过程。目前，国际战略形势总体上进入了一个大调整时期，多极与单极的斗争，反霸与称霸的斗争，遏制与反遏制的斗争，干涉与反干涉的斗争，分裂与反分裂的斗争，将更加激烈复杂。因此，多极格局的形成面临长期斗争。

一是美国成为唯一的超级大国以后，“试图抓住这个千载难逢的机会，极力营造以美国为领导的单极世界”②。正如美国外交学会的沃尔特·米德分析的一样，美国这个超级大国有三大特征：海洋性的、全球化的、由超强的商业和军事实力共同组成并不断更新而加以维系。为此，多极与单极的矛盾，是当今国际斗争的主要矛盾。从国际政治的角度看，美国建立单极世界的图谋由来已久，冷战时期与苏联争霸为达此目的而不妥协；冷战后，成为唯一超级大国，政治野心再度膨胀，致力于建立由它自己主导的稳定的霸权体系。建立单极世界的图谋在美国战略构想上表

---

① 于宏健．俄罗斯向美国说“不”［N］．人民日报，2007-07-02.

② 何兰．冷战后中国对外关系［M］．北京：中国传媒大学出版社，2005：1.

现得淋漓尽致：政治上以西方的价值观，尤其是美国的价值观改造世界，构筑世界新秩序；经济上推动经济全球化来确保美国繁荣；安全上确保美国优先，确保美国的绝对安全，绝不允许出现能够挑战美国利益的地区强国、国家集团和国际势力。为此，美国笼络其盟友，对可能的挑战者进行防范和遏制，轻则经济制裁、政治孤立，重则军事打击，甚至不惜发动战争。“其他诸强从力量上看，虽然对美国构成一定牵制，在战略意图上也不满美国的霸权战略，但它们从不同层面均有求于美国，均将处理与美国的关系放在最重要的位置，不存在战略上联合制衡美国的动机和能力”①。因此美国将在相当长时期内，是唯一有能力、有野心称霸全球的国家，在相当长时期内处于有利乃至主导地位。从美国挟全球化飞速发展之利，战略利益在全球范围内急剧拓展，全球战略版图已经确立，霸权地位得以确立看，奥巴马政府仍然将注重盟友关系，重点关注并推动全球民主改革，并作为其对外战略的主要目标，其实是通过外交手段寻求“民主联盟”中的主导地位，并不意味着削弱军事手段的作用。美国国防部的《四年防务评估报告》，经过审视新的国际战略形势后，认为美国在20世纪后半叶建立的全球和地区军事基地体系已经不适应新的战略环境的需求。为此，美国在欧洲推进北约东扩，试图在东欧国家部署导弹防御系统，旨在加强构建对俄罗斯的“包围圈”，从外部对俄战略空间进行遏制性挤压。这是好强自尊的俄罗斯人难以接受的。从国际政治的角度看，美国的图霸心与俄罗斯的强国志是一种结构性的冲突与矛盾。在第四十三届慕尼黑安全会议上，当时的俄罗斯总统普京措辞严厉地抨击了美国单边主义、滥用武力，在东欧部署导弹防御系统以及北约东扩。其罕见的强硬立场深刻折射出俄美两国在核心价值观和根本利益上的分歧，“美俄战略博弈升级在所难免”②。在太平洋方向则强化美日同盟，特别是加速推进美日军事一体化进程；与此同时美国提高售台武器质量的意向日益显现，美台军事合作也在加速“融合”，表明对中国的遏制明显加强，是“为了防范在未来有一天中国崛起的步伐超出了美国控制的能力”③，防范中国同其他国家一起抗衡美国。近年来，美国又拓展了中亚和中东两个战略方向。这都表明，美国在尽可能维持单极世界中其一超独霸地位，势必严重迟滞多极化的发展。

二是主要战略力量的平衡需要一个较长的过程。从现实情况看，国际战略力量对比严重失衡的局面仅仅有所改善，全球战略格局和力量对比的客观现实是，以美国为代表的发达国家在联合国、世界贸易组织、世界银行、国际货币基金组织等全球性国际组织中占据着主导地位，而且在世界经济、国际安全领域继续保持现存秩序和有利于它们的规则。冷战结束后，国际力量对比不但没有实现从美国向其他大

① 何兰．冷战后中国对外关系［M］．北京：中国传媒大学出版社，2005：1.

② 赵可全．美国全球战略利益没有改变［N］．中国国防报，2009-03-19.

③ 赵可全．美国全球战略利益没有改变［N］．中国国防报，2009-03-19.

国转移、从大国向中小国家转移，反而出现了反常的“逆转移”现象。在直接组成多极框架的五大力量中心中，俄罗斯的内部情况渐上轨道，但还会面临经济、政治之动荡，力保大国之路充满艰辛，仅靠军事实力以较高低而不注重综合实力的提高，是难以解决战略力量失衡问题的。日本重振经济，特别是开拓新的经济增长模式，但全球经济的增速在减缓，需求在减弱，对高度依赖出口的日本经济前景并不乐观。特别是日本政府是继续和平发展道路还是争当政治、军事大国，国际社会特别是亚洲国家密切注视并高度警惕。欧盟政治整合远未完成，安全合作阻力还很大，其内部又矛盾重重，尚不具备大国的行为特征。中国是发展中国家，硬国力一时难与美、欧、日相提并论，特别是军事实力还不可能与美国抗衡，“软国力”也有待进一步“培育”，更面临着非传统安全的威胁。客观情况表明，在相当长的时间内，世界仍将保持“一超独强”的局面。建立在各大战略力量对比均衡结构基础上的多极格局，不可能在短期内实现。

在当前国际战略格局的基本状态与发展趋势下，从营造有利于我国发展的相对和平稳定的国际环境这个战略思维观察世界，我们应该要科学判断和正确把握的是：在国际政治层面上，政治多极化将继续是引导世界政治发展的主流，一个以国家利益为动力，以多边交叉、制约制衡、互利互动为基本特征的新型大国关系架构可望出现。在国际关系上，“国家间的经济摩擦、领土资源争夺、安全利益冲突以及不同文明类型、不同社会模式、不同价值取向之间的竞争与冲击”①，使国际关系更加错综复杂，新旧矛盾的交织和作用将对世界战略格局走向产生重大而深远的影响。在世界军事方面，世界新军事变革进一步加快，与此同时国际军事进一步发展，军备控制与裁军进程面临严峻挑战，将给国际安全带来重大影响。在国际性安全问题上，非传统安全问题日益扩大，成为影响未来国际战略格局走向的特殊因素。中国作为当今世界维护和平的重要力量，作为未来多极格局中的一极，只有科学判断和正确把握这些，才能在反对霸权主义和强权政治上起制约作用，在经济发展上起示范作用，在维护第三世界权益的斗争中发挥重要作用。

三、当前国际安全形势

国际安全形势是国际战略环境的综合体现。一般可以认为，国际安全形势的科学分析与正确判断，能集中反映国际战略环境的主要特征，也能体现国际战略格局的特点。《2008 年中国的国防》白皮书，是立足于“当代中国与世界的关系发生了历史性变化。中国经济已成为世界经济的重要组成部分，中国已经成为国际体系的重要成员，中国的前途日益紧密地同世界的前途命运联系在一起”②。对国际安全

① 武桂馥．战略环境与安全战略研究［M］．北京：解放军出版社，2008：129-130.

② 国务院新闻办公室．2008 年中国的国防［EB/OL］．http：//www. gov. cn. 2009-01-20.

形势的整体评估，更有中国坚定不移地走和平发展道路，坚定不移地推进改革开放和社会主义现代化建设，坚定不移地奉行独立自主的和平外交政策和防御性国防政策，致力于与各国一道推动建设持久和平、共同繁荣的和谐世界的庄严承诺。

进入新世纪以来，世界处于大变革大调整大变化之中。和平与发展仍然是时代主题，求和平、谋发展、促合作已经成为不可阻挡的时代潮流，但全球性挑战日益增多，新的安全威胁因素不断出现①。

经济全球化和世界多极化深入发展。全球工业化、信息化进程加快，经济合作方兴未艾，各国经济的相互依存、互联互动进一步增强。国际战略力量消长变化加快，大国之间合作与借重上升、竞争与制衡继续发展，新兴发展中大国群体性崛起，国际体系孕育着深刻调整。维护和平、制约战争的因素持续增长，各国在安全领域的共同利益增多、合作意愿增强，世界性的全面大规模战争在较长一段时间内可以避免②。

世界和平与发展面临诸多难题和挑战。围绕战略资源、战略要地和战略主导权的争夺加剧，霸权主义和强权政治依然存在，地区动荡扩散，热点问题增多，局部冲突和战争此起彼伏。发端于美国的金融危机影响加深，世界经济发展中的能源、粮食等问题严峻，深层次矛盾凸显，经济风险的联动性、系统性、全球性特点明显。恐怖主义、环境灾难、气候变化、严重疫病、跨国犯罪、海盗等问题日益突出③。

军事安全因素对国际关系的影响上升。在综合国力竞争和科学技术发展的推动下，国际军事竞争更加激烈，世界军事变革进入新的发展阶段。一些大国调整安全战略和军事战略，加大国防投入，加快军队转型，发展先进军事技术和武器装备。战略核力量、军事航天、反导系统、全球及战场侦察监视成为强军重点。一些发展中国家也积极谋求拥有先进武器装备，提升军力发展水平。各国更加重视以军事手段配合外交斗争，一些地区局部军备竞赛升温，国际军控和防扩散体制面临重大挑战④。

亚太地区安全形势总体稳定。地区经济充满活力，区域、次区域经济和安全合作保持发展势头，通过对话以和平方式处理分歧和热点问题仍是各国普遍政策取向。上海合作组织成员国签署长期睦邻友好合作条约，安全、经济等领域的务实合作取得进展。东盟签署《东盟宪章》，一体化进程迈出新步伐。中国与东盟合作、东盟与中日韩合作成就显著，东亚峰会、南盟合作继续发展。朝鲜半岛核问题六方

① 国务院新闻办公室．2008 年中国的国防［EB/OL］．http：//www. gov. cn. 2009-01-20.
② 国务院新闻办公室．2008 年中国的国防［EB/OL］．http：//www. gov. cn. 2009-01-20.
③ 国务院新闻办公室．2008 年中国的国防［EB/OL］．http：//www. gov. cn. 2009-01-20.
④ 国务院新闻办公室．2008 年中国的国防［EB/OL］．http：//www. gov. cn. 2009-01-20.

会谈取得阶段性成果，东北亚地区局势趋向缓和①。

亚太地区安全仍存在较多不确定因素。世界经济剧烈波动，冲击地区经济发展。一些国家处于经济社会转型期，政局持续动荡。民族和宗教矛盾、领土和海洋权益争端依然突出，地区热点错综复杂。美国保持对亚太地区的战略关注和投入，强化军事同盟，调整军事部署，增强军事能力。恐怖主义、分裂主义、极端主义势力猖獗，重大自然灾害等非传统安全问题频发。地区国家间政治互信有待增强，地区多边安全合作有待深化，协调应对地区安全威胁的能力有待提高②。

中国的安全环境继续有所改善。中国现代化建设的成就举世瞩目，综合国力大幅提升，人民生活水平不断提高，社会保持安定团结，维护国家安全的能力进一步增强。“台独”分裂势力谋求“台湾法理独立”的图谋遭到挫败，台海局势发生重大积极变化，两岸双方在“九二共识”共同政治基础上恢复协商并取得进展，两岸关系得到改善和发展。中国同发达国家的关系稳定发展，同周边国家的睦邻友好全面加强，同发展中国家的传统友谊不断深化，在多边事务中积极发挥建设性作用，国际地位和国际影响力显著提高③。

中国仍面临长期、复杂、多元的安全威胁与挑战。生存安全与发展安全、传统安全威胁与非传统安全威胁、国内安全问题与国际安全问题交织互动。中国面对发达国家在经济、科技、军事等方面占优势的态势，面对外部的战略防范和牵制，面对分裂势力和敌对势力的干扰破坏。中国处于经济社会转型期，维护社会稳定面临诸多新情况新问题。“台独”、“东突”、“藏独”等分裂势力威胁国家统一和安全。恐怖主义、自然灾害、经济安全、信息安全等非传统安全问题的危害上升。外部安全环境中的不稳定不确定因素，对国家安全和发展的影响增大。美国违反中美三个联合公报原则，继续向台湾出售武器，严重损害中美关系和台海地区和平稳定④。

面对前所未有的机遇和挑战，中国高举和平、发展、合作的旗帜，坚持走和平发展道路，奉行互利共赢的开放战略，推动建设持久和平、共同繁荣的和谐世界；坚持贯彻落实科学发展观，实现发展与安全的统一，统筹兼顾传统安全与非传统安全问题，加强国家战略能力建设，完善国家应急管理体系；坚持互信、互利、平等、协作的新安全观，主张用和平方式解决国际争端和热点问题，推进同各国的安全对话与合作，反对扩大军事同盟，反对侵略扩张。不管现在还是将来，不管发展到什么程度，中国都永远不称霸，不搞军事扩张⑤。

---

① 国务院新闻办公室.2008 年中国的国防［EB/OL］. http：//www.gov.cn.2009-01-20.

② 国务院新闻办公室.2008 年中国的国防［EB/OL］. http：//www.gov.cn.2009-01-20.

③ 国务院新闻办公室.2008 年中国的国防［EB/OL］. http：//www.gov.cn.2009-01-20.

④ 国务院新闻办公室.2008 年中国的国防［EB/OL］. http：//www.gov.cn.2009-01-20.

⑤ 国务院新闻办公室.2008 年中国的国防［EB/OL］. http：//www.gov.cn.2009-01-20.

第三节　我国周边安全环境

我国周边是指与中国领土、领海相连接的国家和地区。所谓周边安全环境是指一定时期内，国家周边地区对国家安全产生影响的外部及内部条件的总和。中国周边的大国涉及美国、日本、印度和俄罗斯；地区包括东北亚、东南亚、南亚和中亚。周边安全环境是国家战略环境的基本组成部分和重要构成因素，我国周边安全环境是我国所处的国际环境中最重要的组成部分之一。中国对外积极推动建设和谐世界，首先要从周边做起，和谐周边是和谐世界的基石。为此，周边国家的发展态势、相互关系以及对华政策动向即周边安全环境，是我们必须高度关注的问题。多年来，我们一直致力于营造睦邻友好的周边环境，因为我们最大的机遇在周边，最大的挑战在周边；最有希望的也在周边，最容易出问题的还是在周边。

随着中国自身的发展以及国际和地区形势的变化，作为地处亚洲大陆东部、太平洋西岸的大国，中国特殊的地缘环境以及与周边国家在历史上和现实中存在的复杂关系，对中国安全环境构成影响。我们所指的安全，既包括传统意义上的军事、政治安全，也包括近年来日益引起重视的反恐、经济、能源等“非传统安全”内涵。中国周边安全环境体现为两个层面、多重内容。两个层面：一是中国与周边国家的双边关系层面；二是区域合作的多边层面。不论双边关系还是多边关系，又都包含着政治、军事、经济、能源和环境等多重内容。中国的周边环境和国家安全，是一个非常值得我们认真研究的与国家安全休戚相关的重大理论问题和现实问题。

一、我国地缘环境概况与周边安全环境的历史演变

（一）我国地缘环境的基本情况

“国家的地缘环境，是持久地影响着国家安全的基本因素之一，因此，研究国家的周边安全环境，必须从研究地缘环境入手”①。我国地缘环境的基本特征：一是我国是边界线较长、相邻国家最多的国家之一，而且众多邻国对我国安全的影响是复杂的。在这些国家中，有的曾经对中国进行过侵略，目前拥有的经济实力或军事能力，具有对中国安全造成重大影响的能力；在与我国相邻的国家中，有的邻国之间积怨很深，严重对立，一旦它们之间爆发战争或武装冲突，必将影响中国边境安全；有的邻国内部不稳定因素很大，一旦发生大的内部动荡，必将对中国边境造成很大压力；有的邻国的居民与我国边境地区的居民属于同一民族而且信奉同一宗教，在狭隘民族主义、宗教极端主义的共同作用下，就可能增加我国国内有关地区的不稳定因素；还有一些国家与我国存在领土和海洋权益之争，它将是可能引发边

① 吴温暖．军事理论教程［M］．厦门：厦门大学出版社，2008：328.

界事件乃至武装冲突的最大隐患；二是我国周边地区人口众多，是世界上大国最集中的地区，而且这些大国是世界上公认的力量中心。与此同时，也是世界热点和潜在热点最多的地区，这些因素汇集在一起，必然会加大对我国安全环境的压力；三是我国周边国家政治制度及经济发展水平差异很大，民族、宗教矛盾交织，安全环境复杂；四是我国位于海洋地缘战略区和欧亚大陆地缘战略区的交汇处，既受其他大国关系的影响，又影响其他大国关系。特别是如何处理好与美、俄、日三大国的关系，不仅关系到中国自身的安全，而且关系到东亚、亚太乃至世界的安全与稳定①。

（二）我国周边安全环境的历史演变

中国的周边安全环境，既与中国面临的客观外部环境直接相连，也与中国内部的社会环境息息相关，还与世界及中国自身的军事发展形势紧密相关。

新中国成立之初，需要集中精力在战争废墟上进行国家建设，改善人民生活。但国内的安全形势是国民党在大陆的残余势力尚未肃清，盘踞在台湾的蒋介石集团在美国的军事支持下伺机反攻大陆。特别是由于美苏分别结成激烈对抗的资本主义和社会主义阵营，中国被迫卷入其中，美国对我国进行全面封锁。与此同时，中国周边新独立的国家在走向民族复兴之路时，却不幸又被大国斗争的阴影所笼罩，又一次被卷入大国斗争的旋涡。随着美苏之间冷战的加剧和美国对华政策的破产，美国调整了对日本的政策，单独对日媾和，并签订了《美日安保条约》。美国在日本、韩国、中国台湾及东南亚地区建立和部署了一系列军事基地和相当数量的军事力量，直接参与了20世纪50年代的朝鲜战争和60年代的越南战争，并支持台湾当局对中国东南沿海地区进行军事窜犯，使我国整个东部方向上面临巨大安全挑战。进入60年代，由于苏联霸权主义日益抬头，最终导致中苏两个社会主义大国分道扬镳，并发生了1969年珍宝岛武装冲突，中国同时面临苏、美两个超级大国的军事威胁。中国政府加强战备，顶住了外来压力，并取得了对印边境自卫反击战的胜利。70年代，中美关系改善，但苏联在中苏边境上陈兵百万，来自苏联的威胁有增无减，国防仍面临巨大压力。中国采取了一系列行之有效的措施，维护了国家安全，并取得了中越边境自卫反击战的胜利。1978年党的十一届三中全会召开，中国分析判断国际安全环境和国际形势趋于冷静客观。80年代中期以后，随着和平与发展时代特征的凸显，国际安全形势相对缓和，中国的安全环境逐步得到改善。但随着西方国家“和平演变”攻势的加强，“资产阶级自由化”思潮开始泛滥，对中国社会主义制度构成威胁。

冷战后期，在多种因素的作用下，东西方关系缓和；随着妨碍中苏关系正常化

① 朱听昌．中国周边安全环境与安全战略［M］．北京：时事出版社，2002：2-4.

的“三大障碍”① 的逐步消除，中国周边地区安全形势进入相对稳定的时期。冷战结束后，中国的安全形势进一步好转，与周边国家特别是与大国的关系得到改善和加强。周边安全形势进入了一个相对稳定的历史时期。目前，中国的周边安全环境总体有利，但是，中国安全仍面临不容忽视的“挑战”。从维护国家综合安全上看，国内和国际特别是周边因素关联性加强，传统与非传统安全因素相互交织，维护国家安全难度加大。少数国家炒作“中国威胁论”，加强对中国的战略防范与牵制。周边复杂而敏感的历史问题和现实问题，仍对中国的安全环境产生影响。

二、我国周边安全环境现状及趋势

(一) 我国周边安全环境处在新中国成立以来的较好时期

冷战结束后，两极格局解体，美国成为世界上唯一的超级大国，大国关系进行了深刻的调整。“9·11”事件后，国际安全形势发生新的变化，大国关系经历了新一轮调整。中国努力抓住世界和平与安全面临的机遇大于挑战这一时机，围绕发展这个第一要务，高举和平、发展、合作的旗帜，坚持独立自主的和平外交政策，坚持走和平发展道路，推行睦邻友好、与邻为善、与邻为伴政策，努力为我国改革开放和社会主义现代化建设营造良好的周边环境。为此，中国与周边大国的关系不断改善，与周边地区的经济合作态势良好，安全合作不断深化。中国的周边安全环境总体来说是比较好的。

从中美关系的重要性不仅是影响中国周边安全的一个单一变量，而且还是影响其他变量的全局性变量看，“9·11”事件后，美国将国际恐怖主义和伊斯兰激进势力视为主要敌人，将防止大规模杀伤性武器的扩散视为国家安全的首要任务。美国认识到，在反恐、核不扩散的重大问题上都离不开中国的合作，尤其在维护朝鲜半岛和平稳定、防止大规模杀伤性武器的扩散、打击跨国犯罪、维护世界局势和平稳定等方面有着共同利益和巨大的合作潜力。同时，随着中国融入国际社会和全球化进程的深入发展，两国经济相互依存性增加。综观新世纪的中美关系，两国的建设性合作得到全面拓展，两国的战略基础不断扩大，社会基础更加坚实：“第一，中美两国在2001年就明确把两国关系确定为建设性合作关系。第二，两国关系越来越机制化。第三，在敏感的战略和安全问题以及事关双方核心利益的问题上，中美双方注意到对方的关切所在，更多地将其置于两国的整体战略利益框架下来进行考虑。第四，两国在经济上的相互依赖不断深化，并正在成为长期的合作伙伴。第五，两国关系已经由两个政府间的关系变成两个社会间的关系”②。在2009年4月初的伦敦金融峰会期间，中国国家主席胡锦涛与美国总统奥巴马进行了首次会晤，

---

① 指苏联从阿富汗撤军、从蒙古撤军、敦促越南从柬埔寨撤军。

② 陶文钊．中美关系：八年带来五大变化［N］．参考消息，2007-01-15（6）．

两国元首为新时期中美关系明确定位，一致同意共同努力建设21世纪积极合作全面的中美关系，这一表述受到国际社会高度关注。美国对华政策表现出寻求合作而不是对抗的基本取向，不但在一段时间内排除了把我国视为主要的战略对手的可能性，而且增加了同我国进行战略合作的需要。中美关系的缓和与改善，使我国的国际战略回旋余地加大，国际地位特别是国际影响力进一步提高。

冷战时期，北方一度是我国周边安全的心腹大患，如今却成为相对和平的地区。中国与俄罗斯的战略协作伙伴关系持续发展，显示出无比的生命力。胡锦涛主席对俄罗斯进行国事访问并出席在俄罗斯举办的“中国年”开幕式等活动前夕，于2007年3月20日在人民大会堂接受俄罗斯媒体联合采访时指出：“当前，中俄关系蓬勃发展，达到前所未有的水平。双方按照《中俄睦邻友好合作条约》的原则和精神，以互办“国家年”活动为契机，全面推进政治、经贸、科技、人文领域的务实合作，取得了丰硕的成果。两国在朝鲜半岛核问题、伊朗核问题等重大国际和地区事务中密切配合，为维护世界和平稳定发挥了重要作用”①。胡锦涛强调，坚定不移地推动中俄战略协作伙伴关系向前发展，实现世代友好，是两国和两国人民的共同愿望和必然选择②。在2009年4月的伦敦金融峰会期间，中国国家主席胡锦涛会见俄总统梅德韦杰夫，双方就推进中俄战略协作伙伴关系、共同应对国际金融危机、加强在国际事务中的合作达成重要共识。总之，“中俄在政治、经济、安全与文化领域的交流与合作呈现出的良好发展势头表明，基于共同利益之上的中俄战略协作伙伴关系，具有非常光明的发展前景”③。从中亚地区看，以上海合作组织作为平台，中国和中亚五国的关系在安全、经济及能源合作方面取得了令人瞩目的成就。上海合作组织作为一种新型国际安全模式，所取得成功经验即一直遵循“互信、互利、平等、协商、尊重多样文明、谋求共同发展”④ 的“上海精神”。胡锦涛主席在接受俄罗斯媒体联合采访时也同时指出：“上海合作组织各成员国互为友好邻邦和重要合作伙伴，有着加强合作的政治意愿和开展合作的坚实基础，各领域合作具有巨大潜力和美好前景”⑤。上海合作组织的合作主要包括：维护地区和平，共同打击“三股势力”，打击非法贩卖毒品和武器及其他跨国犯罪；加强区域合作，推动贸易和投资便利化；开展科技、教育、卫生、文化、体育及旅游领域的相互协作，等等。目前，成员国正集中精力推进安全、经济、人文领域的务实合

① 胡锦涛主席接受俄罗斯媒体联合采访答问全文［N］. 光明日报，2007-03-26.

② 胡锦涛主席接受俄罗斯媒体联合采访答问全文［N］. 光明日报，2007-03-26.

③ 金一南. 国际战略形势分析2008［M］. 北京：国防大学出版社，2008：60.

④ 胡锦涛在上海合作组织成员国元首理事会第六次会议上的讲话［N］. 光明日报，2006-06-16.

⑤ 胡锦涛在上海合作组织成员国元首理事会第六次会议上的讲话［N］. 光明日报，2006-06-16.

作，致力于给成员国人民带来更多实际利益。特别是2007年8月，上海合作组织六国元首出席并观摩了全体成员国参加的“和平使命—2007”联合反恐军事演习，同时共同签署了《上海合作组织成员国长期睦邻友好合作条约》，对构建和谐地区具有重大意义，为探索建立新型国家关系、树立新型安全观及新型区域合作提供了宝贵启示。

从地缘角度看，南亚在亚洲处于相对独立的地位，在西方殖民主义入侵亚洲以前，中印两国从来没有发生过冲突，也不存在什么主导权之争。中印两国都倡导和坚持国家间彼此平等、互不干涉内政的国际关系基本准则，中印两国之间也从来没有根本的利益冲突。尽管两国过去曾受到边界的困扰，但是近年来双边关系发展迅速。随着《关于在中印边境实际控制线地区保持和平与安宁的协定》、《关于在中印边境实际控制线地区军事领域建立信任措施的协定》、《中印关系原则和全面合作的宣言》、《关于解决中印边界问题政治指导原则的协定》等的签署，特别是“面向和平繁荣的战略合作伙伴关系”的建立，中印以合作为主流，两国关系尤其是经贸关系有了长足发展。同时，南亚次大陆的印巴对抗这一传统的热点呈现出逐步冷却的态势。目前，中、俄、印均主张世界多极化、国际关系民主化、维护世界多样性，主张遵循国际法准则处理国际事务和国与国的关系，主张加强联合国的作用。可以说，中俄印不断加强合作将成为世界政治多极化的基础。

在当今经济全球化和地区一体化的趋势下，东盟国家之间的内部合作愿望比以往任何时候都更加强烈。东盟稳步推进共同体建设，推进与域外国家自由贸易区谈判。以东盟与中日韩（10+3）为主渠道的东亚合作已成为内容日益丰富、机制不断完善的合作体系，在促进地区和平、稳定、繁荣方面继续发挥重要作用。东亚峰会为东亚合作提供了新的平台。中国与东盟国家建立对话关系十几年来，双方关系不断深化和密切。随着中国正式加入《东南亚友好条约》，同时，《南海各方行为宣言》、《中国东盟全面经济合作框架协议货物贸易协议》、《中国—东盟争端解决机制协议》、《落实中国—东盟面向和平繁荣的战略伙伴关系联合宣言的行动计划》等的签署，无论是合作的内容还是合作的层次，都上了一个新台阶。东盟可以说是中国崛起的一个战略支点。从中国顶住1997年亚洲金融危机的压力，为东南亚国家分忧解难；2004年的印度洋海啸灾难中，向灾区提供援助，给予人道主义救助，帮助建立海啸预警系统，免除一些国家的外债，共同对付地区灾难，中国以自己的行动展示了负责任的大国形象。温家宝总理在2007年1月和11月参加的两次东亚峰会即东盟—中日韩“10+3”会议上，提出了“加强战略规划、深化经贸与金融合作、推进安全合作、拓展社会文化合作、加强公共卫生合作等具体倡议”①。在各种国际场合，中国对东亚合作的基本立场始终如一，即支持东盟一体化，坚定致

① 金一南．国际战略形势2008［M］．北京：国防大学出版社，2008：54-55.

力于东亚合作，并将努力深化地区经济融合、推进地区政治与安全对话，与其他国家一道共建和平、和谐、繁荣的东亚。

在中国周边环境中，中日关系、朝鲜半岛南北关系与朝核问题构成两个最棘手的方面，东北亚地区这两个方面形势的发展对中国安全环境的发展态势至关重要。中日两国的社会制度不同，价值观不同，经济发展水平不同。“两国既有意识形态上的对抗性，也有经济合作上的互补性；既有地缘政治上的竞争性，也有地区安全上的合作性”①。正是由于这些特性，中日之间存在着许多共同利益，同时也有分歧和矛盾冲突。这些利益矛盾重复交叉决定了中日关系的复杂性，即既有合作、互补的一面，又有竞争、对立的一面。而且由于中日关系中的一些敏感问题没有得到解决，任何一个问题的激化都有可能引起中日关系全面恶化。为此，中日双边关系一直处于前进与波折并存状态。2001 年开始，由于小泉首相坚持参拜靖国神社等问题，中日高层互访几乎完全中断，“政冷经热”逐步向“政冷经凉”转变，中日关系降到了冰点。“但是，改善中日关系毕竟是两国政府和人民的共同愿望和大势所趋”②。2006 年中日之间打破政治僵局，就克服影响两国的政治障碍和促进两国友好合作关系健康发展达成一致，时任首相安倍访华，两国领导人就构筑中日战略互惠关系达成重要共识。2007 年是中日邦交正常化 35 周年，两国关系得到进一步改善。2007 年 4 月 11 日温家宝总理访问日本，在东京机场发表讲话时指出，2007 年是中日两国邦交正常化 35 周年，两国关系的改善和发展面临重要机遇。他强调指出，我此访的目的是增进政治互信，深化互利合作，扩大友好交流，推动中日关系长期、健康、稳定地向前发展③。中日双方在东京发表《中日联合新闻公报》，双方决心正视历史，面向未来，共同开创两国关系的美好未来。双方再次确认，根据 2006 年 10 月安倍首相访华时双方发表的《中日联合新闻公报》，努力构筑“基于共同战略利益的互惠关系”。该公报说，关于台湾问题，日方重申一个中国的原则；东海问题，根据互惠原则共同开发；防务交流，加强两国防务当局联络机制，防止海上发生不测事态；联合国改革，加强对话努力增加共识；关于朝核问题，加强“六方会谈”合作，致力于实现半岛无核化；启动经济高层对话机制。公报还确认，两国外长就双边及共同关心的地区和国际问题保持密切合作④。2007 年 12 月，时任日本首相福田访华，双方就构筑和发展中日战略互惠关系达成广泛共识，规划了两国关系未来发展。两国领导人均同意，在未来通过重要高层往来，进一步推动中日关系；不断丰富中日战略互惠关系的内涵；把人文交流合作放在突出位

① 何兰．冷战后中国对外关系［M］．北京：中国传媒大学出版社，2005：154.

② 金一南．国际社会形势分析 2008［M］．北京：国防大学出版社，2008：123.

③ 温家宝总理同安倍晋三首相会谈［N］．人民日报，2007-04-12.

④ 中日联合新闻公报［N］．人民日报，2007-04-12.

置，扩大青少年往来。目前，双方在政治、经济、军事、文化方面的交流全面进步。中日关系的迅速升温是中日两国共同利益的必然需求，持久稳定的中日关系将是东北亚地区乃至亚太地区和平稳定的基石。中国国家主席胡锦涛在 2009 年 4 月的伦敦金融峰会期间会见日本首相麻生太郎时表示，当前中日关系总体保持良好的发展势头。另一方面，从“地缘战略形势决定了东北亚地区是影响我国安全的重要战略方向”① 看，我们立足维护周边稳定的需要，朝鲜半岛必定是我们关注的重点区域，安全上维护地区的稳定，经济上推动区域合作与发展是我国对该地区政策的两个基本目标。为此冷战结束后，我们高度关注朝鲜半岛的战略格局转型——走出冷战。在朝鲜半岛走出冷战历史进程中，支持朝鲜半岛的统一进程，一贯主张朝鲜半岛无核化。由于东北亚特别是朝鲜半岛战略环境的特殊复杂性，“中国的目标（或称之为政治主张）不是寻求自己的战略优势，而是希望建立一个东北亚地区的多边合作机制，以化解这一地区具有不同利益的四个大国（中、美、俄、日）带来冲突的可能性”②。当朝鲜不顾中国和国际社会的反对进行核爆炸，对中国一贯主张朝鲜半岛无核化原则构成强大冲击，成为中国周边安全最大危机时，中国频繁地在有关各方面之间穿梭斡旋，密集地与各方之间进行沟通，表达中国在朝核问题上的原则立场，以和平解决朝核问题进行沟通。经过多轮会谈，中国成功地说服了朝鲜放弃核武器，重返核不扩散条约，也说服美国放弃武力攻朝的想法，让朝鲜拥有和平利用核能的权利。通过 2007 年六方“2・13”共同文件的签署，特别是关于“朝鲜半岛无核化”、“朝美关系正常化”、“朝日关系正常化”、“经济与能源合作”和“东北亚和平与安全机制”等五个工作组的成立，表明六方充分注意到朝核问题的本质不在核问题本身，而在于朝鲜半岛战略格局的转型——朝鲜半岛走出冷战，这一历史性进程将在很大程度上改变东北亚的战略环境。随着朝美关系的缓和，使长期僵持的朝核问题取得了实质性进展，半岛南北关系也得到改善，表明朝鲜半岛民族和解进程已经开始，但其历史进程必然是起伏曲折、充满变数。近期朝鲜不顾国际社会的批评，坚持发射导弹，在联合国安理会一致进行谴责后，朝鲜外务省声明将抵制“六方会谈”，使南北关系进一步改善，朝核问题的解决蒙上一层厚厚的阴影。

（二）影响中国周边的不安全因素

当前国际社会面临的安全威胁日趋综合化、多样化和复杂化，天下仍不太平。亚太地区安全中的复杂因素继续增多。“中国仍面临长期、复杂、多元的安全威胁与挑战，生存安全与发展安全、传统安全威胁与非传统安全威胁、国内安全问题与

① 朱听昌．中国周边安全环境与安全战略［M］．北京：时事出版社，2002：195.

② 唐世平．塑造中国的理想安全环境［M］．北京：中国社会科学出版社，2003：114.

国际安全问题交织互动"①。从一个国家在安全上所面临的威胁，有时是明确的、有时是隐蔽的、有时是现实的、有时是潜在的这个特征看。当前，在中国周边环境中影响中国国家安全的不安全因素主要有以下几个方面：

1. 作为世界上唯一的超级大国，美国的对华战略极大地影响中国的周边安全

作为世界上唯一的超级大国，“美国对华战略都是围绕维护霸权这一核心展开的”②。“在奥巴马的全球战略走向温和的多边主义霸权战略的框架下”③，仍然会坚持“遏制+接触”这个美国近20年来对华政策的基调，防范加接触仍是美国对华战略的一贯方针。这就是说，“短期内美国对华政策的基调也不会发生根本性变化，接触与防范、借重与规制并用的两手策略仍将继续下去”④。众所周知，美国全球战略的核心是维持对全球事务的主导权（或称之为“霸权”），在这一总体战略的指导之下，它的亚太战略就是防止在亚太地区出现挑战其主导权，导致现有秩序和格局逆转的新兴大国。美国对华战略中的“两面下注”凸显，美国最担心中国的发展可能会导致美国在亚洲影响力的降低，甚至将美国最终“挤出”亚洲。为此美国防范中国崛起的意识不断增强，其态势走向成型，使我国维护安全的难度加大。当前值得注意的有三个动向：

一是美国围绕“中国是否是负责任的大国”的议论。2006年8月31日，主管亚太事务的助理国务卿柯庆生在美国国会美中经济与安全审议委员会举行的听证会上，又老调重弹美国对中国人权与宗教自由、贸易不平衡、防扩散、军事透明度以及支持所谓的“问题国家”等问题的批评。他明确提出中国目前还不是“负责任的相关者”。关于“负责任”内涵的不同认定，折射出在什么是“应该的国际关系”这一问题的认识上，中美两国在理念上存在着深刻的分歧。中国所谓的“负责”是对世界负责，中国不认为美国在这个问题上具有裁判的资格。此外，责任是相互的而不是单向的，要求中国对美国负责，那么美国也应当对中国负责。一方面大量对台军售，另一方面还指责中方“军事不透明”，这是中国不能接受的。这不仅是构成中美关系动荡的原因之一，而且将涉及国际体系的多个层面，无疑增大我们的外部压力。

二是近年来美国国防部的《四年防务报告》、《中华人民共和国军事力量报告》和白宫的《国家安全报告》中有关中国的部分，无不透露出“中国威胁论”的论调，从而突出对中国防范的一面。如“美军近年来经常夸大‘来自解放军的威胁，

---

① 国务院新闻办公室．2008年中国的国防［EB/OL］．http：//www. gov. cn. 2009-01-20.

② 李慎明，王逸舟．2007年全球政治与安全报告［M］．北京：社会科学文献出版社，2007：173.

③ 赵可全．美国全球战略利益没有改变［N］．中国国防报，2009-03-10.

④ 崔立如．国际战略与安全形势评估2007/2008［M］．北京：时事出版社，2008：273.

从国会、政府到媒体，从太空战、网络战威胁到潜艇威胁，种种夸张之辞不绝于耳"①。无端指责中国在全球寻求能源安全的方式和市场开放不够，这些报告不仅把中国列为其关注的主要目标之一，而且折射出对华采取强硬立场乃至加紧进行包围中国的军事部署。"冷战结束已经十几年，美军却对中国仍然保持着全方位、立体式的情报侦察"②。从2009年3月8日美军"无瑕"号监测船在中国南海海域附近活动的事件看，奥巴马政府仍然是为了防范未来有一天中国崛起的步伐超出了美国控制的能力。

三是美国继续调整和加强其在亚太的军事部署，同时美日同盟也在悄然经历新一轮强化。"美国军事力量西移，强化防范中国的战略态势"③，对中国周边安全构成长远威胁。自20世纪90年代冷战结束以来，作为美国全球军事调整的重要部分，美国一直在调整它的亚太军事布局，以更多的战略注意力关注亚太地区，以日美安保体制为核心，巩固和加强双边军事同盟关系。美国当前军事调整出于多方面考虑，有反恐之需要，有应对可能发生的冲突，战略设想是应对正在崛起的国家。美日同盟作为冷战的产物，不仅没有随着冷战的终结而退出舞台，反而一再得到强化，成为美国亚太战略的支柱。近年来，美日同盟更是经历了新一轮强化。特别值得关注的是，美日安全磋商委员会会议（"2+2"会议）把属于中国内政的台湾问题纳入了它们的"共同战略目标"。所有这些，对中国及亚太地区的和平稳定将产生负面影响，尤其是日美同盟中军事一体化进程已经损害到第三国的安全利益，对中国的周边环境构成挑战。

综合起来看，美国对中国未来的发展方向，对中国将如何使用正在壮大起来的力量感到不放心；中国对美国到底有多担心中国，提防、牵制中国究竟会到什么程度也拿不太准，这种"相互疑虑中的相互依存"，"负责任的利益攸关方"的对华定位和"两面下注"的基本战略原则，既反映了美国对华借重的一面，也同时容纳了对华防范和规制的一面，决定了中美关系是在离心的地缘政治和向心的经济利益上朝着相反的方向用力，使我们维护国家安全的难度加大。

2. 中日关系发展仍存在一些深层次矛盾和风险

日本追求政治大国和军事大国的既定目标，在后小泉时代的历届政府都难以发生改变，它不仅决定了中日两个亚洲强国在全球、地区和双边的战略利益方面结构性矛盾和利益冲突的客观存在性，而且使刚走出冰冻期的"中日关系发展仍需面对一些深层次矛盾和风险"④。比如，历史问题，"中日两国在领土和海洋权益方

① 金一南．国际战略形势分析2008［M］．北京：国防大学出版社，2008：79.
② 金一南．国际战略形势分析2008［M］．北京：国防大学出版社，2008：79.
③ 金一南．国际战略形势分析2008［M］．北京：国防大学出版社，2008：79.
④ 金一南．国际战略形势分析2008［M］．北京：国防大学出版社，2008：132.

面的争端短期内不会有太大突破”①。特别是其安全战略的新走向是试图构建亚太地区安全新秩序和其他因素的共同作用，不仅决定了近期中日关系难以取得根本性的突破，而且将直接牵涉到我国的东部安全环境。

一是日本的战略定位。自1982年中曾根康弘以首相身份提出日本谋求成为“政治大国”，从此之后这成为日本历届政府对外政策的中心任务。冷战结束后，特别是小泉时代，日本极力想摆脱现行“和平宪法”的束缚，坚持追求“政治大国”和“军事大国”的目标，只不过使用了相对温和的名词——“普通国家”。为此，日本追求的“具体目标是：①在政治方面谋求成为联合国常任理事国，在亚太地区发挥主导权作用；②在军事方面加强日美军事同盟，抓住‘9·11’后反恐战争中美国需要日本支持的有利时机，推动修改和平宪法，将自卫队派驻日本海外，最终实现军事大国的梦想；③在外交上，努力提高外交的自主性；④确立民族自主意识。上述战略目标是解释日本方面政府内外政策及表现的根本逻辑，历届日本政府都难以改变”②。在过去的几十年时间里，日本一直有亚洲独大的心态，面对中国的崛起，日本的心态一直没有调整过来，总认为中国崛起是其实现战略目标的障碍和威胁。这决定了当前乃至相当长一段时间里，中日关系在政治安全领域的合作基础是比较薄弱的。而“当前在东亚地区，中国和日本‘两强并立’，这是需承认的历史现实”③。为此，中日两国的国家定位，由此带来的复杂民族心理调适，以及中日关系所处的错综复杂的地区战略格局，成为两国潜在的结构性矛盾的核心。小泉时代的日本政府，以遏制、零和的态度视之，则导致两国的不信任和关系的恶化。同时，“二战”后的日本始终未能完成对自身民族精神世界的理性、彻底的梳理，这成为日本在历史问题上与邻国不断发生冲突的终极根源。现在看来，日本在追求“正常国家”道路上与他国的良性互动还不能期望得太高。如何尽可能地避免中日关系受到这些矛盾的干扰和破坏，将是未来两国长期面临的政治课题。

二是冷战思维作祟将干扰两国关系的正常进程。“长期以来，日本在如何看待中国崛起问题上一直存在着一种冷战思维，认为中国的崛起必然在地区乃至世界范围内与日本发生利益的冲突”④。近年来，在冷战思维的影响下，日本在军事上试图强化对中国的防范和遏制，在政治上企图弱化中国的国际地位和作用。特别是在加强对华军事防范和遏制方面：①改变“专守防卫”态势，日军作战区域已由国土防卫扩大到“周边地区”，作战目的由最小限度自卫改为“适当处置”，表明日军防卫态势实际上正从过去被动防御向主动和积极防御转变。②强化日美同盟，构

---

① 金一南．国际战略形势分析2008［M］．北京：国防大学出版社，2008：138.

② 金一南．国际战略形势分析2008［M］．北京：国防大学出版社，2008：132-133.

③ 金一南．国际战略形势分析2008［M］．北京：国防大学出版社，2008：133-134.

④ 金一南．国际战略形势分析2008［M］．北京：国防大学出版社，2008：134.

筑对华军事威压态势，日美军事同盟的强化一直存在着针对中国的考虑。近年来，美日安全磋商多次将台海局势作为重要议题就显示了这一点，特别值得我们高度重视的是，日本已决定在包括台湾地区在内的“周边事态”发生时给美军提供“后方支援”。台湾问题是关系到中国生死攸关的核心利益，日本在此问题上试图与美国联手进行干预，必然会影响到中日关系的发展。③“由北向南”、“由东向西”地调整兵力部署。日本正逐步减少北部军区和东北部军区的兵力，转而加强西部军区的兵力，其目的除了应对朝鲜半岛危机之外，同样也是为应对钓鱼岛、东海以及台海危机，防范中国的意图十分明显。在“强化意识形态外交，弱化中国国际地位和作用”① 方面：近年来，日本政府抛出“价值观外交”，加紧构建日美澳印“价值观联盟”和欧亚大陆“自由与繁荣之弧”，谋求建立“亚洲版北约”，其意图显然在于遏制中国，进一步压缩中国的发展空间。福田康夫上台后，不再提“价值观外交”，表示出一种积极姿态，但日本国内仍然存在着以传统方式看待中日关系的习惯势力，对华政策中冷战思维及遏制和防范中国的意念与意识形态色彩在短时期内不会被淡化，将是影响中日关系平稳发展的一个重要因素。

三是“历史问题、领土和海洋权益方面的争端是两国需要跨越的障碍”②。历史问题一直是阻碍中日关系改善的主要障碍。在其历史问题上，日本历届政府要么是公开否认，要么是采取“模糊策略”，使得中日关系的不确定性大为增加。近期日本政府虽然一直试图淡化历史问题，但日本右翼保守势力的长期干扰，意味此问题并不能最终解决。钓鱼岛问题是中日之间悬而未决的领土争议问题。钓鱼岛自古以来就是中国的领土，然而日本近年来不断在钓鱼岛问题上制造事端，以显示日本对钓鱼岛的“实际控制”，钓鱼岛问题是中日关系中的不稳定因素。中日东海问题是中日之间最容易产生摩擦的“热点”问题，尽管中日双方就东海油气田开发问题已进行了多次磋商，但一直没有取得实质性的进展。中日东海海洋权益之争的焦点是东海专属经济区和大陆架划界的分歧。根据《联合国海洋法公约》及各自国内立法的规定，中国主张以“大陆架自然延伸原则”实现大陆架划界；日本则主张采用等距离线划分东海海域，经常故意回避中日在东海需要划定的是专属经济区和大陆架两个海上边界，而主张以所谓的“中间线”来划定两国间的边界，东海油气田的谈判多次无果而终，凸显日本方面既定立场并没有改变。在此问题上，双方立场分歧仍然很大，如果不能妥善处理，就无法避免矛盾升级或激化，甚至导致冲突。

四是具体到日本安全战略的新动向和未来中日关系中“易变”因素看。首先，日本安全战略的新动向是沿着迈向军事大国的道路继续高速前进。主要体现在：①

① 金一南．国际战略形势分析 2008［M］．北京：国防大学出版社，2008：133-134.

② 金一南．国际战略形势分析 2008［M］．北京：国防大学出版社，2008：135.

《和平宪法》修改迈出实质性步伐。“众所周知，日本《和平宪法》第九条是日本走和平主义道路的核心”①。该条款规定，日本放弃以国家名义发动战争的权利，禁止用武力解决冲突。为了使日本成为可拥有军队和对外使用武力权力的“军事大国”，日本一些政党和政府高官力推修宪，以解除现行宪法对日本军事建设、发展和行动的根本性限制。《国民投票法案》的通过，已经从法律上解决了修改宪法的程序性问题。从目前形势看，修宪在日本已是大势所趋，只是个时间迟早的问题。②防卫厅升格为防卫省，“军事正常化”走出重要一步。2007 年 1 月 9 日，日本防卫厅正式升格为防卫省，这不但是日本谋求“军事正常化”的又一重要步骤，而且也是日本自卫队性质发生变化的一个转折点。③推动建立四国战略同盟，努力构建亚太安全新秩序。2007 年，日本政府提出四国战略同盟构想，以“价值观外交”为切入点，加强与美国的军事同盟，积极与北约沟通交流，推动与澳大利亚建立准同盟关系，深化与印度的战略合作，彰显其与美国携手共建亚太地区乃至世界新秩序的战略企图。其次，未来中日关系中的“易变”因素，主要指：①“日本在台湾问题上的立场和态度将直接影响中日关系的发展”②。日本的右翼势力在感情上倾向我国台湾，在意识形态上认同台湾，在利益上与“台独”势力存在交汇点，视台湾为对付中国大陆的一张牌，不希望看到中国的统一。日本政府则将台湾海峡纳入日美安保条约的范围之内，试图以此形成对中国的威慑和牵制，维持中国大陆和台湾的分离状态，以便从中获利。为此，一旦台湾岛内的“台独”势力挑起事端，在日本右翼势力和美日同盟的双重压力和内外夹击下，不能排除日本政府可能错误估计的形势，使中日关系面临严重倒退，从而加大我国的安全压力。②“日本国内的极右势力将长期是中日关系发展的另一个变数”③。日本右翼势力的增长，特别是日本政界的整体右倾必然加速日本民意的右倾倾向，从而导致日本的民族主义情绪化。“小泉首相不顾邻国的强烈反对，年年参拜靖国神社，除对外可以凸显其政治大国的地位和自由意志之外，对内迎合了日本国内右翼势力的民族主义倾向，小泉创造了连任两届的日本政坛奇迹，说明了他所推行的内外政策是有深厚的民意基础的”④。过去十几年里，除小泉之外，日本首相平均一年一换马，除其他原因之外，与难以改变日本右翼分子喧嚣和民族主义盛行的民意环境有关。不能排除后任首相为维持政权的需要，向右翼和民族主义示好，导致调整对华路线，从而对中日关系产生负面影响。

综合起来看，中日关系具有稳步发展的坚实基础，走出冰冻期的中日关系目前

---

① 金一南．国际战略形势分析 2008［M］．北京：国防大学出版社，2008：184.
② 金一南．国际战略形势分析 2008［M］．北京：国防大学出版社，2008：138.
③ 金一南．国际战略形势分析 2008［M］．北京：国防大学出版社，2008：139.
④ 金一南．国际战略形势分析 2008［M］．北京：国防大学出版社，2008：138.

保持改善势头，但中日关系的发展仍需面对一些深层次矛盾和风险。从不利因素这一方面看，中日关系中的结构性矛盾在今后一段时间仍将存在，双方对彼此的战略目标与定位还需要一段时间去认知和协调，中日两国在领土和海洋权益方面的争端短期内不会有太大突破，特别是日本安全战略调整的新动向，是沿着迈向军事大国的道路继续高速前进。与此同时，明显加强对华军事防范和遏制，这势必打破东亚地区的战略平衡，给地区安全稳定带来负面影响乃至恶化地区安全环境。在其他因素的作用下，甚至不能排除中日之间可能发生局部冲突。

3. 台湾问题是我国安全面临的主要挑战①

实现祖国完全统一，是新世纪中国面临的三大任务之一。在继 20 世纪 90 年代中国实现了香港、澳门的胜利回归之后，中国解决台湾问题，实现完全统一已经突出地摆在中国政府和中国人民面前，但祖国统一仍面临着复杂形势，台湾问题是目前牵制中国人民精力最大、影响中国国家安全的最现实的因素。

一是“台独”势力虽然受到多种因素的有力制约，但并未放弃“台独”图谋，不能排除“法理台独”危险性的存在。近年来，受各种因素影响，特别是大陆对台湾工作力度的进一步加大，“台独”分裂势力受到一定遏制。2008 年台湾“大选”中，主张“台独”的民进党惨败，使“台独”势力受到沉重打击，但民进党在岛内的政治影响力还在，其“台独”立场也并未改变，不能排除民进党基于岛内政治斗争需要，仍会以各种手法推动“台独”，最近民进党以反倾中名义推行“全民保台运动”就是一例证。此外，在“‘台独’势力多年操弄、鼓惑下，台湾部分民众对两岸关系的前景仍有疑虑，对大陆仍然抱有一定程度上的戒备恐惧心理。在民进党‘主政’时期，极端意识形态已经一定程度上在民众中形成气候，民粹精神、省籍意识已左右了部分民众的意识，这对两岸和平发展的大局仍会有冲击”②。

二是台湾当局防范大陆的军事准备不断加强。台湾军事战略已由过去的“攻防一体”改为“有效吓阻、防卫固守”；民进党“执政”时期，提出“决战境外”的战略构想，国民党重新“执政”后，强调要建立起“固若磐石”的“国防”态势。在美国对台军售始终没有停止，并在军事合作上加速“融合”的态势下，“台军继续渲染大陆军事威胁”③，台军近年来加快整军备战步伐，积极修订作战预案，完善侦察预警体系，大幅度调整部队编战，深化联合作战指挥体制，加大攻击性力量建设，全面提高三军联合作战能力。

三是美国对台海政策显现出来的高度的两面性在短时期内不会改变。这里的两

---

① 巴忠倓．中国国家安全战略问题研究［M］．北京：军事科学出版社，2003：143.

② 吴温暖．军事理论教程［M］．厦门：厦门大学出版社，2008：340.

③ 豫夫．台军继续渲染大陆军事威胁［J］．环球军事，2009（4）上半月版：42-43.

面性具有多重性。第一个层面：一方面维持着美国两党认同下的“一个中国”原则的基本态度；另一方面，美国出于自身的战略利益，仍然把台湾当作遏制中国的一个重要筹码，不愿看到两岸实现统一，利用各种办法如加强对台军售，试图长期维持不统不独之局面，从而阻止中国的崛起。第二个层面：“一方面继续加强美台实质性军事合作，增强台‘以武拒统’的军事能力；另一方面，对陈水扁采取的激进‘台独’分裂活动进行某种程度的约束，以避免台海局势走向失控”①，这是美国对华战略中一直存在的最大的消极因素之一。从美国对台海问题政策的新动向看：①美国虽对“台独”势力采取某种约束手段，但其对台政策并没有发生质的变化，我们看到的其约束仅限于提出批评这一步，因为其约束是担心加剧了台海地区的紧张局势，是出于美国一直表明反对单方面改变现状的战略利益与目的的，而美国国防部长盖茨公开宣称，如果大陆动武，美国会提供资源给台湾自我防卫需要，他说并不担心台湾“入联公投”会引发台海军事反应②，更充分体现美对台政策的两面性。②美国不断加强对台军售、增强台军备战和作战能力，将其作为维护两岸不统不独局面的基础。人们普遍认为，美国从战略上希望固化台海两岸当前“分治”局面，只有如此，美国在台海问题上才能保持相对主动的地位，尤其是能对中国发展和强大实施某种牵制。为此，出于多种利益与目的考虑，美国历届政府极力推动对台军售，并致力于不断加速推进美台军事一体化进程。尽管美国一直以各种难以站得住脚的理由为其对台军售辩护，但从其自相矛盾的辩辞中不难看出其真实动机，即增强台当局“拒统谋独”的军事实力与政治筹码，使海峡两岸“不统、不独、不战”的局面长期化；展示美台间的“准同盟军事关系”，提振“台独士气”；利用台当局“以武求独”心态，捞取经济上的实惠。因此，台湾问题是中美之间最重要、最敏感的问题。

四是国民党赢得“台湾大选”，两岸关系发展进入关键时期。2008 年台湾地区领导人“选举”中，马英九以历史最高票数获胜，国民党进入“完全执政”时代，这在一定程度上使台湾“民进党”制造的两岸紧张关系得到缓和。“但两岸关系的发展具有长期性和复杂性，两岸和平统一、未来发展面临新的问题与挑战”③。国民党“执政”后，将开启两岸经贸协商新时代，双方将把重点放在加强经济合作及在互惠互利的基础上争取双赢。随着两岸直航、开放大陆观光客赴台的相继实现，两岸人员交往、交流不断加深，对两岸关系的发展具有极大的推动作用。在两岸关系上，马英九提出“不统、不独、不武”的主张，让台海形势得到缓和，他表示将在“九二共识”的基础上，谨慎、务实地与大陆重启对话与协商，但在主

① 金一南．国际战略形势分析 2008［M］．北京：国防大学出版社，2008：85.
② 参见金一南．国际战略形势分析 2008［M］．北京：国防大学出版社，2008：86.
③ 吴温暖．军事理论教程［M］．厦门：厦门大学出版社，2008：341.

权问题上，马英九态度依然暧昧，在其执政期间，仍将坚守以“中华民国”为表，以台湾为里的“台湾主体性”认同，谋求两岸“对等”。同时，在拓展“国际空间”上也将采取一些新的方法，一方面会在名称上做文章，另一方面采取比较委婉的方式来争取国际舆论同情，达到获取国际社会承认的目的。

台湾与中国大陆的完全统一不仅事关中国国家主权与领土完整，事关民族尊严，事关中国在政治上的完全独立，而且事关中华民族的生存与发展，事关中华民族在本世纪的伟大复兴。“台湾在什么时间以什么方式回到祖国的怀抱，是中华民族当前和今后一段时期面临的最大安全挑战”①。

4. 海洋权益存在复杂纠纷

在我国周边安全环境中，维护海洋权益的斗争具有较大的复杂性和敏感性。由于历史和现实的原因，我国与海上 8 个邻国均有海域划界和岛屿归属之争。

（1）中日关于东海大陆架划界的争议

东海位于中国、日本、韩国三国之间，东西宽 150 ~ 420 海里，南北长 660 海里，总面积约 77 万平方公里。日本与中国是相向不共架国，中国大陆架一直延伸到冲绳海槽。由于冲绳海槽是西部大陆架和东部岛架的天然分界，参照《联合国海洋公约》的有关条款和各国海域划界的实践，应按大陆架自然延伸的原则，以冲绳海槽中心线为界，划分中国与日本在东海大陆架上的边界，但是日本方面却主张按东海的中间线平分划界。这样，中日间便产生了 20 多万平方公里的争议区。如果按照日本的主张划界，中国在东海的大陆架将被拦腰截断，应归我国管辖的海域面积将减少一半。近年来，日本不断就中国进行正常的海洋科考活动和在本无争议的海域进行油气田开发提出抗议和交涉，以至于发展到日本政府批准日本帝国石油公司在中日有争议的海域进行试开采的申请，公然对我国进行挑衅。在中日关系的冰冻期里，双方就东海油气田开发问题的多轮磋商一直没有取得实质性的突破。随着中日关系的改善，2008 年 6 月双方达成了一致原则共识，同意在实现有关海域划界的过渡期，在不损害双方各自法律立场的情况下进行合作，在东海选定适当的区域迈出共同开发第一步。这一原则共识，有利于东海的和平与稳定，但是双方在东海专属经济区和大陆架划界的分歧仍然很大，如果不妥善处理，仍将是“中日之间最容易产生摩擦的‘热点’问题，就无法避免矛盾升级或激化，甚至导致冲突”②。

（2）中日在东海关于钓鱼岛归属问题之争

钓鱼岛群岛位于台湾东北约 120 海里处，由钓鱼岛、黄尾屿、赤尾屿、南小岛、北小岛及一些礁石组成，其中最大的岛屿钓鱼岛海拔 360 米，面积约 3.64 平

① 巴忠倓．中国国家安全战略问题研究［M］．北京：军事科学出版社，2005：143.

② 金一南．国际战略形势分析 2008［M］．北京：国防大学出版社，2008：136.

方公里。钓鱼岛历来是中国的领土，公元1403年（明成祖永乐元年）以前，钓鱼岛即被中国人发现并命名。明朝嘉靖年间编制的《筹海图篇》正式把钓鱼岛划入中国的海防范围。1893年（清光绪十九年），慈禧太后颁诏把钓鱼岛等三岛赐给当时的太常寺正卿盛宣怀。可见，钓鱼岛自古以来就是中国的领土，一直在中国政府的管辖之下。1894年中日甲午战争爆发，中国战败。日本在1895年4月17日签订的《马关条约》中，逼迫清政府将钓鱼岛群岛一起割让给了日本。1900年，日本开始称呼钓鱼岛为“尖阁列岛”，将其划归为冲绳县管辖。第二次世界大战期间，在1943年中、美、英三国发表的《开罗宣言》中，明确指出把日本用武力从中国夺去的东北、台湾、澎湖列岛等中国领土，战后必须归还中国。事实上，在1945年日本彻底战败后，我国政府随着收复台湾、澎湖列岛的同时，客观上也就收复了台湾省的附属岛屿——钓鱼岛的主权。但是在1945年日本投降后，冲绳受美国托管，美国将我钓鱼岛作为靶场。1971年6月，美国竟公然违背《开罗宣言》原则，把中国领土钓鱼岛划入“归还区域”交给日本，日本政府马上声明对钓鱼岛拥有主权。从当年12月30日迄今，中国政府不断发表声明，严正驳斥日本的无理主张，指出钓鱼岛群岛是中国台湾省的附属岛屿，历来属于中国。这些岛屿周围的海域及其海底资源，也属于中国所有，决不允许任何外国染指，美日两国政府拿中国的领土钓鱼岛私自授受，是侵犯中国领土主权的严重行为，是完全非法的、无效的，中国政府和中国人民决不承认①。

“对钓鱼岛问题，在中日邦交正常化谈判时，双方都同意‘以后再说’。但是，事后日方却采取放任态度，批准日本右翼团体在岛上建立航标灯，甚至出动舰艇进入钓鱼岛海域驱赶中国台湾省渔民”②。中国政府已于1990年10月27日再次发表声明，强烈要求日本政府维护双方过去达成的谅解，立即停止在钓鱼岛及其海域采取任何单方面行动，再次建议双方尽快就搁置主权争议，共同开发钓鱼岛海域资源、开放钓鱼岛海域渔业资源等问题进行磋商。1996年7月18日，中国外交部发言人对日本右翼团体“日本青年社”在钓鱼岛的北小岛上设置灯塔的严重事态，再次表示“严重关切”，重申钓鱼岛自古以来就是中国固有领土的原则主场，并要求日本政府立即采取有效措施，消除由此产生的不良影响。但日本对此置若罔闻，并不断采取措施加强实际控制。2005年2月，日本政府宣布正式将右翼团体在岛上建造的灯塔收归“国有”并加以保护，以此制造其占有和控制钓鱼岛的“事实根据”。近期，竟然发生日本首相麻生太郎在日本众议院预算委员会2009年2月26日上午召开的关于外交与国际关系的集中审议会上作访美报告时称，钓鱼岛是日本的固有领土，将同美国协商将钓鱼岛问题纳入日美安保条约框架内，若钓鱼岛

① 刘宏煊. 中国睦邻史［M］. 北京：世界知识出版社，2001. 96-103.

② 吴温暖. 军事理论教程［M］. 厦门：厦门大学出版社，2008：345.

受到第三国“侵犯”，日本将启动日美安保条约。中国外交部发言人2月26日表示，中方对日本首相麻生太郎称钓鱼岛是日方固有领土表示强烈不满，已向日方提出严正交涉。钓鱼岛及其附属岛屿自古就是中国固有领土，中国对此拥有无可争辩的主权。日方任何试图改变这一事实的言行都是徒劳的，中方坚决反对。中国外交部长杨洁篪2月28日会见来访的日本外相中曾康弘时，对钓鱼岛问题，全面阐述了中方的严正立场，要求日方谨言慎行。中国外交部发言人2月27日再次表示，中方已就日美官员关于钓鱼岛适用于日美安保条约的言论，向日方再次提出严正交涉，并要求美方就相关报道作出澄清。外交部发言人指出，日美安保条约作为双边安排，不应该损害包括中国在内第三方的利益。任何把钓鱼岛纳入该条约适用范围的言行都是中国人民绝对不能接受的，希望日美双方认清这一问题的高度敏感性，谨言慎行，不做有损地区稳定和中日、中美关系大局的事。“钓鱼岛问题不同于其他摩擦，因为领土问题最能刺激国民的感情，如果处理不好，不仅会严重影响国民的感情，更直接涉及国家主权，引起严重后果”①。

（3）关于南海海域及南海诸岛的争议

南海总面积约360万平方公里，南海诸岛包括东沙、西沙、中沙和南沙四大群岛，分布于南海的中心部位，扼守太平洋和印度洋的咽喉，不仅地理位置非常重要，而且蕴藏着丰富的矿产和水产资源。其中南沙群岛是南海诸岛中分布面积最广、岛礁数量最多、位处最南的一组群岛。南沙群岛由230个岛屿、礁滩和沙洲组成，分处在24.4万平方公里的海域中。其中露出水面的岛屿25个，明礁128个，明暗沙洲77个，其中太平岛面积最大，约0.5平方公里。

南沙群岛历来是中国的领土。“自遥远的古代，中国人民就在浩瀚的南海进行航行和实践”，有大量史料、文件、地图、文物佐证南海诸岛为中国神圣的领土。“抗日战争胜利后，当时的中国政府于1946年11、12月指派高级官员，乘军舰分赴西沙群岛、南沙群岛，在岛上举行了接收仪式，并树立起‘卫我南疆’的纪念碑”②。中华人民共和国成立后，中国政府和中国人民继续对南海诸岛进行管理和经营。在20世纪70年代以前，南海毗邻国家对此未提出异议。但是自发现南海蕴藏丰富的油气资源后，周边国家开始窥视这一区域。菲律宾率先于1971年抢占了南沙东部的部分岛屿和沙洲；接着，原南越政府也于1973年7月派兵占领了南海西部6个岛礁。1975年4月，越南一反承认南沙是中国领土的主场，接管了南越军队占领的岛礁，并不断扩大侵占行动；从1983年起，马来西亚先后占领了南沙南部的3个礁。随后，上述国家又单方面宣布了大陆架和200海里专属经济区范围，把南沙群岛的全部或部分岛礁列入自己的“版图”，并加紧在南沙海域进行资

① 何兰．冷战后中国对外关系［M］．北京：中国传媒大学出版社，2005：182.

② 刘宏煊．中国睦邻史［M］．北京：世界知识出版社，2001：456-458.

源开发，致使南沙争端日益突出。因此，南沙群岛已形成四国五方控制的局面。除我控制7个礁和台湾当局占据太平岛外，共有40个岛礁被别国占领，其中越南侵占27个岛礁，菲律宾侵占8个岛礁，马来西亚侵占5个岛礁。另外，文莱也宣布对南沙的一个礁拥有"主权"，并将该礁周围3000平方公里海域划归其经济区，印度尼西亚也宣布建立200海里专属经济区，把南沙部分海域划入其中。这样，在南沙问题上又形成了五国六方乃至六国七方进行争议的复杂局面。"南海诸岛问题不但事关国家的尊严和利益，而且成为中国与东南亚关系中最棘手的问题。"①

目前，南海周边邻国对南沙的军事控制进一步加强，对南沙资源的掠夺性开发明显加快。越南已同17个国家的近30家公司和国际财团签订了合作开发南海油气资源的合同。菲律宾、马来西亚、印度尼西亚以及文莱等国已在我南海疆域内开采石油和天然气。值得注意的是，南沙问题复杂化、国际化趋势有新的发展。一方面，东盟国家曾就南沙问题进行过多次内部磋商，力图联合与中国谈判解决南沙争端问题，并准备在谈判不成功时提交联合国裁决。与此同时，有的国家企图用国内立法来提出有利于本国的划界方案，如菲律宾参议院三读通过法案，将中国南沙群岛部分岛礁和黄岩岛划为菲属岛屿，众议院通过法案将上述岛礁划入菲领海基线，该法案已由总统阿罗约签署正式成为法律。有的国家登南沙岛礁"宣示主权"，如马来西亚总理兼国防部长巴达维登上属于中国领土的南沙群岛的弹丸礁和光星仔礁，"慰问岛上守军"以宣示马来西亚拥有"主权"。中国外交部发言人2009年3月6日指出，中国对黄岩岛和南沙群岛及其附近海域拥有不可争辩的主权。在有关各方的共同努力下，当前南海局势总体稳定。我们希望有关国家切实遵守《南海各方行为宣言》，不要采取可能使争议复杂化、扩大化的行动，共同维护南海地区的稳定。另一方面，美国等西方国家在其战略利益驱使下，也积极插手南沙事务。今年3月，美国军事测量船"无瑕"号未经中方许可，在中国专属经济区进行非法测量活动，严重违反了海洋法和中国国内法。这一"南海事件"涉及中国重大国家利益。与此同时，试图利用南沙问题挑拨我与东盟国家的关系，并制造"中国威胁论"，对我进行战略牵制和施加压力。

"为什么近期周边一些国家频频挑起海洋权益的争端？除了复杂的历史原因外，还有一个重要的诱因。根据《联合国海洋法公约》的规定，所有缔约国必须在2009年5月13日前提交专属经济区和大陆架划界给联合国划界委员会，让委员会审议划界案"②。"中国政府一贯谋求公正地、合理地、和平地解决包括南沙群岛归属在内的各种争端"③。为化解矛盾，维护南海和平，2002年11月4日，中

① 何兰．冷战后中国对外关系［M］．北京：中国传媒大学出版社，2005：200.

② 叶秋．岛屿之争的背后玄机［N］．中国国防报，2009-03-10.

③ 刘宏煊．中国睦邻史［M］．北京：世界知识出版社，2001：462.

国与东盟各国外长及外长代表在金边签署了《南海各方行为宣言》。宣言确认中国与东盟致力于加强睦邻互信伙伴关系，共同维护南海地区的和平与稳定。宣言强调通过友好协商和谈判，以和平方式解决南海有关争议。在争议解决之前，各方承诺保持克制，不采取使争议复杂化和扩大化的行动，并本着合作与谅解的精神，寻求建立相互信任的途径，包括海洋环保、搜寻与求助，打击跨国犯罪等合作。这一宣言是中国与东盟签署的第一份有关南海问题的政治文件，对我国维护主权权益，保持南海地区和平与稳定，增进中国与东盟互信有重要的积极意义。中国多年来奉行搁置争议、共同开发的政策，致力于维持南海的和平稳定环境，为的是争取国家的发展机遇期，推动国家建设。搁置争议绝不是搁置主权，共同开发也不是单向排我开发，我们希望有关国家不要作出战略上的误判。如果一些国家不顾中国的严重警告，一意孤行，中国应该会在必要的时候宣示主权。世界大国无一不是海洋强国，维护海洋权益，保护海洋环境，我们责无旁贷。

（4）中印边界争端依然存在

中印边界争端依然存在，而且“无疑是影响中印关系发展变化最直接的因素”①。中印边界线从未正式划定过，但是按照双方的行政管辖范围早已形成了一条传统习惯线，这条习惯线可划分东、中、西三段。由于印度非法占领了传统习惯线我方一侧的大片领土，使中印两国存在领土争端面积达12.55万平方公里。在东段，争议面积约9万平方公里，现被印度控制，经过数十年经营建设，已称为“阿鲁纳恰尔邦”。在中段，争议面积约2000平方公里，除个别地区外，均为印控制。在西段，争议面积约3.35万平方公里，除巴里加斯地区约450平方公里被印军侵占外，其余在我方控制之下②。

在中印边界问题上，印度是既得利益者。印度长期霸占中国大片领土，这是中国人民所不能接受的。印中边境争议地区共计12.55万平方公里，印度就非法占领了9.245万平方公里的中国领土，还反诬中国侵占了印度领土。“对印中边界，中国政府一贯主张采取平等协商，至谅互让的原则，既要考虑到历史背景，又要照顾已形成的实际情况”③。中国一直希望能尽快与印度进行开诚布公的谈判以解决双方的边界争端，但印度一直持强硬态度，因而诱发了1962年的边界战争。

印度政府坚持要全盘继承英印政府对印中边界的领土要求，甚至胃口更大。特别是印度政府继承了英国殖民者把中国西藏视为印中之间缓冲区的安全战略观，把一名英国军官背着当时中国政府代表陈贻范在西拉姆会议附件上肆意划定的非法的“麦克马洪线”作为印中在西藏一线的边界。中国历届政府从未承认过“麦克马洪

---

① 郑汕．印度战略文化与国防政策［M］．北京：军事科学出版社，2006：405.

② 刘宏煊．中国睦邻史［M］．北京：世界知识出版社，2001：280-285.

③ 郑汕．印度战略文化与国防政策［M］．北京：军事科学出版社，2006：405.

线”，而印度的观念却根深蒂固，印度政府认为它已经拥有了同中国的固定边界，因而谈判是多余的。1962年印中边界战争发生后，两国关系恶化，边界谈判搁置。70年代中期，印中关系开始解冻。80年代，两国开始高层互访，为边界谈判创造了有利气氛。1993年9月，印度拉奥总理访问中国，印中两国正式签署了《关于在印中边境实际控制线地区保持和平与安宁的协议》。1996年11月，中国国家主席江泽民访问印度，两国签署了《关于在印中边境实行实际控制线地区军事领域建立信任措施的协议》。2005年4月，中国政府总理温家宝访印，与印度总理辛格签署了《关于解决中印边界问题指导原则的协定》，为解决边界问题奠定了政治基础。目前，印中边界问题仍然悬而未决，但尚能保持和平与安宁。但据新华社电，外交部发言人秦刚2009年4月4日在回答记者关于印度总统帕蒂尔近期访问了所谓的“阿鲁纳恰尔邦”的评论时指出，中方在中印边界问题上的立场是一贯和明确的。属于中印边界东段，面积约9平方公里的“阿鲁纳恰尔”自古就是中国领土。

从目前两国关系的基本状况“在国际问题上‘共识大于分歧’，在双边关系上‘分歧大于一致’”① 看，特别是印度非常重视地缘政治思维，“北防中国”的战略思维将是根深蒂固的。为此，印中之间的边界争端将成为两国关系发展的直接因素，这是毋庸置疑的。

（5）影响边境地区的其他不稳定因素

影响边境地区安全的其他不稳定因素，主要指由于跨界民族矛盾引发的各种冲突事件时有发生，给我国的安全与稳定造成了一定的影响与危害。

我国是多民族的主权国家，与周边国家几乎都存在跨界民族问题，而且形成的原因也比较复杂。中华人民共和国建立后，在中国共产党领导下实行正确的民族、宗教政策，真正实现了中华民族大团结。尤其是改革开放30年来，我国不断保持和发展政治稳定、经济发展、民族团结、社会进步的大好局面，与周边国家建立友好合作关系，为我国的改革、稳定和发展，创造了良好的周边环境。然而，“跨界民族问题与国际大气候和周边邻国有着千丝万缕的联系”②。一个时期以来，在国际上民族主义、恐怖主义、宗教极端主义影响下，这些问题在我国跨界民族地区呈现出逐渐发展的形势，对民族分裂势力抬头、恐怖势力活动猖獗、宗教极端势力泛滥，我们要高度警惕。国外反华势力对我国西藏、新疆、内蒙古以及东北地区进行颠覆、分裂的种种渗透活动早已为国际社会所披露和谴责，并日益引起我国周边国家的严重关注和警惕。“‘台独’、‘东突’、‘藏独’等分裂势力威胁国家统一和安

① 郑汕．印度战略文化与国防政策［M］．北京：军事科学出版社，2006：405.

② 巴忠倓．中国国家安全战略问题研究［M］．北京：军事科学出版社，2003：239.

全"①：他们迎合某些西方大国对中国进行的"西化"、"分化"的和平演变战略，采取政治斗争与暴力相结合的方式，进行民族分裂活动，严重影响了我国边疆地区的安全与稳定。

例如，活动在我国新疆境内的"东突"民族分裂势力，与国际恐怖主义势力相勾结，以泛伊斯兰主义和泛突厥主义思想为理论基础，以反对中国共产党领导下的政权，建立"东突厥斯坦国"为目的，以宗教为掩护，大肆进行分裂新疆的破坏活动。他们一方面打着民族、宗教的旗号，煽动民族情绪，鼓动宗教狂热，宣扬伊斯兰"圣战"，叫嚣建立"东突厥斯坦国"；另一方面，又迎合西方，扯起"民主、人权和自由"的旗帜，与境外新疆民族分裂势力遥相呼应，加强联系，发展组织，进行恐怖活动，制造了一系列爆炸、暗杀、纵火、投毒、袭击等恐怖暴力事件，严重危害了新疆各族人民群众的生命财产安全，也严重危害了我国边疆地区的安全与稳定。

同时，数十年来，逃往国外的达赖集团以印度为"大本营"，四处游说，特别是在以美国为代表的西方世界游说，寻求支持，阴谋进行分裂祖国的活动。达赖集团打着宗教旗号，大肆进行"藏独"分裂活动，具有极大的欺骗性和蛊惑性，加上西方大国在对我实施的"西化"、"分化"战略中，妄图以"西藏问题"为突破口，支持"藏独"分裂势力搞所谓的"西藏独立"，内外勾结、里应外合。发生在2008年3月拉萨的"3·14"打砸烧抢严重暴力犯罪，以及多次发生在周边国家如尼泊尔的"藏独"分子企图潜入西藏闹事，都是达赖集团的鼓动与唆使行为；而2009年3月11日和12日美国众议院与欧洲议会不顾中方反对，分别通过涉藏问题决议，对中国内政进行干涉。外交部发言人马朝旭12日表示，中国政府和人民对相关涉藏决议表示强烈不满和坚决反对，中方已就此提出严正交涉。为此，外交部长杨洁篪2009年3月在十一届全国人大二次会议举行的记者招待会上指出："达赖绝对不仅仅是一个什么宗教人士，而是一个政治流亡者。我们同他之间的矛盾也不是什么宗教问题、人权问题、民族问题、文化问题，而是要不要保持中国的统一，要不要允许把西藏从中国的版图上分裂出去的问题。世界上任何国家在处理对华关系当中，不允许达赖窜访，不允许达赖利用这些国家的国土从事分裂活动，这是国际关系准则的应有之意"②。为此，对于民族分裂主义、国际恐怖势力、宗教极端势力已经对我国的社会稳定与政权体系所构成一定的冲击，我们要高度警惕。

三、当代中国周边战略

所谓周边战略，一般是指国家处理好与周边国家的关系、维护周边地区的和平

① 国务院新闻办公室. 2008年中国的国防 [EB/OL]. http://www.gov.cn. 2009-01-20.

② 外交部长杨洁篪答中外记者问 [N]. 人民日报，2009-03-08.

与稳定，即塑造周边和平环境能力之科学和艺术。我国的周边战略方针，是指周边战略从制定到实施的全过程中，必须遵循的总体指导思想和原则。“中国政府和执政的中国共产党十分重视建立和发展同我国周边国家的睦邻友好关系，并把建立这种关系作为国家安全和民族振兴的基石，当作中华民族能否走出国门、自立于世界民族之林的关键所在。为此，中国以睦邻友好为宗旨，制定了一系列符合世界潮流和中国国情的周边战略和基本政策”①。

随着中国自身发展及国际和地区形势的变化，一个和平稳定的周边是创造良好的外部环境的根基。中国的发展离不开周边，周边国家的安全、稳定与繁荣牵动着中国。从政治上看，周边是我国维护国家主权和发挥国际作用的首要依托，是中国倡导的新安全观与和谐世界等国际理念实践的重要舞台。中国与周边国家保持良好关系，有助于消除“中国威胁论”和稳定大国关系，从根本上打破对中国的战略遏制，缓解我们所承受的战略压力。从经济上看，周边是我国对外开放、开展互利合作的重要伙伴，中国对外贸易额的60%以上是在周边地区实现的，中国所加入的区域性经济合作组织或机制也主要集中在周边地区，中国与周边相互依存。从安全上看，中国与周边息息相关，中国周边国家历史遗留的传统安全问题尚未消失并出现新的情况，非传统安全问题在一些国家日趋突出。周边国家对台湾问题所持的态度，将对我们营造反对“台独”和促进统一的良好环境有着重要影响。在东海、南海与有关国家的岛礁最终归属和海洋权益上的争端大都还未解决，将使我们维护主权和海洋权益的斗争面临严峻挑战。朝鲜半岛稳定和无核化进程仍存变数。印巴之间的“冷和平”并不意味着矛盾的消除。美国在中国周边重组和加强军事存在，强化日美同盟，刺激日本追求政治大国、军事大国的步伐明显加快，等等。这些都对中国安全环境有着重大影响。“面对中国周边环境中存在的不安全因素，为了搞好同周边国家在内的全世界各国的双边或多边关系，为中国的发展创造良好的外部环境，维护好国家安全，采取正确的对外战略，执行正确的周边安全战略、政策和方针至关重要”②，是我国长远战略利益的需要。

（一）中国的对外战略

我国的周边战略是我国对外战略的重要组成部分，为了营造一个良好的周边国际环境和维护国家安全大局，执行正确的对外战略至关重要。中国对外战略的总体目标是：维护世界和平，加强同各国的合作，积极推动建设和谐世界。其内涵十分丰富，它主要体现在：一是主张顺应历史潮流，维护全人类的共同利益，我们愿与国际社会共同努力，积极促进世界多极化，推动多种力量和谐共存，保持国际社会的稳定；积极促进经济全球化朝有利于实现共同繁荣的方向发展，趋利避害，使各

① 刘宏煊．中国睦邻史［M］．北京：世界知识出版社，2001：17.

② 唐绍邦，宫力．国际问题二十讲［M］．北京：中共中央党校出版社，2006：56.

国特别是发展中国家从中受益。二是主张建立公正合理的国际政治经济新秩序。各国政治上应相互尊重，共同协商，而不应把自己的意志强加于人；经济上应相互促进，共同发展，而不应造成贫富悬殊；文化上应相互借鉴，共同繁荣，而不应排斥其他民族的文化；安全上应相互信任，共同维护，树立互信、互利、平等和协作的新安全观，通过对话和合作解决争端，而不应诉诸武力或以武力相威胁。反对各种形式的霸权主义和强权政治。中国永远不称霸，永远不搞扩张。三是主张维护世界多样性，提倡国际关系民主化和发展模式多样化。四是坚决反对霸权主义、强权政治和一切形式的恐怖主义。各国的事情应由各国人民自己决定，世界上的事情应由各国平等协商。主张在反恐问题上加强国际合作，标本兼治，反对反恐搞“双重标准”①。

（二）当代中国的周边战略方针

目前，我国的周边安全战略构想可概括为：卫主权、求和平、保稳定、谋合作、促发展。卫主权，即捍卫和维护国家领土主权的完整和统一，捍卫和维护海洋权益。求和平，即反对霸权主义、强权政治，维护周边、亚太地区和世界和平。保稳定，即确保稳定的政治环境和社会秩序，致力于稳定周边环境。谋合作，即在和平共处五项原则和公认的国际关系准则基础上，谋求与周边国家在经济、科技、军事、环保、防止跨国犯罪等领域建立和发展友好关系。促发展，即以加快发展经济为中心，发展科技和教育事业，发展社会主义文化，发展国防力量，发展民族团结，发展生态环保工程，增强综合国力。在与周边各国交往中，注重外交理念的和平性，军事战略的防御性，安全政策的合作性，承认各国的自主性，尊重地区的多样性，使我们坚持与邻为善、以邻为伴的方针和睦邻、安邻、富邻的政策更为全面和成熟。以和平、安全、合作、繁荣为周边政策目标，积极推动睦邻友好和区域合作，从而积极推动建立公正合理的国际政治经济新秩序。这是我们对“周边环境进行科学分析，确立起正确的国际战略和周边战略，将与世界各国特别是周边国家和平共处作为这一国际战略、周边战略的核心内容，并由此提出了一整套方针政策”②。

1. 坚持睦邻友好

睦邻友好是我国周边外交的精髓。加强睦邻友好，就是要不断加强增信释疑与互利合作，巩固同中小国家的关系，全面推进同周边大国的关系。

我们与周边中小国家的友好关系历经时势变迁考验，具有强大生命力，它们是我们靠得住的朋友，信得过的伙伴。对它们，我们必须坚持平等相待，相互尊重，坚持互信互利，谋求共同发展，避免强加于人，防止大国沙文主义。

---

① 唐绍邦，宫力．国际问题二十讲［M］．北京：中共中央党校出版社，2006：56.

② 刘宏煊．中国睦邻史［M］．北京：世界知识出版社，2001：17.

我们将本着求同存异、和睦相处的精神，努力扩大同周边大国的共同利益，全面推进同周边大国的关系。中俄两国互为最大邻国，俄罗斯是世界主要的战略力量之一。胡锦涛主席在出访俄罗斯前夕，于2007年3月20日接受俄罗斯媒体联合采访时指出："坚定不移地推动中俄战略协作伙伴关系向前发展，实现世代友好，是两国和两国人民的共同意愿和必然选择。"他强调，着力从以下四个方面推动两国关系深入发展：一是增强政治互信，在涉及国家核心利益的问题上继续相互支持。二是本着互利共赢精神，推动两国经贸、能源、科技等领域务实合作。三是扩大人文领域交流合作，增进两国和两国人民的相互了解和友谊。四是加强两国在国际和地区事务中的战略协作，为维护世界和平，促进共同发展作出更大贡献①。有上海合作组织这一平台，又基于共同利益之上的中俄在政治、经济、安全与文化领域的交流与合作，具有非常光明的发展前景。

中日关系正处在一个关键时期，中日作为亚太地区的大国，注定要在这个共有的地区内生存与发展。亚太地区的和平与发展符合双方的共同利益，而亚太地区的和平与发展在很大程度上取决于中日双边关系的状况。冷战结束后的中日双边关系是前进与波折共存，主要是日本在台湾问题、历史问题、领土问题及政治经济安全关系中不断制造事端，小泉时代的中日关系陷入低谷。在中美关系的良性互动、日美同盟调整的基本到位、日本对华心态的理性调整，以及中国负责任大国影响力的加强等因素的作用下，经过几年来中日间的战略碰撞、心理调适，中日关系历经"破冰"、"融冰"阶段，朝着"构筑战略互惠关系"的轨道不断前进。从深层次来看，中日和平友好是实现亚太地区和平与繁荣的需要和期待，共同经济利益是推动中日关系向前发展的持续动力，能源安全和环境保护是双方必须共同应对的挑战，改善中日关系是两国人民的共同意愿。与此同时，双方也存在一些结构性矛盾和利益冲突，"如何尽可能地避免中日关系受到这些矛盾的干扰和破坏，将是未来两国长期面临的政治课题，也是对两国领导人政治智慧的考验"②。温家宝总理2007年4月访日期间指出，为构建中日战略互惠关系，双方要以战略的高度和长远的角度来把握两国关系的方向，积极推行以下六个方面的工作：一是恪守中日三个政治文件的原则，信守承诺，维护两国关系的政治基础。二是增加高层交往，就双边关系中的重大问题及时进行沟通。三是深化互利合作，通过高层经济对话机制，推进两国节能、环保、金融等领域的合作。四是加强两军交往和安全对话，加快建设两军海上危机管理机制。五是扩大人文交流，重点办好中日文化体育交流年活动。六是密切在国际和地区事务中的磋商与协调，推动区域合作进程和实现东北

---

① 胡锦涛主席接受俄罗斯媒体联合采访答问全文［N］. 光明日报，2007-03-26.

② 金一南. 国际战略形势分析2008［M］. 北京：国防大学出版社，2008：132.

亚地区的长治久安发挥建设性作用①。

中印两国发展朝向和平与繁荣的战略合作伙伴关系符合中印两国人民的根本利益。我们将努力增进相互了解，加强政治对话，扩大经济合作，同时建立中、俄、印三方机制，加强应对国际社会面临的新威胁和新挑战的能力。胡锦涛主席在回答"是否可以说，俄中印三国不断加强合作将成为世界政治多极化体系的基础"的记者提问时指出，中国、俄罗斯、印度都是世界上有影响的国家，在重大国际和地区问题上有许多共同利益和相同立场。三国均主张世界多极化、国际关系民主化、维护世界多样化，主张遵循公认的国际法准则处理国际事务与国与国关系，主张加强联合国的作用。中国、俄罗斯和印度开展三边合作，不针对任何第三方，有利于三国自身发展，也利于地区乃至世界的和平发展②。对于印度实现大国崛起而制定和执行的"东向政策"我们应有理性思考，它"对中国国家利益确实带来了某种程度的消极性、较大的摩擦性和很强的竞争性"。两国负面因素的存在"无疑会在一定程度上削弱中国在这一地区的战略影响，增加中国处理与其他大国关系的难度，加剧经济、贸易乃至能源领域的竞争，挤占中国在一些国家的市场份额，增加中国战略运筹的代价和经贸运营的成本"。从地缘关系的不可更改性以及均渴求为两国崛起构筑有利周边环境的中印两大国不可能走向对抗，也不可能任由利益摩擦与战略猜疑滋生蔓长这个战略层面上看，"其唯一出路仍是通过双边、多边以及地区机制形成一种协调、彼此沟通的地区合作管道。唯有如此，两国才能在充满了竞争的周边地区赢得双赢乃至多赢的结局"③。

2. 加强区域合作

区域合作是中国周边外交的重点投入区域。加强区域合作，作为务实合作的周边外交，就是要以上海合作组织和东亚区域合作为平台，开展富有成效的多边合作，积极探索符合本地区特点及各方利益的政治、经济与安全合作模式，进一步密切与中亚国家的睦邻友好合作关系，全面深化与东盟各国的关系。

以上海合作组织为平台，集中精力推进中国与中亚五国在安全、经济、人文领域里的务实合作，给成员国带来更多实际利益。为努力把本地区建设成为一个持久和平、共同繁荣的和谐地区，胡锦涛主席指出四项建议：①加强战略协作，巩固睦邻友好。相互尊重和支持各成员国的利益和关切，强化在国际和地区事务中的协调和合作，及时协商共同应对重大国际和地区问题的措施。②深化务实合作，带动全面发展。上海合作组织的当务之急是抓好现有协议落实工作，做实事、求实效、收

① 温家宝总理同安倍首相会谈［N］. 光明日报，2007-03-26.

② 胡锦涛主席接受俄罗斯媒体联合采访［N］. 光明日报，2007-03-26.

③ 中国现代国际关系研究院. 国际战略与安全形势评估2007/2008［M］. 北京：时事出版社，2008：350-351.

实益。为此，在法律框架、海关、交通领域、多边投资保护协定等方面采取确实措施，尽快实现一批多方参与、共同受益的经济技术合作项目。③拓展人文交流、夯实社会基础，积极开展形式多样的交流合作，通过教育合作加大联合培养人才的力度，保证各成员国人民的友谊世代相传。④坚持开放合作，维护世界和平。希望国际社会尊重本组织成员国以及观察员国自主选择的社会制度和发展道路，尊重各国根据本国国情奉行和平、友好、合作的内外政策，为各国发展提供和谐、宽松的外部环境①。胡锦涛主席的四点建议从战略协作、经济合作、文化交流和发展道路四个方面，对上合组织的未来发展提出了具体、可操作性的规划，充分体现了中国“和谐世界”外交理念的精神。胡锦涛主席在建议中明确提出的“缔结上海合作组织长期睦邻友好合作条约”已于2007年8月上合组织元首会议上完成签署，对促进成员国睦邻互信，构建和谐地区具有重要意义，标志上合组织的发展跃上一个新台阶。

以东盟和中日韩的合作(“10+3”)为东亚合作主渠道，积极推进东亚合作进程，全面深化与东盟各国的关系，继续尊重和发挥东盟的重要作用。东盟进一步一体化有利于递进与中国深化战略伙伴关系，“《东盟宪章》指引下的东盟一体化符合中国的利益”②。一是中国一向支持东盟一体化的进程，乐于见到一个稳定、繁荣的东盟，并愿在缩小东盟新老成员差距等问题上给予实质性的推动。二是《东盟宪章》继续坚持不干涉内政原则，这符合中国的一贯外交思想，说明双方在政治和外交发展走向上有共同利益，不存在根本立场分歧。三是中国东盟战略伙伴关系的三大支柱已经确立，即以自贸区建设为基础的经济支柱，以《东南亚友好合作条约》、《南海各方行为宣言》、《非传统安全领域合作宣言》等为基础的安全支柱以及以民间交流为基础的社会文化支柱。东盟推动的政治安全、经济和社会文化三大共同体建设便于中国与东盟将来夯实三大支柱，进行更深入细致的合作。四是更有效的东盟一体化进程有利于东盟主导东亚合作，符合中国战略利益。中国支持东盟在东亚合作中发挥主导作用，中国和东盟的紧密合作是东亚合作最主要的推动力，为亚洲整体振兴带来了示范效应。今后中国在推动与东盟关系时应充分考虑以下因素：第一，支持东盟的一体化进程，并寻求与东盟建设中的三个共同体实现对接；第二，支持东盟在东亚合作中的主导权，在帮助东盟建设地区架构的同时实现自己的战略利益；第三，充分认识中国只是东盟大国平衡战略中的一环。随着美、日、印、澳等大国加大对本地区的战略投入，中国应采取不与其他大国为敌，不以

---

① 胡锦涛在上合组织成员国理事会第六次会议上的讲话［N］. 人民日报，2006-06-16.

② 中国现代国际关系研究院．国际战略与安全形势评估2007/2008［M］. 北京：时事出版社，2008：190.

排除其他大国利益为目的的大国协调战略。①

3. 积极推动建立公正合理的国际政治经济新秩序，着力塑造并不断提升周边和平环境的能力

多年来，我们一直主张建立公正合理的国际政治经济新秩序。十六和十七大的政治报告均从政治、经济、安全和文化四个方面就建立新秩序作了明确阐述，丰富了新秩序的内容，形成了我们的新秩序观。周边国家大多同我们有着相似的历史遭遇和现实处境，在国际和地区事务中立场相近，在建立新秩序问题上共识较多，周边可以成为我们建立新秩序的首要实践场。

我们提出新秩序，不是要抛弃或否定现行秩序，而是要对其中不合理、不公正之处进行调整和改革，使之能够反映大多数国家和人民的共同利益，推动实现国际关系的民主化。我们倡导新秩序，不是要排他，而是希望实现开放、包容和共赢。我们重视发展与美、俄、欧等大国和地区的关系，重视与他们就亚洲问题加强对话与协调，愿意看到他们为本地区的和平、稳定与发展发挥建设性作用。

长期以来，我们在周边坚持大小国家平等相待，坚持和平解决争端，如和平协商，合情合理地解决边界纠纷，“搁置争议，共同开发”，解决国际间的领土和权益争端，坚持不干涉别国内政，可以说是对政治新秩序的实践。我们与东盟建设自由贸易区，促进互利共赢的经济融合，谋求共同发展与繁荣，是对经济新秩序的实践。我们推进上海合作组织，倡导树立以“互信、互利、平等、协作”为核心的新安全观，是对安全新秩序的实践。我们尊重周边国家不同的文化、宗教和历史背景，推动多种文明和平共处，可以说是在文化领域对新秩序的实践。我们将本着积极稳妥的精神，与周边国家一道，继续沿着这个方向作出努力。

今天任何一个国家都要与国际政治经济乃至安全发生联系，并受其影响和制约。当今世界已经成为一个紧密联系又错综复杂的整体，孤立于世界之外的国家和地区是不存在的。因此，一个国家确立睦邻政策，优化周边环境，进而驾驭国际形势，已经不是这个国家或其统治者具有何种胸怀、何种风范的问题了，而是环境的逼迫使然，人民的要求使然。

中国坚持走和平发展道路，这是由中国的国情、文化传统和国家制度决定的。我们的发展不会影响任何国家，更不会威胁任何国家。中国现在还是一个发展中国家，我们不称霸。中国要成为一个发达国家，还有很长的路要走。即使中国发达了，也永远不会称霸②。积极促进周边国家的发展振兴与和平稳定，是中国的既定

① 崔立如．国际战略与安全形势评估 2007/2008［M］．北京：时事出版社，2008：190-191.

② 温家宝接受日本媒体联合采访［N］．人民日报，2007-04-05.

方针。“睦邻”、“安邻”和“富邻”① 是中国实现自身发展战略的重要组成部分。当前，中国周边外交既有正确的理论指导，又有多年打下的坚实基础，一定可以为中国和平崛起打造出一个有利的周边环境。

思考题：

1. 简述战略环境的基本要素并简析它们之间的关系。
2. 什么是国际战略环境？它重点研究哪些方面的内容？
3. 简述《2008 年中国的国防》中关于当前国际安全形势。
4. 什么是国际战略格局？如何理解多极格局的形成将是一个长期、复杂和曲折的过程？
5. 简述国际战略格局的特征、演变动因与规律特点。
6. 简述中国地缘环境的基本情况。
7. 简述我国周边安全环境中主要存在的不安全因素。
8. 如何理解中国周边安全战略的基本构想以及应采取的战略方针？

① 温家宝在东盟商业与投资峰会上的演讲：“中国的发展与亚洲的振兴”［N］. 人民日报，2003-10-12.

第四章　军事高技术

“科学是一种对历史起推动作用的、革命的力量”。① 在人类文明演进的过程中，科学技术不仅是第一生产力，而且是军队变革的第一推动力。不论是在科学技术刚刚萌芽的古代，科学技术走向成熟的近代，还是科学技术飞速发展的现代，科学技术始终是世界军事发展和变革的直接推动力。科学技术的发展必然导致武器装备的更新和作战方式、作战理论以及战争形态的演进。但是，无论科学技术如何发展、武器装备怎样更新、战争形态如何演进，战争给人类带来的只能是血腥和灾难。为了制止战争的发生，为了在未来战争中立于不败之地，我们必须学习和掌握军事高技术。

第一节　军事高技术概述

一、军事高技术的概念与特点

（一）军事高技术的概念

所谓高技术是指“建立在现代化科学技术全面发展基础上，处于当代科学技术前沿的，对提高生产力、促进社会文明、增强国防实力起先导作用的技术群。它主要包括相互支撑、相互联系的六大技术群，即信息技术群、新材料技术群、新能源技术群、生物技术群、海洋技术群和航天技术群。”②与一般技术相比，高技术有高智力、高投资、高竞争、高风险、高效益、高渗透、高速度七大特点③。

所谓军事高技术就是应用于军事领域的高技术。具体地说，“军事高技术是建立在现代科学技术成就基础上，处于当代科学技术前沿，对武器装备发展起巨大推动作用的那部分高技术的总称”④。

---

① 马克思恩格斯选集（第3卷）[M]. 北京：人民出版社，1972：575.

② 总参军训部. 军事高技术知识教材（上册）[M]. 北京：解放军出版社，1995：1.

③ 参见余高达. 普通高等学校军事理论教程 [M]. 北京：国防大学出版社，2003：211-212.

④ 总参军训部. 军事高技术知识教材（上册）[M]. 北京：解放军出版社，1995：2.

（二）军事高技术的特点

尖锐的对抗性。军事活动的对抗性决定了军事高技术的对抗性。“任何一方都竭力在尖锐的对抗中争取于己有利的形势，利用最先进的技术研制武器装备，以求用技术上和武器装备上的优势击倒对方”①。

效果的突袭性。军事高技术的发展，特别是理论或技术上的重大突破，往往因其技术上和战术上的创新性，在军事上达成突袭性或突然性的效果，使对方在战争中处于非常被动的地位。

系统的综合性。科学技术的发展使军事高技术一体化趋势日渐明显，主要表现在软硬武器一体化。在软（电磁压制）硬（火力压制）武器一体化的同时，软武器和硬武器自身逐步实现一体化。

应用的双重性。军事高技术发展呈现军民技术一体化趋势。主要表现是：国防科技由军用转为民用的时间间隔越来越短，有的技术甚至一开始研究就着眼于军民结合。

高度的保密性。由于军事高技术关联着国家安全，导致“各国都从国家的战略利益出发，力图保持对军事高技术的严格控制”②，而决不会像民用高技术那样为了获取利润而轻易转让某种军事高技术。

二、军事高技术对现代战争的影响

（一）提高了作战能力

先进的信息侦察手段与一体化的战场信息传输网络相结合，形成了立体化的侦察情报体系，使战场透明化程度日益提高；大量精确制导武器的使用不仅使武器打击精度提高，而且使火力的突击效率明显增强；大量现代化机动平台的投入不仅导致火力和兵力兵器机动距离远程化，而且使军队作战反应速度明显加快。“如在火力反映方面……已由过去的几小时缩短为几分钟甚至更短的时间”③；信息技术的迅猛发展，C^4ISR系统将各种武器系统、各类作战要素、各种物质资源组合成一个有机的整体进行有效的作战，使战斗力成倍增长；伪装与隐形技术的广泛应用，加之同时综合运用预警、诱饵干扰、装甲加固、防电磁脉冲等技术，共同构成了现代作战有效的综合防护体系。

（二）扩大了作战空间

兵力兵器远距离作战能力空前提高，使作战空间向大纵深发展，其主要表现是：侦察距离增大。高技术侦察装备可以在全球范围内实施全纵深、大面积的侦察

① 赵景露，钟海．当代军事高科技教程［M］．北京：军事谊文出版社，2000：26.
② 赵景露，钟海．当代军事高科技教程［M］．北京：军事谊文出版社，2000：27.
③ 秦志章．军事教程［M］．武汉：武汉大学出版社，2003：97.

与监视；武器的射（航）程增大。随着火炮与导弹射程以及机动平台航程的增加，导致作战距离更远；兵力机动力提高。“海湾战争的战场范围东起阿曼湾，西到地中海，南至吉布提，北达土耳其，包括两湾（阿曼湾、波斯湾），两海（地中海、红海）约1400万平方千米的广大地区。”①。这说明兵力兵器远距离作战能力的提高，使得实施大纵深作战成为可能。随着武器装备的分布高度增大，作战行动从“空地一体”、“海空一体”发展到“陆海天一体”的立体化作战。“高低结合的立体化作战已经成为现代作战的基本样式”。②战争的维度也已从以前的陆、海、空三维扩展到陆、海、空、天、网、电多维空间领域。

（三）改变了作战方式

机动作战广泛采用。随着侦察监视能力、远程机动能力、部队反应能力和指挥控制能力以及夜间作战能力的提高，机动作战的地位发生显著的变化。近期的局部战争实践表明，传统的阵地战已经不再是主要作战方式，机动作战开始主导现代战场。

空袭反空袭成为基本的作战样式。海湾战争以来的局部战争，基本上从空袭行动开始并贯穿始终。空中突击不仅对加速作战进程发挥着极其重要的作用，甚至在一定程度上决定了战争的胜负。“空袭”已经上升为一种基本的作战样式，有些情况下甚至构成独立的作战阶段。因此，反空袭作战已经和空袭作战一起成为现代的基本作战样式。③

电子对抗贯穿始终。由于在现代战场上，电子化的各种武器和武器平台，特别是电子战的各种武器平台几乎布满整个作战空间，任何军事行动都摆脱不了电子装备的监控，所以现代作战只有首先从电子战开始，并且在整个作战过程中始终贯穿电子战手段的综合运用，以己方强大的电子战优势压制、削弱以至摧毁对方的电子战能力，才能保障己方的作战行动顺利进行。

联合作战成为基本方式。海湾战争尤其是伊拉克战争表明，作战力量的构成更加多元化，各军兵种尤其是空军的独立作战能力空前提高，从而使作战行动在陆、海、空、天、网、电等多维领域同时展开，每一个空间都成为整个战场不可分割的组成部分。联合作战已成基本的作战方式。④

三、军事高技术的发展趋势

信息技术的发展趋于主导地位。海湾战争以来的局部战争充分表明，现代战争

① 总参军训部．军事高技术知识教材（上册）［M］．北京：解放军出版社，1995：11.
② 总参军训部．军事高技术知识教材（上册）［M］．北京：解放军出版社，1995：11-12.
③ 参见秦志章．军事教程［M］．武汉：武汉大学出版社，2003：98-99.
④ 参见秦志章．军事教程［M］．武汉：武汉大学出版社，2003：99-100.

对作战信息的获取、传输、利用和对抗已经发生了质的跃迁。军事信息技术在作战中已经趋于主导地位。只有下大力发展信息化系统的高技术作战手段，才能赢得未来战争的胜利。

精确打击技术将登上新台阶。其发展趋势为：改进推进技术，扩大打击范围；采用智能技术，提高打击精度；完善突防技术，提高突防能力。

新概念武器逐步走向实用化。新概念武器的工作原理、功能作用和杀伤机理与传统武器截然不同。目前研发的这类武器主要包括定向能武器、动能武器、气象武器、次声波武器以及基因武器等。

作战平台向着信息化、隐形化和全向机动方向发展。随着信息技术、隐形技术和运载技术不断发展，战车、舰船、飞机等各种机动作战平台向着信息化、隐形化、更大机动范围和全向机动的方向发展。

指挥自动化技术向系统集成一体化方向发展。指挥自动化系统即指挥、控制、通信、计算机和情报、监视和侦察系统（C^4ISR 系统）。C^4ISR 系统是整个军队的中枢神经，它将各个作战单元充分粘合一起，使其行动协调，发挥出整体效益。C^4ISR 系统与精确打击武器构成了信息战争的核心，依靠这种系统可以实现在未来战争中“发现即摧毁”的目的。美军特别强调，“要取得全谱优势，就必须继续构建一体化的、复合的武器装备系统，特别是建立通用的 C^4ISR 系统。”①

第二节　高技术在军事上的应用

一、侦察探测技术

（一）侦察探测技术概述

1. 侦察探测技术的基本原理

探测技术是指对不能直接观察的事物或现象使用仪器进行考察和测量的技术。在军事上，利用探测技术获取目标与背景有关信息的技术，被叫做侦察探测技术或侦察与监视技术。目标与背景的相关信息包括：声、光、电、磁、热、力或外貌形状差异等特征信息。侦察探测的目的就是要探测目标，包括发现、识别、监视、跟踪和定位目标。武器的制导和武器平台的控制、导航和驾驶等都需要依托探测目标与背景的相关信息。从理论上讲，自然界中任何物体及其所产生的现象都有一定的特征，无论在外形或在声、光、电、磁、热和力学等物理特性上，都与其所处的背景环境有差异。目标与背景环境之间的这些差异，都可以直接由人的感观或借助一

① 军事科学院外国军事研究部译．备战 2020——美国 21 世纪初构想［M］．北京：军事科学出版社，2001：24.

些技术手段加以区别，这就是目标可以被探测的基本依据。另外，自然界中的任何物体都具有向外辐射和反射电磁波的能力。但是同一物体对不同波长的电磁波的辐射或反射能力是不同的，这种辐射与反射能力随波长的变化关系称为波谱特性，包括物体的辐射特性和反射特性。各种物体千差万别的波谱特性是各种探测设备识别目标的主要依据。

辐射特性。任何物体在温度高于绝对零度时，物体内部的分子、原子作无规则的热运动，随之带电粒子发生能级跃迁，因此，物体不断地以电磁波的形式向外释放能量，称为热辐射。不同的物体的热辐射的强度不同，“同一物体处于不同温度时，其热辐射能量按波长的分布也不同。温度高，不但热辐射的总量增大，而且能量多数分布在波长短的一侧。温度愈高，峰值波长越短。例如，一般军事目标的温度多在-15℃～37℃之间，辐射波长约为9～10微米，处于红外波段”①。这一特性成为探测设备识别目标的重要特征。

反射特性。“同一物体对不同波长的电磁波长反射能力（光谱反射能力）并不相同，不同物体对同一波长的电磁波反射能力也不同。物体对可见光的不同反射特性决定了它们本身的颜色”②。

物体辐射和反射的电磁波特性是侦察探测技术的重要理论基础。目标的特征信息中，光、电、热等都是通过电磁波向外传播。电磁波是在空间传播的交变的电磁场，根据波长或频率的不同可以分为：无线电波、红外线、可见光、紫外线、X射线、γ射线等。

侦察探测设备通常远离目标，所以目标辐射和反射的电磁波需通过大气传输到探测设备。电磁波的波长不同，在大气中的传输能力也不同。由于大气中的水汽、二氧化碳、臭氧等气体分子对不同波段的电磁波有不同程度的吸收作用，结果使有些波段的电磁波被削弱，有些波段甚至消失。电磁波中能穿透大气，传输很远距离，且能量损失较小的波段，称为“大气窗口”。目前已知的大气窗口有：近紫外线、可见光和近红外线波段（波长0.3～1.3微米）；近红外波段（波长1.4～2.5微米）；中红外波段（波长3～5微米）；中远红外波段（波长8～14微米）；微波波段（波长大于1.5厘米）。

2. 侦察探测技术的工作过程、分类及主要用途

现代探测系统的工作过程是：目标的特征信息在向外传输时被探测器接收，然后对所接收的信号进行加工处理，并进行声音、图像显示，同时予以文字、数字、

① 总参谋部军训部．军事高技术知识教材（上册）［M］．北京：解放军出版社，1995：25.

② 总参谋部军训部．军事高技术知识教材（上册）［M］．北京：解放军出版社，1995：26.

数据、图形、图像的记录。

侦察探测技术按工作方式可分为：有源探测和无源探测技术。有源探测技术，又称为主动探测技术，是利用技术手段发射能量波束对目标进行照射，通过接收目标反射、散射的能量对目标进行观察或测量的技术。这里所说的“能量波束”，包括：无线电信号、强电磁波、红外线、激光、可见光或声波能量。无源探测技术，又称为被动探测技术，是指利用接收设备接收目标自身发射或反射的能量波束对目标进行侦察或探测的技术。

侦察探测技术按系统可分为：地（水）面、水下、空中和空间侦察探测系统。

地（水）面侦察探测系统是指在地（水）面上进行的侦察与探测的系统。包括传统的光学侦察、无线电通信侦察、雷达侦察、地面传感器侦察等。水下侦察探测系统是利用水下侦察设备探测水下各种目标的系统。水下侦察设备分为水声探测和非声探测设备。包括：声呐水声探测仪、磁探仪、水下红外探测仪和低能见度电视等。空中侦察探测系统是指利用航空器上的探测器在环绕地球的大气空间内对敌方军队及其活动、阵地和地形等情况进行的侦察与监视系统。空中侦察探测系统具有灵活、机动、准确和针对性强等特点。空中侦察探测系统平台有各种侦察飞机、飞艇、漂浮气球、系留气球和旋转翼升空器等，重点是侦察飞机。侦察飞机主要分为有人驾驶飞机、无人驾驶飞机、直升机、预警机等。空间侦察探测系统是利用航天器上的探测设备获取情报的技术。空间侦察探测系统的主要特点：一是轨道高，发现目标快、侦察范围广；二是可长期反复地监视全球或某一特定地区；三是可在短时间内提供适时情报；四是不受国界和地理条件限制。空间侦察探测系统的主要种类：载人航天侦察有飞船、航天飞机和空天飞机等；不载人的航天侦察有航天飞机、宇宙飞船和侦察卫星。侦察卫星主要包括照相侦察卫星、电子侦察卫星、导弹预警卫星、海洋监视卫星和核爆炸探测卫星等。

探测技术主要应用于：战场侦察、监视、情报收集、目标分类、目标指示、识别、跟踪、瞄准、打击效果评估等。

（二）侦察探测技术的主要技术手段

1. 电子电磁侦察探测技术

（1）无线电通信侦察和探测：无线电通信侦察是使用无线电接收机设备，截收和破译敌方无线电通信信号，查明敌方运用无线电通信设备的配置、使用情况及其战术技术性能，以判明敌人部队编成、部署、指挥关系和行动企图，为制订电子对抗的作战计划，实施通信干扰和引导火力摧毁提供依据①。因此，无线电通信侦察探测的主要任务是：侦听、破译、测向和定位。无线电通信侦察探测的特点：具有侦察距离远，速度快，工作稳定，受环境、地形和气候条件影响小。

① 周国泰. 军事高技术与高技术武器装备［M］. 北京：国防大学出版社，2005：158.

（2）雷达：雷达原意为“无线电探测和测距”，“是利用物体对无线电波的反射特性来发现目标和测定目标状态（距离、高度、方位角和运动速度）的一种侦察方式”①。雷达具有探测距离远、测定目标速度快、精度高、能全天候使用等特点。

雷达的工作原理：“目标的距离是根据电磁波从雷达传播到目标所需要的时间（即回波信号到达时间的一半）和光速相乘而得的。目标的方位角和仰角是利用天线波束的指向特性测定的。根据目标距离和仰角，可测定目标的高度。当目标与雷达之间存在径向相对运动时，雷达接收到目标回波的频率就会发生变化（也叫频移）。这种频移被称为多普勒频移，它的数值与目标运动速度的径向分量成正比。据此，即可测定目标的径向速度”②。这种利用测量频移以测量目标运动速度的方法，在其他探测手段中也广泛运用。

雷达分类：尽管雷达的种类繁多，但是按照雷达的功能，把主要的军用雷达分为搜索雷达和跟踪雷达两大类。搜索雷达主要用于对空对海监视、早期预警等，以尽早发现来袭导弹和飞机。跟踪雷达用于连续跟踪特定目标，不断地精确测量并输出目标坐标位置。根据任务和用途可分为警戒引导雷达、武器控制雷达、侦察雷达和航行保障雷达等。

目前各国军队中使用的雷达主要有：相控阵雷达、脉冲多普勒雷达、合成孔径雷达、双/多基地雷达和超视距雷达等。

相控阵雷达：相控阵雷达的天线由很多小的收发天线单元按一定规律排列而成，形成一个大的天线阵面，每一个天线单元都可以独立地被计算机控制。雷达天线阵的波束是由所有天线单元发射的不同频率电磁波信号合成得到。相控阵雷达的特点：一是具有扫描灵活、可靠性高、抗干扰能力强、对载机气动影响小和有利于飞机的隐身设计等优点；二是能够捕捉多个目标，适用于多目标、多方向、多层次的作战环境；三是具有多种功能，各天线单元可以分别执行搜索、探测、识别、跟踪、照射目标和跟踪、制导导弹等；四是雷达反应速度快，获取的数据率高。目前，在军事强国的先进作战飞机中，普遍采用相控阵雷达。

脉冲多普勒雷达：脉冲多普勒雷达是指采用脉冲波形来完成多普勒频率处理，同时实现测距和测速功能的雷达。脉冲多普勒雷达突出的技术优势在于能够从各种背景环境中探测到运动目标。

合成孔径雷达：合成孔径雷达就是利用雷达与目标的相对运动把尺寸较小的真实天线孔径用数据处理的方法合成一较大的等效天线孔径的雷达③。雷达的天线相

---

① 总参军训部编．军事高技术知识教材（上册）［M］．北京：解放军出版社，1995：30.

② 总参军训部编．军事高技术知识教材（上册）［M］．北京：解放军出版社，1995：31.

③ 总参军训部编．军事高技术知识教材（上册）［M］．北京：解放军出版社，1995：50.

当于光学仪器的物镜，孔径越大，辐射和接收的雷达波能量越大，雷达的作用距离越远。雷达探测过程中与目标作相对运动，将在不同位置接收到的目标回波进行集中处理，可以使小孔径天线起到大孔径天线的效果。合成孔径雷达的特点是分辨率高，能全天候工作，能有效地透过某些遮蔽物的伪装识别目标。

双/多基地雷达：是将雷达的发射系统和接收系统分开，分别安装在相距较远的两个或多个站址上，由此而形成的雷达系统叫做双/多基地雷达。雷达站址可以选在地面、空中平台、空间平台上。双/多基地雷达的特点：一是反隐身，由于双基地雷达接收的散射信号与发射信号存在一定的夹角，这样目标的散射信号强度就与单基地雷达的情况不一样，因此有利于对外形隐身目标的探测。二是（抗反辐射武器的）攻击，由于接收和发射站分置，也有利于抗反辐射导弹的攻击。三是抗定向电子干扰，定向电子干扰设备通常是检测到雷达信号后，向辐射源方向发出强电磁波，双/多基地雷达是单站工作，接收机与发射机不在同一方向，因此可以抗定向电子干扰。

超视距雷达：就是指利用大气层中的电离层对短波无线电波的反射和地球表面对电磁波的绕射作用，探测远距离、地平线以下目标的雷达。其特点是可以探测远距离的飞行物和隐身目标。

2. 声波探测技术

声波是由物体的振动产生的。物体振动时，迫使周围的空气也跟着一疏一密地振动，并逐步向外传播，当这种振动到达人耳时，又迫使人耳鼓膜跟着振动，于是我们就听到了声音。声波在空气中的传播速度是 340 米/秒，在水中的传播速度 1450 ~ 1540 米/秒。人们根据声波的传播特征，研制了各种声学探测仪器，它们能根据声音的大小、频率、方位来探测敌目标。

声波探测技术是指利用声接收仪器接收目标自身发射或反射、折射、散射探测声源声波的技术。分为有源和无源声波探测技术。主要包括炮声传感器、水声探测器、大地震动传感器等。声呐是最常用的声波探测设备。

声呐（Sound Navigation and Ranging）原意为“声波导航与测距”。声呐的基本原理：水对无线电波和光波有强烈的吸收作用，所以雷达和一般的光学探测设备无法探测水下目标。相比之下，声波在水中的传播速度可达 1500 米/秒，而且传播距离很远。声呐就是利用声波在水中的这种传播特性制成的一种探测设备。其工作原理与雷达十分相似，同样也具有广泛的用途。有主动声呐和被动声呐之分。

3. 光电探测技术

光电探测技术是将光学、电子和其他有关技术相结合的探测技术。工作频率分布在可见光、红外和紫外波段。

（1）可见光探测技术。可见光探测技术是通过接收目标辐射或反射的可见光以获取目标信息的技术。它是出现最早、应用最广、直观清晰、分辨率高、技术成熟的探测技术。主要包括：远距离光学探测、多光谱探测、激光探测和微光探测等技术。

远距离光学探测主要有：可见光照相、电视摄像、数码照相技术等。

多光谱探测：同时使用多台分别在各个不同光谱带上的设备，对同一目标地区进行照相或扫描成像，将得到可视的目标图像（影像或数字的）信息或光谱曲线进行信息融合或加工处理，与预先测得的各种目标辐射或反射的光谱信息比较，即可鉴别目标的真假。多光谱照相侦察的工作波段在可见光到近红外波段，波长为 0.35～1.35 微米的范围内。

激光探测：是指利用激光发射器发出激光光束照射到目标后产生反射，反射激光将目标的信息带回，通过激光接收器的加工处理获取目标信息的技术。主要包括：激光侦察与警戒、激光雷达、激光测距等设备。

微光夜视探测：是指在夜间只有星光、月光和大气辉光的低亮度条件下，观测远距离目标的可见光探测技术。军事目标和背景对夜间微光的反射率各不相同。微光夜视仪的基本原理：用光学装置收集景物所反射的微弱夜光，将其放大到 1 万到几十万倍，使景物亮度增强至可被视觉感知的程度。微光夜视仪的主要应用：夜间在前沿阵地侦察敌方地形、火力配系与人员活动情况；轻武器和火炮的夜间瞄准；坦克装甲车辆的夜间隐蔽行驶；安装在小型舰艇或潜艇上监视敌方水面舰艇的活动。

（2）红外探测技术。红外探测技术是通过遥感装置获取目标红外辐射信息，并将其转换为人眼可见的图像或数据形式的探测技术。红外探测技术的主要设备包括：主动红外夜视仪和红外热成像仪。主动红外夜视仪由于存在着容易暴露己方位置的缺点，已经逐渐被红外热像仪取代。

红外热成像仪：红外热成像仪是一种被动成像装置。它靠接收目标自身发射的红外辐射成像，所显示的图像反映了目标表面各个部位发射红外辐射的强弱，而发射红外辐射的强弱又取决于该部位的温度高低，故所显示的图像实质上反映了目标表面各个部位的温差，因而是热图像①，故称红外热成像或简称热成像。其基本工作原理：用红外光学装置收集景物发出的热辐射，用阵列探测器（或扫描成像装置）将红外信号转换成电信号，用照片或电视屏幕显示景物热辐射分布图。热成像仪具有搜索和跟踪目标隐蔽性好、不易受干扰、应用不分昼夜、灵敏度高、接收信息丰富、分辨能力强等特点。军事上广泛应用热成像仪进行战术或战略侦察、导弹制导、武器瞄准、作战车辆的夜间驾驶和飞机在夜间起飞着陆等。

（三）侦察探测技术在军事领域的应用及对作战的影响

1. 侦察探测技术在军事领域的应用

---

① 沈永平．军事高技术知识［M］．北京：解放军出版社，2004：81.

侦察探测技术在军事领域的应用主要体现为：将各种侦察手段综合地运用，建立多种侦察武器平台。主要包括地面电子侦察站、侦察装甲、电子侦察船、侦察机、侦察卫星等。在陆地和水面上以车辆、装甲、舰船为载体，装配各种侦察技术装备，形成综合的侦察作战平台。在边疆、海岛建立前哨侦察站，监视着敌方军队的行动。美国在全球建立了上千个侦察监视站，可以监视世界各国的军事行动。水下侦察监视技术重点监视着潜水艇的行踪。在空中建立以飞机、直升机、无人驾驶飞机和预警机为载体的侦察监视作战武器平台。在太空建立以各种航天器为载体的装配多种侦察装备的空间侦察探测系统，形成侦察手段多样化、立体化、综合化的侦察网络。在信息作战条件下，侦察探测技术是指挥自动化系统中重要的信息获取环节，除需要提高信息获取能力外，还应当加强信息的传输、信息的分析处理、信息的控制能力，以提高信息的综合运用效率。目前，在西方军事强国中已经形成体系完整、运用灵活、高效准确的网络化的 ISR 系统，提高了作战指挥的时效性。

侦察探测设备运载平台如：SR-71 侦察机，装备了光学照相机、红外照相机、电子侦察设备和合成孔径雷达，侦察高度 24 千米，航程 4800 千米，最大速度 3.5 马赫，可发现地面各种目标。E-3A“哨兵”预警机，用于陆基大范围巡逻，起飞重 147.4 吨，升限 9 千米，续航力 11 小时，低空目标 300～400 千米，中空目标大于 400 千米，雷达天线直径 9.14 米、高 1.8 米。在 9 千米高空巡逻，能跟踪 370 千米范围内 600 个目标，控制 40 多个拦截任务。AN/APY-1 雷达，最大探测距离 1200 千米。侦察直升机 OH-58D。最大航程达到 891 千米，续航时间达到 4 小时，加装惯性导航系统，全球定位 GPS 系统，数字地图等，可以直接向坦克或步兵战车传送目标信息。

2. 探测技术对作战的影响①

一是扩大了作战空间。现代侦察探测技术装备可以覆盖整个战场，并在全球范围内进行全纵深、大面积的侦察和监视。作战侦察距离的增大，扩大了信息获取量，为实施远距离作战提供了条件。二是改善了信息获取手段。侦察探测技术的发展，使现代战争的情报侦察方式发生了变革。现代战争的情报侦察主要是使用配备有先进光、电、磁传感器的探测设备，包括地面侦察站、侦察船、侦察飞机、侦察卫星等，获取军事情报，为制订作战计划和作战行动提供依据。三是增强了作战指挥的时效性，提高了指挥质量。现代侦察监视技术特别是卫星、遥感技术应用于军事领域后，不仅使军队获取信息的范围显著增大，而且速度和准确率也大大提高。高技术探测装备这种实时、快速、准确传递信息的能力和手段，极大地提高了作战指挥的时效性。四是对作战指挥人员提出了更高的要求。现代侦察监视技术在战场

① 参见总参军训部编．军事高技术知识教材（上册）[M]．北京：解放军出版社，1995：66-68.

上的运用要求指挥员能运用现代科学知识，采取最优化的指挥方式，充分发挥现代侦察监视手段的作用，提高搜索、处理战场信息的速度和准确率，提高作战指挥的时效性，以适应现代化战争的要求。五是促进了反探测技术的发展。随着卫星、遥感器等新技术在军事上的运用，使战场“透明度”越来越大，部队隐蔽行动企图更加困难，必须探索新的伪装方法和行动方法，以提高战场目标的生存能力和达成战役战斗的突然性。

（四）侦察探测技术的发展趋势

1. 发展新型的探测监视装置

随着侦察探测技术的不断改进，各种反探测设备和伪装隐身技术也得到了相应的发展。为了识别伪装与隐身，提高探测效果，必须发展新型的探测监视装置。例如：新型有源相控阵雷达、第四代激光雷达、第三代灵巧型焦平面阵列热像仪等。

2. 探测、监视与攻击系统一体化

探测、监视与攻击系统一体化就是将部队的探测监视系统与武器装备有机地结合起来，使探测监视系统组网立体化、硬件配置一体化，从而构成一个合理的整体，以便及时发现和摧毁目标。例如美海军的“宙斯盾”系统，其全称为“全自动作战指挥与武器控制系统”，该系统包括 6 大部分：相控阵雷达、计算机系统、指挥决策系统、武器控制系统、武器火控和发射系统、战备状况检测系统。“宙斯盾”系统具有强大的防空、反舰和反潜等作战性能，其关键部位是 AN/SPY-1A 多功能相控阵雷达系统。它能实施全方位搜索，可同时跟踪监视 400 个来袭目标，并能自动及时跟踪其中 100 个危险目标，并实施有效打击。

3. 强化探测系统的功能

为了达到既能获得多种信息，又能增加探测监视的效果，探测手段的发展趋于多样化，并且将探测功能与对抗功能并重发展。例如美国 COTOL 电视/红外/激光探测（火控）系统由红外、激光、电视三种传感器和监视组成，各种传感器获取的目标信息可相互补充、相互验证。

4. 发展新型航空航天探测平台

通过发展新型战略侦察机、小卫星和微卫星、高性能无人侦察机和微型侦察飞行器等方式，打造新型的航空航天侦察平台，进一步提高探测效果。如美国“全球鹰”高空、长航程无人侦察机升限 20.5 千米，续航时间 42 小时。它装备了非常先进的电子侦察系统，包括由热成像仪和数字光学摄影机组成的传感侦测系统，还有 X 波段雷达，机上获得的图像资料可通过数据链传给地面指挥中心。最远的飞行距离可达 2.6 万千米，可从美国本土飞往全球任何地点。巡航速度为 740 千米/小时，巡航高度最高达 2 万米。探测系统作用距离为 20～200 千米，平均每天可探测 1900 个点目标。特别适于执行战略侦察、通信中继和抗干扰任务。

二、反探测技术

现代探测技术引人注目的发展，必然刺激与之相抗衡的反探测技术的发展。现代军事伪装在大量采用传统伪装技术的同时，不断对之加以改进和完善，并越来越多地采用高新技术措施予以提高和发展。其中，崭新的隐身技术的出现就是传统的伪装技术向高技术领域扩展和延伸的结果。

（一）伪装技术

1. 伪装技术概述

（1）伪装的概念与基本原理。所谓伪装，就是进行隐真示假，为欺骗或迷惑敌方所采取的各种隐蔽措施。具体地说，“伪装是通过隐蔽真目标、设置假目标、实施佯动、散布假情报和封锁消息等措施，以降低敌方探测器材（包括人员）的侦察效果，提高目标的生存能力，使敌方对己方军队的行动、配置、作战企图和各种目标的位置、状况的侦察结果产生错误判断，造成指挥失误，从而实现己方军队行动的自由，最大限度地发挥兵力兵器的作战效能，取得战役、战斗的胜利”①。

伪装的基本原理：一方面要“减小目标与背景在光学、热红外、微波波段等电磁波上的散射或辐射特性的差别，以隐蔽目标或降低目标的可探测特征”；另一方面要“模拟或扩大目标与环境的这些差别，以构成假目标欺骗敌方”②。由于任何目标均处于一定的背景环境之中，目标与背景之间在外貌、特性方面各不相同，两者之间存在特征差别，这种特征差别使得目标很容易被各种侦察器材所发现。目标的可探测特征包括：形状、大小、颜色、位置、明暗程度、声音、运动痕迹、电磁波、热辐射等。军事伪装就是通过利用电子、电磁、光学、热学、声学等科学手段，改变目标本身特征信息，实现目标对周围背景环境的模拟复制，降低或消除目标的可探测特征，以实现目标的隐真和示假。

（2）伪装技术的分类。有两种基本的分类方法：一是按军事伪装的运用范围分类，可分为战略伪装、战役伪装、战术伪装；二是按伪装所对付的侦察器材分类，可以分为反雷达侦察伪装、反可见光及红外侦察伪装、反声测伪装。

反雷达侦察伪装。反雷达侦察伪装主要是根据目标与背景之间反射或发射无线电波的差别，按照目标的伪装要求，采取各种措施（遮蔽、融合、电子对抗、示假等技术）消除、降低或模仿目标特征差别。防止雷达侦察的伪装技术是通过运用各种防雷达伪装器材，消除、破坏和干扰目标回波在雷达荧光屏上的光标信号，造成敌方雷达的失效。由于雷达在侦察目标时，有受地形的影响大、显示目标不逼

① 总参军训部编．军事高技术知识教材（上册）[M]．北京：解放军出版社，1995：75.

② 总参军训部编．军事高技术知识教材（上册）[M]．北京：解放军出版社，1995：75-76.

真、易受干扰等弱点，因此利用雷达的弱点，就可以有针对性地采取设置防雷达伪装网、构成反雷达隔绝遮障、设置防雷达假目标（主要包括角反射器、龙伯透镜反射器、偶极子反射器或金属箔条等）干扰雷达的侦察。

反可见光及红外侦察伪装。包括光学伪装和反红外侦察伪装。光学伪装主要是根据目标与背景之间反射光的差别，按照目标的伪装要求，采取各种措施（遮蔽技术、融合技术、示假技术）消除、降低或模仿这种差别。反红外侦察伪装主要是根据目标与背景辐射红外线的差别，按照目标的伪装要求，采取各种措施（遮蔽技术、示假技术）消除、降低或模仿目标特征差别。防光电侦察要充分利用自然环境进行伪装，在无法利用自然环境时，可以采用人工伪装遮障，利用各种防紫外、防可见光、防红外、防激光类涂料涂敷在目标表面或使用变形迷彩等遮盖目标以及制造假目标吸引光电侦察，导引光电制导武器飞向假目标，施放烟幕或气溶胶，这也是阻止光电侦察的重要方法。

反声测伪装。反声测伪装主要是根据目标与背景之间反射或发射声波的差别，按照目标的伪装要求，采取各种措施消除、降低或模仿目标特征差别。

（3）伪装的技术措施。伪装的技术措施主要包括：天然伪装、迷彩伪装、植物伪装、人工遮障伪装、烟幕伪装、假目标伪装、灯火与音响伪装。

天然伪装技术。“天然伪装技术充分利用地形、地物、夜暗和能见度不良的天候条件（雾、雨、风、雪等），隐蔽目标或降低目标的显著性”①。天然伪装因地制宜，简便、省时，无需更多的材料。天然伪装技术主要用于对付光学侦察，在一定条件下亦能对付红外侦察、雷达侦察、声测和遥感侦察。

迷彩伪装技术。迷彩伪装是“利用涂料、染料和其他材料来改变目标、遮障背景的颜色及斑点图案，以消除目标的光泽，降低目标的显著性和改变目标外形”②。伪装迷彩分为保护色迷彩、变形迷彩、仿造色迷彩、光变色迷彩、多功能迷彩等。

植物伪装技术。植物伪装技术是利用自然植物、种植植物、采集植物、改变植物颜色等方法对目标实施伪装的技术。

人工遮障伪装技术。它是利用各种制式伪装器材、装置对目标进行遮障的技术。伪装遮障由遮障面和支撑构件组成。遮障面可采用制式伪装网或简便材料编扎。如叶簇式薄膜伪装网、雪地伪装网、伞式伪装网、反雷达伪装网、反中红外侦察伪装遮障和多频谱伪装遮障等。

烟雾伪装技术。烟雾伪装利用烟雾遮蔽目标以迷惑敌人。这种无源干扰技术“通过散射、吸收的方式衰减光波能量，干扰敌方光学侦察。在红外波段，经过改

---

① 总参军训部编．军事高技术知识教材（上册）[M]．北京：解放军出版社，1995：77.

② 总参军训部编．军事高技术知识教材（上册）[M]．北京：解放军出版社，1995：78.

进的烟幕同样也具有遮蔽作用”①。同时，大量的烟幕还可用来吸收激光，对付激光制导炸弹等。

假目标伪装技术。假目标伪装是利用模拟兵器、人员、工事、桥梁等外在形体制造的假目标吸引、欺骗敌方的技术。在大规模空袭之前使用假目标可以迷惑敌人，吸引敌人的注意力，引导敌方火力攻击假目标，从而有效地保护真目标。如假飞机、假火炮、假坦克、假军舰、假军车、假导弹等。

灯火与音响伪装技术。灯火与音响伪装技术是通过消除、降低或模拟目标的灯火与音响特征，以隐蔽目标或迷惑敌人所采用的伪装技术。

2. 伪装在军事上的应用及对作战的影响

(1) 伪装在军事上的应用。在当今信息化战争中，尽管现代侦察技术和攻击性武器非常精确，但伪装仍然是对付敌方侦察、进行防御、实施己方作战保障的重要手段。它既能有效地降低敌方侦察器材的侦察效果，又能干扰和破坏敌制导武器的命中精度，减小己方的损失。在战争中，伪装常被用来对付敌方各种雷达侦察、光电侦察以及对付精确制导武器的攻击。

例如，在20世纪90年代的海湾战争中，伊拉克军队处于明显的劣势。美军和多国部队在38天的狂轰滥炸中，共投下了8.85万吨弹药，288枚战斧巡航导弹。战果如何呢？根据前苏联侦察卫星提供的资料核实，多国部队的空袭只摧毁了20%的真目标，而80%命中的是假目标。美军在战后也发现伊军的700多架飞机中的大部分被隐蔽下来，一半以上的飞毛腿导弹移动发射架完好无损②。美军不得不承认伊军的伪装十分出色。

(2) 伪装对作战的影响③。伪装是对付敌方侦察的最主要手段。在信息化战争中，陆、海、空、天、电多维的信息化侦察手段已能使整个战场处于“透明”状态。要对付信息化侦察，只有对目标进行伪装，才能避免目标的暴露。因此，伪装不但直接关系到军事目标的安危，而且影响到己方军事行动能否付诸实施。

伪装在信息化战争中是强有力的防御盾牌。尽管现代侦察手段和打击兵器性能优越，但伪装是进行防御的非常有效的手段，它能有效地降低敌方侦察器材的侦察效果和武器（包括精确制导武器）攻击的命中率，减少人员、武器装备、工事和各类目标被毁伤。

伪装在信息化战争中是有效的进攻手段。现代伪装技术的发展和应用，使进攻性武器装备如虎添翼，极大地增强了进攻性武器装备的突防能力，从而增加了突袭

---

① 总参军训部编．军事高技术知识教材（上册）[M]．北京：解放军出版社，1995：81.

② 总参军训部编．军事高技术知识教材（上册）[M]．北京：解放军出版社，1995：96.

③ 参见总参军训部编．军事高技术知识教材（上册）[M]．北京：解放军出版社，1995：94-95.

的成功率。伪装已成为进攻作战必不可少的手段。

3. 伪装技术的发展趋势

伪装技术与武器装备的一体化。未来伪装技术将与各种具有高军事价值的目标融为一体，即在生产、制作或建造这些目标时，通过综合考虑目标外形、结构、材料，其声、光、电、热特性以及表面涂料的使用，将伪装技术纳入其结构之中，使其本身就具有伪装能力。为此，宽频带伪装或隐身结构伪装涂料技术、“内装式”消声散热技术等关键技术将迅速发展①。

发展新型的伪装技术和器材。预计未来在继续使用、改进和完善现有伪装技术的基础上，将集中发展一系列性能更优异的新型伪装技术和伪装器材。目前，正在研发的新型器材主要有：超级植物毯、高技术迷彩、高技术涂料、新型多功能伪装遮障网、新型气溶胶发生剂、智能蒙皮等。

（二）隐身技术

1. 隐身技术概述

（1）隐身技术的概念。隐身技术，“又称隐形技术、低可探测技术，是通过降低武器装备等目标的信号特征，使其难以被发现、识别、跟踪和攻击的综合性技术”②。这是一种对抗侦察探测的技术，其目的是使目标不可探测或低可探测。隐身技术是传统伪装技术的应用和延伸，它与伪装技术共同构成反探测技术。

（2）隐身技术的分类。隐身技术主要分为雷达隐身技术、红外隐身技术、电子隐身技术、可见光隐身技术、声波隐身技术。

雷达隐身技术。采用各种技术措施减小目标的雷达散射截面积，降低雷达回波能量，使其不易被雷达探测到的技术。基本的雷达隐身技术主要包括外形隐身技术、材料隐身技术和有源对消隐身技术等。外形隐身技术主要是采取多种措施对目标外形进行合理设计，以减小、控制、消除各种增大目标雷达反射波截面积的强反射效果。材料隐身技术主要是利用雷达吸波材料和透波材料减小雷达散射截面积的技术。主要吸波材料包括：谐振吸波材料、宽频带吸波材料和综合型吸波材料。有源对消隐身技术是“通过目标上的专用电子设备产生与雷达反射波同频率、同振幅但相位相反的电磁波，并与反射波发生相消干扰，从而消除或减弱散射信号”③。

红外隐身技术。为了降低或改变目标（如飞机、导弹等）的红外辐射特征，以降低红外侦察探测系统发现目标的能力。采取的主要技术措施有：改变红外辐射波段；降低红外辐射强度；调节红外辐射的传输过程。

电子隐身技术。为抑制目标本身所辐射的电磁信号特征的技术。为了使目标不

---

① 总参军训部编．军事高技术知识教材（上册）[M]．北京：解放军出版社，1995：97.

② 沈永平．军事高技术知识［M］．北京：解放军出版社，2004：127.

③ 沈永平．军事高技术知识［M］．北京：解放军出版社，2004：133.

被性能良好的电子侦察系统发现，采取的主要措施有：减少无线电设备；采用低截获概率技术改进电子设备；减小电缆的电磁辐射；避免电子设备天线的被动反射；对电子设备进行屏蔽。

可见光隐身技术。为了减少目标与背景之间的亮度、色度和运动的对比特征，达到对目标视觉信号的控制，以降低可见光侦察系统发现目标的能力。目前采用的主要措施有：改进目标与外形的光反射特征；控制目标的亮度和色度；控制目标发动机喷口的火焰和烟迹信号；控制目标运动照明和信号灯光；控制目标运动构件的闪光信号。

声波隐身技术。就是控制目标的声频特征，降低声波探测系统探测概率的技术。目标发出或产生的声音，主要是发动机等机械构件的工作噪声、目标及其部件（如螺旋桨）运动和排气对周围介质的振动噪声以及目标体与其构件的振动噪声等。为降低目标的噪声，目前采取的主要措施有：改进发动机和辅助机的设计；应用吸声和阻尼材料；采用减振和隔声装置；减小螺旋桨运动对介质的扰动噪声。

2. 隐身技术在军事上的应用及对作战的影响

（1）隐身技术在军事上的应用。目前，美国和欧洲一些军事强国，已相继研制出隐身飞机、隐身巡航导弹、隐身舰艇、隐身坦克、隐身火炮、隐身军车及隐身电子设备等一系列隐身武器装备。

隐身飞机。已研制成功的隐身飞机的典型代表，当数 F-117A 隐身战斗轰炸机和 B-2 隐身战略轰炸机。F-117A 隐身战斗机是第一种按低可探测性技术设计原则研制的实用隐身战斗机，由于采用了隐身外形设计、隐身结构设计，采用吸波材料等多种隐身技术，使 F-117A 的雷达散射截面积仅为 0.01 ~0.1 平方米，比 B-52 飞机的雷达散射截面积（100 平方米）缩小 3 ~4 个数量级，其红外特征和噪声也显著减小。B-2 也是采用了上述一系列隐身技术，其隐身性能远远超过以往的战略轰炸机（包括 B-1B 隐身轰炸机）。例如 B-2 的雷达散射截面积仅 0.3 平方米，比 B-1B隐身轰炸机的 1 平方米有大幅度减小。

隐身导弹。减小飞机的雷达散射截面积和外部特征的各种隐身技术原则上均可用于研制隐身导弹。美国在这方面也开展了大量研究工作，并取得了一系列成果。从 20 世纪 80 年代初以来，美国已先后研制出 AGM-86 和 ACM-129 隐身战略巡航导弹以及 ACM-137 和 MCM-137 隐身战术导弹等。

隐身舰艇。作为海上特定环境下的目标，舰艇的可探测性特征除了敌方探测雷达的散射回波和舰艇自身的红外辐射之外，还有舰艇的噪声、舰载电子通信设备和雷达的电磁辐射、舰体的磁场、可见光散射和航迹。所以，舰艇的隐身就更要综合应用雷达隐身、红外隐身、电子隐身、可见光隐身及降低噪声等各种隐身技术来控制舰艇的各种可探测信号特征。

隐身坦克。正在研发中的隐身坦克所采用的隐身技术主要包括：采用复合材料制造坦克车体或炮塔外壳；采取专门措施降低坦克红外辐射；给坦克涂敷迷彩或挂伪装网；降低坦克噪声；配备烟幕施放装置。

（2）隐身技术对作战的影响①。隐身技术的发展及广泛应用，必将对战场产生深刻的影响，甚至引起军事上的重大变革。这主要表现在：

隐身武器装备特别是隐身攻击性兵器隐蔽突防能力的提高，使战争的突然性进一步增大。隐身飞机的使用，其远程、快速的突防能力可使敌方的预警探测系统因只能得到非常短的探测时间或距离而很难发现或采取对抗措施，因而敌方难以避免遭到闪电般的突袭。生存能力极强的隐身飞机如果再辅之以各种高性能的精确制导武器，其突防作战更容易达成突然性。

隐身技术对侦察探测及防御提出了更高的要求。目前世界上最先进的预警防御体系，探测距离为几百千米到数千千米，不足以对付隐身武器装备的突防。为了防止隐身兵器的突入，防御一方必须加大雷达探测范围和探测密度，或者增加预警飞机的巡逻范围和密度，这样必然导致战场范围随之增大。

隐身武器装备除了生存能力和突防能力强之外，还具有极强的进攻能力，因而能协助常规的非隐身武器装备提高作战效能。这主要表现在：利用隐身飞机率先袭击并摧毁敌方防空系统（包括防空雷达、自行高炮和防空导弹等），为非隐身的攻击机、轰炸机扫清前进道路，打开进攻通道，从而，确保它们安全顺利地完成作战任务。

隐身技术使侦察与反侦察及电子对抗更加激烈。在现代战争中，一方面，诸如隐身飞机、隐身机器人等用于战场侦察，使空中侦察和地面侦察更加隐蔽，因而更容易实施侦察。另一方面，隐身技术给伪装增添了新内容，可使电子器材隐去电磁辐射特征，发热器材隐去红外特征，振动设备隐去噪声特征，从而使敌方侦察探测系统更难以进行侦察。隐身技术所导致的这两方面的发展必然使侦察与反侦察及电子对抗日趋激烈。

3. 隐身技术的发展趋势②

根据目前隐身技术的发展情况看，隐身技术主要有以下发展趋势：

注重各种隐身技术的综合应用。要使兵器达到理想的隐身效果，必须综合运用各项隐身技术，包括外形设计，采用吸波、透波材料，应用电子对抗措施，抑制红外辐射，并结合光学、声学隐身技术等。

不断拓展兵器的隐身波段。鉴于雷达探测的工作波段正在向毫米波、亚毫米

---

① 参见总参军训部编．军事高技术知识教材（上册）[M]．北京：解放军出版社，1995：138-141.

② 参见总参军训部编．军事高技术知识教材（上册）[M]．北京：解放军出版社，1995：141-143.

波、红外、激光和米波波段拓展，因此，隐身兵器必须开发利用新型的宽频带吸波、透波材料，研制新频带电子干扰设备和反红外探测技术，以适应探测系统的新变化。

采用隐身技术研制的兵器品种将不断增加。继隐身飞机之后，隐身坦克、隐身导弹（炮弹）、隐身舰艇、隐身车辆、隐身直升机以及隐身太空武器和卫星都将会相继问世，甚至会出现隐身机场、隐身通信系统、隐身作战人员和隐身突击部队。

隐身材料技术将有进一步发展。隐身技术的发展使隐身材料的研究进入了一个新的阶段。一是隐身材料向反雷达探测和反红外探测相兼容的方向发展。二是雷达吸波材料向超细粉末、纳米材料方向发展。

降低隐身兵器的成本。目前，隐身兵器的成本太高，例如 B-2 隐形轰炸机制造的单价已超过 5 亿美元，如果考虑到研制费用，单价已超过 22 亿美元。这样昂贵的费用使得兵器的研制和装备难以承担，不利于隐身兵器的发展。因此，降低隐身兵器的成本，提高经济效益，是隐身兵器的发展方向。

开拓研究新的隐身技术。隐身兵器虽有其明显的优点，但仍然有很多局限性，特别是当一种新型兵器问世之后，必定会产生新的对付办法，始终独占鳌头的兵器是不存在的。这就迫使人们不得不去探索新的隐身技术和手段，开拓新的隐身途径，使隐身兵器得到不断的发展，使其更趋完善。

三、精确制导技术

（一）精确制导技术概述

1. 精确制导技术的概念

制导技术是指“按选定的规律对导弹或精确制导弹药进行导引和控制，调整其运动轨迹直至以允许误差命中目标”① 的综合性技术。制导武器的制导是由制导系统来完成的，而“制导系统由导引系统和控制系统组成”②。制导系统工作的基本原理是：第一步，通过导引系统测量出武器与目标的相对位置和速度，计算出实际飞行弹道与理论弹道的偏差。第二步，通过控制系统发出纠正这种偏差的指令，调整武器的飞行姿态和弹道，直到命中目标。

2. 精确制导技术的分类

不同的制导系统，具体的制导方式也不同，但大致可分为六类：

（1）寻的制导。就是通过弹头上的寻的设备，接收目标辐射或反射的能量，比如红外辐射、无线电波、声波等，然后通过这些信息确定目标的位置和速度，自

① 总参军训部．军事高技术知识教材（下册）［M］．北京：解放军出版社，1995：76.

② 总参军训部．军事高技术知识教材（下册）［M］．北京：解放军出版社，1995：76.

动跟踪目标，引导制导武器飞向目标，直到最后命中目标。采用这种制导方式的武器种类较多，比如毫米波制导、激光制导、电视寻的制导、红外成像制导等。寻的制导分为：主动寻的、被动寻的、半主动寻的。寻的制导的优点是精度非常高，适合打击运动目标。但其缺点是作用距离短，易受干扰。因此，多用于末端制导。

（2）遥控制导。就是在导弹飞行过程中，以制导武器以外的制导站，不断测量目标和导弹的相对位置，并不断地对导弹发出指令，来修正导弹的飞行路线，直到最后命中目标。遥控制导主要有指令制导和波束制导两大类。这种制导方式的特点也是命中精度高，适于打击运动目标。

（3）惯性制导。就是采用惯性测量设备测量导弹运动参数并随时修正导弹运动偏差的制导技术。在飞行过程中，导弹通过陀螺仪、加速度表等装置测量数据，并根据事先协定好的初始条件和制导程序来发出指令，控制导弹飞行。这种制导技术一般用于远距离的弹道导弹，攻击远距离的固定目标。主要缺点是制导精度随着导弹飞行距离的增加而降低。

（4）地形匹配和景象匹配制导。就是导弹在发射前，事先把路线上的地形数据或景物图像数字化，存储在导弹上的计算机中。导弹飞行过程中，通过特定的装置不断测量实际地形或景物数据，与事先存储在计算机中的数据进行对比，算出偏差并进行纠正。这种制导方式基本上也是用来攻击固定目标。这两种制导方式的特点是精度高，但都有一定的局限性。比如地形匹配制导，在平原地区和大面积水域上空就很难发挥作用，因为没有明显的地形特征。另外，由于事先要把大量的地形和景物数据输入导弹上的存储器，所以发射准备时间比较长。更重要的是，这种制导技术需要发达的卫星遥感和测量技术的支撑，需要事先测量好目标地区的各种地形和景物数据。

（5）全球导航定位卫星系统制导。这种制导也称 GPS 制导，就是借助于卫星导航全球定位系统来进行制导和控制导弹攻击目标的。其工作原理是利用弹上安装的 GPS 接收机接收 4 颗以上导航卫星播发的信标信号来修正导弹的飞行路线，提高制导精度。

（6）复合制导。复合制导是指导弹在飞行过程中的初始段、中段和末段分别采用两种或两种以上的制导方式。这样可以综合利用以上几种制导方式的优点，弥补缺点，提高导弹的抗干扰能力和制导精度。比如美国的 BGM-109C“战斧”巡航导弹在飞行的过程中，采用了“惯性+地形匹配制导+景象匹配区域相关”的制导方式，这是一种典型的复合制导。

（二）精确制导技术在军事上的应用

1. 精确制导武器

精确制导武器是采用精确制导系统，具有很高命中精度的导弹和其他制导弹药的统称①。通常制导武器的直接命中精度超过50%，才称其为精确制导武器。精确制导武器有两大基本特征：一是采用了精确制导技术。二是直接命中概率高。所谓直接命中，是指制导武器的圆公算误差（CEP）小于弹头的有效杀伤半径。

2. 精确制导武器的特点

（1）命中精度高。这是精确制导武器最突出的特征。目前，世界上现役的主要精确制导武器命中概率已超过80%，红外成像导弹的最高命中精度已小于1米，这比普通弹药要高得多。第二次世界大战时，B-17轰炸机的投弹误差为1000米，越南战争时F-105战斗轰炸机投弹误差为100米，而1991年的海湾战争中，F-117隐形轰炸机投弹误差达到了1～2米，可以说达到了点命中的最佳效果。精确制导武器命中概率和精度的提高，特别是首发命中概率的提高，可使敌人丧失二次反击的能力。所以现代战争中一条重要作战原则就是"先敌发现，先敌开火"。

（2）作战效能高。精确制导武器由于精度高，其爆炸能量基本释放到目标上，所以其作战效能大大提高。据统计，摧毁一个典型的地面目标，如铁路枢纽，第二次世界大战期间，需要4500架次轰炸机，投掷9000枚炸弹；越战中，需要95架次飞机，投掷190枚炸弹，而现在只需要1～2枚精确制导炸弹。在阿富汗战争中，北方联盟的部队在围攻塔利班据守的一个山头时，久攻不下，呼唤美空军支援。美国的B-52轰炸机迅速赶到战场，投下几枚激光制导炸弹，顷刻间塔利班部队被消灭殆尽，战斗在几分钟内便宣告结束。

（3）射程远。传统的弹药由于没有发动机等动力装置，射程都比较近。可是导弹出现后，由于自身有发动机，使武器的射程大大提高，空防能力大大增强。以飞机之间的空战为例：以前飞机空战都是使用航炮，有效射击距离最多只有几千米，而美国最先进的空对空导弹，最远可以打200多千米，未经接触即展开攻击。美国的战斧式巡航导弹航程达2500千米，完全可以在敌防空火力圈以外发射，令对方难以发现和防范。

（4）作战效费比高。虽然精确制导武器很昂贵，但它有很高的作战效费比。一枚防空导弹可能价值上百万美元，比普通炮弹贵得多，可是只用一枚就可以打下价值几千万美元的飞机。一枚价值1万美元的"陶"式反坦克导弹，可以摧毁价值244万美元的"M1"坦克。价格交换比为1∶244。在1982年英阿马岛战争中，阿根廷曾用一枚价值20万美元的"飞鱼"反舰导弹，击沉了英国最先进的价值2亿美元的"谢菲尔德"号驱逐舰，价格交换比达到了1∶1000。

3. 精确制导武器对作战的影响②

---

① 沈永平．军事高技术知识［M］．北京：解放军出版社，2004：308.

② 参见总参军训部编．军事高技术知识教材（下册）［M］．北京：解放军出版社，1995：146-149.

（1）提高了作战效能。精确制导武器的大量使用，一方面提高了攻击的有效性，减少了弹药消耗量；另一方面提高了作战效费比，降低了作战费用交换比。

（2）使作战方式发生了深刻变化。精确制导武器的使用，使实施全天候、全纵深、超视距、多模式、多目标的精确打击成为可能，并且可以同时、连续、精确打击整个战场纵深目标，减少前沿的短兵相接，使前后方界线模糊，战场呈“流动”状态、非线性或无战线化。还可以实现“外科手术式”打击，使对点目标攻击的附带杀伤、破坏降至最低程度。

（3）成为改变军事力量对比的杠杆。海湾战争表明，精确制导武器已经成为现代战争的基本火力，精确制导武器的数量多少和质量优劣，已经成为衡量一支军队质量建设水平高低和战斗力强弱的重要标志之一。精确制导武器与电子战实力的配合，将成为决定战争胜负的重要因素。精确制导武器改变军事力量平衡的作用，将越来越明显和重要。精确制导武器促进了常规威慑力量的形成。

4. 精确制导武器的分类

精确制导武器可分为两大类，第一大类是导弹；另一大类是精确制导弹药，包括制导炮弹、制导炸弹。两者的区别就是导弹依靠自身的动力系统和导引、控制系统飞向目标，后者自身无动力装置，其弹道的初始段、中段需要借助飞机、火炮投掷，在飞行的末段进行末制导。

导弹的分类方法很多。一是按作战任务的性质分类，可以分为战略导弹、战役导弹、战术导弹。二是按发射点与目标的位置关系分类，包括：地面发射的有地对地、地（岸）对舰和地对空导弹；空中发射的有空对地、空对舰、空对空导弹；水面发射的有舰对岸、舰对空、舰对舰导弹；水下发射（潜射）的有潜对空、潜对舰、潜对岸导弹。三是按射程分类，可分为短程导弹（100 千米以内）、近程导弹（100～1000 千米以内）、中程导弹（1000～3000 千米）、远程导弹（3000～8000 千米）和洲际导弹（8000 千米以上）。四是按飞行弹道分类，可分为巡航导弹和弹道导弹。五是按攻击目标分类，可分为防空导弹、反坦克导弹、反舰（潜）导弹、反辐射导弹、反导弹导弹和反卫星导弹①。

（1）防空导弹。防空导弹包括地对空和舰对空导弹，迄今已发展到第 4 代。按射程和射高来分，防空导弹可分为四类：第一类是中高空防空导弹，射程大于 40 千米，射高超过 20 千米。第二类是中低空防空导弹，射程在 15～40 千米，射高约 6～20 千米。第三类叫超低空防空导弹，它们的射程在 15 千米以下，射高在 6 千米以下，主要用来对付低空的飞机和导弹。第四类叫单兵便携式防空导弹，它们的射程在 5 千米以下，射高在 3 千米以下，可以由单兵携带，肩扛发射。

① 参见总参军训部编．军事高技术知识教材（下册）[M]．北京：解放军出版社，1995：280.

（2）反坦克导弹。反坦克导弹可以从车上、飞机上或者单兵在地面上发射。反坦克导弹与传统的反坦克炮相比，射程远、精度高、威力大，而且机动性强。目前各国现役的反坦克导弹主要有以下几种：一是美国的“狱火”式反坦克导弹，可以车载，也可以装在飞机上，具有较强的破甲能力，属于激光制导导弹。二是法、德联合研制的“霍特”反坦克导弹，可以有线制导或红外自动遥控，射程4千米，破甲厚度700毫米。三是美国的“小牛”空地导弹，最大射程达25千米，属于红外寻的制导，具有很强的穿甲能力。

（3）反辐射导弹。反辐射导弹是现代战争——电子战的锐利武器，其主要作用是捕捉敌方雷达发出的电磁信号波束，然后沿着雷达波束直接攻击对方的雷达。目前，这一类导弹已发展到第3代，比较有代表性的是美国的AGM-88“哈姆”反辐射导弹，其射程大于20千米，速度3马赫。这种导弹的最大特点是具有一定的记忆功能，自动搜寻雷达辐射的电磁波信号，一旦捕捉到雷达目标，就能牢牢锁定方位，即使对方的雷达关机，如果不迅速转移，同样会受到攻击。

（4）空空导弹。空空导弹是指从空中平台发射攻击空中目标的导弹。空空导弹从射程上讲可以分为近距格斗、中距拦截和远程拦截三种类型。其中近距格斗型比较有代表性的是美国的“响尾蛇”空空导弹，这种导弹是红外被动制导。中距拦截型导弹比较有代表性的是美国的AIM-120先进中程空空导弹，最大射程80千米，具备发射后不管的能力，可同时攻击多个目标。远程拦截型导弹比较有代表性的是美国的“不死鸟”空空导弹，射程可达200千米，速度大于5倍音速，是一种全天候、超音速空空导弹。

（5）地地战术弹道导弹。地地战术弹道导弹是指从地面发射攻击敌方师、集团军纵深内及方面军纵深内的战术或战略目标的导弹。目前，地地战术弹道导弹采用固体火箭发动机技术，具有机动好、制导技术多采用复合制导技术、反应速度快和命中精度高等特点。战斗部可使用常规弹头或战术核弹头，可用于不同的作战目的，已成为陆军作战的重要武器。

（6）巡航导弹。巡航导弹又称飞航式导弹。所谓巡航，是指导弹的飞行状态。在巡航状态下，导弹以匀速等高飞行。巡航导弹又分为三种：一是能够实施核打击的战略巡航导弹；二是远程战术巡航导弹；三是飞航式反舰导弹。其中比较有名的是美国的“战斧”式多用途巡航导弹系列。巡航导弹的最大特点是射程远、精度高、低空突防能力强。巡航导弹一般都飞得很低，离地面或海面只有几米到几十米，而且在发射前把如何避开沿途的障碍物、防空火力区等数据都预先存储在导弹上，这样，遇到山脉、高层建筑、敌人的导弹火炮阵地，导弹都可以绕开，始终保持超低空飞行，所以拦截巡航导弹是比较困难的。

（7）激光制导炸弹。激光制导炸弹的基本原理是用机载设备或人员对目标发射激光束，攻击飞机投掷激光制导炸弹后，炸弹沿着反射的激光束飞向目标。这种制导方式的精确度比较高。伊拉克战争中，美国在战前派出大量特种部队深入敌境，其任务之一，就是为激光制导炸弹指引目标。

除了上述七大类精确制导武器外，制导炮弹和制导炸弹也是现代战争中常用的精确制导武器，特别是由飞机投掷的精确制导炸弹，更是空袭中的常用武器，而且它的命中率是很高的，包括激光制导炸弹和 GPS 制导炸弹等。

（三）精确制导技术的发展趋势

1. 提高命中精度

为达到首发命中，甚至命中目标的核心部位或薄弱部位，各种精确制导武器都需要继续提高和完善制导技术。“命中精度的提高很大程度上取决于制导系统的目标探测的分辨率，而分辨率与探测器的工作波长、天线或光学透镜的孔径有关，波长越短、天线或透镜孔径越大则分辨率越高。由于弹体直径所限，不能依赖增大天线或透镜孔径来提高分辨率，因而近年来许多制导系统已从波长较长的微波工作频率转移到毫米波、红外和可见光波段。工作于可见光波段的电视制导、红外制导、激光制导都有比微波制导高的精度”①。因此，大量研发和采用这些制导方式是今后提高精确制导武器命中精度的主要发展方向。

2. 提高智能化程度

所谓智能化是指精确制导武器具有人脑的一些判断、决策功能。未来战争的战场环境越来越复杂，精确制导武器要在极短的时间内摧毁目标，就必须具备某些人工智能，能准确判断和首先攻击对自己威胁最大的目标，还能对攻击效果及时进行毁伤评估。当精确制导武器具有了智能后，它在机动、飞行过程中也就具有了抗干扰、躲避诱饵、进行自主识别、判断和攻击的能力。

3. 提高抗干扰能力

信息化战争中战场的电磁环境很复杂，敌方总会千方百计的破坏精确制导武器的正常工作条件，因此制导系统在激烈的电子对抗环境中必须具有很强的抗干扰能力。首先要求制导武器攻击目标时隐蔽性好，难以被敌方侦察设备发现。其次对主动寻的系统采取措施来提高攻击的隐蔽性。此外，采用新的制导方式，如毫米波雷达制导、GPS 制导等。毫米波雷达具有频带宽、天线口径小、增益高、波束窄、分辨率高的特点。因此，毫米波制导将大大提高制导精度，使圆概率误差达到 2～3 米。

4. 提高突防能力

提高精确制导武器的突防能力，除了前面所说到的提高智能化程度和抗干扰能力之外，更重要的是必须采用隐身技术，同时还要提高飞行速度。采用隐身技术可降低导弹的可探测特征，使其不易被敌方各种探测设备发现。综合运用雷达、红

① 赵景露．当代军事高科技教程［M］．北京：军事谊文出版社，2000：105.

外、可见光和声学等隐身技术，可改善精确制导武器的突防能力，其中应用最广泛的是雷达隐身。

5. 提高全天候作战能力

提高全天候能力的方法：一是使武器系列化。“例如美国为了使‘小牛’空地导弹适应在白天、黑夜、不良气象等各种条件下作战，研究了电视、红外成像和激光三类制导装置。不同的天候条件选择相应的制导装置，从而提高了全天候作战的能力”①。二是继续完善具有全天候能力的制导技术。“微波波段的制导系统受天候影响小，所以除微波雷达制导外，合成孔径雷达制导、卫星导航全球定位系统制导等都在加紧研究。毫米波制导系统受云、雾、烟尘的影响小，只在大雨时因衰减大才难以工作，可算是一种‘有限全天候能力’的制导方式”②。

四、电子对抗技术

（一）电子对抗概述

1. 电子对抗的基本概念

电子对抗也被称作电子战，是利用电磁能和定向能以控制电磁频谱并用电磁频谱攻击敌人的任何军事攻防行动的总称。由于电子对抗是在电磁领域进行的军事争夺，因此，在军队中使用的所有电子设备，都是电子对抗的对象。随着军事电子技术的发展，电子对抗技术的应用范围越来越广，已逐渐拓展到其他信息传输领域。电子对抗（电子侦察、干扰）一般不能对敌方人员和武器装备构成直接杀伤，但它能使敌方通信指挥系统失灵、雷达迷盲、火炮和导弹等武器系统失效，从而为保存自己和大量杀伤敌人创造有利条件。在现代战争中，电子对抗的地位越来越重要，已成为发展最快的军事高技术之一。

2. 电子对抗的主要内容

电子对抗的主要内容有无线电通信对抗、雷达对抗、光电（红外、激光）对抗、C^4I 系统对抗和计算机网络对抗等。

（1）无线电通信对抗。通信对抗是为削弱和破坏敌方利用无线电通信设备传输信息的能力，并保护己方正常使用无线电通信设备传输信息的能力。利用无线电发射机、接收机等电子设备，进行侦察、干扰、欺骗和静默等行动，可以直接获取情报或防止敌方截获己方信息。其基本内容包括通信侦察、通信干扰和通信电子防御等。

通信对抗侦察，是为直接获取情报或为获取通信对抗所需的信息而进行的电子侦察。主要通过搜索、截获、侦听、破译、测向、定位和识别敌方无线电信号，查

---

① 赵景露．当代军事高科技教程［M］．北京：军事谊文出版社，2000：107.

② 赵景露．当代军事高科技教程［M］．北京：军事谊文出版社，2000：107.

明敌方无线电通信设备的频率频谱、调制方式、功率电平、工作体制、配置位置以及通信规律、通信网络的性质和组成等。

通信电子干扰，是为削弱或破坏敌方无线电通信系统效能的电子干扰。其目的在于破坏和降低敌方通信系统工作的有效性和可靠性。一般雷达的发射和接收是在同一地点，而通信的收、发分在两地，不知接收端的具体位置，但通信系统往往是双工方式，摸清敌方发射和接收频率，在较大方位范围内对接收端实施干扰。当通信干扰信号、频率特征与通信信号、频率特征近似吻合，接收机难以区分干扰信号时，干扰可以收到最佳效果。

通信电子防御，是电子防御的重要组成部分。在己方对敌实施电子战攻击或遭到敌方电子战攻击时，为保护己方电子设备及其系统不受影响并正常发挥效能所采取的防护措施。主要包括反电子侦察、反电子干扰和防止反辐射武器摧毁等。

（2）雷达对抗。雷达是利用发射探测脉冲并接收被测目标的回波以发现、测定目标的空间位置，跟踪目标的设备。雷达对抗是为削弱和破坏敌方雷达的使用效能，保护己方雷达正常发挥探测效能而采取的各种战术、技术措施和行动的统称。其基本内容包括雷达侦察、雷达干扰和反辐射摧毁等。

雷达侦察，是利用雷达接收机接受对方雷达发射的电磁波信号，从而测定对方雷达辐射电磁波的频率范围、功率强度、脉冲间隔、脉冲宽度等参数，由此推算出敌雷达有效探测距离。雷达接收机属无源探测设备，不易暴露、隐蔽性好，适用于战场火力侦察、雷达锁定告警。雷达侦察的作用距离远比对方雷达作用距离远，一般侦察距离为雷达作用距离的1.5～2倍。

雷达干扰，是利用雷达干扰设备和器材发射强电磁波，反射或散射敌雷达波，压制、干扰或欺骗敌方雷达系统的正常运行，使雷达探测效能降低或完全失效。例如在目标（或飞行器）上人为地发射一个与雷达探测信号调制特性近似的干扰信号，则这些欺骗的调制信息会使雷达造成对目标位置和速度参数测量错误，这样就可以达到对雷达进行干扰或欺骗的目的。

反辐射摧毁，是用反辐射武器对敌方的无线电通信、雷达等电子设备实施常规火力或非常规火力摧毁，使其无法工作的一种最彻底的打击措施；是精确制导武器自寻的导引设备以接收敌无线电通信、雷达等电子设备的电磁辐射信号，作为精确制导武器的制导信号，对无线电通信、雷达进行彻底摧毁的打击方式。反辐射导弹是侦察摧毁一体化设计的具体品种，它是有效压制敌无线电通信、防空系统的电子战进攻性“硬杀伤”武器。反辐射摧毁的另一种方法就是在战区使用电磁脉冲弹，利用电磁脉冲弹爆炸后产生的强烈电磁脉冲摧毁战区内敌方各种电子设备。例如，雷达、通信设备、C^4ISR系统中的计算机、终端和自动化武器的电子控制系统等都将遭到毁灭性打击。

（3）光电对抗。光电对抗是敌对双方围绕光电设备的使用效能而采取的对抗行动和措施。一方面要削弱、破坏敌方正常利用光电设备的使用效能。另一方面要保障己方光电设备使用效能的正常运用。光电对抗的频段包括：激光、红外与可见光频段。光电对抗的作战样式与雷达对抗类同，包括光电进攻和光电防御两个方面，但其频段高（波长短）、技术难度大，构成独立的光电对抗领域。

（4）C^4I 系统的电子对抗。C^4I 系统（军队指挥自动化系统）"是战场情报、分析判断、决策指挥、作战行动连为一体的军事电子作战体系，利用它可实施信息战，压制敌信息系统，保护己方信息优势"①。C^4I 系统中的电子对抗既包括作战保密、军事欺骗、心理战和实体摧毁，也涵盖了电子战技术领域的其他各个方面。因此，C^4I 系统中的电子对抗具有信息对抗、系统对抗、体系对抗的作战功能。

分布式综合通信网是 C^4I 系统与各类武器连接的"粘合剂"。它把 C^4I 系统、电子战系统和武器系统紧密结合为一体。在未来战争中，C^4I 系统是首要打击的目标之一，其抗毁生存能力极其重要。为此，应采用机动、隐蔽、伪装、反侦察、反干扰、反摧毁的技术途径和分布式的体系结构。若采用积极的电子进攻手段，利用己方的电子干扰、欺骗、计算机病毒干扰和反辐射武器等电子进攻的手段去削弱、破坏、摧毁敌方 C^4I 系统，可造成敌方武器控制系统失效、信息传输阻断、战场指挥失灵、协调能力和整体作战能力丧失，从而使己方获取信息优势。因此 C^4I 系统中的电子对抗系统是完成上述作战功能的电子防卫系统。

（5）计算机网络对抗。计算机网络对抗的内涵是"以计算机网络以及与之相连的计算机软件和硬件为手段，以信息系统及其各类信息的保密性、完整性、可用性与真实性为攻防目标的对抗性行为"②。计算机网络对抗是信息化战争中重要的作战手段之一，是提高己方信息优势、削弱敌方信息优势的重要环节。当计算机网络系统成为武器系统时，无论是空间、时间都具有"战"与"非战"界限模糊，作战力量可广泛动员，攻击目的、目标多样化，技巧性、时效性强和效费比高的特点。主要包括：计算机网络软、硬攻击技术和计算机网络防护技术。

计算机网络软攻击技术是利用计算机网络系统的安全缺陷，运用破坏程序对敌方军事指挥系统的计算机网络进行攻击的技术。包括病毒攻击、假冒用户攻击、获取数据信息、破坏系统程序等手段。诸如"蠕虫"病毒、特洛伊木马、逻辑炸弹、"黑客"等。计算机网络软攻击技术可以完成信息侦察、信息欺骗、信息干扰和信息删除等功能。

计算机网络硬攻击技术是以打击计算机和网络为主要目标的信息武器系统。这种武器技术包括两种：一是对计算机和网络实物实施打击的可控芯片自毁武器、电磁脉冲武器、电子生物武器和定向能信息战武器；二是对敌方的指挥中心、通信枢

① 总参军训部编．军事高技术知识教材（上册）[M]．北京：解放军出版社，1995：313.

② 沈永平．军事高技术知识 [M]．北京：解放军出版社，2004：253.

纽、通信线路或其他重要信息节点等信息系统实体进行摧毁的精确制导武器和其他火力打击武器。

计算机网络防御技术是指“对网络和通信系统可能的威胁采取的安全防范措施”①。主要措施有：信息加密技术、防火墙技术、查防病毒技术、加密网关设施和身份鉴别技术等。

3. 电子对抗的主要形式

电子对抗的主要形式包括：电子侦察与反侦察、电子干扰与反干扰、摧毁与反摧毁。

（1）电子侦察与反侦察。

电子侦察。电子侦察是一种利用电子接收设备搜索、截获敌方电磁辐射信号，从中获取敌方电子设备的战术、技术参数及位置数据等情报的活动。通过对电磁信息的分析可获得敌方电子设备的类型、用途、位置、数量、工作规律和变动情况，也可以获取敌方的编制、军事部署、武器系统的配置和行动企图等军事情报。它是电子对抗的重要组成部分，其目的是在组织实施电子干扰和电子防御时，为部队作战行动提供准确的情报。电子侦察按对象可分为：雷达侦察、通信侦察和光电侦察。电子侦察是夺取制电磁权的前提条件，没有时空限制，每时每刻都要进行，是和平时期电子对抗的主要形式。

反电子侦察。反电子侦察是通过伪装、隐身、隐蔽、保密等手段不使己方电子设备辐射的电磁波信号被对方电子侦察设备截获而采取的措施。反电子侦察的主要措施：一是加强管理、严格控制电子设备的使用。尽量减少电子设备的开机数量、次数和开机时间，控制辐射低功率、定方向，设置隐蔽频率，实施无线电静默等隐蔽措施。二是实施欺骗、干扰敌方的电子侦察。可设置假阵地、设置简易辐射源辐射欺骗性信号，实施无线电佯动。三是采取信号保密措施，使用不易被敌截获、识别的跳频电台等新体制通信设备。四是采取火力摧毁敌方电子侦察设备的打击手段。

电子侦察无论平时、战时都在不间断地进行着，反电子侦察已成为经常性的电子防御措施。反电子侦察涉及所有作战部队，必须严密组织、统一实施，与其他反侦察手段结合使用。

（2）电子干扰与反干扰。

电子干扰。电子干扰是采用专用电子设备或器材发射信号干扰、阻塞敌方电子接收系统正常工作的技术。目的是削弱或破坏敌方电子系统遂行战场侦察、作战指挥、通信联络和兵器控制能力；为隐蔽己方企图，达成战役、战斗的突然性和提高己方飞机、舰艇、装甲车辆等武器装备的生存能力创造有利条件。

---

① 沈永平．军事高技术知识［M］．北京：解放军出版社，2004：261.

电子反干扰。电子反干扰“是识别、阻止敌方干扰以保护己方电子系统处于正常状态的技术”①。其目的是削弱或消除敌方电子干扰对己方电子设备使用效能的影响。

(3) 摧毁与反摧毁。

摧毁。摧毁是利用反辐射武器对敌方的电子设备实体的直接攻击。主要攻击的目标是敌方的雷达，这是一种“硬摧毁”手段。反辐射武器主要包括：反辐射导弹和反辐射无人机等。反辐射导弹和对辐射源实施摧毁性攻击有两种方式：“一种是接收到目标信号后发射。由于导弹具有坐标‘记忆’(锁定)装置，发射后，即使被攻击的雷达关机，它可‘记住’其位置，不偏离航线击中目标。另一种是‘先升空后锁定’方式。先将导弹发射升空，让其无定向在空中飞行、盘旋，寻的制导设备一旦接收到目标信号，即咬紧目标，将目标摧毁。反辐射导弹的自导引系统是采用无源被动跟踪方式，本身不辐射电磁信号，具有稳定性好，不易受干扰和突防能力强等特点，同时引导头带宽很宽(‘哈姆’带宽达0.8～20吉赫)，具有较强的制导精度，是当今战场上威慑力较强的一种有效电子战武器”②。

反摧毁。“反摧毁是雷达利用战术或技术保护自己及友邻雷达免遭反辐射导弹攻击的技术”③。反摧毁技术目前常用的有以下几种：一是采用诱饵引偏技术，部署假雷达阵地；二是采用雷达发射控制、关机、间歇交替工作；三是采用反辐射导弹告警系统；四是采用新体制雷达，如低截获概率雷达、双/多基地雷达、高频雷达、毫米波雷达等；五是将雷达与无源传感器联合组网，实施综合对抗技术。反摧毁包括如下措施：采用各种反侦察措施，隐蔽电子设备，防敌发现；对敌电子设备实施干扰和压制，破坏敌电子设备正常工作；修筑坚固阵地，利用地形，防敌摧毁；采取积极的攻势行动，先发制人，打击对我威胁大的军事目标；加强防卫，严防袭击；不断变换电子设备的位置，提高生存能力。

(二) 电子对抗在现代战争中的地位及作用

1. 电子对抗在信息化战争中的突出地位④

一是电子对抗贯穿信息化战争始终。海湾战争、科索沃战争以及伊拉克战争的实践充分证实，电子对抗贯穿了信息化战争的始终。随着信息化战争水平的不断提

① 总参学生军训办编．普通高等学校军事理论教程［M］．北京：国防大学出版社，2003：273.

② 总参军训部编．军事高技术知识教材（上册）［M］．北京：解放军出版社，1995：277.

③ 总参学生军训办编．普通高等学校军事理论教程［M］．北京：国防大学出版社，2003：275.

④ 参见余高达主编．普通高等学校军事理论教程［M］．北京：国防大学出版社，2003：269-270.

高，电子对抗手段被称为与火力、机动力并列的“第三打击力量”，电子对抗已经成为一条越来越重要的战线。二是电子对抗是信息战的主体和夺取信息优势的重要手段。信息战是在电子对抗的基础上发展起来的，从本质上说，信息战与电子对抗都是为了破坏对方的信息获取、信息传递、信息处理和信息利用。只有通过电子对抗的实施夺取电磁优势进而掌握信息优势，才能达成信息战的目的。在信息化的战场上，信息化武器的火力攻击由电磁频谱控制，军队的指挥控制系统高度电子化，70%的情报信息依赖于电子设备获得，所以，电子对抗是信息战的主体，是夺取信息控制权和使用权，达成信息战目的的重要手段。三是电子对抗是战斗力构成要素的力量“倍增器”。由于指挥控制及武器系统对电子设备的高度依赖，打击和破坏对方的电子系统，就可以成倍地削弱敌武器系统的威力，有效地降低对方的整体作战能力；而采取有效措施保证己方电子设备的正常工作，就能保证己方作战能力的正常发挥，对战斗力起到倍增作用。这一点，已经被海湾战争、科索沃战争以及伊拉克战争所证实。

2. 电子对抗的主要作用①

一是获取重要军事情报。利用电子对抗的装备和手段，查明敌电子设备的工作性能、技术参数、类别、数量和配置位置等，判断其兵力部署和行动企图，是赢得战争胜利的关键。在伊拉克战争中，美军在战争开始前，就利用其强大的电子侦察和监视系统，组成了一个巨大的侦察和监视网络，对伊拉克实施全方位、立体侦察，真正实现了情报侦察和信息获取的单向透明。二是削弱敌方作战效能。1991年海湾战争中，美军通过以指挥自动化系统为平台的、组织严密的电子对抗，取得了举世瞩目的战果：使伊军指挥瘫痪；使军事实力在世界居第六位的伊空军失去战斗力；伊数千枚地空导弹在没有制导情况下发射，结果只击落一架联军飞机；伊防空军7500多门高炮失去了雷达引导，只能靠盲目射击。这个例子充分说明了电子对抗能有效地削弱敌方作战效能。三是掩护突防和攻击。雷达作为预警和兵器制导装备，已成为防御体系的“哨兵”和“千里眼”。它们能对空、对海实施警戒，及早发现来袭敌机、导弹、舰艇，可对火器实施射击控制和导弹的制导等。在海湾战争中，多国部队空袭编队得到了各种电子战飞机4000多架次的电子支援，掌握了制电磁权，有效掩护突防，致使伊军作战飞机和防空导弹部队未能作出有效反应。四是保卫重要军事目标。在重要城镇、桥梁、机场、工厂和军事要地等目标附近，设置有力的雷达干扰设备或采用欺骗手段，能有效干扰敌轰炸机瞄准雷达和导弹的制导系统，使飞机投弹不准，导弹失控，减少被击中的概率，达到保卫重要目标的目的。五是夺取战争主动权。未来信息化战争中，电子对抗技术将越来越先进，电

① 参见余高达主编．普通高等学校军事理论教程［M］．北京：国防大学出版社，2003：270-271.

子对抗领域将越来越广阔，电子对抗的作用将越来越重要。不掌握制电磁权、制信息权，自身作战兵力兵器的作战效能就无法正常发挥，就很难掌握整个战场的主动权。

（三）电子对抗发展趋势

随着高新技术迅猛发展，电子对抗将面临宽频带、高精度、低截获概率、多模式复合、多信号格式、多技术体制的电子威胁，并要面对全高度、全纵深、全方位的作战空域。因此，电子对抗必须具有快速应变的作战能力。其发展趋势为：

1. 电子对抗的电磁频谱范围将从射频段向全频段发展

雷达侦察技术向扩展频段、提高测向测频精度、增强信号处理能力方面发展。根据国外现役及在研的电子侦察设备预测，本世纪初电子电磁斗争频谱将从射频段向全频段发展。

2. 电子对抗技术将从传统的单一装备向综合一体化方向发展

电子对抗作为一种基本作战形态已经得到广泛证明，在装备技术层面必然会产生新的变化。电子战装备发展趋势将体现在以下几个方面：一是单平台电子战装备向侦察、干扰、摧毁一体化发展；二是发展多功能电子战装备，实现单平台上的电子战装备与雷达、导航、通信等电子战设备或系统的综合一体化；三是多平台电子战设备的综合，实现在陆、海、空、天广泛空间内的系统对抗。

3. 电子对抗的重点将向 C^4ISR 一体化系统和反精确制导武器方向发展

“C^4ISR 系统是国家和军队威慑力量的重要组成部分，是现代化军队的神经中枢”①，而精确制导武器是信息化战争中的主要杀伤性武器系统，针对 C^4ISR 和精确制导武器的电子对抗将成为电子对抗技术发展的重要方向。

4. 电子对抗的领域将超越电磁空间，新样式将不断出现

电子对抗从电磁空间已经扩展到网络空间。目前，世界各主要军事强国都非常重视网络战能力的建设，未来的网络作战中，激活预置破坏程序、有线与无线注入病毒、使用电磁脉冲武器和芯片细菌、黑客攻击对方信息系统等，将成为网络空间主要的作战手段。

五、军队指挥自动化

（一）军队指挥自动化概述

1. 军队指挥自动化的概念

军队指挥自动化，是指“在军队指挥体系中建立和运用指挥自动化系统，辅

① 总参学生军训办编．普通高等学校军事理论教程［M］．北京：国防大学出版社，2003：276.

助指挥员和指挥机关实现科学、高效的指挥控制与管理的活动”①。其目的是提高军队的组织指挥和管理效能，最大限度地发挥军队的战斗力。其中指挥自动化系统是指：在军队指挥系统中，综合运用以电子计算机为核心的现代信息技术及军事指挥理论，实现军事信息收集、传递、处理自动化、决策方法科学化，对军队和武器实施高效的指挥与控制，保障军队发挥最大作战效能的“人—机”系统。军队指挥自动化系统是实现军队指挥自动化的基础，指挥自动化是该系统的目标。

军队指挥自动化系统简称为 C^3I 系统，即由指挥（Command）、控制（Control）、通信（Communication）及情报（Intelligence）等分系统组成的综合系统。随着科学技术的发展，军队指挥自动化的功能在不断扩充和完善，其概念的内涵和外延也在不断地拓展。现在已经扩展为 C^4ISR 系统即：C^3I+计算机（Computer）+监视（Surveillance）+侦察（Reconnaissance）等分系统组成的综合系统。同时也说明，在现代战争中，指挥、控制、通信、情报以及电子对抗等已逐渐融为不可分割的整体。

2. 军队指挥自动化系统的组成与功能

从信息流程角度看，指挥自动化系统是由信息收集分系统、信息传递分系统、信息处理分系统、信息显示分系统、决策监控分系统和执行分系统等六个分系统组成。一个完整的指挥自动化的基本组成和功能如下：

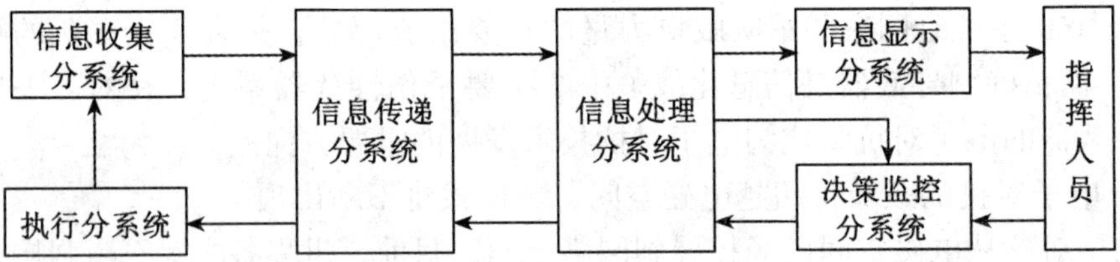

军队指挥自动化系统组成示意图

信息收集分系统。主要完成情报信息侦察和收集，由配置在地（水）面、水下、空中、空间的各种自动化的侦察设备组成，如侦察卫星、侦察飞机、雷达、声呐、传感器等。它能及时、准确、大量地收集敌我双方的兵力部署、作战行动及战场地形、气象信息等情况，为指挥员定下作战决心提供必要、实时、准确的情报。

信息传递分系统。信息传递分系统也被称作“通信分系统”，它“主要由传递信息的各种信道、交换设备和通信终端等组成，这几部分构成具有多种功能的通信

① 沈永平. 军事高技术知识［M］. 北京：解放军出版社，2004：535.

网，迅速、准确、保密、不间断地传输各种信息”①。可以说，通信自动化是作战指挥自动化的基础，发达的通信网对实现作战指挥自动化具有重要作用。通信信道主要有有线载波、微波接力、散射通信、卫星通信、光纤通信等。交换设备主要包括电话、电报、数据信息自动交换机等。通信终端设备包括语音、视频、电传、传真和计算机等终端设备。

信息处理分系统。这部分由电子计算机及其输入输出设备和计算机软件组成。信息处理的过程，就是将信息输入计算机，通过按预定目标编制的各类软件程序进行信息的综合、分类、存储、更新、检索、复制和计算等，并能协助指挥人员进行军事运筹、拟制作战方案，对各种作战方案进行模拟、比较评估和选优等，同时也能协助指挥人员处理文字、图形、图像信息等。

信息显示分系统。信息显示分系统由各类显示设备组成，如投影仪、显示板、大屏幕显示器等。其主要任务就是把信息处理分系统输出的各种信息用文字、声音、符号、表格、图形、图像等多种形式显示在各种屏幕上，为指挥和参谋人员提供形象、直观、清晰的作战情报、作战态势、作战方案、命令和执行结果等信息。

决策监控分系统。决策监控分系统一方面用于监视和控制整个系统的工作状态；另一方面辅助指挥人员分析战场态势、判断作战方案优劣、决策作战方案和下达作战计划和命令。决策监控分系统由各种监视和控制功能的设备组成，如指挥控制台、辅助决策计算机、作战模拟计算机、决策软件系统等。

执行分系统。执行分系统是将决策监控分系统发出的作战指令信息转化成作战行动。主要由执行命令的作战部队终端系统和自动执行作战指令的装置，如导弹的制导装置、火炮的火控装置和各种遥控设备等。

以上就是指挥自动化系统的组成及各部分的功能。在这个系统中，信息收集分系统就相当于人的眼睛和耳朵，信息传递分系统就相当于人的中枢神经，信息处理分系统、信息显示分系统以及决策监控分系统就相当于人的大脑，而信息执行分系统就相当于人的四肢。作战信息由信息收集分系统收集起来以后，经信息传输分系统传输到信息处理分系统进行自动的分析、判断，再经信息显示分系统显示，指挥员根据显示的各种情况通过决策监控分系统输入必要的命令或指令，再经过信息处理分系统以及信息传输分系统传输到执行分系统，从而完成一个基本的指挥过程。此外，执行分系统对命令或指令的执行情况以及武器的打击效果又可通过信息收集分系统反馈到决策监控分系统。

3. 军队指挥自动化的地位与作用

军队指挥自动化在现代战争中的地位和作用越来越高，具体表现在以下几个

① 余高达主编．普通高等学校军事理论教程［M］．北京：国防大学出版社，2003：312-313.

方面：

一是军队指挥自动化是国防威慑力量的重要组成部分。现代战争清楚地表明，先进的武器装备必须要有先进的指挥手段与其相匹配才能发挥其效能。这是因为，无论是核威慑、化学武器威慑，还是常规威慑，如果没有先进的指挥手段作依托，它们的作用就会发挥不出来，就无法形成实际的战斗力。而这个先进的指挥手段，就是军队指挥自动化。“作战力量各要素之间的紧密协调和各种武器系统威力的发挥，越来越明显地表现出对信息的依赖，信息优势已成为决定战争进程与结局的重要因素。”① 因此，掌握信息优势的能力，已经成为当今军事领域正在强化的一种潜在威慑力量，而高效的军队指挥自动化系统，则是夺取和保持信息优势的关键。

二是军队指挥自动化是军队战斗力的“倍增器”。现代战场，单一武器的作用逐渐减弱，系统与系统的对抗已成为未来信息化战场的重要特点。只有通过军队指挥自动化系统，各个作战要素、各类作战资源和各种武器系统才能连接成一个有机整体；只有通过军队指挥自动化系统，指挥员才能对众多作战力量实施有效的指挥控制，才能对众多作战要素和作战资源实现最佳配置和最佳组合，充分发挥作战体系的整体效能，实现既达成作战目的又获得最佳作战效益的双重目的；只有通过军队指挥自动化系统，才能使作战行动更有效，使有限的作战力量得到倍增。②

三是军队指挥自动化系统是信息化战争作战指挥的必备手段。首先，军队指挥自动化拓展了作战指挥范围。“指挥自动化系统不仅可以使指挥员对来袭的敌方各种空中目标实现从探测预警、情报侦察、监视捕捉、敌我识别、跟踪制导、电子对抗，直到命中目标全过程的自动控制，而且可以使指挥员在远离战场的情况下实时、形象、直观地掌握战场态势和有关情况，指挥协调作战行动”③。其次，军队指挥自动化极大地缩短了作战指挥周期。信息化战争的突然性增大，节奏明显加快，时间和速度已成为极其重要的制胜因素。例如：在1991年的海湾战争中，“飞毛腿”导弹从伊拉克升空到导弹在以色列境内着陆，仅仅只有7分钟时间。这一战例表明现代指挥系统必须缩短指挥周期，适应快节奏的指挥要求。而这唯一的出路便是实现指挥自动化。

四是军队指挥自动化系统是信息战的重要武器系统。美国1995年财政年度国防报告指出：“信息战不仅是更好地综合运用己方 C^4I 系统的手段，而且是有效地与潜在敌方的 C^4I 系统相匹敌的手段。一方面保证己方信息系统的完好，免遭敌方利用、恶化和破坏；另一方面则设法利用、恶化和破坏敌方的信息系统。在这个过

---

① 余高达．普通高等学校军事理论教程［M］．北京：国防大学出版社，2003：314.

② 参见余高达．普通高等学校军事理论教程［M］．北京：国防大学出版社，2003：313.

③ 余高达．普通高等学校军事理论教程［M］．北京：国防大学出版社，2003：315-316.

程中，取得运用部队的信息优势。因此，信息战就是C^4I与C^4I对抗，信息系统安全与安全对抗以及情报的集聚和综合。”由此看出，信息战是一种综合性战略，信息战的作战对象主要是C^4I系统，信息战的物质基础和技术手段也主要依赖于C^4I系统。

（二）军队指挥自动化在军事上的应用

目前，美国在指挥自动化系统方面处于世界领先地位。其全球指挥控制系统（简称 WWMCCS）① 是在1962年古巴导弹危机时为适应其“灵活反应策略”而开始筹建的。自1968年初步建立直到今日，一直在进行改进和完善。该系统的任务是供美国国家军事当局在平时、危机时和全面战争时的各个阶段，不间断地指挥控制美国在全球各地区布置的战略导弹、轰炸机和战略核潜艇部队，完成战略任务。其功能是提供情报收集、情报分析和评估、威胁判断及攻击预警、制订作战方案和作战计划、命令部队作出快速反应等。

1. 指挥体系

全球军事指挥控制系统有30多个指挥中心，服务于国家战略军事指挥。美军的各指挥中心目前用国防军事通信网联结起来，采用的通信手段包括卫星、国防通信系统、塔木卡系统以及极低频、甚低频、低频最低限度应急通信网。各指挥所内除有各种通信设备外，主要是各种计算机和显示设备，用来完成各种情报处理和显示。

2. 情报获取分系统

美国战略指挥控制系统的情报系统由海上、地面、空中和太空中的雷达，红外和可见光侦察设备构成，主要分防御支援计划（DSP），预警卫星系统，弹道导弹预警系统（BMEWS），空间探测与跟踪系统（SPADATS），远程预警系统和北方警戒系统，空中预警与控制系统（AWACS）和侦察卫星等。

DSP预警卫星系统有三颗卫星分别定位于太平洋、印度洋和南美洲赤道上空的地球同步轨道上。它能在导弹发射后60秒内探测到导弹尾部的红外线，对陆基导弹可提供25～30分钟的预警时间，对潜艇发射的导弹可提供15分钟预警时间。从卫星上得到的数据经地面站最终传给北美防空防天司令部。

弹道导弹预警系统（BMEWS）用来发现来袭的弹道导弹。它将探测数据和来自预警卫星的数据结合在一起使用，提高了发现目标的可靠性。它对洲际导弹提供15分钟预警时间。雷达的作用距离在5000千米以上，方位角范围大于180°，采用相控阵雷达。

潜射导弹预警系统由两座分别部署在美国东海岸和西海岸的相控阵雷达、计算

---

① 参见总参军训部编．军事高技术知识教材（下册）[M]．北京：解放军出版社，1995：189-197.

机组成，其发现目标距离在4000千米以上，主要对付来自潜艇发射的战略导弹，提供约15分钟预警时间。

空间探测与跟踪系统（SPADATS）的任务是监视太空中的飞行物，把它们的轨道、用途、状态、国别等数据一一记录，对再入大气层的要进行跟踪，并预报它的落地点。

远程预警线系统（DEWL）和北方警戒系统有50多个雷达站，分布于北美，每部雷达作用距离在数百千米内，主要对付来自北方的战略轰炸机，能提供的预警时间约半个小时。

空中预警与控制系统（AWACS）。美国使用的预警机有E-3A、E-3B、E-3C、E-2C和E-8A。其中E-3A的最大探测距离为1200千米，当飞行高度为9千米时，探测距离可达500~600千米，可为作战指挥提供批目标，识别200批目标，处理300~400批目标。

侦察卫星属于战略系统的组成部分，但也可用于战术目的。海湾战争中，美国动用的侦察卫星有：KH-11“锁眼”照相侦察卫星、“长曲棍球”雷达侦察卫星、电子侦察卫星、海洋监视卫星等30多颗。

3. 通信系统

全球军事指挥控制系统的通信系统的任务是：保障空中、地面、地下、水面、水下和太空中军事设施间的不间断、安全可靠和快速的通信，这种保障不仅在平时或作战时期，甚至在遭到敌人核袭击后仍能生存。它包括：

最低限度应急通信网（MEECN）。它保证美国遭核袭击后，仍能进行核反击所需的最低限度的通信能力。该系统是由抗毁能力最强的通信系统构成，最主要的系统如下：“塔卡莫”机载甚低频对潜中继系统。“塔卡莫”采用14~30千赫的频率进行无线通信。由于采用飞机中继，因此可实现从空中或地面指挥所指挥战略核潜艇进行作战。地波紧急通信网（GWEN）。它由127个无人值守中继站组成，用150~175千赫的频率发射沿地面传播的无线信号，这种信号被称为地波。由于地波衰减小，可传播很远，且不易受干扰，因此构成了可靠的通信方式。抗毁低频通信系统（SCFCS）。它是甚低频或低频通信网，用于电传。以上各网同各军种网相配合，可把核袭击形成的孤立的作战单元联系起来，进行所谓的核报复。

国防通信系统（DCS）。由保密语音系统和综合自动数字网组成。

国防卫星通信系统（DSCS）。共有14颗卫星组成，联有150多个服务终端。全球军事指挥控制系统、白宫、国务院以及三军都是它的用户。

军事战略、战术中继卫星系统。该系统的最大特点是生存能力强，能在数天或数月的核战争中仍有效地工作。卫星采用了抗核加固技术，抗干扰能力也比其他卫星强。

4. 信息处理系统

信息处理系统，包括了早期建设的全球军事指挥控制系统的互联计算机网（WIN）和后来建立的全球军事指挥控制系统信息系统（WIS）。

全球军事指挥控制系统是世界上最大、最先进的指挥自动化系统。据有关资料介绍，美国的预警卫星能在前苏联导弹发射后30秒钟内探测到它，并在3～4分钟内将导弹攻击警报送到北美防空防天司令部。总统通过全球军事指挥控制系统（WWMCCS）将命令逐级下达到一级部队，只需3～6分钟。若从最高统帅越级向第一级部队下达命令，可缩短到1～3分钟。国防部的自动化通信系统，每天大约要发送20亿字符的情报，传送字符的差错率为1/1000万。战略空军司令部靠指挥自动化系统，平均每月要处理81.5万条情报，平均每分钟处理20条。

（三）军队指挥自动化的发展趋势

指挥自动化系统从诞生发展到C^4ISR系统，历经几十年逐次提升，也经历了多场战争的考验，表现出了很多超常的能力和战斗力“倍增器”的作用。由于C^4ISR系统的构成复杂、技术性强、组网困难，仍有许多问题需要解决。在信息获取领域应注重发展具有多层次、多手段、全方位、高精度和远距离的侦察探测系统，以提高情报侦察能力；在信息传输领域应注重发展具有抗毁、保密、抗干扰的通信系统，以提高电子战的能力；在信息处理上应注重发展分布式、智能化的计算机自动数据处理系统，以提高C^4ISR系统的生存能力。从C^4ISR系统工作特点方面看，其发展趋势表现出以下几点：

1. 功能综合化

从理论上讲，一个完整的指挥自动化系统包括信息收集分系统、信息传递分系统、信息处理分系统、信息显示分系统、决策监控分系统以及执行分系统，即包含了涉及战场作战的方方面面。而且，各军种各部门之间的互连互通互操作，使其形成一个完整的大系统。在1991年的海湾战争中，以美军为首的多国部队虽然取得了最后的胜利，但由于信息在各个系统间的传递不够顺畅，使得在某些具体行动上配合不够密切，影响了作战效能的发挥。为了克服这些缺陷，美军强化“综合集成”思想，研制出综合C^4ISR系统，综合集成了指挥、控制、通信、计算机、情报、监视和侦察等分系统。该系统既涵盖了指挥自动化系统的全部内容，也包含着电子对抗、反侦察等功能。

2. 系统一体化

海湾战争的一个重要启示是：“现代战场上取胜的关键不仅在于拥有技术先进的武器装备和投送系统，而且还在于是否具有在战场上将这些武器装备有效地加以控制和使用的一体化能力”①。C^4I系统综合一体化的发展方向和目标，应该是实

① 余高达．普通高等学校军事理论教程［M］．北京：国防大学出版社，2003：318.

现国防部系统与军兵种系统以及军兵种系统之间一体化。即：不仅各军兵种要形成一个综合一体化的本军兵种的大系统，而且在此基础上，国防部的系统与各军兵种的系统还要作进一步的综合集成，以最终形成一个更大的综合一体化系统，以便能在任何地方、任何时间为指战员提供准确的、完整的、经过融合的实时作战信息，以便最有效地发挥部队的整体作战效能。

3. 业务太空化

信息化条件下作战对空间系统的依赖性越来越大，突出表现在指挥自动化业务的卫星化发展趋势。在伊拉克战争中，美军的很多作战行动，如情报、侦察、监视、预警、通信、导航定位和测绘、气象等，都是通过部署在太空的卫星系统来完成的，卫星系统为其在作战时机、行动速度、协调一致、机动能力、火力的综合利用等方面提供了强有力的保障。可以说，“卫星几乎支援着每一次军事行动，直接影响着作战的进程和结局，已成为指挥、控制、通信和情报一体化不可或缺的重要组成部分。也正是有了卫星，才促进了联合 C^4I 系统以及陆、海、空各军种 C^4I 系统的一体化，才使 C^4I 系统和作战系统的综合一体化得以实现”①。

4. 战场数字化

战场数字化将成为21世纪部队建设的一个主要手段和关键步骤，被称为未来军队的发展方向。所谓战场数字化，“就是用数字式通信和信息系统把战场上各军兵种部队、各种武器平台直到单兵连接起来，准确及时地向他们提供所需的各种信息，实现信息交流和信息共享。”② 战场数字化包括 C^4I 系统数字化、武器系统数字化和单兵装备数字化。其中 C^4I 系统数字化是战场数字化的基础，整个战场的数字化必须首先通过 C^4I 系统数字化才能实现。

5. 信息安全化

随着指挥自动化系统对信息技术依赖性的增强以及信息战的出现，使指挥自动化系统的信息安全受到严重威胁。美国中央情报局局长约翰曾撰文指出：“我们有证据表明，世界上许多国家正在制定条令、战略以及开发新的工具，以便向与军事有关的计算机发动信息攻击。”因此，保护信息和信息系统安全已成为保障军事优势的关键所在。美军为此对信息安全提出了如下要求：第一，信息系统必须有能力在任何复杂环境下，安全处理各种信息；第二，必须充分保护国防部的信息系统，以便有能力与有关网络上的多个主机进行分布式信息处理和分布式信息管理；第三，信息系统必须有能力支持具有不同安全属性的用户，利用不同安全保密级别的资源进行信息处理。

---

① 余高达．普通高等学校军事理论教程［M］．北京：国防大学出版社，2003：318-319.

② 余高达．普通高等学校军事理论教程［M］．北京：国防大学出版社，2003：319.

六、航天技术

（一）航天技术概述

航天技术是指人类利用航天器探索、开发和利用太空以及地球以外天体的综合性工程技术，也称空间技术，包括：航天运载器技术、航天器技术和航天测控技术。

1. 航天运载器技术。航天运载器技术是航天技术的基础。要想把各种航天器送到太空，必须利用运载器的推力克服地球引力和空气阻力。运载火箭是典型的航天运载器，它由动力系统、控制系统、箭体和无线电测量系统构成。分为单级火箭和多级火箭。由于单级火箭推力受自重的影响，难以使航天器获得飞出地球所需要的第一宇宙速度，人们发展了多级运载火箭。多级运载火箭是由几个能独立工作的火箭沿轴向串联组成的，火箭发射后逐级脱落，减轻火箭自重，可使航天器获得足够高的飞行速度。火箭的推进剂（或燃料）分为液体推进剂和固体推进剂。

2. 航天器技术。航天器分为无人航天器和载人航天器两大类。无人航天器分为人造地球卫星和空间探测器（或深空探测器）两类。人造地球卫星是在环绕地球的太空轨道上飞行的航天器；空间探测器是对地外天体和外层空间进行探测的航天器。载人航天器分为载人飞船、空间站和航天飞机等。载人飞船可保障航天员在太空期间短期工作和生活，执行太空航行任务并能安全返回地面的航天器；空间站是为多名航天员提供寻访、长期工作和生活居住条件的航天器；航天飞机是具有部分重复使用功能和运输能力的往返于地面和太空之间的航天器。

3. 航天测控技术。航天测控技术是“对航天器进行遥测、遥控、跟踪和通信”① 并控制和保障航天器在太空轨道上正常工作的技术。为此，火箭和航天器上均设有测控设备，在地球表面还建有测控系统。包括分布在各地的测控台、测控站及海上的测控船，形成遍布全球或覆盖一定范围的测控网。航天测控系统主要由精密跟踪测速雷达、光学跟踪测量系统、无线电跟踪测量遥测遥控系统、实时数据处理计算机系统、保障信息及时不间断传输的通信系统等组成。

（二）航天技术的军事应用和对作战的影响

1. 航天技术的军事应用

航天技术的军事应用非常广泛。主要有军用卫星、军用载人航天器、空间武器等。

（1）军用卫星

军用卫星是专门用于完成各种军事任务的人造地球卫星的统称。按用途可分为侦察卫星、通信卫星、导航卫星、气象卫星、测地卫星等。

---

① 总参军训部编．军事高技术知识教材（下册）[M]．北京：解放军出版社，1995：44.

侦察卫星。侦察卫星是利用各种星载侦察探测设备对地上、地下、水上、水下、空中、空间的目标进行观察和监视的航天器，具有收集和传递侦察范围广、收集和传递情报速度快、侦察效果好、不受国界与自然地理条件限制、生存力强等特点。其主要用途是：侦察敌方战略目标；对领土进行测图、监测对方战略武器系统、侦察对方地面部队的部署。根据侦察卫星不同的侦察手段和侦察任务可分为光学照相侦察、雷达成像侦察、电子侦察、导弹预警、核爆炸探测卫星等类型。

通信卫星。通信卫星是卫星通信系统中的空间部分，完成微波无线电信号的发射和转发工作，以实现各地面站之间或地面站与航天器之间的通信，可传输语音、数字数据、图片图像信息等。军用通信卫星分为战略通信卫星和战术通信卫星两种。战略通信卫星通常是地球同步轨道（静止轨道）卫星，它接收到地面发出的无线电波以后对其进行变频、放大，然后再转发回地面。在地球赤道静止轨道上，等距离部署 3 颗通信卫星，就可以实现除地球两极盲区外的全球通信。战术通信卫星的轨道既可以采用大椭圆轨道（500 ~ 40000 千米），也可采用中低轨道（几百到几千千米），由几颗或几十颗卫星构成卫星星座，保证地面上任何两地在 24 小时内进行通信。其作用主要是提供地区性战术通信，如军用飞机、舰船、装甲车辆及单兵移动通信。卫星通信具有覆盖面大、通信距离远、通信容量大、传输质量高、机动性能好、生存能力强、使用费用低、不受地理和气象条件限制等特点。军事通信卫星用来担负保密的、大容量的、高速率的战略和战术通信勤务。目前美军的军事通信有 70% ~ 80% 是由中继卫星传送的。

导航卫星。导航卫星是通过发射无线电信号为地面、海洋、空中、空间用户提供导航定位和授时服务。军用车船、飞机、巡航导弹、洲际弹道导弹及低轨道卫星都可利用导航卫星提供的信号与数据进行导航。一颗导航卫星，就相当于一个设在空间的无线电导航台。导航卫星上所装有的无线电信标机以固定的频率，按照规定的时间间隔向地面、海上的用户发射无线电信号，报道当时卫星在空间的位置和发出信号的时间，用户利用无线电接收设备接收到卫星发出的信号，通过测量和计算确定自身的位置和航向。由多颗导航卫星构成卫星星座形成全球卫星导航定位系统。美国卫星导航全球定位系统（GPS）由 24 颗卫星构成卫星星座，分布在 6 条轨道上，轨道高度 20000 千米，轨道周期为 12 小时，可保证在地球上或近地空间任一位置、任一时刻都可以同时观测到 4 颗卫星，以保证实时定位、授时。自海湾战争以后，GPS 系统对提高军队的作战能力和制导武器的打击精度发挥出了至关重要的作用。卫星导航定位系统具有精度高、全天候、全球覆盖、用户设备简便等特点。目前，除美国组建了 GPS 系统外，还有俄罗斯组建部署了 GLONASS 导航定位系统；中国正在加紧组建部署“北斗导航定位系统”；欧洲航天局也正在发展“伽利略”导航定位系统。

气象卫星。气象卫星是从外层空间对地球及其大气层进行气象观测的航天器，是从空间获取军事气象情况的重要手段，对全球天气监视和天气预报业务均有十分重要的作用。气象卫星上携带有可见光、微波、红外的探测成像遥感仪器，能够拍摄全球范围的云图，卫星上的“扫描辐射计的探头能探到一定波段的电磁辐射，当它对云层和大气扫描时，就能记下云层和大气在各个波段，如可见光、红外、微波的辐射强度，转变成电信号以后，通过无线电波发送给地面。地面站接收以后，经过计算机处理，就可以得到云的形状、云顶高度、大气温度和湿度、海面温度和冰雹覆盖面积等”① 气象资料。气象卫星的轨道有近地极轨道和同步轨道之分。气象卫星既可以军用也可以民用，也有专门的军用气象卫星，这种卫星为全球范围的战略要地和战场提供实时气象资料，具有保密性强和图像分辨率高的特点。

测地卫星。测地卫星是用于大地测量的航天器。其主要任务是测定地面点位坐标、地球形体和地球引力场参数。测地卫星在军事上具有很高的应用价值：一是为全球大地联测提供统一的地心坐标；二是精确测定地球引力场参数及地球形状和地球表面的地理信息；三是测量海平面高度变化，研究地壳运动和大陆漂移，并预报地震和海啸等。四是为弹道导弹提供准确目标信息和地球引力场参数，提高命中精度。由于地球表面有山、河、湖、海，高低不平，因此造成地球重力场的分布不均匀。又由于测量上也存在误差等原因，原有地图上标明的各种地理位置可能与实地不符，这一切对导弹弹道的计算、飞行和导弹的惯性制导及巡航导弹的地图匹配制导都会造成很大的影响。如果不用测地卫星准确测定有关数据，洲际弹道导弹和巡航导弹就难以击中目标，从而大大降低战略武器的效能。目前，各国都在利用测地卫星进行全球大地测量，以获取重要的具有战略意义的战备资料等。

（2）军用载人航天器

载人飞船。载人飞船是能保证宇航员在空间轨道上生活、执行航天任务并能安全返回地面的航天器。典型的载人飞船由对接装置、轨道舱、返回舱、仪器设备舱（主要有动力和电源设备等）和太阳能供电设备等部分组成。载人飞船容积较小，所载消耗性物质数量有限，不具备再补给能力，因此不能在太空长期飞行。载人飞船能担负的军事使命有：作为地面与空间站之间的运输工具，可向空间站运送各种军事补给物资以及接送人员、进行空间救护等；试验新的军用航天储备；用于特定目标的侦察与监视等。在未来可能发生的太空战中，载人飞船将是不可缺少的军事装备。

空间站。空间站是大型的、绕地球轨道作较长时间航行的载人航天器，是多用途的空间基地。空间站具有载人多、空间大、寿命长和可以综合利用的优点，在军事上有广泛应用前景。由于空间站可承载许多复杂的仪器设备，并可由人直接操

① 总参军训部编．军事高技术知识教材（下册）[M]．北京：解放军出版社，1995：52-53.

作，因而能完成复杂的、非重复性的工作任务。如“军用航天飞机或空天飞机以空间站为基地可对付任何卫星作战平台，并随时对全球任何地方构成威胁。空间站可以部署、组装、维修和回收各种军用航天器，并可试验、部署和使用空间武器”；“可以直接参与跟踪、监视、捕获和拦截敌方航天器和洲际弹道导弹的作战行动”；“可以在军用卫星、飞机和地面系统的配合下成为空间的预警、通信、指挥和情报中心”①，成为国家安全防务系统的神经中枢。因此，要开辟空间战场，建立空间站是必不可少的。

航天飞机。航天飞机是部分可重复使用、往返于地面和近地轨道之间，作为载人、运送货物并完成特定飞行任务的空间航天器。航天飞机由轨道器、助推器（即助推火箭）、外燃料箱三部分组成。航天飞机用助推火箭垂直发射，助推火箭和燃料箱脱落后入轨，只有轨道器在地球轨道上飞行，完成航天飞行任务后，重返大气层并像滑翔机那样在机场跑道上着陆。在军事上，航天飞机可用于部署、维修、回收各种卫星；可方便地实施空间机动，执行反卫星作战任务，拦截、摧毁或俘获敌方卫星；可执行空间侦察，对地面目标进行监视、跟踪，对敌方弹道导弹的发射和飞机进行预警；还可作为从地面到空间站的军事交通工具，为空间站运送人员和物资，能为永久性空间军事基地和军事工厂提供保障性服务。

空天飞机。正在研制的“空天飞机是能在普通跑道上水平起降、在大气层内和空间轨道上飞行的完全可重复使用的航天器”②。20 世纪 80 年代兴起的空天飞机计划是以解决天地之间往返运输、跨大气层飞行和高超音速运输为背景的。美国集中了科学界、工业界和军方的优秀人才，实施国家空天飞机（NASP）计划。目前美国正在研制单级火箭空天飞机，如“X-33”和“X-43”超高速飞机。继美国之后，英、德、法、俄、日、印等国也提出了各自的空天飞机计划。未来空天飞机在军事领域的使用将给空间作战乃至整个军事活动带来重大影响”③。

（3）空间武器

空间武器。空间武器是部署在太空、陆地、海洋和空中用以打击、破坏与干扰太空目标的武器，或从太空攻击陆地、海洋与空中目标的武器的统称。空间武器包括反卫星武器、反导武器、轨道轰炸武器、军用空天飞机等。反卫星武器是专门用于攻击航天器的武器。反卫星武器可分为地基（包括陆基、舰载和机载）和天基两种；杀伤手段分为核能、动能和定向能（激光、微波、粒子束）三种。天基反导武器用于拦截弹道导弹，可分为动能的拦截弹和电磁轨道炮，定向能的强激光、

① 总参军训部编．军事高技术知识教材（下册）[M]．北京：解放军出版社，1995：56-57.

② 总参军训部编．军事高技术知识教材（下册）[M]．北京：解放军出版社，1995：58.

③ 余高达．普通高等学校军事理论教程 [M]．北京：国防大学出版社，2003：306-307.

高功率微波和粒子束武器等。与地基反导武器相比，天基反导武器可实现全球范围的拦截，并大大提高拦截概率。轨道轰炸武器平时在轨道上运行，接到作战命令后，借助于反推火箭脱离轨道再入大气层攻击地面目标。运行轨道不足一圈的轨道轰炸武器称为部分轨道轰炸武器。由于轨道轰炸武器和部分轨道轰炸武器从轨道再入大气层发起攻击，敌方的预警时间短暂，因此，很难防御。

2. 航天技术对作战的影响①

航天技术的应用极大地增强了军事侦察能力和军事指挥控制能力。各种航天器的大量部署和应用，为军队指挥员不断提供或实时获取急需的有关敌方军事目标、军队部署与调动、军队武器装备的数量和性能等各方面的重要情报，从而保证作战方案的正确制定以及对整个作战过程实施正确的指挥。而现在的 C^4ISR 系统越来越依赖空间系统获取情报和传输信息的能力，这是因为在地面、空中和海上设施的配合下，通过部署在空间轨道上的军事航天器，可以居高临下，全时域、全空域、全天候地监视和掌握地面、海上和空中战场所发生的一切变化，并将有关信息实时地告知部队，从而及时采取正确的对策，确保战斗行动准确无误。

军事空间系统可以改善和充分发挥武器装备的作战效能。利用军事空间系统可以及早地发现与监视敌人，为火炮、导弹、飞机、舰艇提供敌方目标的精确位置，并为它们导航，引导它们准确攻击和摧毁目标，提高命中精度和毁伤效果，同时增加武器装备的部署方式和拉大敌我作战距离，还可通过空间系统的侦察对作战效果进行评估，便于决定是否需要再次发起攻击。所有这些作用是一般地面系统或空中系统难以达到的。

军事航天技术是建立以信息技术为基础的数字化部队和数字化战场的关键。信息技术的军事应用，数字化部队、数字化战场的建立，都需要通过各种军事侦察卫星和通信卫星将它们连成一个有机的整体，实时、准确、可靠地获取传输和利用数字化的战场信息。在美军已经建立的数字化部队和数字化战场中，作为其神经中枢或核心作用的综合性的 C^4I 系统，完全是建立在全球定位系统、战术移动卫星通信系统和军事空间侦察与监视系统基础上的。因此，军事航天技术对于未来军队建设、作战指挥、武器装备及战场的信息化、数字化、自动化都起着关键性作用。

军事空间系统的产生与发展直接导致了“天军”与“天战”的出现。天军是陆军、海军、空军和战略火箭军的扩展，我们也将其称为太空作战部队。目前，天军担负着侦察、预警、指挥、导航、通信、控制以及搜集军事气象资料等任务。太空中的空间站既是住人的军营，也是天军的军事基地。空间站还可以作为空间指挥

① 参见总参军训部编．军事高技术知识教材（下册）［M］．北京：解放军出版社，1995：58-62.

所、空间武器的试验基地、航天器和空间武器的修理所以及用来装备定向能武器、摧毁敌方的军用卫星和弹道导弹。20 世纪 60 年代以来，美国和前苏联所进行的一系列反卫星和反弹道导弹的试验，特别是 80 年代美国提出并实施的“战略防御倡议”（即“星球大战”）计划，已大量地将未来天战景况展现在人们面前。

（三）航天技术的发展趋势①

航天技术对大国政治、军事、经济、科技的竞争具有战略性的影响，因此航天技术的发展必然受到世界形势发展的影响。其发展趋势主要是：

1. 民用航天活动及使用将加强

当今世界各国的竞争主要是综合国力的竞争。在综合国力的竞争中，高技术的作用正在上升。航天技术作为高技术之一，其研发和利用对国民经济的拉动作用越来越强，从而成为很多国家开发航天技术日益强大的动力。在发展和开发过程中，利用航天技术监测、管理、服务好地球，实现人类共同家园的可持续发展日益成为各国共识。因而，民用航天活动及使用将加强，如深空探测的日益推进，中国和欧盟共同推进的地球双星探测计划等。

2. 卫星应用将产生更大的效益

今后应用的卫星，技术水平越来越高，用途越来越多，功能越来越完善，寿命越来越长，其投入产出比将越来越高，人类将更能长期准确地观风测雨，更快地传递信息，更加精确地预报灾害，更加清楚地查明地球的资源等。人类的生产和生活活动也将更加方便和快捷，卫星应用将产生更大的效益。

3. 永久性载人空间站和空间基地建设将备受重视

美国、西欧、日本和加拿大正在与俄罗斯联合研制国际空间站，同时还将研制由一个由大型空间站、设在站上的拖运器和必要的服务设施组成的空间基地，使航天技术发展和太空资源的开发、利用的面貌焕然一新。

4. 航天技术在军事领域发挥的作用将不断增强

众所周知，利用航天技术在军事领域所发挥的航天侦察、监视、通信、导航等功能，是近几十年来，特别是近十年来多次军事行动中获胜方所以成功的重要原因。科学技术是第一生产力，也是第一战斗力。航天技术在未来的军事斗争中所发挥的作用将不断增强。只有制天，才能控空、制海。这也是俄、美建立天军的重要原因。未来战争中，航天技术在军事领域的应用，除了继续担当其传统的信息支援功能外，将直接作为一种攻击利器，对地基和空基目标实施攻击，从而使未来作战对抗更加激烈。

---

① 参见余高达．普通高等学校军事理论教程［M］．北京：国防大学出版社，2003：306-307.

七、新概念武器

新概念武器主要是指工作原理、结构、功能和杀伤破坏机理与传统武器不同的新型武器。新概念武器和技术的种类很多，最有代表性的新概念武器主要有高能激光武器、粒子束武器、高功率微波武器、动能武器和计算机病毒武器等。

（一）高能激光武器①

高能激光武器，也称强激光武器或激光炮，是利用高能激光束摧毁飞机、导弹、卫星等目标或使之失效的定向能武器。

1. 高能激光武器的组成

高能激光武器主要由高能激光器、精密瞄准跟踪系统和光束控制与发射系统组成。高能激光器是高能激光武器的核心，用于产生高能激光束。作战要求高能激光器的平均功率至少为2万瓦或脉冲能量达3万焦耳以上。精密瞄准跟踪系统用来捕获、跟踪目标，引导光束瞄准射击，并判定毁伤效果。高能激光武器是靠激光束直接击中目标并停留一定时间而造成破坏的，所以对准跟踪的速度和精度要求很高。光束控制与发射系统是将激光器产生的激光束定向发射出去，通过自适应补偿矫正或消除因大气效应对激光束产生的影响，以保证激光束高质量地聚焦到目标上，达到对目标的最佳毁伤效果。

2. 高能激光武器的杀伤破坏效应

烧蚀效应：激光照射靶材，部分能量被靶材吸收，转化为热能，使靶材表面汽化，蒸汽高速向外膨胀，可以同时将一部分液滴甚至固态颗粒带出，从而使靶材表面形成凹坑或穿孔，这是对目标的基本破坏形式。

激波效应：当靶材蒸汽向外喷射时，在极短时间内给靶材以反冲作用，相当于一个脉冲载荷作用到靶材表面，于是对固态材料形成激波。激波传播到靶材后表面，产生反射后，可能将靶材拉断而发生层裂破坏，裂片飞出时有一定的动能，所以也有一定的杀伤破坏能力。

辐射效应：靶材表面因汽化而形成等离子体云，等离子一方面对激光起屏蔽作用，另一方面又能够辐射紫外线甚至X射线，使内部电子元件损伤，实验发现，这种紫外线或X射线有可能比激光直接照射引起的破坏力更为有效。

3. 高能激光武器的特点

速度快。激光束以光速（30万千米/秒）射向目标，一般不需要提前量。

机动灵活。发射激光束时，几乎没有后坐力，因而易于迅速地变换射击方向，并且射击频度高，能够在短时间内拦击多个来袭目标。

---

① 参见总参军训部编．军事高技术知识教材（下册）[M]．北京：解放军出版社，1995：268-271.

精度高。可将聚焦的狭窄光束精确地对准某一方向，选择攻击目标群中的某一目标，甚至击中目标上的某一脆弱部位。

无污染。激光武器属于非核杀伤，无论对地面或空间都无放射性污染。

效费比高。百万瓦级氟化氘激光武器每发射一次费用约为 1000 ~ 2000 美元。与之相比，"爱国者"防空导弹每枚为 30 万 ~ 50 万美元，"毒剂"短程防空导弹每枚为 2 万美元。激光武器具有较高的效费比。

不受电磁干扰。激光传输不受外界电磁波的干扰，因而目标难以利用电磁干扰手段避开激光武器的攻击。

(二) 粒子束武器①

粒子束武器是利用高能加速器所产生并发射的高能粒子束杀伤目标的武器。

1. 粒子束武器的基本原理

粒子束武器的基本原理是：用高能强流粒子加速器，将注入其中的电子、质子、各种重离子一类的带电粒子加速到相对论速度（接近光速），使其具有极高的动能，然后用磁场将它们聚集成密集的高能束流，并直接（或去掉电荷后）射向目标，利用这些高能粒子束把大量的能量在极短的时间内传递给目标，通过它们与目标物质发生强相互作用达到杀伤、摧毁或识别目标的目的。

2. 粒子束武器的杀伤机理

粒子束武器是通过高能粒子束与目标物质的强相互作用而穿入目标内部，使能量沉积在目标深处而杀伤目标的。对于中性粒子束，这种相互作用是，粒子穿入目标后立即电离，产生带电核并与目标结构材料的外壳层电子发生库仑相互作用，与目标结构材料的原子核发生弹性碰撞和非弹性碰撞。对于电子束，这种相互作用为碰撞激发，主要表现为电离损失和辐射相互作用。高能粒子束击中目标时，通过上述相互作用沉积在目标物质中的能量能产生三种破坏作用：一是使结构材料激化或熔化；二是提前引爆目标中的引爆炸药（如使推进剂点火或炸药爆炸）或破坏目标中的热核材料；三是使目标的电路被破坏、电子装置失灵。

3. 粒子束武器的主要组成部分

粒子束武器主要由五大部分组成：粒子束生成装置、能源系统、预警系统、目标跟踪与瞄准系统、指挥与控制系统。其中最能说明该武器特征的部分是粒子加速器和能源系统。高能粒子束生成装置是整个粒子束武器系统的核心部分，它用来生产高能粒子束，并聚集成狭窄的束流，使其具有足够的能量和足够的强度。粒子束生成装置，主要包括粒子源、粒子注入器、加速器设备。能源系统是粒子束武器各组成部分的动力源，它为武器系统提供动力，可以认为是粒子束武器的"弹药

① 参见总参军训部编．军事高技术知识教材（下册）[M]．北京：解放军出版社，1995：276-281.

库”。对以脉冲形式工作的粒子束武器，要把大量的带电粒子加速到接近光速，并聚集成密集的束流，需要强大脉冲电源。就目前的电源水平，根本无法达到那样高的要求。因此必须另辟蹊径，图谋良策，采用新的供电方法，即在武器工作之前先储存积聚能量，一旦工作便能在极短的时间内释放出巨大的能量毁坏目标。

（三）高功率微波武器①

1. 高功率微波武器的概念

高功率微波是指峰值功率在100兆瓦上下，频率在1～300吉赫之间的电磁波。由高功率微波源产生的微波，经高增益定向天线，向空间发射功率高、能量集中、具有方向特征的微波射束，便成为一种新的杀伤破坏性武器，这就是高功率微波武器。

从概念上讲，微波武器与激光、粒子束等定向能武器一样，都是以光速或接近光速传输的，但它与激光武器又有着明显的差异。激光武器对目标的杀伤破坏，一般来讲是穿透性硬破坏，它是要靠将激光束聚集得很细，并进行精确瞄准，直接打在目标上，才能破坏摧毁目标。微波武器则不同，它对目标的破坏是瘫痪性软破坏，它是以干扰或烧毁敌方武器系统的电子元器件、电子控制计算机系统等，使它们不能正常工作——使得电子控制系统失效、中断甚至遭到破损。造成这种破坏效应所需的能量比激光武器要小好几个数量级。另外，由于微波射束的波斑比激光射束的光斑大，因而打击的范围也大，从而对跟踪、瞄准的精度要求也就比较低，这既有利于对近距离目标实施攻击，且费用低，同时其技术难度也相应要小很多。

2. 高功率微波武器的杀伤机理

高功率微波武器是利用高功率微波在物体或系统的相互作用的过程中所产生的电效应、热效应和生物效应对目标造成杀伤破坏的。电效应是指高功率微波在射向目标时会在目标结构的金属表面或金属导线上感应出电流或电压，这种感应电压或电流会对目标上的电子元器件产生多种效应，如造成电路中器件的状态反转、器件性能下降、半导体PN结的击穿等。热效应是指高功率微波对目标加热导致温度升高而引起的效应，如烧毁电路器件和半导体PN结，或使半导体PN结出现二次击穿等。高功率微波武器通过高功率微波的电效应和热效应可以干扰或破坏各种武器装备或军事设施中的电子装置或电子系统，如干扰和破坏雷达、战术导弹（特别是反辐射导弹）、预警飞机、C^4I系统、通信台站、军用车辆点火系统等，特别是对其中的计算机系统能造成严重的干扰或破坏，此外还可以引爆地雷等。

高功率微波生物效应是指高功率微波照射到人体和其他动物后所产生的效应，这可分为非热效应和热效应两类。非热效应是指当较弱的微波能量照射到人体和其

---

① 参见总参军训部编．军事高技术知识教材（下册）[M]．北京：解放军出版社，1995：282-285.

他动物后会使之出现一系列反常症状，如使人出现神经紊乱、行为失控、烦躁不安、心肺功能衰竭，甚至双目失明。热效应是由较高的微波能量照射所引起的人和动物烧伤甚至被烧死的现象。

3. 高功率微波武器的特点

一是近乎全天候运用的能力（频率在10吉赫以上时稍差一些）。二是为对付电子设备而设计的波束对人的健康损害轻微。三是波束比较宽，一般能淹没目标，因此对波束瞄准没有太高的要求，并且有可能同时杀伤多个目标。四是单价、使用和维护费用比较低。五是在许多应用中，唯一的消耗器材是常规发电机、交流发电机的燃料。因此，“弹仓”就是燃料箱。六是因为射频武器类似于雷达系统，只不过是具有更高的功率，因而有可能设计一种系统，首先探测和跟踪目标，然后提高功率杀伤目标。七是因为军事人员熟悉雷达系统，并且许多后勤问题已经得到解决，所以高功率微波武器的实现可以利用现有的基础设施。八是因为效应是完全看不见的（使电路工作状态翻转，损坏系统内部的半导体部件），并且装置可以做得很小而且考虑可以很周到，所以这项技术非常适合隐蔽使用。九是适用于非致命性交战。十是覆盖频率范围宽，既可制出宽带强微波定向能武器，也可研制出窄带强微波定向能武器。

（四）动能武器①

1. 动能武器的基本概念

所谓动能武器，就是利用弹头体高速运动的动能直接撞击目标而使目标摧毁的武器装置。动能武器由推进系统、弹头（弹丸）、探测器（传感器）、制导与控制系统等部分组成。推进系统提供将弹头加速到高速所需要的动力，可采用火炮、火箭、电场或磁场加速装置作为推进系统。弹头是动能武器的有效战斗部位，系用金属材料或塑料制成。传感器是动能武器的“眼睛”，用于探测、识别和跟踪目标，常使用红外传感器。制导与控制系统是动能武器的“大脑”，用于确保成功地进行寻的与拦截，制导与控制系统一般由寻的器、惯性测量装置、计算机、方向和姿态控制器、通信设备、能源设备等组成。与定向能武器相比，虽然动能武器速度慢，但技术上可行，价格低廉，并难以防御。

2. 动能武器的结构形式与原理

动能武器必须采用一定的方法将物体（弹头）加速到足够大的速度。根据所采用的推进系统的不同，可将动能武器分为三种不同的结构形式：火炮系统、火箭系统、电磁加速系统。火炮是靠火药的燃气压力将炮弹加速的。从原理上讲，常规火炮可以作为动能武器使用（发射非爆炸性弹头）。在火炮中，最大弹丸速度可达

① 参见总参军训部编．军事高技术知识教材（下册）[M]．北京：解放军出版社，1995：288-291.

到2～3千米/秒。火箭系统。利用火箭加速是三种结构中最成熟的一种。美国人准备部署的动能武器目前都采用一级或两级火箭加速，因此亦称之为超高速火箭动能武器。电磁加速系统。电磁加速系统是利用电磁场加速或电能加热加速的动能武器系统，亦称作电磁炮。

（五）计算机病毒武器①

1. 计算机病毒武器概念

计算机病毒武器是指利用计算机病毒袭击军用计算机系统或网络，造成敌方指挥失灵、武器失控、通信中断或信息泄露，实现其破坏意图的一种新型武器。根据其引导方式，计算机病毒可以分为系统引导型病毒、文件引导型病毒、复合型病毒三大类。

2. 计算机病毒的杀伤机理

计算机病毒是由一些具有相当高水准的计算机专业人员，出于各自不同的目的，人为设计编程的，再加上相应的传染破坏程序，使在计算机系统中能够自我复制、繁衍、扩散，直至传染到整个系统的每一个角落。使用计算机病毒武器实施攻击，就是通过一些不确定的手段和途径将计算机病毒投放到要攻击的敌方计算机里，使其无法正常工作或窃取其情报信息。最容易染上计算机病毒或病毒武器攻击的目标，一是军队的各种信息系统，如指挥控制中心、计算机网络、雷达系统、各种传感器等；二是由计算机控制的各种武器系统，如现代飞机、舰艇、坦克、导弹等自动驾驶，火控，制导系统等。

3. 计算机病毒的主要特点

感染性强，传播速度快。传染性是计算机病毒最显著的特征。只要有一个程序染上了计算机病毒，当此程序运行时，该病毒便能迅速传染给访问计算机系统的其他程序和文件。这样一来，病毒就能很快传染到整个计算机系统，甚至可以传播到一个局部网络或大的计算机中心。目前传播途径有：通过有线线路传播；利用计算机网络中的配套设备传播；利用电磁波传播。

程序量小，破坏力大。计算机病毒程序所需的代码数量通常是很小的，便于隐藏在计算机可执行程序和数据文件中而不易被操作者察觉和发现，以便袭击其他的应用程序，给受害者造成深远而灾难性的后果。计算机病毒武器对敌方实施攻击可分为三个层次：第一层次只对敌方计算机通信起到一定的破坏作用。第二层次被敌方操作系统所接受，可在敌方计算机网络和系统之间自由传播、感染和繁衍，在满足一定条件时产生威力，摧毁大的计算机系统内数据，并使之无法恢复。第三层次在病毒被接受、传染和繁殖的基础上，能够与敌方的计算机系统进行通信，可以查询、篡改敌方的有用数据和文件资料，使其系统输出面目全非，也可以在己方的控

① 参见袁文先等著．数字黑客——信息武器［M］．北京：解放军出版社，2001：97-108.

制下触发病毒发作，以便完全控制敌方整个计算机系统。这是计算机病毒武器的最终目的。

潜伏周期长，隐蔽性好。把从向敌方计算机系统注入病毒到该病毒被发现这段时间称为潜伏期。把从向敌方计算机系统注入病毒成功到该病毒发作的这一段时间称为隐蔽期。一般来说，病毒的潜伏期应长于隐蔽期才能使计算机病毒武器发挥效能。隐蔽期通常是由病毒设计者设定的，而潜伏期则是与敌方计算机系统的安全程度和使用情况有关。如果病毒发作之后很快就被发现并被清除，则其潜伏期与隐蔽期相同。如果潜伏期长于隐蔽期，也就是说在病毒发作之后的很长一段时间内没有被发现，这对施毒者而言是非常有益的，其破坏作用也相对较大。

具有欺骗性和持久性。为了使病毒不被发现，有些病毒设计者采取了特殊的感染手法，每当用户可能观察到病毒踪迹时便实施骗术，从而达到蒙蔽用户的目的。有些隐蔽型病毒具有抗剖析能力，从而为剖析、识别病毒设置了许多障碍。采用无毒加载技术的隐蔽型病毒，当染毒文件将要从磁盘读入内存时，病毒便干预 DOS 的加载操作，无条件地将每个染毒文件先行消毒，然后再加载到内存。持久性是计算机病毒存在和潜伏的基础。即使在计算机病毒被发现之后，数据和程序以及操作系统的恢复依然十分困难。

第三节　高技术与新军事变革

一、新军事变革的主要动因

科学技术的突破性发展、军事需求的强力拉动以及军事理论的有力牵引是新军事变革的主要动因。其中，科学技术的突破性发展是新军事变革产生的重要因素。“高技术的广泛应用，正在深刻改变着社会经济面貌，也正在深刻改变着军事斗争的面貌，引发了军事领域一系列革命性的变化。”①

（一）科学技术的突破性发展是新军事变革的强大动因

在人类文明演进的过程中，科学技术不仅是第一生产力，而且是军事变革的第一推动力。当代科学技术，特别是以信息技术为核心的高新技术的飞速发展是新军事变革最直接的推动力。以信息技术为核心，以航天技术、生物技术、新材料技术、新能源技术和海洋开发技术等为代表的一大批高新技术和高技术产业蓬勃兴起，在被广泛应用于军事领域后，催生了新军事变革，并不断推动世界新军事变革向深度和广度发展，成为推动世界新军事变革最有力的杠杆。同时，新军事变革的出现和不断发展，又必然要求武器装备的不断更新，从而牵引和推动军事高技术的

① 江泽民．论科学技术［M］．北京：中央文献出版社，2001：82.

深入发展。

在当代高技术领域，信息技术是基础，是核心。信息技术在军事领域引发的变化，主要表现在它物化出新一代的信息化武器装备，并使军事理论和体制编制发生革命性的变化。其中，武器装备及其体系的变化是直接的、基础的和革命性的。

一是信息技术的迅猛发展导致武器装备信息化。现代武器装备广泛采用侦察监视、网络通信、导航定位等信息技术，大量装备传感器、计算机、显示器、控制器等先进的电子设备；除此之外，武器装备信息获取、信息处理、信息传输和信息对抗等信息能力的不断增强，使得战场感知、横向组网、远程精确打击和对抗等作战能力取得了长足的发展。

二是信息领域的激烈对抗导致信息系统武器化。信息优势的争夺成为现代战争的重要内容。信息装备及其组成的信息系统作为武器装备体系新的、重要的组成部分，大大提高了信息获取、信息传输、信息处理和信息控制等能力，使传统意义的作战能力得到了飞速增强。信息系统作为现代作战的重要手段，具备攻防兼备的功能，从而使武器化的信息系统在现代战争中发挥着日益重要的作用。

三是信息技术的综合应用导致指挥系统自动化，成为军队战斗力的“倍增器”。信息技术的不断发展和综合应用，推进了指挥系统的自动化，使得指挥自动化系统的地位和作用日益突出。几场高技术局部战争表明，指挥自动化系统不仅已经成为装备体系的“粘合剂”，成为指挥决策的“智囊”，而且已经成为战斗力的“倍增器”。

（二）军事需求的强力拉动是新军事变革产生的内在动因

军事变革不是自然发生的客观物质运动，而是对抗主体之间的主观能动行为，是军事需求驱动和军事主体选择的必然结果。因此，在一定物质技术基础上，战略需求和战略主体的选择便成为决定军事变革进程和结局的重要因素。就当前这场新军事变革而言，正是源于冷战时期敌对国家、政治集团对抗的需要。冷战结束后，两极格局解体，世界安全形势发生了深刻变化，信息化战争将成为新的战争形态，国际恐怖主义、非传统安全成为当今世界的重要威胁。这种新的军事需求使得军事斗争的形式和手段又发生了新的变化，它使冷战时期那种建立在机械化战争基础上，准备打大规模战争甚至核战争的军事斗争方式和军队建设模式，难以适应新的安全需求。因此，改革建立在机械化战争基础上的军队成为必要。

（三）军事理论的创新是新军事变革产生与发展的基础和先导

军事理论的创新，对新军事变革的产生与发展起着基础性和先导性的作用。一方面，军事理论的创新促进了军事战略的调整。冷战结束后，世界各军事大国和强国的军事战略已经由机械化战争形态的军事战略向信息化战争形态的军事战略转变。另一方面，军队建设理论方面的创新引导了军队的改革与发展，军队建设的质量特别是高科技含量在不断提高。最后，作战理论方面的创新推动了作战方式的变革。“空地一体战”理论、信息作战理论、空间作战理论和联合作战理论等相继被提出与运用，催生了超视距打击、精确打击等新的作战方式，极大地改变了现代战争的形态。

二、新军事变革的基本内容

“新军事变革，是以人类技术社会（时代）形态由工业社会（时代）向信息社会（时代）转型为根本动因，以高技术特别是信息技术的飞速发展为直接动力，以信息为‘基因’，以‘系统集成’和‘虚拟实践’为主要手段，把工业时代的机械化军事形态改造成信息时代的信息化军事形态的过程。”①由此，新军事变革的本质与核心是信息化。其目的是建设信息化军队，打赢信息化战争。基本内容可概括为“四新”：

（一）创新军事技术，更新武器装备

恩格斯曾经指出：“在军事学术上也不能利用旧的手段去达成新的结果。只有创造新的、更有威力的手段，才能达到新的、更伟大的结果。”② 新军事变革的主要表现即“充分利用以信息技术为核心的高技术来实现军事技术跨时代的进步以及以此为基础的武器装备的飞跃性更新”③。

1. 精确制导武器智能化

未来战争的战场环境越来越复杂，精确制导武器要在极短的时间内将目标摧毁，就必须实现人工智能化。不仅要迅速发现目标，分清敌我，而且能判断和首先攻击对己方威胁最大的目标。要做到这一点，必须“广泛利用人工智能技术，使之真正具备自主搜索、自主攻击的能力，成为有部分人工智能的智能化弹药”④。

2. 作战平台信息化

作战平台通过 C^4ISR 系统联结，构成一体化信息作战体系，具有较高智能化水平和综合作战能力。未来作战平台的发展将呈现出高度信息化、隐形化、智能化、轻型化和小型化的趋势。“随着人工智能技术的日益成熟，以智能机器人为代表的无人作战平台系统将在战场上发挥重要作用。无人战争时代正加速成为现实。”⑤

3. 综合电子信息系统一体化

综合电子信息系统 C^4ISR 是所有信息化武器和整个军队的神经中枢，它“将各个作战单元充分粘合在一起，使其动作协调，发挥出整体效果。综合电子信息系

① 王保存．世界新军事变革新论［M］．北京：解放军出版社，2003：1.
② 马克思恩格斯全集（第7卷）［M］．北京：人民出版社，1965：565.
③ 林建超．世界新军事变革概论［M］．北京：解放军出版社，2004：136.
④ 林建超．世界新军事变革概论［M］．北京：解放军出版社，2004：147-148.
⑤ 林建超．世界新军事变革概论［M］．北京：解放军出版社，2004：149.

统和精确打击武器一起构成的探测打击系统是信息化战争的核心，依靠这种系统可以实现‘发现即摧毁’的目标”①。未来 C^4ISR 系统的发展趋势是：继续大幅度提高信息获取、处理和使用能力；实现一体化无缝链接；提高生存能力。

4. 信息战武器系统多样化

在未来武器装备的发展中，以信息技术为核心，以信息对抗为目的的信息战武器将大量涌现，并成为未来武器装备体系中的一个十分重要的组成部分。如：计算机病毒、预置陷阱、电磁脉冲弹等武器。“据报道，美、英等国已研制出可用于实战的微波炸弹，它在空中爆炸后释放出强大的电磁脉冲，能摧毁某一特定区域内武器系统的电子部件和计算机电路，而不杀伤人员。”②

5. 新概念武器系统实用化

随着新技术的迅速发展及在军事领域的广泛应用，各种新概念武器陆续被研发，并且逐步被投入实战使用。“美国已经研制出的激光武器、电磁脉冲武器、失能武器等新概念武器装备。英军正在研究的钢化塑料坦克，配备电磁炮发射高速炮弹……俄国等离子武器已走出实验室，它在控制激光束质量和使激光束通过大气层传输等方面处于世界领先水平”③。

（二）创新军事理论，推动军队建设转型

军事理论的创新是军事变革的关键。创新的军事理论引领着新军事变革的方向，加速了新军事变革的进程，对军队由机械化向信息化的转型发挥了重要的指导作用。

1. 形成以打赢信息化战争为核心的创新理论

关于信息时代战争形态的称谓主要有三种：“第六代非接触战争”、“网络中心战”、“第四代战争”。关于战争的动因，主要有三种看法：“经济因素”、“文明冲突论”、“浪潮冲突论”。关于新的战争空间，普遍的观点是：在信息化战争中，太空和信息成为继陆地、海洋、空中这三维战场空间后的第四维和第五维战争空间。关于战争的制胜因素，信息优势是战争的主要制胜因素的观点被普遍接受。关于信息时代的军事战略，普遍将夺取信息优势作为军事战略追求的主要目标。

2. 形成以联合作战、非对称作战、信息作战为主体的作战理论

关于联合作战，共同看法是：“未来战争将是在陆地、海洋、天空、太空和信息空间进行的高度一体化的联合作战……C^4ISR 系统为联合作战提供统一的指挥、控制部队的条件。”④ 关于非对称作战理论，“非对称作战理论的宗旨是利用不同

① 林建超．世界新军事变革概论［M］．北京：解放军出版社，2004：150.

② 林建超．世界新军事变革概论［M］．北京：解放军出版社，2004：153.

③ 林建超．世界新军事变革概论［M］．北京：解放军出版社，2004：153.

④ 林建超．世界新军事变革概论［M］．北京：解放军出版社，2004：156.

类型部队之间客观存在的杠杆力量，以己方部队的长处攻击敌人的弱点，使敌人陷入困境，使己方保护主动权”①。关于信息作战理论，信息战包括利用保护己方信息系统的完整，避免被利用、破坏或摧毁，同时对敌方的信息系统进行利用、破坏和摧毁所采取的行动以及使用武力达到信息优势的过程。

3. 形成“全能军队”、“职业化军队”、“系统集成”为代表的军队建设理论

“全能军队”理论要求既能慑止危机中的侵略和恐吓，又能打赢各种规模的局部战争；既能对付常规安全威胁，又能对付信息战、核生化武器、弹道导弹和恐怖活动等非对称威胁。“职业化军队”理论指出，信息化战争时期，在武器装备高度复杂化的条件下，必须建立一支小型职业化军队。“系统集成”理论将“系统集成”思想用于装备建设，主要是“采用‘横向技术一体化’，使武器系统具备互通性、联动性，从而便于信息在所有作战系统中的流动，大幅度地提高武器装备和作战系统的整体效能”②。

（三）创新体制编制，实现军队组织变革

恩格斯曾经指出：“随着新作战工具……的发明，军队的整个内部组织就必然改变了，个人借以组成军队并能作为军队行动的那些关系就改变了，各个军队相互间的关系也发生了变化。”③ 组织变革是军事变革的核心内容。调整改革军队体制编制，是实现人和武器有机结合，最终完成新军事变革的关键。

1. 军队规模小型化

在信息化战争时代，军队的数量、质量与战斗力之间的关系将发生根本性变化，质量跃居主导地位。“以信息和信息技术为基础的高新技术武器装备的小规模部队同样能完成过去千军万马才能完成的战斗任务。”④ 缩小军队规模，发展小型精干的作战力量，成为未来军队发展的必然选择。

2. 力量结构集成化

优化军队力量的内部结构，一是实现模块化编组。军队作战编成逐步向模块化、一体化方向演变。二是提高合成化程度。“由小范围的兵种合成进一步扩展为大范围的军种合成……最终结果，就是将建立一种陆、海、空、天高度合成的一体化军队”⑤。

3. 指挥体制扁平化

为了克服传统指挥体制信息流程长、横向沟通差、抗毁能力弱等弊端，将以垂

---

① 林建超．世界新军事变革概论［M］．北京：解放军出版社，2004：157.

② 林建超．世界新军事变革概论［M］．北京：解放军出版社，2004：158-159.

③ 马克思恩格斯全集（第1卷）［M］．北京：人民出版社，1965：363.

④ 林建超．世界新军事变革概论［M］．北京：解放军出版社，2004：161.

⑤ 林建超．世界新军事变革概论［M］．北京：解放军出版社，2004：162-163.

直指挥关系为主的“树”状结构，改变为横宽纵短的扁平“网”状结构，以减少层次，简化环节，实现信息传输快、保密性能好、生存能力强的目标。

4. 后勤保障社会化

随着军队高技术装备保障日益增多，军队活动的领域日益扩大，单靠军队自身的装备保障和后勤保障已难以有效地胜任所担负的保障任务。“近年来，西方发达国家，纷纷对传统的武器采办体制和后勤保障体制进行改革，实现社会化后勤保障体制”①。

三、新军事变革的发展趋势

建立在信息技术基础上的新军事变革，必将导致军队建设和作战方式等一系列方面发生革命性变化。从宏观上看，其发展趋势主要表现为以下四个方面：

（一）增强军队信息能力将成为新军事变革的首要目标

军队信息能力主要体现在四个方面：首先是一体化信息支持能力。“一体化信息支持能力的基础，即以太空信息系统建设为龙头，构建互联、互通、互操作、无缝链接，集预警探测、情报侦察、导航定位、敌我识别、通信联络、指挥控制为一体化的综合信息系统”②。其次是信息化火力打击能力。即“利用信息技术、信息系统改造、整合和提升机械化武器装备及弹药，使得反应速度更快，打击距离更远，命中精度更高，适应性能更好”③。第三是多维信息作战能力。信息战主要包括电子战、网络战两种主要形式。主要作战行动包括电子干扰、电子摧毁、网络攻击和新概念武器打击。第四是信息综合防护能力。信息化战场上，“防御一方不仅面临空地（海）一体精确化火力打击的压力，还面临着高强度的电子干扰、网络攻击和各种新概念武器打击的威胁”④。要取得战争的胜利，必须提高全方位软硬防护能力。

（二）非接触、非线式、非对称作战将成为重要作战方式

“‘非接触作战’是在不与敌方直接接触的情况下，以高技术远程武器装备间接打击敌人。‘非线式作战’是相对于传统的‘线式作战’而言的，强调不在地面战场上明确规定作战线，具有同时性与纵深性，能在作战地域的整个正面和纵深实施作战，同时运用己方的各种能力打击敌军各方面的能力。‘非对称性作战’是指拥有不同作战能力的部队之间的交战，其目的是以己之长击敌之短，从而掌握战争

① 林建超．世界新军事变革概论［M］．北京：解放军出版社，2004：164.

② 林建超．世界新军事变革概论［M］．北京：解放军出版社，2004：205.

③ 林建超．世界新军事变革概论［M］．北京：解放军出版社，2004：205.

④ 林建超．世界新军事变革概论［M］．北京：解放军出版社，2004：206.

主动权”①。

非接触、非线式、非对称作战，不再是从前沿突击，然后向纵深推进，而是从一开始就进行全纵深甚至全空间作战，战争前方和后方的界限趋于模糊，战略、战役和战术行动融为一体。打击重心将从对方的有生力量，向侦察预警、指挥控制和防空作战系统以及具有象征意义的政治目标首脑机关以及足以屈服对方意志的其他政治经济目标转移，以瘫痪对方的整个作战体系，摧毁对方的战争潜力和国家意志来达成战略目的。“三非”作战的基本手段是全纵深精确制导武器的打击。

（三）体系对抗将成为未来战场对抗的基本特征

信息化条件下，以信息感知和利用为主线，通过综合集成的方法，将各军种的作战平台、武器系统、情报侦察和指挥控制系统以及后勤保障系统等作战要求，集成、整合为一体化、智能化的大系统，战场对抗表现为体系与体系的整体对抗，打击信息系统、瘫痪作战体系成为战场对抗的焦点。而作战体系一体的基础和核心是指挥控制一体化，其典型代表是 C^4ISR 系统。在以计算机、通信网络为核心的信息技术的支持下，实现从情报侦察、情报传输、情报处理、辅助决策、信息共享、指挥控制、效果评估等功能的一体化。因此，C^4ISR 系统必将成为首选和重点打击目标。

（四）太空将成为世界军事竞争新的战略制高点

部队信息能力的提高、“三非”作战的实施、信息化作战体系的建立，都离不开各类天基系统的支持。可以说没有对太空的有效控制和利用，信息化建设、信息化战争，甚至新军事变革都将无从谈起。“太空正从一般意义上的作战支援空间向现实作战空间转变，成为世界各大国竞相争夺的战略制高点。世界主要国家在大力开发利用太空的同时，将着力增强对太空的争夺和控制能力”②。其主要表现形式：一是大力发展太空作战武器系统；二是加紧建设太空战场；三是筹划组建太空作战部队；四是开始构建太空作战理论体系；五是进行太空战演习。可以预见，在不久的将来，太空战将登上战争舞台，确立起人类战争史上一个新的里程碑。

思考题：

1. 简述高技术的定义、特征以及所包括的领域。
2. 什么是军事高技术？简述其突出特征与对作战的影响。
3. 简述高技术武器是装备的发展趋势。
4. 简述主动探测技术与被动探测的基本工作原理。
5. 简述现代探测技术对作战的影响。

---

① 林建超．世界新军事变革概论［M］．北京：解放军出版社，2004：207.
② 林建超．世界新军事变革概论［M］．北京：解放军出版社，2004：211.

6. 伪装的技术措施主要有哪几种？它对作战有哪些影响？

7. 如何利用雷达的弱点设置雷达侦察的伪装？

8. 简述实现雷达隐身的原理及其方法。

9. 简述实现目标红外隐身的原理及其方法。

10. F-117 隐形飞机采用了哪些隐身技术措施？

11. 如何判断一种武器是不是精确制导武器？导弹是如何分类的？

12. 简述精确制导武器的基本工作原理及其作战特点。

13. 为什么说精确制导武器使作战方式发生了深刻变化？我国发展高技术武器装备的方针是什么？

14. 以科索沃为例，说明导弹战已成为现代战争的重要作战样式（或基本火力）。

15. 什么是电子战？其基本方法、手段和目的是什么？

16. 简述现代战争中电子战的基本特点。

17. 简述电子对抗对信息化战争的影响。

18. 简述电子对抗与信息战的区别与联系。

19. 光电对抗包括哪几个方面？其特点有哪些？

20. 什么是军队指挥自动化系统？结合海湾战争说明实现军队指挥自动化的意义。

21. 指挥自动化系统在现代战争中的作用是什么？为什么说它是“兵力倍增器”？

22. 什么是 C^4I 对抗？结合伊拉克战争，说明信息化战争就是 C^4ISR 与 C^4ISR 的对抗。

23. 军用卫星有哪几种？简述侦察卫星的种类、作战特点以及主要用途。

24. 简述军事航天技术在信息化战争中的地位与作用。

25. 简述反卫星的可能措施以及美国战区导弹防御体系的组成。

26. 结合实际，谈谈高技术与新军事变革的关系。

27. 简述新军事变革的基本内涵。

第五章　信息化战争

20 世纪 90 年代初发生的海湾战争，向人们提出了战争的“信息化”这一重大命题。随后相继发展的科索沃战争特别是伊拉克战争更是向人们昭示，“信息技术手段的核心已发展成为战争的主导。战争的技术特征正在向信息化的方向发展。”①信息化战争将成为未来战争的基本特征，根据战争形态的演变，中央军委及时做出了推进中国特色军事变革，实现军队建设由半机械化、机械化向信息化跨越式发展的战略决策。因此，正确认识信息化战争的基本内涵与本质内核，揭示信息化战争的特征与规律，把握信息化战争对国防建设提出的要求，加速我军信息化建设的历史进程，是摆在我们面前的一项紧迫而又艰巨的历史任务。

第一节　信息化战争概述

战争形态是人类社会经济形态的必然产物，特定时代的社会经济形态提供并决定战争的工具和手段。在农业时代，人们的生产方式主要以释放人的体能的方式进行，因此，战争能量的释放方式主要是依靠人的体能，人们只能使用手工制作的青铜和铁质的刀、枪、剑、戟以及弓箭、战车等冷兵器进行战争。到了工业时代，人们所进行的是机器大工业生产方式，这种生产方式决定热能成为战争能量的释放形式，人们能够大量运用火炮、坦克、飞机和舰船等机械化武器装备从事战争。20 世纪中叶以来，随着人类社会由工业时代向信息时代的转变，人们的社会生产方式和经济形态越来越信息化，从而导致人们以信息化装备和信息武器为主进行所谓的信息化战争。战争形态的历史演进证实了美国未来学家托夫勒的论断，人们发动战争的方式，正反映了他们的生产方式。

一、信息化战争的基本内涵

信息，是事物运动状态以及关于事物运动状态的陈述或反映。关于信息的定义，存在着从狭义和广义两个方面来理解信息的看法。现代通信理论为了能够对信息进行定量分析，将信息定义为用来消除随机不确定性的一种负熵，这是狭义的理

① 武仁和．信息化战争论［M］．北京：军事科学出版社，2004：1.

解。广义的理解有两个不同的层次。从本体论意义上说，信息泛指一切事物运动的状态和方式，它包括事物内部结构的状态和方式以及外部联系的状态和方式。在这个意义上，信息与物质、能量被认为是世界三大本源之一。从认识论意义上说，信息是关于事物运动状态和方式的表达或反映，是人们对物质世界的各种认识。在这个意义上，信息具有物质和意识的双重特性。由此可见，从广义上讲，信息与物质和能量一样，是人类社会赖以存在和发展的宝贵资源。物质为人类提供材料，能量向人类提供动力，信息则向人类提供知识和智慧。我们这个社会已经是一个信息高速传递，信息化程度越来越高的整体，信息的作用非常重要。

人类认识世界和改造世界的过程，在一定意义上就是不断从外部世界获取信息、传递信息、处理信息并把它反作用于外部世界的信息活动过程。一个完整的信息活动过程包括信息的获取、传递、处理和应用四个基本环节。人类的信息功能包括：感觉器官承担的信息获取功能，神经网络承担的信息传递功能，思维器官承担的信息认知功能和信息再生功能，效应器官承担的信息执行功能。信息技术就是用来扩展人类信息功能的技术，它是采用信息科学的原理和方法来实现信息的采集、传递、处理、使用等功能的技术集合。

20 世纪 50、60 年代以来，世界上陆续出现了一大批高新技术群，如以微电子技术、电子计算机技术、人工智能技术、通信技术为基础的信息技术；以导弹为代表的精确制导技术；以人造卫星和航天飞机为代表的航天技术；以激光技术为先导的聚能技术；以核聚变为代表的新能源技术；以遗传工程为代表的生物技术；以海洋工程为代表的海洋开发与应用技术；以复合材料和耐高温材料为代表的新材料技术；以新材料为基础的隐形技术；等等。其中，信息技术在高技术群中起着主导作用。

这些新技术一经出现，便以前所未有的速度向深度和广度发展。新技术群的迅猛发展和广泛运用，必将导致新的技术革命。20 世纪 50、60 年代以来出现的高技术群，除本身的发展具有革命性之外，其影响之深远，波及的领域之广阔，是历史上任何一次技术革命都无法比拟的。如今，高新技术群尤其是微电子技术和计算机技术，已渗透到人类社会活动的各个领域，引发了政治、经济、科技、军事和文化等方面的深刻变革，已经产生并将继续产生难以估量的重大影响。

科学技术特别是以信息技术为核心的高新技术的迅猛发展，为新军事变革提供了技术条件。与以往历史上的军事技术革命不同的是，这次军事技术革命不是由单项和少数民用领域的技术引发的，而是由多项高技术交叉综合作用的结果。因此，这次军事技术革命是全方位的。其中起核心作用的技术是军事信息技术。主要包括四种骨干技术：一是微电子技术。由于超大规模和超高速集成电路的应用，20 世纪 80 年代的机载雷达与 20 世纪 60 年代相比，功能提高了 6000 倍，无故障间隔时间增加了 230 倍，重量和功耗却仅为原来的 1%；武器装备的可靠性、突防能力和命中精度增长了10多倍，极大地提高了战场感知、目标识别、精确制导以及指挥、通信能力。二是计算机技术。计算机是信息化武器装备的“心脏”。小型、高速计算机的出现，使武器系统得以向智能化和自动化方向发展，战场信息的获取、传递、处理以及对打击兵器的控制，实现了一体化和实时化。三是光电子技术。光电子技术具有探测精度高、传导速率快、信息容量大、抗干扰和保密性能强等特性。它的广泛运用，使侦察、识别、遥感、跟踪、制导、火控、导航、通信与信息处理等能力大幅度提高。四是军事航天技术。航天技术是由运载火箭技术、航天器技术和地面测控技术构成的综合技术。军事航天技术的发展，已经成为遥感遥测、远距离信息传输、远程指挥控制、远程精确打击和反导的主要手段。

军事技术革命的出现，必然导致武器装备发生质的变化。以军事信息技术为核心的军事高技术群，使人类进行战争的工具发生了“断代性的飞跃”，即由机械化武器装备阶段进入了信息化武器装备阶段。这必然引起交战方式、作战理论和军队体制编制的根本性变革，战争形态由机械化战争向信息化战争迈进。

信息化战争，作为一种全新的战争形态，目前尚无准确的定义和规范的解释。美国国防大学校长塞尔姜中将认为：信息化战争是以夺取决定性军事优势为目的，以实施信息管理和使用为中心而进行的武装斗争。具体内容包括：夺取信息优势、反信息获取、利用信息优势摧毁、破坏、瘫痪敌信息基础设施等。我军信息战理论研究的著名学者沈伟光认为：信息化战争广义上是指对垒的军事集团抢占信息空间和夺取信息资源的战争。狭义上是指战争中的交战双方在信息领域的对抗。并指出，未来将出现“信息工厂”、“信息军队”、“信息宪兵”、“信息联盟”、“信息边疆”等。国防大学学者彭和平认为：信息化战争作为一种战争形态，除了包括信息战之外，还包括精确战、网络中心战、特种战、太空战等作战样式。实际上是为夺取制信息权而进行的作战行动的总和。国防大学张召忠教授认为：信息化战争是指发生在信息时代，以信息为基础并以信息化武器装备为主要战争工具和作战手段，以系统集成和信息控制为主导，在多维空间内通过精确打击、实时控制、信息攻防等方式进行的瘫痪和震慑作战。

美国人类未来学学家托夫勒，从人类社会文明演进的角度，将信息化战争称之为“第三次浪潮战争”、“壁龛战争”①；俄罗斯著名军事理论家斯里普琴科，从战争所使用的武器装备发展的角度，将信息化战争称之为“第六代战争”，即“非接触战争”②。我国大多数学者以人类文明形态为依据，从战争形态演变的角度和信

① ［美］托夫勒等．第三次浪潮战争［M］．高亚阳等译．北京：中国国防科技信息中心，1994：85-86.

② ［俄］弗·伊·斯里普琴科．第六代战争［M］．张铁华主译．北京：新华出版社，2004：125.

息化战争的本质特点出发，将信息化战争称之“是人类社会进入信息时代的必然产物，是运用信息、信息系统和信息化武器装备进行的战争，是信息时代战争的基本形式。”①此定义既强调信息化战争的时代特性，认为：信息化战争是信息时代的产物，是信息时代的生产力水平和生产方式在战争领域的客观反映。同时又强调信息、信息技术、信息化武器装备在战争中的主导作用。它突出了信息化战争与机械战争的本质区别，抓住了信息化战争的本质特征。

二、信息化战争的萌生与发展

信息化战争与人类其他社会活动一样，也要经历一个从萌生、发展到成熟的过程。正确认识信息化战争的发展过程及其规律性，有助于人们把握信息化战争的本质。

（一）海湾战争是信息化战争的萌生期

1991 年 1 月 17 日至 2 月 28 日发生的海湾战争，被普遍视为信息化战争的雏形。美国国防部甚至称其为第一场信息战争，认定海湾战争是人类社会刚刚进入信息时代的第一次信息战争。但从战争手段及战争体系特征看，海湾战争仍然是一场由高技术支撑的机械化战争，因而它只能归入信息化战争的萌生期，不能称为信息化战争。对此可从三个方面分析：从社会信息化背景看，当时只有现代的单项信息技术，网络化程度仍很低；从美军信息化进程看，美军自海湾战争后才真正全面开始数字化方面的建设工作；从信息战理论发展看，当时还没有真正意义上的信息战理论作指导。海湾战争前期，美军信息战理论尚处于自发性的学术研究之中，并未形成系统的理论，因而也不可能用信息战理论指导海湾战争。美军信息战理论真正的发展是受海湾战争的“刺激”之后，其军队信息化的全面建设也开始于海湾战争之后。②

（二）信息化战争的发展

海湾战争之后，随着作战体系的日益复杂，数字技术与网络技术进行实质性结合已成为战争实践的迫切需要，在这种背景下，美军正式启动了网络化发展的进程，由此也把信息化战争推向网络化的新阶段。

网络化，简单说就是利用信息技术和计算机技术，把若干个数字化作战单元连成网络，实现局部的一体化，通常称之为局域网，它是信息化的结构形态和物质基础，是实现系统化的中间环节和必备条件。随着网络系统集成程度的提高，各局域网之间的“篱笆”在不断被拆除，越来越深入地融入更大的系统，即通过对众多作战子系统实施综合集成，实现各数字化单元之间到子系统的无缝链接和信息顺畅

① 武仁和．信息化战争论［M］．北京：军事科学出版社，2004：28.

② 武仁和．信息化战争论［M］．北京：军事科学出版社，2004：49-51.

流动，形成一体化的作战体系，从而最大限度地发挥所有作战力量的整体效能。1993 年，美军作战部队共有 1849 种大型作战指挥信息系统，59 个数据中心，154 个大型局域网络。而到 2000 年时已分别减到 770 个、16 个和 59 个。从这里可以看出，子系统不断扩大、局域网数量逐步减少，是目前网络化的子系统的发展过程和趋势。网络化的最终结果是实现整体作战体系的网络一体化，美军专家称之为“系统中的系统”。届时，战争的对抗将真正变成交战双方体系与体系、系统与系统的对抗。①

（三）科索沃战争标志信息化战争进入成熟期

科索沃战争发生于 1999 年 3 月 24 日至 6 月 10 日。将这场战争视为信息化战争进入成熟期的开端，是由社会信息化和军队信息化发展的程度决定的。

20 世纪末，全球社会信息化进入了成熟期。社会信息化的迅猛发展，开始于 20 世纪 90 年代中期。20 世纪 90 年代以来，一场新的信息化浪潮迅速席卷全球。这场新的信息革命是以数字化多媒体集成和互联网络等技术综合而成的信息化浪潮，网络技术是主要标志，它把全球信息化推向更新、更广、更高的境界。到 90 年代末，人类社会开始全面进入信息社会。2000 年 7 月，西方七国及俄罗斯国家元首在日本冲绳召开信息化首脑会议，颁布了《全球信息社会冲绳宪章》，宪章中将人类社会正式称为“信息社会”。指出：信息技术是推进 21 世纪发展的最强大的力量。信息技术正快速成为世界经济增长的至关重要的发动机。这表明，科索沃战争时，全球信息社会已经到来。

科索沃战争中，信息作战和信息化武器装备发挥了主导作用：一是依托信息优势实施的远程、中程和近程精确打击成为基本手段。精确制导弹药的使用由海湾战争时的 8% 上升到 35%，而摧毁的目标却占南联盟被毁目标总数的 74%。使用弹药的种类包括联合直接攻击弹药、联合防区外武器、“战斧”巡航导弹、常规空射巡航导弹、GBU-37 钻地弹等安装有卫星导航与地理坐标复合制导装置的新型精确制导武器。可见，在信息化弹药的使用上，与海湾战争相比已经发生了质的变化。二是成功地使用了 C^4ISR 系统实施战区外战役指挥与战区内战术控制相结合的作战指挥。北约驻欧洲部队总司令克拉克，在远离战区千余公里的布鲁塞尔北约总部，运用 C^4ISR 系统对相距遥远的各种打击力量实施了实时指挥与协调。空袭中首次使用了“初期联合空战中心能力系统”、“北约综合数据传输系统”和“海上指挥控制系统”等。由于先进指挥控制系统的使用，大大提高了北约部队尤其是美军指挥控制系统的可靠性和生存能力。三是交战双方广泛实施信息对抗。科索沃战争被视为世界第一场交战双方都广泛实施信息战的战争。北约方面，广泛实施了战略、战术级信息作战。包括战前制造舆论攻势，严密控制战时报道，集中打击对方的传

① 武仁和．信息化战争论［M］．北京：军事科学出版社，2004：55-58.

媒设施，高频度实施心理战宣传，实施多种方式的综合侦察监视；保持战场高度透明，以精确制导武器实施“斩首”作战，大量实施电子战，充分利用战场信息系统实施毁伤评估，对南联盟实施全方位信息封锁，等等。南联盟方面则针锋相对，利用既有技术条件，以民心士气的激励对抗心理攻击，以传统手段与高技术手段相对抗，采取多种方式实施网络战，有效削弱了多国部队的信息攻击。战争中，信息化武器运用之普遍，作用之突出，方法之灵活，效果之显著，都是海湾战争无法比拟的。信息主导在战争全过程中真正得到了体现。①

三、信息化战争形态的组成要素

按照一般的战争形态组成要素分析，信息化战争形态的组成要素除了信息化时代这一时代背景之外，还包括：信息化战争作战军队、信息化战争战场空间、信息化战争作战力量以及信息化战争作战样式。

（一）信息化战争作战军队

信息化军队的基本特征反映着信息化建设的质量标准、战斗力构成、指挥体制、建设规模、发展走向等本质特点。

1. 武器装备信息化

信息化军队的战场主导兵器是以释放信息能为主的武器装备，体现的是信息社会“柔性化”生产的技术水平与状态，其武器装备主要由 C^4ISR 系统、信息化作战平台、信息化弹药和单兵数字化作战系统等信息化武器装备构成。信息化武器装备作为主导信息化战场的武器系统，具有全新的作战机理和打击效能，并使军队的本质特征产生质的变化，主要体现在以下几个方面：一是信息能作为战场的主要能量，改变了现代战场制胜的关键要素。二是信息化武器装备改变了现代战场的构成面貌。三是信息化武器装备使作战效能大幅度提升。四是信息化武器装备的打击周期大大缩短。②

2. 建设规模小型化

信息化军队建设规模趋于小型化，主要基于以下三个方面的原因：①它是军事力量构成方式的需求牵动。②它是信息化军队作战能力成倍增长的现实要求。③它是提高部队战场生存能力的最佳选择。目前，信息化军队的小型化趋势主要体现为：军队建设规模小型化，世界各国都在大力裁减军队员额，走精兵之路，尤其是大量裁减陆军，这充分反映出军队规模小型化的世界性发展趋势；部队编制员额小型化，如美军的陆军师由 18 000 人减至 12 000 人，英国、法国的陆军师由 12 000 人减至 10 000 人；军队编制层次小型化，如世界各国军队都在取消或减少师一级

---

① 武仁和．信息化战争论［M］．北京：军事科学出版社，2004：53-55.

② 张蜀平等．直面信息化战争［M］．北京：国防工业出版社，2007：102-103.

编制，增加旅一级编制。①

3. 指挥体制扁平化

指挥体制为军队建设的核心要素，决定着部队的反应速度和指挥效率，直接影响着部队的作战能力。指挥体制的确定，主要由指挥决策方式、指挥通信技术水平和战场较量方式等因素决定。信息化军队的作战指挥适应信息化战场的要求，以定性指挥决策和定量分析决策相结合为指挥决策方式，以陆、海、空、天一体化的自动化指挥网络为平台，以作战体系间的整体较量为战场基本较量方式，实行的是扁平化指挥体制。扁平化指挥体制的最大特点是指挥决策反应速度快，指挥决策效率高、可行性强，而且能够充分发挥指挥员的主观能动性和创造性。②

4. 战场构成“软杀伤化”

信息化军队具有很强的“软杀伤”能力，由于信息化战争的作战目标不再以歼灭敌人有生力量和重兵集团为主，而是以破坏、摧毁和瘫痪敌人的战场认识系统、信息系统和指挥控制系统等战场信息化设施为主要作战目标。因此，信息化军队在保持和提升火力、机动力和突击力的同时，更加突出电子干扰、频谱压制、信息遮断、网络攻击、计算机病毒袭击等“软杀伤”能力，以增强对敌人战场信息化设施的攻击、破坏和摧毁能力。“软杀力”能力作为信息化军队的主要作战能力，具有比“硬打击”能力更强、更有效、更具战场威胁性的特点，不仅可以加快作战进程，有效夺取战场主动权，而且可以决胜战场，改变战局。③

5. 作战要素一体化

信息化战争是在陆、海、空、天、电五维一体的战场上进行的军兵种间的联合作战，并且是在高度一体化的自动化指挥系统下进行的作战体系间的整体较量。因此，信息化作战军队的战场侦察、预警、决策、指挥、控制、打击、防护、保障等要素都是高度一体化的。目前，信息化水平已经达到70%左右的美军，其自动化指挥系统正在由C^4I系统向C^4ISR系统发展与转变，即在指挥、控制、通信、情报和计算机等五种作战要素一体化的基础上，再加上侦察、监视和火力打击三大要素，不仅作战指挥、决策周期更加科学、短促，部队作战反应更加高效，整体作战能力更强，而且打破了军兵种间分散、封闭、自成体系的状态，更加有利于部队进行纵向和横向信息沟通，确保协调、有序地进行联合作战。④

(二) 信息化战争战场空间

信息化战争战场空间既包括由陆、海、空、天等地球物理领域构成的战场空

① 张蜀平等．直面信息化战争［M］．北京：国防工业出版社，2007：103-104.

② 张蜀平等．直面信息化战争［M］．北京：国防工业出版社，2007：104-105.

③ 张蜀平等．直面信息化战争［M］．北京：国防工业出版社，2007：105.

④ 张蜀平等．直面信息化战争［M］．北京：国防工业出版社，2007：106-107.

间，也包括在电磁领域构成的电磁信息空间，还包括在计算机网络领域构成的电脑网络空间。这些空间都是信息化战争空间的重要构成要素，对信息化战争的进程和结局具有重大影响。

1. 陆上战场空间

所谓陆上战场空间，是指敌对双方在陆上进行作战活动的空间。在信息化战场中，信息网络技术的发展，大量航天器升空，并用于直接支援地面作战，给陆地战场空间带来一系列革命性变革。它表现为直接交战面积缩小。由于信息化武器装备毁伤强度的进一步增强，打击精度明显提高，原来需用大规模重兵集团才能完成的作战任务，现在可由精干的小部队、高性能的武器系统直接完成。这就使得陆战场空间的直接交战面积显著缩小。还表现为陆地战场空间不再是决定战争胜负的主要战场。在信息化战争中，以空袭和远程导弹为主的超视距精确打击，以争夺制信息权为主的信息战将成为战争的主导，交战双方较量的战场“重心”将由陆地战场空间转移到空中、太空和信息、网络空间。①

2. 海上战场空间

所谓海上战场空间，是指敌对双方在海上进行作战活动的空间。进入信息时代，随着海军武器装备性能的改善，特别是武器系统的信息化和智能化，海战场将改变过去那种单维、小纵深、小立体、战线相对固定的形态，呈现出前所未有的新特点。首先是空间范围更加广阔。随着海军舰艇续航能力和综合作战能力的提高，极大地扩展了海战场的空间范围，极大扩展了海战场的空间范围。其次是战场目标更加透明。进入信息时代以后，各种先进的侦察和预警手段越来越多，对海上战场空间的侦察监视越来越严密，部署和游弋在海战场空间的目标透明度增大。再次是与其他战场联系更为紧密。在信息化战争条件下，海战场与陆战场、空战场及太空战场和电子信息领域的联系更加紧密。②

3. 空中战场空间

所谓空中战场空间，是指敌对双方在空中战场进行作战的活动空间。空中战场空间是连接太空战场空间与陆、海战场空间的纽带。在陆、海、空、太空的立体空间中，空中战场空间起着承上启下的“纽带”和“桥梁”作用。信息化战场形态逐步形成，给空中战场空间带来了许多新的变化。一是空中战场空间的垂直高度不断增大。如法国的“幻影”2000，能在5分钟内快速跃升到2.4万米高空。二是空中战场空间的区域面积大大拓展。如1986年4月15日，美军F-111大队16架作战飞机，经6次空中加油，航程1万千米远程奔袭利比亚。三是空中战场空间的低限越来越低。据最新资料显示，一些发达国家的新型战斗机可以在距离地面或海面

① 武仁和．信息化战争论［M］．北京：军事科学出版社，2004：80-81.

② 武仁和．信息化战争论［M］．北京：军事科学出版社，2004：81-82.

几米的高度遂行作战任务。①

4. 太空战场空间

太空战场空间，又称外层战场空间、天战战场空间等，是指敌对双方在太空进行争夺的活动空间。随着世界各军事大国对太空领域争夺的日趋激烈，太空成了新的战略制高点。一是太空战场对其他战场的影响与日俱增。例如，在海湾战争中，美国直接用于战争的军用卫星52颗，在科索沃战争中，美国直接用于战争的军用卫星接近60颗，而在伊拉克战争中，美国直接用于战争的军用卫星多达70余颗。二是太空战场空间地位的提高，促进了空间作战理论的迅速发展。2002年8月，美军参联会颁布《联合空间作战纲要》，系统地阐述了美军联合实施空间作战的原则、联合空间作战的计划与实施、军种空间作战行动、战区空间支援行动等内容。三是运用航空与航天力量实施一体化作战，将成为未来信息化战争的主要作战样式。②

5. 网络战场空间

所谓网络战场空间，是指利用计算机技术，将战场上的指挥控制系统、通信系统、武器平台、信息基础设施等连接为一个有机整体，能够相互协作、相互影响所创建的网络环境，是快速处理和利用战场信息的主要空间领域。网络战场空间构成要素主要包括：①探测、侦察网。覆盖全战场的探测、侦察网络保证对各种目标实施不间断的监控。②图形、图像等种类战场信息，确保为各级指挥员及其指挥机关提供实时或近实时的战场情报信息。③计算机网络。计算机网络将指挥控制系统、武器平台乃至士兵连成一体，能实现陆、海、空、天各军兵种信息互通共享，达成诸军兵种联合作战的统一指挥，消除指挥员和战斗员面临的大量未知因素，使战场的不确定性大大减少，实现战场侦察、指挥和打击等行动的及时、高效。③

6. 电磁战场空间

所谓电磁战场空间，是指在电磁信息领域进行信息对抗活动的空间。信息化战争中的许多作战行动主要在电磁信息领域展开，交战双方将在广阔的电磁战场上进行比技斗智的电磁频谱战。电磁频谱战是信息化战争中交战双方利用电子技术和设备，在电磁领域进行的斗争。实质是交战双方围绕制电磁权展开的争夺，目的是限制或剥夺敌方有效使用电磁频谱，保障己方有效使用电磁频谱。电磁信息领域是一个开放的系统，没有固定信息边界，空间广阔，电磁活动无处不在。在信息化战争中，电磁战场空间环境变得越来越复杂，争夺电磁活动空间的斗争越来激烈。贯穿于战争全过程的雷达对抗、通信对抗、水声对抗以及光电对抗，是交战双方夺取电

---

① 武仁和．信息化战争论［M］．北京：军事科学出版社，2004：82-83.

② 武仁和．信息化战争论［M］．北京：军事科学出版社，2004：83-86.

③ 武仁和．信息化战争论［M］．北京：军事科学出版社，2004：86-88.

磁战场空间电磁频谱控制权和使用权的斗争，占电磁频谱优势的一方往往能够掌握战役战斗的主动权，取得作战的胜利。①

（三）信息化战争作战力量

信息化战争作战力量是取得信息化战争胜利的重要保证。信息化战争作战力量构成有多种区分方法，按照军种、兵种结构区分是基本方法。通常主要包括：陆上作战力量、海上作战力量、空中作战力量、导弹作战力量、空间作战力量、信息作战力量等。

1. 陆上作战力量

陆上作战力量是指以步兵、炮兵为主体，在陆上作战的军兵种部队，通称为陆军作战力量，它是信息化战争作战力量的重要组成部分。陆军作战力量主要包括：步兵、炮兵、装甲兵、空降兵、陆军航空兵、工程兵、通信兵、防化兵等兵种部队。主要装备是：步兵武器、坦克、装甲车、火炮、战术导弹、直升机等。陆军作战力量具有强大的火力、突击力、机动力，既能独立作战，又能与海军、空军等其他军兵种联合作战。根据信息化战争需要，陆军作战力量建设应具备多方式快速机动部署、全频谱信息作战、全时空整体防护、远距离战场感知、各军种战地通联、网络化实时指挥、一体化联合作战和全过程综合保障等八种作战能力。其中最主要是四种能力：快速机动部署能力；全频谱的信息作战能力；全时空的整体防护能力；全过程的综合保障能力。②

2. 海上作战力量

海上作战力量是指以舰艇部队为主体，在海洋作战的军种，通称为海军作战力量，是信息化战争作战力量的重要组成部分。海军作战力量主要由水面舰艇部队、潜艇部队、航空兵部队、岸防兵部队和陆战队等兵种以及各种保障部队组成。海上作战力量的主要任务是：独立或协同其他军种遂行消灭敌方舰艇部队，袭击敌方基地、港口和陆上重要目标；保护己方海上交通线，破坏敌方交通线；遂行封锁、反封锁，登陆、反登陆；保卫领海主权，维护海洋权益等作战任务。根据信息化战争海战场的作战需求，未来海军将形成以远海和远洋作战兵力为核心的力量体系。海上作战力量的具体构成：远海（远洋）作战力量、近海作战力量、信息作战力量。③

3. 空中作战力量

空中作战力量是指以航空兵为主体，在空中作战的军种，通称为空军作战力量，是信息化战争作战力量的重要组成部分。空军作战力量通常由各种航空兵、地

① 武仁和．信息化战争论［M］．北京：军事科学出版社，2004：88-89.

② 武仁和．信息化战争论［M］．北京：军事科学出版社，2004：105-111.

③ 武仁和．信息化战争论［M］．北京：军事科学出版社，2004：113-117.

空导弹兵、高射炮兵、空降兵、雷达兵、通信兵和其他专业兵构成，既能协同其他军种作战，又能独立作战，是信息化战争立体作战的重要力量，具有远程作战、高速机动和猛烈突击的能力。信息化战争中，空中作战力量的基本任务是：实施国土防空；实施相对独立的空中进攻作战；协同、配合或支援陆、海军及导弹作战力量作战；实施空降作战、空中威慑、电子对抗；进行空中指挥、空运和航空侦察等。①

4. 导弹作战力量

导弹作战力量是指以弹道导弹和巡航导弹为主要装备，遂行远距离核、常规火力突击任务的作战力量，主要包括核导弹作战力量和常规导弹作战力量。核导弹作战力量主要是指使用地地，空地，海地中程、远程和洲际战略核导弹武器对敌方实施核突（反）击的作战部队，是国家战略核力量体系的主要组成部分，是实现国家意志的重要战略力量。常规导弹作战力量主要是指装备中程、近程常规导弹，遂行战役、战术任务的地地导弹作战力量，是战略导弹作战力量的一部分。导弹作战力量的主要任务是：打击敌方导弹基地、重要军用机场、海军基地，重要军事指挥机关，交通、通信枢纽及重兵集团等战略、战役目标，为海、陆、空军作战创造有利条件。②

5. 空间作战力量

空间作战力量，又称太空作战力量或空间力量。空间力量包括民用空间力量、商用空间力量和军用空间力量。其中，军用空间力量是以航天部队为主体，以航天装备为主要装备，主要在空间进行军事活动的军事力量。空间力量的突出特点是：技术密集、系统复杂、性能超群，是一支典型的信息化作战力量。空间力量的主要组成部分是航天部队。航天部队就是所谓的“天军”，是以空间为战场，利用航天装备遂行军事任务的部队，其根本任务是最大限度地发挥己方空间力量的作战效能，同时限制、削弱敌方空间力量的作用，以谋求对敌的空间优势。空间力量的主要作战任务是：空间信息支援、空间进攻、空间防御和空间勤务保障。空间信息支援是指从太空为各军兵种提供侦察监视、导弹预警、通信中继、导航定位、气象观测和战场测绘等战场信息支援；空间进攻是指对敌太空、空中、海上和陆地的重要军事目标实施太空攻击；空间防御是指阻止敌方对己方实施太空侦察和攻击，确保己方太空作战系统和其他战略战役目标安全；空间勤务保障是指为确保顺利遂行太空作战任务而提供太空运输、作战物资供应、轨道测量控制、基地工程保障、装备技术维护等勤务保障。③

① 武仁和．信息化战争论［M］．北京：军事科学出版社，2004：117-120.
② 武仁和．信息化战争论［M］．北京：军事科学出版社，2004：123-124.
③ 武仁和．信息化战争论［M］．北京：军事科学出版社，2004：125-127.

6. 信息作战力量

信息作战力量，是信息化战争中遂行各种信息作战任务的力量的总称。信息作战力量是信息化战争中进行信息作战最重要的物质基础，对于夺取和保持信息化条件下局部战争制信息权，进而为其他作战行动创造有利条件，最终赢得战争胜利具有重要意义。信息作战力量是随着信息技术在军事领域的广泛运用，军队武器装备信息技术含量不断提高，信息化武器装备不断涌现，而正在产生和形成的一种全新的作战力量，是信息化战争作战力量的重要组成部分，涉及多个领域，构成形式多样。信息作战力量，平时都隶属于不同建制的军兵种部队，战时依据信息作战任务需要，编组成各种信息作战集团（群、队），遂行不同的信息作战任务。①

（四）信息化战争的作战样式

作战样式是战争形态的具体表现，有什么样的战争形态就必然会出现与之相适应的作战样式。信息化战争的基本作战样式是以信息的获取权、控制权和使用权为核心进行的争夺。

1. 制信息权争夺战

制信息权争夺战，就是运用多种手段以夺取一定时空范围内战场信息控制权为目的的作战。信息化战争中，及时掌握制信息权成为作战行动的前提，是战斗力的倍增器。作战中要掌握战场的主动权进而实现行动的自由，首先必须夺取战场的制信息权。因此，制信息权争夺战，将是未来信息化战争中的基本作战样式之一。

2. 指挥中枢瘫痪战

指挥中枢瘫痪战，就是在信息化战争的战场环境中，以指挥决策者为主体，以破坏和瘫痪敌战场认识系统、信息处理系统和指挥控制系统为主要作战目标，综合运用以信息技术为核心的武器装备、作战系统和作战手段，剥夺敌战场信息获取权、控制权和使用权，使敌决策者和指挥机关难以定下正确的决心和进行有效的作战指挥。

3. 战争结构破坏战

战争结构破坏战，就是着眼战争全局，综合运用各种作战方法和手段，从破坏敌维系整体作战能力的系统与联系入手，通过设谋用巧、避实就虚，打击敌作战协调行动的关节，造成敌作战力量结构的紊乱和作战行动程序结构的脱节，致使敌整体作战能力迅速降低，进而集中力量各个击破，达到瓦解、歼灭敌军之目的。

4. 心理系统瓦解战

所谓心理系统瓦解战，就是以改变个体和群体心理状态为目标，运用各种形态的信息媒介，从认识、情绪和意志上打击瓦解敌人的一种作战样式。它着眼于对人的精神上、心理上的征服，利用人在对抗环境中的心理变化规律，通过大量的信息

① 武仁和．信息化战争论［M］．北京：军事科学出版社，2004：132-133.

传递，干扰破坏敌方的决策过程和决策结果，瓦解敌方士气，削弱其抵抗意志，使其做出错误的决定，放弃抵抗、逃避战斗乃至缴械投降，从而不战而胜。

5. 战争潜力削弱战

战争潜力是指在一定时期内，国家或政治集团通过动员能够用于扩充武装力量，满足战争需要的一切物质力量和精神力量的总称。具体地讲，就是经战时动员能为战争服务或使用的人力、物力、精神和科学技术等诸多因素构成的潜在的军事实力，它寓于国家综合国力之中。由于科学技术的发展及其在军事领域的广泛运用，信息化战争已经活跃于战争舞台，战争潜力的构成发生了很大的变化，科技要素明显突出，战争比以往更加需要高素质的人和高科技的物。战争潜力削弱战，就是综合运用硬摧毁与软杀伤的手段，削弱对方为战争服务或使用的人力、物力、精神和科学技术等诸多因素构成的潜在的战争力量，破坏对方将战争潜力转为战争实力的转换机制，动摇对方战争基础，使对方无法继续进行战争，从而达到迅速战胜对方的目的。①

第二节　信息化战争的主要特征

信息化战争与以往的机械化战争相比，有以下几个比较显明的特征：

一、高度信息化的武器装备系统

高新技术的迅猛发展及其在军事领域的广泛应用，特别是高新技术物化为战争手臂，是引起战争形态发生深刻变革的根本原因。工业时代战争的物质基础是机械化的武器装备。信息时代战争的物质基础主要是武器装备的信息化和作战空间的网络化。信息化战争的武器装备系统，是以计算机技术为核心，以信息技术为基础的一体化的武器装备系统，包括：信息攻防武器系统、单兵数字化装备和指挥控制（C^4ISR）系统。

信息攻防武器系统，包括“软”杀伤型信息武器和“硬”杀伤型信息武器。所谓“软”杀伤型信息武器，是指以计算机病毒为代表的网络攻击型信息武器和以电子战武器为代表的电子攻击型信息武器。“硬”杀伤型信息武器主要是指精确制导武器和各种信息化作战平台。精确制导武器能够获取和利用目标的位置信息，进行弹道修正并准确命中目标。在近年来的几场局部战争中，精确制导武器被大量使用。例如，在海湾战争中，多国部队发射的精确制导弹药只占发射弹药总量的6%，可是却摧毁了约80%的重要目标。又如，在阿富汗战争中，仅美军空军使用的精确制导弹药就高达发射弹药总量的60%。信息化作战平台集侦察、干扰、欺

① 武仁和．信息化战争论［M］．北京：军事科学出版社，2004：182-231.

骗和打击功能于一体，既可实施战场探测，为精确打击和各种战场行动提供目标信息，又可实施信息攻防作战，是信息化战争的重要物质基础。信息化作战平台下的飞机、舰艇、装甲车辆和直升机拥有大量的电子信息传感设备，并与 C^4ISR 系统联网，能更精确有效地打击目标。

单兵数字化装备是士兵在数字化战场上使用的个人装备，也称信息士兵系统。它主要由五个部分组成：综合头盔分系统、武器分系统、电源分系统、单兵计算机和无线电分系统以及综合人体防护保障分系统。该系统是基本的作战单元，是战场网络系统的终端，具有人机一体化的远程传感能力、攻击和生存能力，能够实时实地为炮兵和飞机提供数字化目标信息，大大提高命中率。例如，在阿富汗战争中，美空军之所以能够准确无误地对地面目标攻击，就是得益于特种作战部队装备的信息士兵系统与整个战场数字化网络为其提供及时准确的目标数据。

指挥控制系统（C^4ISR 系统）是战场指挥、控制、通信、计算机、情报、监视、侦察系统的总称。它把作战指挥控制的各个要素、各个作战单元粘合在一起，是使军队发挥整体效能的“神经和大脑”。在信息化战争中，C^4ISR 系统能够为从总统到士兵的各级作战人员快速提供决策和作战所需的信息，同时，它也是敌对双方的主要作战目标，围绕着 C^4ISR 系统展开的攻击和防护成为战争的重要作战行动。例如，在海湾战争中的第一次空袭中，F-117A 战斗轰炸机深入巴格达上空炸毁通信指挥大楼。又如，2003 年伊拉克战争的“斩首”行动的主要目标就是萨达姆的指挥机关和它的主要领导人。①

二、急剧升值的信息资源

工业时代战争使用的是装甲车和飞机等，打的主要是“钢铁仗”和“火力仗”，起主导作用的是物质和能量。然而，在信息化战争中，信息是决定战争胜负的关键因素，信息化战争是争夺战场制信息权为主要行动的战争。谁拥有信息资源、握有信息优势，谁就获得取得战争胜利的先决条件。这些必然导致信息资源急剧升值。

急剧升值的信息资源，决定了交战双方对制信息权的争夺在全时空进行。在海湾战争中，争夺信息优势的斗争贯穿于战争全过程，渗透于所有的作战空间。例如，拉开海湾战争序幕的美军“白雪行动”一下子就使得伊拉克的雷达都陷入迷茫，整个战场“漆黑一片”。在海湾战争的空袭作战中，美军借助 C^4ISR 完成了超大容量的信息处理，取得了战场的制信息权。在作战过程中，多国部队每天出动飞机 2000 架次，从 30 多个机场和 6 艘航母上起飞，涉及空中航线 120 多条、航空管制区 600 多个以及导弹交战空域 300 多个，还涉及空中攻击走廊和空中加油随后区

① 章沁生．信息化战争的基本特征与发展趋势［J］．中国军事科学，2003（2）：65-66.

100 多个以及 6 个国家的民用航线。从确定各波次攻击起降时间、空中航线和作战区域以及攻击目标的分配，到攻击执行情况的反馈、评估等，每天需要处理 15.2 万多份电报，70 万个电话。美军正是借助 C^4ISR 完成了超大容量的信息处理，取得了战场的制信息权，为战争的胜利奠定了很好的基础。

三、超大多维的作战空间

随着科学技术和武器装备的发展，作战空间逐渐呈现出日益拓展的趋向。由于飞机的问世及其在军事领域的运用，作战空间发生了第一次革命性变化，由陆海平面战场发展为陆、海、空三维一体的立体战场。20 世纪 80 年代以来，随着航天技术特别是以计算机技术为核心的信息技术在战争中的应用，战争空间从陆、海、空三维物理空间扩展到了外层空间，而且一种新的作战空间——信息空间正在悄然形成。

信息空间是一个新的概念，包括电磁空间、网络空间和心理空间三个方面，渗透到陆、海、空、天、电各个物理空间。由于信息和信息流是没有边界的，因此信息作战的空间也突破了传统战场的界限。下面主要介绍电磁空间、网络空间和心理空间。

电磁空间被称作继陆、海、空、天之后的“第五维战场”，是信息化战争的主要作战空间。美军前参谋长联席会议主席托马斯·穆勒海军上将曾预言：如果发生第三次世界大战，获胜的必将是善于控制和运用电磁频谱的一方。这说明电磁空间将成为信息空间的重要领域，近期几场局部战争证明了托马斯的预言是正确的。所以谁掌握电磁空间的优势，谁就能获得战争的胜利。

信息时代的显著标志是计算机和计算机网络技术的广泛应用，网络空间是人类进入信息社会的必然产物。目前，全世界已有 170 多个国家和地区的计算机网络连为一体，信息高速公路全球范围逐步组成，地球正在变成一个数字化的小村庄。网络空间使得地理上的距离概念和国家间的地理分界线失去意义，网络空间内的任何目标都可能遭到来自世界各地的攻击。例如，在科索沃战争中，网络“黑客”曾使美国白宫的网络服务器瘫痪数小时。空袭开始后，北约总部的网站每天都收到来自攻击者数以万计的电子邮件，严重阻塞了网络线路，部分电子邮件中还包括各种大大小小的电脑病毒，这必然对北约作战行动产生了一定的影响。它表明网络空间已成为信息空间的重要领域。

心理空间特别是作战指挥者的思维空间是信息化战争的重要作战空间。在信息化战争中，心理空间的对抗备受各国军队的重视。美军不仅组建心理战部队，而且研制专用的心理战武器。美军在近期三场局部战争中采用了军事打击与心理战并重的方针。其他国家也是如此。例如，在伊拉克战争中，美国不停地宣传伊拉克的军队被打败了，又有哪个城市被攻克了。而伊拉克外交部长则每天在电视上宣传美军入侵部队不断遭到伊拉克军民的沉重打击。这是双方在进行心理战。①

四、迅疾短促的作战时间

时间是战争的基本要素。随着计算机、通信技术在武器装备中的应用和发展，信息化战争的作战节奏和作战速度比机械化战争大大提高，呈现出迅速短暂的特征。

以前的战争通常持续数月或数年。20 世纪 80 年代人类迈入信息时代后，几场局部战争的持续时间急剧缩短。例如，1984 年美军空袭利比亚 12 分钟，以色列偷袭伊拉克核反应堆的实际战斗只有 2 分钟，1998 年“沙漠之狐”作战行动 52 小时，海湾战争 42 天，科索沃战争 78 天，伊拉克战争从战争爆发到萨达姆政权倒台仅 21 天。促使战争持续时间急速缩短的原因主要有以下三点：

一是战场信息流加快，作战周期缩短。

数字技术的广泛应用使得来自太空的情报近乎与事情过程同步，C^4ISR 保障情报能够实时获取、实时传输和实时处理。在网络化、数字化的战场上，军队的作战程序仍然包括发现目标、进行决策、下达命令和部队行动等环节，但整个过程几乎接近同步进行。美国的未来学家奈斯比特认为：信息社会的一个显著特点是“通过信息渠道的信息流动加快了，使发讯者和收讯者更加接近”。信息化战争下，信息流动速度空前加快，使得空间因素贬值，时间急剧增值，作战行动得以快速进行，作战周期缩短。

二是战争的突然性增大，时效明显提高。

随着武器装备时效性的提高，战争的突然性得到大大增强。从近期几场局部战争实践看，进攻一方往往运用电子技术、隐形技术和信息化武器装备，采取各种欺骗伪装措施，在战争的初期对敌实施突然进攻，迫使敌方来不及作出有效反应。同时，具有快速作战能力的信息武器使得作战行动的速度加快，时效性明显提高。例如美国的空对空导弹，从发现到攻击目标只要 3～4 秒。现在新的防空武器在发现目标几秒钟以后就可以实施拦击。

三是广泛实施精确作战，毁伤效能剧增，作战时间缩短。

信息化武器装备的毁伤效能急剧增大。据有关资料介绍：二战期间炸毁一个目标大约需要 9000 枚炸弹，越战期间炸毁一个目标大约需要 300 枚炸弹。自海湾战争以来，炸毁一个目标只需要 1～2 枚精确制导炸弹。现在 1 枚重磅精确制导炸弹相当于过去数千枚炸弹的威力。一架 F-16 战斗机的空战能力相当于过去 30 架 B-17 轰炸机。信息化武器装备的毁伤效能剧增，加之精确打击能够直接、迅速而致命性

---

① 章沁生．信息化战争的基本特征与发展趋势［J］．中国军事科学，2003（2）：65-66.

地打击敌人的战争重心，必然导致作战时间短促，战争持续时间大为缩短。①

五、非接触交战的行动样式

非接触交战，也称非接触作战，它是敌对双方在不接触的情况下，使用信息系统和远程作战武器，实施防区外打击的作战行动样式。非接触交战是美军首先提出并用于战争实践的。在科索沃战争中，北约的地面部队根本没有进入战场，美军从1.2万公里外出动B-2A隐形轰炸机实施隐形突防和半临空轰炸，从2000公里外出动B-52H和B-1B战略轰炸机，在800公里外发射巡航导弹，从1000公里外发射舰射巡航导弹，在200～1600公里外出动战术飞机实施高空轰炸，或在30公里以外4000～5000米高度发射空对地导弹。

非接触交战行动样式的出现，得益于远距离侦察信息系统和远程作战武器的发展，其特点如下：一是侦察系统远距离一体化。在信息化战场上，从太空到高、中、低空，从地（海）面到水下，一体化的侦察、监视、预警系统可以对敌方实施大范围、全纵深、全天候的立体侦察，并迅速将信息传递给各个火力打击平台。二是武器装备的射程和航程空前增大。现代科技的迅速发展，使远程作战武器性能大幅度提高，为实施非接触作战提供了可靠的物质保证。

战争实践证明，非接触作战具有以下几点优越性：一是能够充分发挥高技术武器装备的威力。拥有高技术武器装备优势的一方一旦能抓住有利战机，就可以陷对方于被动挨打的境地，给对方以致命打击。二是战争的突然性增大。由于参战部队不与敌方接触，采取隐蔽作战，易于达成战争的突然性，获得出奇制胜的效果。三是能提高生存能力，减少伤亡。在敌方防区以外实施打击将大大减少己方的伤亡人数，提高生存能力。四是可以实施全纵深攻击，增大作战效能。一体化的侦察、监视、预警系统和快速的信息传递，可以对敌方实施全纵深的攻击，增加作战效能。五是战争的政治风险小。非接触作战能够在与敌方不接触的情况下对战略目标实施打击，作战行动易于控制，可避免深陷战争泥潭，从而以较低的政治风险达成战争目的。②

第三节　信息化战争的发展趋势

根据机械化战争向信息化战争过渡中所呈现出的特征分析，未来信息化战争的发展趋势主要表现为以下几个方面：

---

① 章沁生．信息化战争的基本特征与发展趋势［J］．中国军事科学，2003（2）：66-67.

② 章沁生．信息化战争的基本特征与发展趋势［J］．中国军事科学，2003（2）：67.

一、传统战争的界限将被超越甚至被打破

传统战争主要指阶级、民族、政治集团和国家间为达到一定的政治和经济目的，使用武力进行的暴力斗争。信息化战争与传统战争相比，在战争目的、战争行动、战争层次和战争主体等方面发生了重大的变化。

（一）战争目的发生异化

“战争是政治的继续”，这是西方兵圣克劳塞维茨最经典的论断。政治以经济为基础，因此，战争背后的最终动因通常是经济利益的争夺。恩格斯在《反杜林论》中说：“暴力是手段，经济利益是目的”。基于这样的逻辑，传统战争交战双方战争目的主要表现为对有形资源的争夺。例如：农业时代的战争主要表现为对人力和土地资源的掠夺和占有；工业时代的战争主要表现为对土地、能源和矿产资源的掠夺和控制。到了信息时代，战争的最终目的已经发生异化。主要表现为从对有形资源的争夺转向对无形资源（即知识和信息）的争夺与控制。这些无形资源包括凝结在技术设备中、存储于各种媒介中和存在于人类头脑中的知识与智力资源。因为信息时代是知识经济的时代，物质资源虽然是经济发展的基础，但已不再起主导作用，起主导作用的是知识和信息。联合国教科文组织调查报告显示，占有知识上的差距已经成为导致国与国之间竞争力和经济实力差距的主导因素。信息化战争的目的主要是对无形的非物质的知识和信息资源的争夺与控制。

（二）战争行动边缘化

按照传统的战争概念，“战争是流血的政治”，“是政治以暴力手段的继续”。但在信息化时代，战争则可能成为不流血或少流血的政治。

在信息化时代，由于各种经济和社会活动的高度计算机化、信息化和网络化，社会经济和政治生活更多地依赖于各种信息系统，例如金融系统、能源系统、交通系统、通信系统、新闻媒介系统等。为了达到瘫痪敌国经济、制造敌方社会动乱的目的，把战争意志强加给对方，不需要实施传统意义上的大规模交战，不需要通过消灭敌军的有生力量，占领敌方的领土来实现，而可以通过进攻性信息战来实现，即通过网络攻击、黑客入侵和利用新闻媒介实施的大规模信息心理战等“软”打击方式达成目的。因此，传统战争的暴力行动将被非暴力的“软”打击行动所取代，“流血的政治”将在一定程度上转变为“不流血的政治”。在信息化战争条件下，一是和平状态与战争状态的界限将趋于模糊，二是暴力行动与非暴力行动的最终效果将趋于一致。

（三）战争层次趋同化

在信息化战争中，传统战争层次（即战略、战役、战斗）的划分将基本失去意义，三者在目的与时空上将更加趋同。首先，在局部战争中，由于大量信息化、智能化的装备和系统的集中运用，精确打击能力将获得更大幅度的提高。一场战

斗，一个战役，甚至一个周密计划的信息行动就可能是一场战争。其次，作战行动将主要在战略层次展开。在信息化战争中，交战双方将更加注重战略打击和战略防卫。战争一开始，打击的目标主要集中在敌方政治、经济和军事命脉的重要战略目标上，尤其是集中在对敌方经济和政治信息系统的攻击以及对敌方民众和决策者心理的攻击上。超视距的非接触作战和大规模的信息进攻将成为信息化战争的主导作战样式。

（四）战争主体多元化

未来国家安全受到的威胁，除了来自于传统意义上的战争之外，主要来自于信息攻击。因为互联网上的每台计算机都可能成为一个有效的作战单元，每个芯片都可能成为一种潜在的武器。实施信息攻击的主体可能是军队、社会团体或怀有极端目的的个人，包括恐怖组织、贩毒集团和宗教极端分子。因此，美国信息战争专家斯瓦图把信息战争分为三类：一是怀有极端目的的个人进行的信息战争；二是社会团体（即公司和团体）进行的信息战争；三是军队（即国家）实施的信息战争。战争主体已经呈现出多元化的特征。①

二、作战效能将具有亚核战争的威力

从某种意义上讲，战争的发展史实际上就是作战效能不断提升的历史。核武器的出现使热兵器的作战效能发展到了极限，但具有最大杀伤威力的核武器在实战中无法运用。然而人类从未放弃对武器作战效能提升的追求，大量信息化武器和新概念武器的发明、制造和运用，将使未来信息化战争具有亚核战争的威力。

（一）信息化时代的军事技术将把常规作战效能推到极限

信息化战争的常规作战效能建立在军事工程革命、军事探测革命、军事通信革命、军事智能革命已经完成或基本完成的基础之上。军事工程革命已经使传统武器跨越空间的距离和速度基本达到了物理极限。航天飞机已经能够在地球与太空之间自由穿梭，洲际导弹的射程已经超出了地球的半径2万公里，其射速已经达到了每秒1.8千米的极限。作战飞机和舰船已经能够实现全球到达，其航速已经达到了速度与动力效费比的最大极限。军事探测革命使得军事探测遍布太空、空中、地面（海面）和深海，使对作战行动的感知、定位、预警、制导和评估达到几乎实时和精确的极限。一颗侦察卫星就可以覆盖地球面积的50%，对地面物体的分辨率将达到厘米级，对导弹的发现时间将缩短到几十秒甚至十几秒钟，这将使战场空间透明度接近极限。军事通信革命实现军事信息的无缝链接和实时传输，使各指挥机构和作战部队，各侦察和作战平台之间达到在探测、侦察、跟踪、火控和指挥方面的信息畅通，真正实现实时指挥和控制，使作战指挥与控制的速度接近极限。军事智

① 章沁生．信息化战争的基本特征与发展趋势［J］．中国军事科学，2003（2）：68.

能革命将真正实现作战指挥活动和作战行动的自动化和智能化。智能化的指挥系统将大幅度提高指挥控制活动的准确性和时效性，作战平台将集发现、跟踪、识别和主动发射为一体，智能化弹药将具有更加强大的自动寻的和发射后不用管的功能，同时大量高度智能化的机器人将投放战场，这将使指挥活动和作战行动的效率接近极限。①

（二）信息战争能够达成与使用大规模杀伤武器几乎同样的战争效果

在充分发展的信息化社会里，国家的所有政治、经济、军事科技和文化活动都将高度的计算机化、信息化和网络化，计算机网络系统成为社会稳定发展和国家安全最为重要的基础设施。信息战争就是有组织、有计划地集中使用信息力量对关系到国家安全和国计民生的关键系统实施的大规模攻击，是对信息资产和系统大规模使用毁伤性力量。美国兰德公司在1995年受国防部的委托，以海湾战争为背景，进行了代号为“翌日”的战略信息战演习：就在美军和盟国加紧向海湾投送兵力时，美国及其盟国的信息基础设施遭到大规模的信息攻击。在不到半个月的时间里，造成了电信中断、交通瘫痪、金融混乱、市场动荡、社会恐慌和反战运动高涨。美军的全球计算机网络被分割、阻断和迟滞，许多由计算机控制的关键武器系统因感染病毒而失灵。美国核电站的控制系统被破坏，医院的计算机抢救和维生系统无法正常运行，“9·11”程控急救系统陷于瘫痪，卫星信号中断或遭到严重干扰，广播电视节目无法播出，失去信息的国民惶惶不可终日。这次模拟演习使美国人认识到信息战争虽是无形的却是非常真实的战争，它与使用大规模杀伤武器相比，给国家和社会带来的破坏与毁伤可能波及范围更为广泛，影响更为深远。②

（三）大量新概念武器的使用将使信息战争的作战效能具有亚核效果

随着科学技术的进一步发展，大量新概念武器将会不断出现并应用于战争。它们具有完全不同的杀伤和破坏机理，它们不以大规模杀伤对方人员的生命为目标，而是通过使对方的作战人员和武器装备丧失作战功能，或通过改变敌国的生态和自然环境来达到战争目的。例如，次声波武器具有洲际传送能力，并且可以穿透十多米厚的钢筋混凝土。电磁脉冲武器在高空施放的电磁脉冲弹可以在瞬间使数十公里范围内的电子设备丧失功能。激光武器可以切割敌对国土上空的一块臭氧层，引发大面积的温室效应。气象武器可造成大面积的洪涝灾害、地震和火山爆发等。

三、天战将成为新的重要作战样式

太空是信息时代人类活动的重要领域，太空中的各类平台以及与之相关的空间系统，是国家从事政治、经济、科技和军事活动的关键信息基础设施。海湾战争以

① 章沁生．信息化战争的基本特征与发展趋势［J］．中国军事科学，2003（2）：68-69.

② 章沁生．信息化战争的基本特征与发展趋势［J］．中国军事科学，2003（2）：69.

来，世界各军事大国加大了对太空的关注，表现为：一是各国正大力发展和部署用于太空攻防作战的武器系统。例如，美国和俄罗斯正在竞相研制和开发陆基、空基和天基武器反卫星系统。二是各国正加快对太空战场的建设。例如，美国计划在2010年部署200颗军用卫星，其中60～70颗针对中国。到2030年美国的在轨卫星可达到800颗，形成庞大的太空侦察和作战系统。三是有些国家正组建太空作战部队。例如，美国目前正致力于建设10支“远征型航空航天部队”。美国计划在2015年前后，组建成真正的天军，现在它已经有第527空间攻击中队和第76空间控制中队。四是各国正开始确立太空作战理论。例如，20世纪美国就已经提出“空天一体、无缝链接”的作战思想，即空军发展到空天军，空天军再发展到低空军，而且这几个兵种相互链接。21世纪以来，太空作战理论从过去的注重支援逐步向攻防兼备，再向强调进攻方向发展，开始高度重视运用各种太空武器系统同时攻击对方在大气层内外的重要目标。① 因此，未来信息化战争中，争夺太空控制权的斗争将成为首选的作战行为，天战将成为新的重要作战样式。

（一）太空是未来信息化战争新的战略制高点

随着航空航天技术和信息技术的发展，人类已经掌握太空探测、太空通信和太空导航、定位等技术，可以实现全球实时探测与预警，可以实现高质量的远程洲际通信，可以实现远程精确作战，可以不受国界、地理和气象限制。它们在信息化战争中将发挥巨大作用。太空制高点的出现，将使传统战场上的所有制高点不复存在。可以说，没有制天权，就不可能有制信息权和制空权，也就没有制海权和制陆权。谁掌握了制天权，谁就掌握了战争的主动权和制胜权。②

（二）争夺太空的控制权将是未来信息化战争的首要作战行动

信息化战争，为争夺制胜权将首先在太空展开作战行动，一些新的太空作战样式将应运而生，它们将成为未来信息化战争的重要作战行动。它们可以是运用太空电子战和太空网络对敌方的太空平台实施“软”打击，干扰破坏敌方太空平台的电子设备和计算机系统，使其丧失功能。也可以是运用各种反卫星武器对敌方的太空平台实施“硬”摧毁，从根本上破坏敌方的太空信息系统。“硬”摧毁包括三种：一是用反卫星导弹攻击，即利用作战飞机、航天飞机和火箭发射反卫星导弹将对方卫星击毁。二是布设太空雷。将太空雷预先布设在敌方卫星的运行轨道上，使敌方的卫星触“雷”而被摧毁。三是使用激光、粒子束和微波等定向能武器对敌方卫星实施攻击。美国的国家导弹防御系统实际上就是以太空反导作战为主体的反导系统，它主要是运用由天基、空基和地基平台共同构成的反导系统，即时探测、识别和跟踪敌方的弹道导弹，运用定向武器、动能武器和其他反导弹武器对敌方的

① 章沁生．信息化战争的基本特征与发展趋势［J］．中国军事科学，2003（2）：70.

② 章沁生．信息化战争的基本特征与发展趋势［J］．中国军事科学，2003（2）：69.

导弹实施拦截和摧毁。太空作战新样式的出现，必将使争夺太空优势变得更为激烈，也将使制天权在信息化战争中具有更加重要的地位与作用。①

四、军队组织将高度小型化、一体化和智能化

伴随着新军事变革的步伐，信息化战争中的军队组织的发展趋势，将是高度的小型化、一体化和智能化。

（一）军队的规模将加速小型化

未来军队的组织体制在数量规模上有两个基本的发展方向：一是军队的总体规模将大幅度缩小。如美国的军队规模已从20世纪90年代初的200万人减少到138万人。陆军从原来的18个师减少到9个师，真正满编的只有3个师。二是作战部队的建制规模将更加小型化。作为低级单位的旅和营将成为主要的建制单位。美陆军正计划用旅代替师，准备将战斗部队、战斗支援部队、战斗勤务部队划分成几种作战群，每个群3000~5000人。另外，为适应未来信息化战争的需要，一些技术密集、小巧精干的新型兵种作战单元也将相继出现并逐步增多。美、德、英、法等国家已经组建了60多个计算机应急反应分队。美国空军组建的第609信息战中队已经初步具备运用信息和信息系统实施攻防作战的能力。另外，美军正在着手计划和组建兵员精干的操纵机器人的作战小分队。②

（二）军队的编成将高度一体化

未来军队编成的一体化将主要表现为建立"超联合"的一体化作战部队。在未来信息化战争中，联合诸军种力量实施作战的传统方式，已难以适应高度一体化作战的需要。因此，未来信息化作战部队的编成将打破传统的陆、海、空、天等军种体制，按照侦察监视、指挥控制、精确打击、支援保障这四种作战职能建成探测预警子系统、指挥控制子系统、精确打击与作战子系统和支援保障子系统等四个系统。探测预警子系统将所有天基、空基、陆基、海基侦察监视平台和系统连为一体，完成对作战空间全天候、全方位的实时感知。指挥控制子系统把所有战略级、战役级和战术级指挥控制和通信系统连为一体，将对作战空间的感知信息转变为作战决策和控制。精确作战和打击子系统将所有作战单元和打击兵器连为一体，按照指挥控制系统的决策和控制，对敌方实施精确作战和精确打击。支援与保障子系统为作战行动提供实时精确的全方位保障。这四个子系统的功能紧密衔接，有机联系，充分发挥整体威力，构成一个大的一体化作战系统。

（三）军队的指挥与作战手段将高度智能化

军队指挥和作战手段高度智能化表现在两个方面：一是指挥控制手段的高度自

① 章沁生．信息化战争的基本特征与发展趋势［J］．中国军事科学，2003（2）：69-70.
② 章沁生．信息化战争的基本特征与发展趋势［J］．中国军事科学，2003（2）：70.

动化和智能化。未来的 C^4ISR 系统将真正实现侦察监视、情报搜集、通信联络和指挥控制的无缝链接，成为作战指挥与控制的信息高速公路，可以高度自动化地确保指挥员近实时地感知战场，定下决心，协调、控制部队和武器平台的作战与打击行动，使得军队指挥员观察战场和指挥作战的能力大幅度提高。二是大量智能化的武器系统和平台将装备军队并投入作战。在未来信息化战争中，具有发射后不用管和自动寻的功能的智能化弹药将得到更加广泛运用。无人驾驶的智能化坦克、飞机和舰船也将规模化投入战场。众多类型不同、功能各异的机器人也将得到广泛应用，执行侦察探测、信息传递、破袭敌电子设备和武器系统以及杀伤敌作战人员等任务。①

第四节　信息化战争与国防建设

信息化条件下国防和军队建设，虽然仍然要坚持马克思主义的基本观点、立场、方法，但在以信息技术为核心的新军事革命的冲击下，国防和军队建设出现了许多新情况、新问题，亟待我们认真研究和深入探讨。

一、拓展信息化条件下国防安全的思路

在信息技术条件下，信息贯穿于疆域和力量之中，疆域要素中包含有信息疆域，力量要素中包含有信息力量，从而使保护信息安全成为捍卫国防安全的重要内容。

以信息技术为核心的高新技术的发展，使影响国防安全的因素更加复杂，解决国防安全的矛盾斗争难度增大，同时也使维护国防安全、进行国防斗争的手段增多，为人们维护国防安全拓展思路创造了有利条件。根据社会时代的演进和科学技术的变化，维护国防安全正确的思路应该是：首先利用综合因素、综合力量来维护国防安全。现代的国防安全观不同于以前，现代的国防观是一种综合安全观。现代国防安全包括经济安全、军事安全、政治安全、文化安全和信息安全等。在当今社会的国防安全中，虽然军事安全仍是国防安全的基石，但经济安全地位上升，信息安全已成为国防安全的重心。在当代，利用信息手段维护国防安全已成为国家是否安全的关注焦点。在维护国家安全的斗争手段上，现在不仅仅只从军事斗争的手段上考虑问题，而是把政治、经济、军事、外交、科技、文化等斗争手段综合为一体，共同为维护国防安全发挥作用。在建立国防安全的保障体制上，也是采取包括政治、经济、军事、外交、地理、资源以及国家各行各业的综合因素来建立大安全保障系统。因此，信息化条件下维护国防安全，不仅要搞好以军队建设为主体的硬

① 章沁生. 信息化战争的基本特征与发展趋势［J］. 中国军事科学，2003（2）：70.

件建设，还要搞好以维护信息安全为主的软件建设；不仅要着眼于军队本身，更要依托全社会的力量，全方位地维护国防安全。其次把维护国家的主权和安全放在第一位，争取用和平的方法解决争端问题。当大多数人还在大谈国际主义、阶级利益的时候，邓小平指出，国家的主权、国家的安全要始终放在第一位。要以关心自己的国家利益为最高准则来谈论和处理问题。在世界两极体制对峙、战火不断的情况下，邓小平就指出："希望用和平方式解决争端。"这是 20 世纪 80 年代邓小平关于维护国家主权和安全的重要思想，也是加强国防安全、解决国际间矛盾斗争的根本性的大思路。尽管加强国防安全中有国防力量、国防防空、国防动员等许许多多工作要做，但在信息化条件下解决国防安全的思路是至关重要的。按照这个思路工作，既可以不动干戈地维护国家主权、国家安全和国家利益，又可以减少国家为准备使用武力解决矛盾的大量经费开支，有利于国家经济建设和发展。①

二、确立信息化思想新观念

打赢信息化战争，必须在器物层和观念层同时演进，既要发展信息化武器装备，又要适应信息时代的要求，实现思想观念的先行转型。观念决定思路，思路决定发展。发展观念滞后，即使信息化装备的比例提高，也难以发挥先进科技应有的效能。我们要打赢信息化战争，就要不断激发军事理论创新的强烈意识，确立适应信息时代要求的创新观念。

纵观军事斗争的发展历史，其每一次战争形态的变化，往往首先表现并取决于观念上的进步。信息化战争的出现，反映在人的头脑中的，首当其冲的也是要进行思想观念上的转变。目前，我军作战力量机械化尚未完成，又面临着信息化战争这个崭新的课题，如果我们仍然以传统的战争观念去思考信息化战争，如果我们还沉浸在以往革命战争中的辉煌历史而止步不前，将新事物拒之门外，我们将失去难得的历史机遇。面对强劲的信息革命的飓风，我们必须从工业时代的思维定势中解放出来，按照科学发展观的要求实现思想观念的根本性转变。

首先，要改变传统的"火力中心"观念，把国防建设的中心转移到信息上来，把提高我国的信息国防能力作为国防建设的重中之重。其次，要抓住信息化浪潮给我们提供的极其宝贵的发展机遇，瞄准世界强国，高标准地进行我国的信息国防建设，使我国在下一轮的军事竞争中占据有利的战略地位。再次，要具有创新的观念和勇气，敢于大胆想象，善于科学创新，准确把握信息化战争的方向，加快我国信息化国防建设的发展速度。

信息时代，信息成为一个国家的重要资源，成为经济和社会发展中不可缺少的财富。信息时代的客观形势迫使我们更新观念。当前，一场全球性的信息技术对抗

---

① 陈云金，吴忠国．国防教育教程［M］．武汉：武汉大学出版社，2007：202-203.

已经全面展开。在这种对抗中，军事行动的主动权将依赖于信息、信息系统和信息优势。信息时代对作战理论、武器装备、指挥体系带来的严峻挑战，不仅仅是信息技术的科学性，还几乎是强制性地改变着军事观念。当我们面对由预警飞机、全球定位系统、侦察卫星、车载无线电系统等一系列高科技孕育出的数字化战场和信息战时，当我们面对一支数字化军队时，必须改变以往那种对阵搏杀的观念，开拓视野，用信息和数据库等新观念去思考信息化战争和21世纪的军队，探索信息和信息源对军事斗争的深刻影响，大胆改革，客观地迎接信息时代的挑战。①

三、加快信息化条件下军队的建设

以信息技术为核心的高技术群在军事领域的广泛运用，必将导致军队建设发生深刻变革。从打赢信息化战争的需要来看，我军建设应着力关注以下问题：

（一）精简机构，调整编制体制，加强军队质量建设

精兵简政，全面提高战斗力，是和平时期军队建设的重要任务。中国军队要精兵，一是要压缩员额，精简那些对军队战斗力没有多大作用的人员、部队；二是要精简机关、机构，调整有利于生成战斗力的灵便精干的指挥机构；三是要着重于全面提高官兵素质，真正做到人少效率高、战斗力强。

提高军队质量的一项重要工作，就是要调整部队结构，组建快速反应部队。在信息化条件下，要应对局部危机和冲突，应对局部战争，就要利用高新武器装备，组建精干的快速反应部队。因此，军队建设朝着高质量、高技术、高效率和快速反应的方向发展，将成为当今世界大部分国家军队建设的一种趋势。我军也应顺应这种潮流，根据中国国情和军队所担负的任务，加快部队内部结构调整，加强应急部队建设，适当减少其他部队及精建预备役部队。

（二）积极研制和发展高技术武器装备，加强军队现代化建设

积极研制和发展高技术武器装备，加强军队现代化建设，是信息化条件下军队打赢局部战争的关键。我们虽然不像西方国家那样，认为技术、武器装备决定战争的胜负，但也必须看到夺取信息化条件下的战争胜利，武器装备的作用越来越大了，成为至关重要的因素了。发展先进的武器装备，加强军队的现代化建设已成为我军打赢未来信息化战争的关键性条件。

军队和国防现代化是我国社会主义现代化的一个重要方面，关系到国家安全的大局。世界现在并不太平，霸权主义到处惹事，中国如果不搞国防现代化，连自卫力量都没有，日子就不好过，要受人家欺负。像中国这样一个社会主义国家，离开军队和国防的现代化，就不足以成为对国际事务有重要影响的大国之一，就不足以显示社会主义制度的优越性，就不足以振奋民族自尊心、自信心。因此，我们必须

---

① 陈云金，吴忠国．国防教育教程［M］．武汉：武汉大学出版社，2007：203-204.

在国民经济不断发展的基础上，合理确定国防投入比例，相应改善武器装备，加速国防现代化建设。

（三）强化信息化条件下的军事训练，提高军队的战斗力

重视军事训练是提高军队在信息化战争中的作战能力所需。在军事技术装备日新月异，现代化程度日益提高的情况下，强化军事训练是使军队适应信息化条件下战争的重要举措。将“把教育训练提高到战略地位”这一方针具体化，需要从两个方面去做：一方面是部队本身要提倡苦学苦练，另一方面是通过办学校来解决干部教育训练问题。

在现代条件下，各国都极端注重军事训练在军队建设中的地位和作用。美军强调军事训练“对战斗力和战备具有生死攸关的意义”，“是新式武器发挥最大威力的先决条件”，是提高战备水平和推进军队现代化的关键。美军把军队高强度的训练作为建军方针的重要内容。德国也认为，军事训练是武装力量平时最重要的任务。西方各国军队都强调按照现代战争的要求训练部队，大多把训练区分为院校训练、部队训练、预备役训练、军外训练等若干体系，使它们既独立又衔接，形成完整的训练体系，着重提高部队的初战能力、快速反应能力、协同作战能力、持续作战能力以及使用化学武器报复的能力，并强调精神教育和军人品德教育，强化心理训练和体能训练。全面提高官兵的体力、心理承受力，以适应信息化战争的需要。西方国家军事训练的一些好经验和好做法是值得我们借鉴的。

（四）加强信息化条件下军事指挥人才的培养，确保全面合格

要推进中国特色的军事变革，最根本、最突出、最紧迫的就是军事指挥人才的培养。我军指挥人才培养应从以下几个方面下工夫：

1. 大力培养具有极高政治素质的军事指挥人才

政治素质是军事指挥人才的关键性素质。它决定军事指挥人才的发展方向和内在动力。政治素质越高，军事指挥人才为党、为国家、为人民而献身和工作的内在动力就越强。人民解放军应始终不渝地坚持人民军队的性质。这个性质就是军队是党的军队、国家的军队、人民的军队。这个性质决定了应首先着力培养军事指挥人才忠于党、忠于国家、忠于人民、忠于社会主义的政治素质。

2. 注重培养具有现代知识的复合型军事指挥人才

培养具有现代知识的复合型军事指挥人才，是由当今科学技术的发展和打赢信息化条件下战争的需要而决定的。未来战争将是以信息技术为核心的高新技术的战争，高新技术武器装备种类多、性能复杂、技术含量高，一体化联合作战在“五维”空间进行，硬软打击兼施，新的作战方式方法层出不穷，等等。这些变化，使军事指挥人才需要复合的新知识结构。

3. 着力培养具有高超驾驭能力的军事指挥人才

部队各级干部都要努力学习现代化战争知识和其他许多必要的政治文化科技知

识，要使他们成为善于驾驭现代战争的能手。要成为这种军事指挥人才，就要加大培养军事指挥人才的敏锐的洞察力、科学的判断力、良好的认知力、自主的创新力、高超的驾驭力等。只有这样，才能适应现代战争的变化，才能驾驭信息化条件下的战争。

对军事指挥人才的培养，关键是选好干部。要按照革命化、年轻化、知识化、专业化的方针和德才兼备的标准，培养和选拔军事指挥人才。只有按正确的思想、作风和方法，选准了干部，才能培养出有理想、有道德、有文化、有纪律，不怕艰难困苦、不怕流血牺牲的新一代军事指挥人才，才能使军事指挥人才成为适应信息化条件下战争的有用之材。①

四、夯实信息化条件下战争的后备力量

后备力量是国防和军队力量的基础和来源，是国家武装力量的重要组成部分，是维护国家安全和赢得未来战争胜利不可缺少的重要力量。后备力量建设是国防和军队建设中一个不可忽视的重要问题。面对世界新军事变革和我军的跨越式发展，后备力量建设的机遇和挑战更为严峻。

加快后备力量建设势在必行。在信息化条件下，后备力量建设不同于冷热兵器时代、机械化战争时代。在信息化条件下，要充分利用新军事革命的成果，将信息化带来的新观念、新技术、新方式方法融入、嵌入后备力量的建设之中，加快后备力量的信息化建设，构建一支结构优化、布局合理、编制科学、规模适度、科技密集、素质优良、指挥灵便、可靠管用，具备快速动员、遂行各种保障能力和适应信息化战争的新型后备力量。只有这样，才能满足信息化条件下战争动员的需要。

搞好常备军与后备力量的结合是建设强大国防的必由之路。目前，我国虽然并不是战争迫在眉睫，但维护国家权益、实现祖国统一任务艰巨。因此，我们要按照实行“三结合”武装力量体制的要求，既要大力加强常备军的革命化、现代化、正规化建设，又要高度重视后备力量建设。在后备力量建设上，应遵循质量为主、合理够用的原则，加大质量建设的力度，压缩数量规模，加强高新技术军兵种的后备力量建设，以适应信息化条件下战争的需要。

完善后备力量动员体制是发挥国防潜力的关键。战事未起，动员先行，这是战争进行的基本程序。快速、高效地实行战争动员，将战争潜力迅速转变为战争实力，是赢得战争主动权的关键所在。江泽民指出，国防动员建设这些年有很大进展，但也还要在体制和机制上认真解决好战争潜力的动员问题，提高快速动员能力。总之，我们要尽快建立起一个结构合理、功能齐全、反应迅速，能够充分发挥诸军兵种联合作战效能和国家战争潜力的现代作战体系。信息化条件下的战争节奏

---

① 陈云金，吴忠国．国防教育教程［M］．武汉：武汉大学出版社，2007：204-208.

快、持续时间短、作战空间多维、后备力量动员复杂，需要完善的国防动员体制。只有将信息化条件下的科技型的、“一体化”的后备力量由“粗放型”向“精确型”快速、灵活地动员，投入到战场，才能为赢得战争胜利提供有力的保障。①

思考题：

1. 为什么把科索沃战争看成是信息化战争进入成熟期的开端？
2. 信息化战争作战行动的武装力量主要包括哪些？
3. 信息化战争的基本作战样式有哪些？
4. 信息化战争有哪些主要特征？
5. 信息化战争有哪些发展趋势？
6. 信息化条件下维护国防安全的思路是什么？
7. 信息化条件下我军建设应着力关注哪些问题？

① 陈云金，吴忠国．国防教育教程［M］．武汉：武汉大学出版社，2007：208-209.

第六章 人民防空

随着高技术空袭兵器的飞速发展，国家面临的空中威胁日益严重，人民防空已成为关系国家安危、战争胜负和人民群众生命财产安全的既紧迫又严峻的重大问题。因此，深入开展人民防空教育，增强全民国防观念和人防意识，提高防护技能，对于弘扬爱国主义，凝聚民族精神，全面增强国防实力，保障国家安全，夺取未来反侵略战争的胜利，都具有十分重大的意义。

第一节 高技术空袭概述

空袭，是指用航空炸弹、导弹、火炮、火箭等兵器，从空中对敌方地面（下）、水面（下）目标进行的袭击。高技术空袭，是指运用高技术空袭武器装备，运用与之相适应的战略战术实施的空中袭击①。高技术空袭有完整的作战体系，其主要任务是摧毁和破坏敌方战场上的兵力兵器，支援己方军队作战等，它已经成为高技术局部战争的主要作战样式，并将成为一种新的作战形式。

一、空袭的产生和发展

空袭，自气球、飞艇和飞机问世并使用于军事时便产生了。它随着空袭兵器、科学技术及战争需求的发展而发展。主要经历以下几个时期②：

（一）空袭产生初期：奥意战争至第一次世界大战结束

使用气球进行空袭，始于1849年奥意战争。随着动力装置的出现，产生了机械驱动并可操纵的飞艇，较为完善的飞艇是1900年由德国退役军官冯·齐伯林伯爵研制成功的“齐伯林”硬式飞艇，上面装有火焰发射器、机枪和炸弹，其性能优于同时期的飞机，主要用于战略性的远程轰炸和远程侦察。1914年8月4日，德国在进攻比利时的列日要塞中首次使用这种飞艇进行了轰炸。

1903年12月17日，美国俄亥俄州代顿市的莱特兄弟研制成功了世界上第一架飞机。军用飞机出现于1910年。1911年，意大利在对土耳其的战争中首次使用

① 徐国成，张保良等．高技术空袭与防空［M］．北京：国防大学出版社，1999：3.
② 徐国成，张保良等．高技术空袭与防空［M］．北京：国防大学出版社，1999：3.

飞机进行了空袭。11 月 1 日，意军的加沃蒂少尉驾驶着“鸽”式单翼机在北非的塔吉拉绿洲和艾因扎拉地区向土军阵地投下 4 颗各重 2 公斤的“西佩利”式榴弹，拉开了历史上首次使用飞机进行空袭的序幕。不久，意大利的马连戈上尉又使用数枚炸弹进行了首次夜间轰炸。

第一次世界大战期间，战前几个主要参战国都编有航空兵，但飞机数量极其有限，总数不足 1000 架，战争发展到后期，航空兵的数量才得以剧增。到第一次世界大战结束时，两大交战集团已经拥有各种飞机 10000 多架，其中歼击机 4000 多架、轰炸机 1400 多架。空袭作战具有一定规模，但是仍未出现独立的战役空袭，没有成型的相关作战理论。

（二）空袭大规模发展时期：第二次世界大战至越南战争第二阶段前

第二次世界大战，是人类历史上规模最大的一次战争，大量航空兵参战，对地面和海上目标进行狂轰滥炸，对战争进程和结局产生了重大的、甚至决定性的影响，加快了战争进程，促成了作战样式的转变，导致军事理论和作战方法产生了革命性的变化。

1939 年 9 月 1 日凌晨，德国按“白色方案”对波兰不宣而战，在欧洲发动了第二次世界大战。德国空军对波兰的机场、飞机制造厂、交通枢纽、主要城市和波军阵地进行了猛烈的空袭，德国共用 28 天就完成了吞并波兰的战争。之后，德军又相继通过空袭、地面进攻占领了丹麦、挪威、荷兰、比利时、法国、南斯拉夫、希腊等国。1941 年 6 月 22 日，德国又对苏联发起了进攻，在“闪击战”中，空袭起到了重要的作用。日本于 1941 年 12 月对珍珠港发起了空袭，沉重打击了美国太平洋舰队，显示了空袭在作战中的巨大威力。

第二次世界大战中，交战双方均以大规模空袭影响作战进程。第二次世界大战后期，英国、美国空军对德国、日本占领区的重要工业目标进行大规模空袭，特别是美军对日本广岛、长崎实施的核突击，对加快战争进程起到了重要的作用。战争实践表明，空军已经由战役战术力量发展成为战略性军事力量；制空权为保证陆地、海上和空中作战胜利做出过重大贡献，但并未取得“空中战争论”者所预期的效果。仅靠空袭就能取胜，已在大不列颠空战中被实践所否定。

美国在侵越战争中首次使用了精确制导炸弹。1965 年 3 月 2 日至 1968 年 1 月 1 日，美军实施代号为“滚雷”的战役，重点突击的目标是清华桥和杜美桥。美军首先使用了空地导弹对清华桥进行了轰炸，但效果不佳。1967 年美海军航空兵开始使用新型制导炸弹“白星眼”突击清华桥，命中率虽高，但是由于炸弹威力不足仍未摧毁目标。首次使用导弹等高技术武器受挫，空袭并没有达到美军的预期目的。但这些新式空袭武器的出现，使得空袭逐步向高技术方向发展。

（三）高技术空袭的产生和发展时期：越南战争第二阶段至今

第二次世界大战后，空袭武器装备的研制取得了突破性进展。新空袭武器层出不穷，巡航导弹、精确制导炸弹、战役战术弹道导弹、反辐射导弹、无人驾驶飞机、隐形飞机等高技术空袭武器，自越南战争第二阶段后，开始逐步运用于高技术局部战争之中。

1972年，空袭历史掀开了新的一页。从这一年的5月开始，美国又对越南北方发起了“后卫II”空中战役。美国空军这次使用了高精度的制导炸弹，大大提高了突击效果，仅用了半个月就炸毁了越南桥梁106座。5月10日，出现16架F-4战斗机，投掷22枚激光制导炸弹和7枚电视炸弹，共命中12～16枚，一举炸毁了杜美桥。精确制导炸弹的运用标志着空袭开始向现代高技术阶段迈进。越南战争后期，美军开创了使用B-52喷气式战略轰炸机实施大规模空袭的先例。B-52不仅用于战略空袭，而且还进行了空中阻滞作战和遂行近距离支援。

越南战争以后，几乎每场高技术局部战争中的空袭都使用了大量的新式空袭兵器和技术。

在越南战争后期和第四次中东战争中，电子战开始伴随空袭。空袭首先以电子战为先导并贯穿了空袭的全过程。夺取制导电磁权成为夺取制空权的重要前提和保障。

1982年英阿马岛战争进一步证明了诸军兵种实施联合空袭的重要性。空袭必须与陆、海作战行动相配合，其作战效能才能最大程度得以实现。

1986年美军远程奔袭利比亚实施“外科手术”式打击，充分体现了高技术空袭的突然打击、精选目标、长途奔袭、联合作战、夜间空防、电子压制等多手段的综合效应。

1989年美军入侵巴拿马，首次使用F-117A隐形战斗轰炸机，掀开了高技术空袭隐形攻击的序幕。

1991年的海湾战争，空袭的规模和对地面作战进程的影响举世震惊，对军事理论和各国的军事建设，产生了划时代的革命性影响，高技术空袭在局部战争中的重要作用得以充分体现。

1998年，美军对伊拉克实施了代号为“沙漠之狐”的空袭，这次空袭使用了大量的巡航导弹，空袭武器的构成比例发生了重大的变化，这意味着巡航导弹攻击这种独立的空袭方式得以进一步发展。

1999年3月24日，以美国为首的北约粗暴干涉南联盟内政，在代号为“联盟力量”的空袭中，高技术空袭的正面和负面效应得以全面暴露，促成人们从更深层次去研究高技术条件下空袭的特征及其对战争结局的影响。这场“鹰兔之争”的空袭与反空袭的较量，给人们带来全方位的、比海湾战争更为深刻的认知和警觉。从一定意义上说，这是一场“校正”世人“高技术思维”的战争。

总之，高技术空袭严重地改变了战争的形态，使空袭作战在现代战争中处于非常重要的地位。高技术局部战争往往由大规模空袭为先导，并贯穿于战争的始终，空袭在整个战争过程中所占比例越来越大，以至于空袭对于高技术战争的进程和结局具有决定性的影响①。

二、高技术空袭的基本方式与主要特点

（一）高技术空袭的基本方式

纵观现代局部战争的空袭作战以及未来空袭兵器的发展趋势，现代空袭已经出现以下几种基本方式：

1. 战略性空袭

战略性空袭是指对一个国家的纵深战略目标乃至全境实施大规模的空袭。如1991年初，以美国为首的多国部队发动的海湾战争和1998年12月美国和英国对伊拉克的空袭就属于这一类。

2. 战役、战术性空袭

战役、战术性空袭是指空袭局限于战区的某些战役、战术目标。如1982年4、5月间英国和阿根廷为争夺马尔维纳斯（英国称福克兰）群岛而进行的空袭作战基本属于这一类。

3. “外科手术式”的空袭

“外科手术式”的空袭是指空袭仅限于一个国家的某些政治、经济、科技、军事等重要目标。这类空袭一般在短时间内，通过空中袭击对若干预定目标一举予以摧毁，达成既定的空袭目的。如1986年4月15日美国远程空袭利比亚就属于这一类。

4. 单一目标的空袭

单一目标的空袭是指对某一国家的特定目标，通过小规模空中偷袭。如1985年6月7日以色列飞机轰炸伊拉克核反应堆和1985年10月11日轰炸巴勒斯坦解放组织总部就属于这一类。

除上述四种基本方式外，还有可能通过空中袭击压制对方防空力量，为保障特种部队在某一国家纵深地区实行直升机机降，配合完成某些特种作战任务的空袭等等。

（二）高技术空袭的主要特点

由于空袭兵器的高技术化，不仅使传统的作战方式发生了重大变化，而且在空袭作战中，反映出许多新的特点。其基本特点是：

1. 空袭的突然性强

装有夜间低空导航和红外目标瞄准系统等高技术空袭兵器为增强空袭的突然性，提供了物质基础，更加完善了达成突然袭击的手段。多国部队发动空袭伊拉克

---

① 徐国成，张保良等. 高技术空袭与防空［M］. 北京：国防大学出版社，1999：14.

的“沙漠风暴”行动，是在暗夜凌晨开始的，在强烈电子干扰的配合下，300 多架飞机和 10 多枚巡航导弹同时猛烈轰炸伊拉克首都巴格达数分钟后，伊军才开始发出空袭警报，实行灯火管制，但为时已晚，战略上造成了极大的被动。

未来空袭作战，随着航天技术和航天兵器的发展，各种飞行器可根据指令再入大气层，从天外袭击目标。电子对抗、卫星侦察以及各种隐形技术的发展，将进一步增大空袭的突然性。

2. 空袭范围广

现代空袭兵器的射程和远战能力显著增大使得现代空袭作战范围空前扩大。现代中程导弹、潜艇导弹、巡航导弹和战役战术火箭，也能在很短的时间内突击敌方纵深的政治、经济中心、交通枢纽和重要军事目标。随着具有高性能，装有先进的电子设备，跟踪瞄准系统的空地、潜地导弹和巡航导弹，空中攻击距离也越来越远，可以从数百或数千公里以外攻击目标。因而使现代空袭兵器有可能无需进入一国边境即可打击纵深目标。

3. 命中精度高

随着新一代作战飞机装备可以精确计算弹着点的先进的火力控制系统、光学和红外瞄准系统，伴随可以提供飞机航行数据的各种精确导弹系统和精确制导武器等广泛使用，现代空袭作战的命中精度大大提高。据西方军界估算，海湾战争中激光制导炸弹、巡航导弹和 B-52 实施的“地毯式”轰炸，在卫星的控制下，误差仅为 10 米，这些武器几乎可以直接命中小的桥梁、洞库和地下掩蔽部。

4. 杀伤破坏力大

随着高技术在军事领域的运用，核武器和常规武器的杀伤和破坏力又有了很大的发展。就核武器而言，现在一枚 100 万吨当量的核弹，在人口密集又无防护的区域爆炸可以消灭 150 万人，另有 40 万人可能因核辐射而死亡。其破坏半径足以使 24 公里内的各种民用建筑物、450 平方公里面积内的物质受到摧毁。海湾战争中，以美国为首的多国部队在 42 天内出动飞机 10.8 万架次，日平均 2200 架次，差不多每分钟 1.5 架次，共投弹 10 多万吨，就使伊拉克所有道路、军用机场、通信网络不能使用，防空系统，核、化、生化武器系统瘫痪丧失还击能力，甚至连伊境内四分之三领土上的步行桥梁均遭破坏，从而使伊拉克遭致惨重损失。

5. 抗击和防卫的难度增大

高新技术兵器有一具多的特点，因而具备了进行多种作战任务的能力。如瑞典的“鹰师”多功能战斗机，在飞行中，能随时改变功能。使一架作战飞机能同时具备战斗机、攻击机和侦察机的综合功能。高技术性能空袭兵器的出现，虽是空袭兵器发展史上的一次重大改革，但它使防空一方在防空袭过程中，对来袭目标的性质难以评估和判断，因此增大了抗击和防卫的难度，增加了城市防空的复杂性和艰巨性。这一特点，必将对传统的防空手段和措施提出严峻的挑战。

三、高技术空袭对人民防空的影响

高技术空袭呈现的新特点给人民防空提出了严峻的挑战，深入分析高技术空袭对我国人民防空带来的深刻影响，有针对性地采取应对措施，对于平时加强人民防空建设，战时夺取人民防空斗争的胜利具有重要意义。

（一）组织指挥更加复杂困难

高技术空袭突然、猛烈、高强度和大威力等特点，将使我国未来的人民防空被迫处于十分不利的局面，加之人民防空行动涉及范围大、牵动面广、协调关系多、时效性要求高，其组织指挥也将更加复杂困难。

一是敌情判断困难，主要表现在敌空袭企图难以判定，敌空袭的战术手段难以判定和我防护的主要目标和主要方向难以确定三个方面；二是组织协调困难，主要表现在防护力量的组织运用复杂，组织实施防护复杂和协调关系复杂三个方面；三是保持指挥稳定连续困难，主要体现在硬摧毁对指挥的稳定性威胁大，电子战对指挥的稳定性威胁大和网络战对指挥自动化系统威胁大三个方面。

（二）预警和准备时间更加短促

高技术空袭利用高技术优势达成战役战斗的突然性，使得人民防空的情报预警时间更短、临战准备困难更多。主要表现在：一是敌方广泛实施电子战，我方预警系统难以发挥应有的作用；二是敌方采用多种方式空防，我方难以尽早发现目标；三是敌方实施隐身攻击，我方侦察预警缺乏有效的技术手段①。

（三）工程防护难度更大

随着高技术空袭兵器的发展，特别是高技术空袭侦察定位能力的提高、导（炸）弹破坏威力的增大以及杀伤作用机理的增多，传统防护工程的防护能力受到严峻挑战，利用工程进行防护的难度进一步加大。一是防侦察难度更大；二是防摧毁难度更大；三是防软杀伤难度更大②。

（四）重要经济目标的防护问题更加突出

高技术条件下，关系国计民生的重要经济目标成为敌空袭的重点，搞好重要经济目标的防护成为人民防空斗争一个十分紧迫的问题。然而，由于数量多、分布广、技术性强、结构复杂、抗毁能力弱，相互关联，易造成连带影响和产生次生灾害，重要经济目标的防护问题显得更加突出③。

---

① 吴政宏，王胜利．高技术条件下人民防空［M］．北京：军事科学出版社，2000：109-110.

② 吴政宏，王胜利．高技术条件下人民防空［M］．北京：军事科学出版社，2000：111-112.

③ 吴政宏，王胜利．高技术条件下人民防空［M］．北京：军事科学出版社，2000：113.

1. 重要经济目标数量多、分布广。重要经济目标数量多，全面采取有效的防护措施需要花费巨大的人力、物力和财力，国家财政难以承受。目前缺乏明确的分类和分级防护标准，没有统一的防护要求，并且战时难以准确判断敌来袭方向和主要突击目标，如何合理使用机动防护力量组织实施临时防护和抢救抢修也十分困难。

2. 重要经济目标技术性强、结构复杂、抗毁能力弱。重要经济目标首先由于荟萃高科技精华，技术性薄弱环节多，关键部位精密脆弱，综合抗打击能力低。其次，它们的内部结构复杂，整体性强，一处被毁则可能造成整体瘫痪。

3. 重要经济目标相互关联，易造成连带影响和产生次生危害。重要经济目标，特别是大型的水利设施、核电设施、石化企业等都具有巨大的潜在危害，一旦遭到袭击容易造成洪水泛滥、核泄漏、化学泄漏和大面积火灾等次生灾害，不但严重危及人民群众的生命和财产安全，而且会严重污染环境，破坏生态环境，造成持久性灾害。

（五）对人民防空专业队伍的素质要求更高

空袭与反空袭的实践表明，人民防空专业队伍在防范空袭和消除空袭后果方面将发挥重大的作用。由于高技术条件下的空袭具有与以往一般条件下空袭显著不同的特点，使消除后果面临新情况和新问题，从而对人民防空专业队伍的政治素质、科技素质和快反能力提出了更高更新的要求①。

1. 政治素质要求高。在高技术条件下的人民防空斗争中，人民防空专业队伍执行的是急、难、险、生的任务，劳动强度大、体力消耗大、心理压力大，没有很高的政治觉悟、顽强的斗志和过硬的作风是难以完成任务的。

2. 科技素质要求高。首先，采取积极主动的人民防空措施需要较高的科技素质。如果不掌握敌空袭规律和战术运用特点，不熟悉敌空袭兵器的技术防护效果，反而会弄巧成拙。其次，采用新型的防护手段更需要高科技素质。对付敌空袭兵器的精确制导技术，就必须首先掌握敌精确制导技术的原理，进而采取相应的对抗措施。再次，消除高技术空袭后果也需要较高的科技素质。不掌握新概念空袭兵器采用的新的杀伤机理就无法高效地消除其袭击后果。

3. 快反能力要求高。高技术空袭突然、打击手段灵活多样等特点，对人民防空专业队伍的快速反应能力提出了很高的要求。首先是组织准备要快；其次是机动到位要快；第三是完成任务要快。

（六）心理防护更加重要

高技术条件下的空袭，不仅物质破坏力巨大，而且对空袭一方的精神和心理也

---

① 吴政宏，王胜利．高技术条件下人民防空［M］．北京：军事科学出版社，2000：115-116.

将产生重大影响。

1. 高技术空袭易造成恐怖的战场气氛，导致群众产生恐惧心理

特别是在未来反空袭作战初期，人民群众尤其是城市居民面对的将是主要党政军机关被炸、众多建筑物被毁、重要经济目标瘫痪、大量桥梁和铁（公）路坍塌阻断等一系列惨烈景象。长期处于和平环境的居民极易产生恐惧心理，甚至有的可能会觉得高技术空袭防不胜防，在高技术空袭面前没有什么方法能确保安全等，从而严重影响全民的斗志，弱化奋力抗争、夺取胜利的信念。

2. 高技术空袭易破坏正常的社会和生活秩序，导致群众产生厌战情绪

高技术空袭常常以破坏对方的战争潜力为目的，而许多战争潜力目标又是国家的重要经济目标，与社会的正常运转、与人民群众正常的工作和生活息息相关。这些目标一旦被毁和失去功能，将破坏正常的社会秩序，导致居民的工作、生活和学习处于中断、混乱和极度的困难之中。这种情况如不能迅速扭转，群众很容易产生焦虑、厌战情绪，甚至导致人心涣散，人民失去凝聚力和抵抗意志。

3. 高技术空袭易影响政治稳定，诱发不安定因素

从近期局部战争看，霸权主义国家使用武力干涉别国内政，都披以维护人权、人道援助等外衣，具有一定的政治欺骗性，加之伴随空袭往往施以造谣惑众，煽动民众对政府的不满情绪，制造、扩大宗教和民族矛盾等，极易恶化被空袭一方的政治环境，诱发各种不安定因素，造成社会动荡甚至酿成政治动乱。对此，只有深入广泛进行人民防空动员和教育，组织群众进行有效可靠的安全防护，提高民众的心理承受能力，才能保障反空袭作战胜利。

第二节　人民防空概述

一、人民防空的基本内涵

人民防空，“是国家根据国防需要，动员和组织群众采取防护措施，防范和减轻空袭危害，保护人民的生命财产安全，保障社会主义现代化建设的顺利进行的活动”。① 它包括两个基本内涵：一是和平时期围绕国防需要而动员和组织人民群众所采取的相关准备措施和行动，即人民防空建设；二是战时围绕防护敌空袭需要而动员和组织人民群众所采取的战术、技术措施和行动，即人民防空斗争②。

人民防空组织是由政府和军事部门共同领导的、动员全民参加的全国性组织。政府主导、属地负责是其基本特征。人民防空体系是一个由指挥员、指挥机关人

① 赵俊玉．人民防空实践与创新［M］．北京：解放军出版社，2008：24.

② 吴政宏，王胜利．高技术条件下人民防空［M］．北京：军事科学出版社，2000：1-2.

员、组织指挥设施和手段、通信警报、防护工程、疏散地域、专业队伍、物资和资金保障等构成的结构完整的大系统①。

人民防空的基本目的是：运用伪装、掩蔽、疏散等防护手段和采取抢救、抢修等措施，保护人民生命财产安全，减少国民经济损失，保存战争潜力。随着社会的进步、国民经济和科学技术的发展，人民防空的功能范围不断扩展，世界上大多数国家已经或逐步把战时防空与平时的防灾、减灾、救灾结合在一起。

二、人民防空的主要任务

《人民防空法》第2条规定：人民防空的任务是“国家根据国防需要，动员和组织群众采取防护措施，防范和减轻空袭危害”。

“动员和组织群众采取防护措施”包括两层含义：一是动员群众采取防护措施，主要包括动员人民群众参加人民防空教育、训练，熟悉防空基本知识和技能，学会自救和互救器材的使用和救护，熟悉掩蔽地点和疏散方案，以及在特殊情况下的救生技能等；二是组织群众采取防护措施，主要包括保护人民生命及个人财产安全的措施和保护重要经济目标安全的措施，如修建人民防空工程、通信、警报设施，组建人民防空专业队伍，做好城市人口疏散和安置的准备等。

“防范和减轻空袭危害”也包括两个方面的内容。一是“防范”空袭危害，主要是通过人员掩蔽和疏散，避免空袭危害的发生，使敌人的空袭不能发挥作用；二是“减轻”空袭危害，这是在已经发生空袭后果的情况下，通过群众防空组织的抢险抢救，把空袭造成的危害减轻到最低程度。

三、人民防空的组织指挥

（一）指挥机构

人民防空的指挥机构，是防空袭作战的重要组成部分，是取得防空袭作战成败的关键因素之一。人民防空指挥机构的构成，如防空指挥员、指挥机关的指挥能力及指挥器材数量质量等必须在一定时间、空间内排列组合成最佳的结构关系②，否则会造成指挥失灵，延缓防空作战行动，造成防空袭作战的被动乃至失败。

1. 建立人民防空组织指挥机构的基本依据

一是城市规模。城市规模越大，城市中的重要目标越多，在高技术局部战争中受敌威胁程度越严重，战时越需要建立较庞大且结构层次分明的防空作战指挥体系。二是地位作用。城市作为战争潜力的基地主要表现在：一是城市具有取得战争胜利而必须具备的雄厚的“人力资源”；二是城市具有牵引战争取得胜利的“科技

① 吴政宏，王胜利．高技术条件下人民防空［M］．北京：军事科学出版社，2000：2.

② 戴凤秀．高技术条件下城市防空袭［M］．北京：军事科学出版社，2003：178.

宝库”；三是城市具有支撑战争胜利的“经济后盾”①。因此，对地位作用重要、建设规模较大的城市，需要建立较庞大且结构层次分明的防空作战指挥体系。三是参战兵力。构建人民防空组织指挥机构更关键的是要依据作战指挥的客体，即指挥对象所包括的各种作战力量的数量，以此作为基本依据来构建主体客体相统一、相协调、相一致的指挥体系。当使用较多的防空力量参与防空作战时，应建立较庞大、结构层次分明的防空作战指挥体系。

2. 建立人民防空组织指挥机构的基本要求

（1）建立防空袭联合指挥部。现代高技术条件下单靠哪一个军种、兵种防空力量都难以完成对某一个城市的防空袭斗争任务，只有建立防空袭联合指挥部才能使城市防空袭斗争力量得以优化和最佳使用。防空袭联合指挥部根据上级的作战意图，统一组织防空袭作战行动，其基本职能是：根据上级意图和赋予的任务，对防空袭作战进行整体筹划和全面指挥。为了保障全面、不间断地指挥，根据需要防空袭联合指挥分为基本指挥部、机动（预备）指挥部、后方（保障与防卫）指挥部。基本指挥部对城市防空袭作战实施统一指挥；机动（预备）指挥部是当基本指挥部遭到空袭，接替基本指挥部实施指挥的机动（预备）指挥机构；后方（保障与防卫）指挥部负责统一指挥城市防空袭作战的后勤和装备技术保障。

（2）统一建立防空袭斗争指挥机构。由于参战的军地诸兵种装备不同，防空作战能力和担负的任务不同，为了便于指挥和更好地完成城市防空袭作战任务，在防空袭联合指挥部下，通常要设立情况预警中心、指挥中心，通信电子战中心、战场管控中心、人民防空指挥中心等②。

情况预警中心一般由空军的情报部门领导负责，担负收集、处理防空袭作战所需的各种情报。

指挥控制中心由参战防空部队的作战部门人员组成，负责提出决心建议、拟订作战计划，根据联合指挥部首长的决心区分、下达作战任务，组织军地诸兵种部队的协同动作和有关保障。

通信电子战中心由参战部队和地方通信部门及电子对抗部队的领导组成，负责防空袭作战中联合指挥部与各兵种部队指挥所的指挥通信，各军种与民兵、预备役和人防之间的协同通信及组织电子进攻与防御，争夺制电磁权。

战场管控中心由参战防空袭部队与地方政府有关人员组成，负责城市警备、灯火管制和交通管制，进行疏散地域和坑道的警卫和阵地管理，进行战场统计，制定兵员和武器装备补充计划。

人民防空指挥中心由城市的军分区、人武部、人防部门和参战部队的防化、工

① 戴凤秀. 高技术条件下城市防空袭［M］. 北京：军事科学出版社，2003：179.
② 戴凤秀. 高技术条件下城市防空袭［M］. 北京：军事科学出版社，2003：182.

兵有关人员组成，主要负责动员和组织人民群众进行隐蔽与防护，消除空袭后果，减少经济损失，保存战争潜力。

（3）建立指挥自动化系统。现代防空袭作战信息量大，必须提高信息处理的自动化水平，建立指挥、控制、情报、通信、电子对抗为一体的自动化指挥体系，从城市防空袭整体作战的需要出发，把不同种类、不同性质、不同建制的军、地情报信息力量统一组织起来融为一体，保障战时指挥信息畅通，提高指挥控制能力。

3. 建立高素质指挥队伍

未来高技术空袭作战的科学性、技术性不断增加，战争爆发的突然性增大，战争的协同性、集中统一性要求更高。因此，高技术条件下的城市防空袭对指挥人员提出了更高的要求。

（1）指挥人员的分类及职能。防空袭斗争指挥人员分为指挥员和参谋（工作）人员。指挥员是掌握防空袭斗争指挥权力，负有指挥责任的主官及有关领导人员，由指挥主官、担负指挥任务的副职首长和指挥部门首长（参谋长）组成。参谋工作人员是从事参谋工作的各类军官的统称。包括指挥机关的业务部门领导、参谋以及担负参谋工作的专业技术人员等。

指挥员的基本职能是决策和组织、指挥所属防空部（分）队实现决策，通常包括筹划、决策、监控和组织计划①。筹划是指挥员的首要职能，是指挥员对作战行动的全盘考虑和全面策划。决策是指挥员的核心职能，是主官对防空部队作战行动做出决定的行为，通常包括对作战方案的决断和对防空袭过程中出现的情况的处置决定。监控是指挥员对防空袭部队作战行动的监督与控制，主要包括掌握作战情况，控制防空部队作战行动，根据重大变化对情况进行处置。组织计划是下达防空袭作战命令、指示，组织协同动作和作战保障，组织指挥所和指挥自动化系统，组织后勤、装备技术保障，指挥防空部队进入防空袭作战地区和做好防空袭准备等。

参谋人员的基本职能是保障决策和保障实现决策，通常包括察情、谋划、指导、监督和协调②。察情主要是查明并掌握有关情况，进行综合整理，并根据首长需要提出情况、判断、结论。谋划是参谋人员的本质职能，主要是进行作战计划，提出作战方案并进行评估选优，拟制各种计划，传达首长命令和指示等。指导主要是围绕首长决心或意图，引导防空部队完成既定的各项任务。监督主要是监察、督促下属机关、部（分）队贯彻落实首长决心，评估其落实效果，及时向首长报告。协调主要是根据首长决心和意图，协调防空部队的作战行动，当出现不一致时，通过调整，纠正偏差，达成有序。

（2）指挥人员的素质要求。在高技术条件下的防空袭作战，由于武器性能的

① 戴凤秀．高技术条件下城市防空袭［M］．北京：军事科学出版社，2003：186-187.

② 戴凤秀．高技术条件下城市防空袭［M］．北京：军事科学出版社，2003：187.

质变、战场技术含量的增大和残酷性的增加以及防空部队作战行动更趋联合化，遂行防空袭作战指挥人员必须具备如下素质：

一是政治素质。指挥人员的政治素质，是其在世界观、政治信仰、政治立场以及精神境界和事业心等方面的综合体现，它是防空袭作战指挥人员的首要素质，主要包括正确的战争观、坚定的共产主义理想、坚强的党性原则和不怕牺牲的革命精神。

二是知识结构。现代防空袭指挥人员必须具有科学、合理的知识结构，即又专又博，其具体结构包括：一是要有精深的专业知识。二是要有扎实的基础知识，包括军事思想、军事历史知识、军事地理知识以及军事气象知识等。三是要有广博的辅助知识，主要包括军队编制装备知识、军兵种知识、近期局部战争史、外军空袭特点、军事领导和军事管理知识等。四是高新的科学技术知识①。

三是心理素质。在高技术条件下，城市防空袭斗争的残酷性增加，更要求作战指挥人员具有能抵御一切巨大压力和适应各种突然变化的心理力量。对防空袭指挥人员来说，主要应具备沉着、果断和坚定的心理素质。

四是指挥能力。指挥能力是作战指挥人员知识、经验和智力的结合体，主要包括以下四个方面：一是运筹谋划能力，根据上级意图，从全局利益和整体要求出发，筹划部署兵力、运用战法的才能。二是科学决策能力，是作战指挥人员在对敌我、地形、空情、气象情况等充分掌握并分析判断的基础上，运用科学的方法，果断进行决策的能力。三是计划组织能力，是作战指挥人员特别是参谋人员把帷幄中设计的意图变成实际行动的才能。四是协调控制能力，是控制所属防空部队防护行动，使其相互配合、密切协同、发挥整体防护威力，实现防空袭决策的能力。

（3）提高指挥人员素质的途径。提高指挥人员素质主要有院校培养、组织演习和战争实践三种途径②。院校培养是和平时期培养干部的根本途径，军校系统严格的教育，可以在较短时间内使培养人员集中掌握大量知识，为作战指挥人员成才打下坚实的基础。组织演习是培养和造就防空袭指挥人员的“课堂”和“战场”，不仅有利于指挥人员直接掌握新装备的战术技术性能，使他们得到技能培训，而且能在心理素质、组织指挥能力等方面得到全面的训练。战争是锻造指挥人员的“熔炉”，它为指挥人员提供指挥理论与实践统一的机会，也是各级指挥员全面锻炼和积累经验的场所。

（二）人民防空的指挥方式和形式

在未来城市防空袭作战中，指挥员及其指挥机关根据防空袭作战的实际情况，灵活运用指挥方式，发挥各级指挥员的主观能动性，提高城市防空袭作战的整体

① 戴凤秀．高技术条件下城市防空袭［M］．北京：军事科学出版社，2003：189-190.

② 戴凤秀．高技术条件下城市防空袭［M］．北京：军事科学出版社，2003：193-194.

效能。

1. 集中指挥

集中指挥，是指挥员根据上级总的战略防空袭意图，对具有全局上、方向上决定意义和作用的战略或战役性的防空袭斗争所采取的一种指挥方式①。

集中指挥要求下级指挥员明确城市防空袭作战所担负的任务及完成任务的方法和时限，还要有统一的计划和保障，也要有统一的思想和严格的纪律，坚决执行命令，以整体合力与空袭城市之敌作斗争。因此，集中方式有利于保持作战行动在全局利益上的协调一致，充分发挥整体威力，保证城市防空袭作战任务的完成。

集中指挥的缺陷是：一是容易失去城市防空袭作战的战机。由于集中指挥在某种程度上紧紧地束缚了下级指挥员的手脚，限制了下级指挥员机动指挥，有时会失去消灭空袭之敌的大好时机。二是集中指挥对通信联络的依赖性比较大。由于下级指挥员对一些重要空情的处置必须经上级批准，导致上下级之间的信息量增大，一旦通信保障跟不上就会贻误战机。

2. 按级指挥

按级指挥，也称逐级指挥，是指在城市防空袭作战中，依照作战编成的隶属关系从上到下一级指挥一级实施的指挥②。按级指挥的针对性、准确性较强，作战时间较长，能按预先方案组织实施的一种方式。通常是在上一级编成内执行城市防空袭作战任务时采用。

3. 越级指挥

越级指挥是在城市防空袭作战中，越过直属下级实施的指挥③。越级指挥是在情况紧急，对执行特殊任务来不及或不易进行逐级指挥时采用。被越级指挥的部（分）队指挥员，应坚决执行命令、指示，同时在可能的情况下，要向直接上级报告越级受领作战任务和执行情况；被越级的部（分）队直接上级指挥员，应主动地进行监督和检查，保证上级命令、指示的贯彻执行。

4. 独立指挥

独立指挥，是在城市防空袭斗争中，各级指挥员依据上级总的防空袭意图，根据敌空袭情况而采取的一种应急的指挥方式④。在未来的高技术局部战争条件下的城市防空袭斗争，将是一种由城市防空袭各级指挥机构的指挥员独立遂行任务，实施前沿指挥，这是由高技术局部战争条件下，空袭与防空袭斗争的新特点所决定的。

---

① 戴凤秀．高技术条件下城市防空袭［M］．北京：军事科学出版社，2003：195.

② 戴凤秀．高技术条件下城市防空袭［M］．北京：军事科学出版社，2003：196.

③ 戴凤秀．高技术条件下城市防空袭［M］．北京：军事科学出版社，2003：197.

④ 戴凤秀．高技术条件下城市防空袭［M］．北京：军事科学出版社，2003：197.

5. 机动指挥

机动指挥，是在防空袭斗争中，不在某个固定指挥场所，按照上级防空袭指挥部的总意图，随空情变化而采取的一种指挥方式。这种方式也是针对防空袭的特点应运而生的①。在高技术战场越来越透明，侦测技术和手段越来越先进的情况下，指挥员及其指挥机关在固定指挥所的时间越长越不安全。要实施机动指挥，各级应在临战前完善、扩建机动指挥所，有条件的大城市还应建立空中指挥所，这样不仅能够达成不间断的指挥，而且提高了指挥员及其指挥机关的安全系数。

（三）人民防空指挥的方法和措施

1. 采取空中指挥和地面指挥相结合

空中指挥，是指利用空中预警指挥机对空中作战行动进行指挥，是城市防空袭作战空中战场的有效指挥方式②。地面指挥，是指利用地面指挥机构，对城市防空袭作战活动进行的指挥，是城市防空袭作战指挥的基本手段和主要方式。因此，要明确空中指挥与地面指挥的职责和权限范围，搞好指挥协同和衔接，以确保城市防空袭作战的连续性和节奏性，确保防空袭意图和计划顺利进行。

2. 集中指挥和独立指挥相结合

城市防空袭作战，防护重点目标的任务比较突出。在防空袭的主要方向上、重要的防空袭阶段，或者对城市防空袭作战全局具有重要影响的重要抗击和反击行动，应当采取集中指挥方式实施指挥。但由于城市防空袭作战是由多个军种作战，且现代空袭战场的广阔性和防空袭作战行动的激烈对抗性，即作战形式多样，战机稍纵即逝，联合指挥部难以实现同时对各个战场空间、各个方向所有作战行动实行高度集中的指挥控制。因此各级指挥员必须根据战场情况随机判断，灵活处置，实施独立指挥，以抓住有利战机防敌空袭。

3. 采取按级指挥和越级指挥相结合

防空袭作战过程指挥控制的有序性在于增强作战行动的整体效能，但是由于作战过程中战场情况变化的突然性和不确定性，完全按计划、按步骤逐级指挥控制容易延误防空袭作战的有利战机。特别是城市空防区域前伸性较差，可用于周旋的空间较小，这就要求指挥员必须随时把握战场情况的发展变化，在必要时对主要防护方向实施坚决而果断的越级指挥，适时纠正指挥对象战斗行动偏差，保证战局向着胜利的方向发展。

4. 采取机动指挥和定点指挥相结合

强敌侦察系统对战场进行全方位、全天候的侦察，特别是精确制导武器的高精度打击，使指挥系统自身的隐蔽伪装难度大，生存能力和可靠指挥能力受到严重威

① 戴凤秀．高技术条件下城市防空袭［M］．北京：军事科学出版社，2003：199.

② 戴凤秀．高技术条件下城市防空袭［M］．北京：军事科学出版社，2003：201.

胁。因此，未来城市防空袭作战中，必须采取机动指挥的方式，提高指挥系统的生存能力，保证实施连续、不间断的指挥。同时，防空袭斗争指挥要始终围绕着主要方向和重要目标进行协调控制，适时利用既设隐蔽工事实施定点指挥。机动指挥和定点指挥的结合将实现防空袭作战安全、可靠、稳定的指挥、控制和协调。

四、人民防空警报

（一）人民防空警报信号类型

国家规定防空警报信号分为预先警报、空袭警报、解除警报三种。

预先警报：预先告诉人们即将空袭城市，要求做好防空袭的准备。规定音响信号鸣 36 秒，停 24 秒，重复 3 遍为一个周期，时间为 3 分钟。

空袭警报：表明敌空袭兵器已临近城市，空袭即将或已经开始，警告人们迅速隐蔽。规定音响信号鸣 6 秒，停 6 秒，重复 15 遍为一个周期，时间为 3 分钟。

解除警报：表明该阶段已结束，空袭警报解除。规定音响信号连续长鸣一长声，时间为 3 分钟。

（二）响应行动

空袭的范围很大，出现的情况也很复杂，要按照不同的情况，采取相应的措施，进行有的放矢的防护。

1. 听到预先警报的响应

听到预先警报后，应立即拉下电闸，关闭煤气，熄灭炉火，携带好个人防护器材和必需的生活用品，按定人、定位、定路线的要求，迅速有序地进入人防工程。公共场所的人员和车辆，应听从有关部门人员的指挥，迅速到指定地点隐蔽。夜间应严格遵守灯火管制的规定。

2. 对空袭警报的响应

听到空袭警报时，应就近进入人防工程隐蔽。如情况紧急无法进入人防工程，要利用地形就近隐蔽。

在室内：可在钢筋混凝土楼房（5 层以上）的底层或底层走廊、楼梯下，或在跨度较小的房间、厨房等处藏身。以上条件不具备时，也可在靠墙角的桌下、床下卧倒，要避开门窗和易燃、易爆物。

在公共场所：商店、影剧院、车站、码头的人员要利用地形物分散隐蔽，不要慌张、拥挤、乱跑。可就近进入地下室、地铁车站或钢筋混凝土建筑底层等处隐蔽，不要在高压线、油库等危险处停留。

在宽旷地：要就近选择低洼地、路沟边、土堆旁、大树下疏散隐蔽，迅速卧倒。

3. 对解除警报的响应

（1）进入安全地带。听到解除警报并不意味着危险不存在，房屋还会倒塌，还会有大火，工程周围还会沾染上有害的放射性物质、染毒或染菌。所以人们应清楚地知道潜在危险仍然存在。因此须保持清醒的头脑，清点并携带好自己的物品，有组织地撤出危险区域，进入安全地带。

（2）遵守战时生产和生活秩序。由于空袭会给社会、家庭造成很大的损失，为此各类人员应积极行动起来，协助有关部门尽快恢复生产和生活秩序，使受灾的损失降到最低限度。

空袭警报及相关行动

预先警报：鸣 36 秒，停 24 秒，重复 3 遍
音响示意：———— ———— ————
相关行动：进行防护或紧急疏散

空袭警报：鸣 6 秒，停 6 秒，重复 15 遍
音响示意：— — — — — — — — — — — — — — —
相关行动：就近就地隐蔽

解除警报：长鸣 3 分钟
音响示意：————————————————
相关行动：迅速消除空袭后果，防备敌人再次空袭

第三节　人民防空的战略地位

一、人民防空是国防的重要组成部分

在现代国防活动中，人民防空具有重要的地位和作用，它作为制约和延缓战争的重要威慑行动，对于巩固国防，保护人民生命和财产安全，保障社会主义现代化建设的顺利进行，都有十分重要的战略意义。随着科学技术的发展，特别是随着高技术空袭兵器运用于作战行动，空袭的突然性、精确性、破坏性日益增强，对国家安全利益和人民生存构成严重威胁，防备空中袭击已引起世界各国的高度重视。能否有效地防敌空袭，已明显地影响到整个国防活动的大局，因此，人民防空也日益成为国防的重要组成部分。《中华人民共和国人民防空法》明确规定：“人民防空是国防的组成部分。”新中国诞生以来，党中央、国务院、中央军委从国防建设的大局着眼，高度重视人民防空工作，并为此制定了一系列方针、政策和规定。国务

院、中央军委许多领导同志都先后主持领导了全国的人民防空工作，从国防战略的高度关心人民防空事业的发展。

将人民防空作为国防的组成部分，才能保证人民防空工作得到顺利实施。这是因为：第一，人民防空平时的各项准备和战时组织人民防空袭斗争，必须依据国家国防战略意图来实施；第二，人民群众的防空袭斗争与军事防空作战有着相辅相成的关系，防空袭斗争越有成效，就越能给防空作战以有力的支援；第三，人民群众防空袭斗争的空情情报、技术培训、防空知识教育和一些重要防护设备、器材都要由军事部门给予保障或提供；第四，人民防空与国防有着共同的目的，那就是保护人民的生命和财产安全，保障社会主义现代化建设的顺利进行。因此，将人民防空作为国防的组成部分，是战争特别是信息化战争的需要。

二、人民防空是保存战争潜力的重要手段

战争潜力是一切可以经过开发并动员起来用于战争的潜在力量。战争潜力虽然平时并不表现为直接的战斗力，但战时却能根据需要迅速转化为实际战争能力。战争潜力所包括的内容很多，既包括可能用于战争的物力和财力，又包括军力、人力和精神力量。动员和组织广大人民群众进行防空，对保存战争潜力具有十分重要的意义。

一是可以避免人力资源的重大损失。人力资源是战争潜力的重要因素，是维持战争能力的源泉①，尤其是各类专业技术人才对支持战争有着特别重要的作用。一个严酷的事实无情地摆在民众面前，那就是战争中平民与军人的死亡比例越来越大。据有关资料统计，第一次世界大战中，平民死亡人数 50 万，军队为 1000 万，比例为 1∶20；第二次世界大战中，平民死亡人数 2400 万，军队为 2600 万，比例约为 1∶1；朝鲜战争中，平民死亡人数 50 万，军队死亡 10 万，比例为 5∶1；越南战争中，平民死亡人数 300 万，军队为 15 万，比例为 20∶1。这些平民的死亡绝大部分由敌人的空袭所致。战时如何有效地保存人力资源，是人民防空研究的重要课题。在未来的信息化战争中，如果没有有效的防护措施，城乡居民的伤亡将会更加严重。我国人民防空以保护人民群众的生命和财产安全为重要任务，强调通过人民防空教育和训练，提高全民的防空意识和防护技能，注重修建规模合适的人员防护工程和人口疏散地域，力求战时快速救治②。在常规空袭下，通过向居民发放防空警报，采取疏散行动，利用人防工程组织防护，可以有效躲避空袭兵器的杀伤，保护居民的生命财产。例如，前苏联在第二次世界大战期间的列宁格勒保卫战中，全市成立了 2375 个自防小组，大量加固地下室，在各大公园和工厂附近挖掘防空壕，

① 吴政宏，王胜利．高技术条件下人民防空［M］．北京：军事科学出版社，2000：12.

② 吴政宏，王胜利．高技术条件下人民防空［M］．北京：军事科学出版社，2000：12.

修建一些大型的地下掩蔽部，使全市的防空掩蔽部、地下室和防空壕共计可容纳159万人。在1941年轰炸最激烈的9月、10月两个月中，尽管德军对该市轰炸61次，向市区倾泻了9.3万枚、总重量达3万余吨的炸弹，但由于列宁格勒军民采取了有效的防空措施，两个月内被炸死炸伤的只有6536人，平均每吨弹药伤亡0.2人。信息化条件下的人民防空，对保存人力资源的作用更加巨大。例如：在海湾战争中，伊拉克的地下隐蔽工程建设在对付多国部队的空袭中发挥了重要作用，大大减少了空袭中的直接伤亡人数。可见，在信息化条件下，采取有效的防护措施，对于减轻敌人空袭对人民群众生命财产的危害同样将起到重要作用。因此，做好人民防空在有效避免人力资源的重大损失、有效保存战争潜力方面，将成为一项重要的战略措施。

二是可以有效地保存经济潜力。经济潜力是进行战争的物质基础，是战争胜负的关键。现代战争，尤其是信息化条件下，没有物质基础就无法维持或打赢现代战争。所以，在现代战争中，交战双方都十分重视破坏对方的经济，把对方的重要工业基地、大型厂矿企业、电站等经济设施列为重要的打击目标，造成对方战时经济瘫痪，使对方无法维持战争，从而夺取战争的胜利。海湾战争中，以美国为首的多国部队，对伊拉克的许多重要经济目标进行了大规模的空袭，导致伊拉克战时生产瘫痪，经济发生严重困难，极大地打击了伊拉克的抵抗意志。科索沃战争中，以美国为首的北约在对主权国家南斯拉夫进行的代号为“联盟力量”的空袭中，从最高决策当局到战区军事首脑，都把打击经济目标作为迫使南联盟屈服的重点目标。美国战略与国际问题研究中心报告指出：北约打击的目标数量，在空袭第46天时达到了802个目标群。这些目标群中只有25%是塞尔维亚的军队目标，另有15%是防空目标。换言之，全部目标中约有60%是工厂、基础设施、油料设施、公路、桥梁、铁路和指挥控制设施。① 60%的民用目标，这个数字足以让世人警醒。俄罗斯军事评论家谢尔盖·索库特指出：“由于南斯拉夫不投降，北约逐渐扩大了打击目标的范围，对战场遮断变成了有计划地摧毁经济潜力。”② 北约就是这样通过有计划地摧毁南斯拉夫的政治、经济体系以实现其战略企图的。可见，保持战时工业生产的相对稳定，保障重要经济目标的安全，减少空袭造成的损失，是维持和打赢现代战争的重要保障。保持工业生产的相对稳定，主要靠积极有效的空袭防护。通过对重要工厂的搬迁、转入地下，实施厂房加固和伪装，建立备用系统，对被毁坏的厂矿企业进行抢修抢建、恢复生产等措施，可有效降低空袭对工业生产的影响，

① ［美］华盛顿战略与国际问题研究中心．科索沃战争(中)[M]．军事科学院外国军事研究部译．北京：军事科学出版社，2000：100.

② ［美］美国国防部．科索沃战争(上)[M]．军事科学院外国军事研究部译．北京：军事科学出版社，2000：260.

将损失减少到最低程度，从而保持工业生产在战时的相对稳定性。

三是可以提高重要目标的生存能力，维护国家战时稳定。在现代信息化战争中，重要的工厂和交通枢纽、通信枢纽、后勤补给基地、党政军领导机关、军队集结地、广播、电视、电厂、水厂、炼油厂等重要目标，都将是敌空袭的首选目标。科索沃战争期间，北约巴尔干地区联军空军司令肖特中将就极力主张重点打击这些目标，他认为："空军条令中的重心是指对敌人有着极其重要影响的战略、经济甚至情感资源，失去它们将会严重瓦解敌人的意志或战斗能力。"① 他一再强调，应集中力量狠狠打击对塞尔维亚领导最为重要的目标，破坏其同民众联系的能力，打击其后方以摧毁其作战能力，并瘫痪塞尔维亚的经济。所以，必须加强对重要目标的防护，除了要建立重点目标的防空系统，积极拦截和击毁敌人的空袭兵器外，还应积极运用人民防空的手段。人民防空在提高这些重要目标的生存能力上有着重要的作用。如对党政军机关、通信、仓储等目标可以利用人防工程转入地下进行防护；对能源、水源目标还可以采取多路或环路供应、伪装等措施进行防护；对幅员大的工业、交通目标，可以采取防护关键部位，设置备用系统，施放拦阻气球、烟幕、水雾、迷彩伪装等措施进行防护。此外，战时组织人民防空专业队伍，通过抢修抢建等办法，可以使重要目标恢复使用，从而提高其生存能力。

三、人民防空是遏制侵略的重要措施

威慑和遏制侵略战争的一个关键因素是国家的战争潜力以及保持这些潜力的能力，尤其是在信息化条件下，战争对国家战争潜力的依赖性日益增大，这更加突出了人民防空的威慑作用。强大的人防可以使国家在遭受突然袭击的状态下，卓有成效地减少损失，保存一定的战争潜力，粉碎敌方的战略企图；同时有能力向对方实施有力的还击，使敌方遭受更大的难以承受的战争后果，迫使其考虑到这一后果的严重性而不敢贸然地发动战争。在科索沃战争中，以美国为首的北约原本想通过实施惨无人道的狂轰滥炸，摧毁南联盟人民的民族精神和抵抗意志。但令侵略者始料未及的是，炸弹不仅未能炸垮南联盟人民，反而使他们团结得更紧，凝聚力更强，工人、农民冒着被炸的危险加班生产。特别是南联盟人民用"人体盾牌"表现出的浩然正气极大地震撼了侵略者，也赢得世界人民的同情和支援。这一切也是北约迟迟不敢贸然发动地面进攻的一个重要原因。当前，世界各国根据第二次世界大战的经验教训并考虑到现代高技术空袭兵器的发展情况，对民防建设和地下防空工程建设都十分重视。美国的许多政治家和民防专家都从不讳言美国民防的威慑作用，认为民防是其"整个威慑力量态势中的一个必不可少的部分"。我国政府和军队领

① [美] 华盛顿战略与国际问题研究中心．科索沃战争(中)[M]．军事科学院外国军事研究部译．北京：军事科学出版社，2000：232.

导人也多次指出，人防工作属于战略问题，城市人防工作搞好了，在一定程度上能够增延、缓和、制止战争。基于上述认识，不管国际形势是处于紧张还是趋于缓和，世界各国始终都能居安思危，把人防置于国家战略的地位，坚定而有计划地加以发展。

四、人民防空的配合行动是打赢信息化战争的重要环节

现代战争的实践表明，在信息化条件下，战略空袭不仅能摧毁对方的战争实力和战争潜力，而且能够完成过去地面或海上交战的部分任务，已成为一个独立的战争阶段。综观近期几场高技术局部战争，尤其是1991年爆发的海湾战争，1999年北约对南斯拉夫联盟的空袭，都是以空袭行动拉开战争序幕的，并且持续较长时间，给遭到空袭的国家造成重大损失。在海湾战争中，多国部队凭借各种先进的作战飞机、导弹、精确制导炸弹和攻击起重机等武器装备，对伊拉克实施了38天猛烈的战略空袭，飞机的日平均出动量达2500架次左右，持续轰炸强度之高，为世界战争史所罕见。在整个战略空袭阶段，多国部队摧毁了伊军实力的50%，指挥控制系统的80%。伊空军及防空系统基本瘫痪，150架飞机被炸毁或击落，各主要空军基地遭重创，95%的雷达无法运转，48个固定防空导弹阵地受重创。另外，107艘军舰被击沉击毁，坦克等重型装备损失达30%～45%，运输补给量减少90%。同时，猛烈的空袭给伊军心理造成极大的压力，军心动摇，士气锐减，战斗力急剧下降，为多国部队顺利实施地面作战创造了极为有利的条件。而北约对南斯拉夫联盟的空袭持续了78天，每天出动数百架次至上千架次战机，对包括桥梁、供水系统、供电系统、广播、电视等直接关系到人民群众的生产、生活、军心和民心的设施实施狂轰滥炸，企图彻底摧垮南斯拉夫联盟军民的抵抗意志。面对北约的空袭，南联盟军民迅速组织起有效的人民防空，在空袭开始前，南联盟就把大量的战略物资和军火深埋起来，把地空导弹伪装或隐蔽起来，把坦克和地面部队分散开来，使空袭的损失减至最低程度。在反空袭作战中，南联盟积极发挥民防部队的重大作用。在空袭20分钟内，民防部队可以到达任何地区，及时组织灭火抢救，最大限度地减少损失，保存战争潜力。由此可见，未来的信息化战争中，空袭与反空袭的斗争将更加激烈，人民防空将成为配合军队作战，夺取战争胜利的重要环节。

人民防空在配合军队作战行动中，除了发挥防护作用，减少人员伤亡，保存战争潜力外，还可以直接配合军队作战。第一，人民防空通信警报系统可以为作战部队提供情报信息。20世纪80年代，北约耗资12亿马克，修建长达3000英里的横贯西欧的北约欧洲地区联合防空体系。还有前联邦德国建立了由10个警报局，下辖的13个警报站，6100台警报器组成的警报网。在未来防空作战中，人民防空通信警报系统能为作战部队提供安全的战场环境。第二，人民防空工事战时不仅可以为作战部队提供隐蔽的指挥场所，还可以为作战部队的隐蔽作战和安全转移提供场

所和通道。在科索沃战争中，南联盟之所以能够抵抗住北约精度高、威力大的高技术空袭，并且其指挥通信系统始终保持不间断，设备损坏率只有15%～20%，主要原因是指挥系统进入了南联盟多年建造的地下人民防空工事内，而且兵员和装备通过人民防空工事进行了疏散和隐蔽。第三，人民防空力量不仅可以为作战部队提供大量的人力支援和补充，特别是专业人员的补充，而且还可以根据需要随时支援作战部队执行反空袭任务。在第二次世界大战中，苏联的城防委员会不但动员民防力量为作战部队供应粮食、救护保管员、运送弹药、组织通信联络和侦察，同时还动员大量民防力量组成歼击营补充正规军。例如，斯大林格勒州组织了80个歼击营，约11000人，克拉斯诺达尔边疆区组织了几十个歼击营，约14000人，他们有效地支援和补充了正规军作战。

正反两方面的经验教训给了我们一个有益的启示："藏九地之下"才能"动九天之上"；只有防得有效，才能攻得有力。在以战略空袭为前奏的信息化战争中，空袭将成为一个独立的战争阶段，并且将贯穿于战争的全过程。因此，要夺取战争的胜利，首要条件是打赢反空袭这一仗，人民防空是打赢信息化战争的重要环节。

第四节　人民防空建设

一、人民防空建设的方针

人民防空法第2条规定："人民防空实行长期准备、重点建设、平战结合的方针。"

"长期准备"，是指在和平时期，能够居安思危，有计划、有步骤地进行人民防空建设①。在和平时期，必须结合经济建设、城市建设，有计划、有步骤地做好人民防空的各项准备，只要存在战争威胁，这项工作就不能停止。在长期准备的同时，还要根据当前军事斗争准备的需求，把长远建设与应急建设紧密结合起来，集中人力、物力和财力，加强主要战略方向、重点地区人民防空的主要工程建设，以满足人民防空战备的应急需要。

"重点建设"，是指在服从和服务于国家经济建设大局的前提下，区分轻重缓急，有重点、分层次地进行人民防空建设②。有重点地进行人民防空建设，体现了人民防空建设与经济建设的依赖关系，是和平时期统筹安排人民防空建设的客观要求。根据综合国力和国家安全利益需要，我国人民防空建设以城市特别是主要战略方向的城市为重点，各城市又以人员防护和关系国计民生的经济目标防护为重点，

① 吴政宏，王胜利．高技术条件下人民防空［M］．北京：军事科学出版社，2000：129.

② 吴政宏，王胜利．高技术条件下人民防空［M］．北京：军事科学出版社，2000：129.

各主要城市和重要经济目标必须优先加强人民防空指挥体系、工程防护体系、专业队伍体系的建设，使其尽快适应未来信息化条件下局部战争的需要。

“平战结合”，主要包含三个方面的含义：一是平时的准备要与战时的需求相结合；二是战时的防空要与平时的防灾、减灾和救灾相结合①；三是防空工程平时可以进行开发利用，如防空地下室可以作为大型超市、地下停车场、仓库和文体活动场所等，既可以缓解城市用地紧张、停车难等问题，又可以增加人民防空收入，促进人民防空事业发展。

二、人民防空建设的原则

人民防空法第2条规定：人民防空要“贯彻与经济建设协调发展、与城市建设相结合的原则”，它包括两个方面的含义：一是从国家建设的大局看，人民防空建设要与经济建设协调发展，要与经济发展水平相适应，提出切实可行的发展目标和规划。二是从人民防空工程建设角度讲，人民防空工程应当与城市建设相结合，从规划、建设、维护、使用和管理上，力求做到统一规划、同步建设、节约投资、提高效益和符合经济规律，既要为国家节约人力、物力、财力，也要依法进行人民防空建设。

贯彻人民防空的原则，应该注意以下几个问题：一是县级以上人民防空主管部门要根据国防建设需要、国民经济发展水平和城市总体规划，制定切实可行的人民防空建设规划，经城市人民政府批准后，在城市建设中逐步落实。二是县级以上人民政府的规划部门在制定城市规划时，应当注意符合人民防空的要求，并将人民防空建设规划纳入城市总体规划。三是县级以上人民政府的建设部门在实施城市建设时，要接受人民防空主管部门对城市建设的监督，以避免漏建、不建、不按照规定标准建设人民防空设施等现象②。

三、人民防空建设的基本内容

（一）人民防空指挥体系建设

人民防空指挥体系是人民防空工作的中枢神经，是指在人民防空袭斗争中，负责领导和组织人民防空力量实施防空袭斗争的有机整体③，其基本内容包括指挥机构建设、指挥人才培养、指挥场所建设、指挥手段建设和指挥制度建设五个方面。

1. 指挥机构建设

指挥机构是指挥实体的组织结构形式。人民防空指挥机构通常由政府主要领导

---

① 吴政宏，王胜利．高技术条件下人民防空［M］．北京：军事科学出版社，2000：130.

② 吴政宏，王胜利．高技术条件下人民防空［M］．北京：军事科学出版社，2000：140.

③ 赵俊玉．人民防空实践与创新［M］．北京：解放军出版社，2008：95.

担任，副总指挥通常由党委、政府分管人民防空的副职领导和同级军事机关副职领导担任。通常开设基本指挥所，必要时开设预备指挥所，接受上级人民防空指挥部指挥。和平时期国家以经济建设为中心，不可能也没有必要始终保持庞大的常设机构，这就在客观上形成了人民防空组织指挥机构平时领导建设与战时指挥防空两种形态。

平时领导人民防空工作的职责主要由各级人民防空主管部门承担，其指挥机构建设内容主要是按照《人民防空法》的要求健全机构，并结合本地区的实际，积极探索，大胆改革，做好各项组织建设工作，同时抓好政治思想建设、业务建设和作风纪律建设等。

战时指挥机构建设是人民防空指挥机构建设的核心。加强战时指挥机构建设，关键是要从战时指挥需求入手，弄清楚战时指挥机构的编成、编组情况，以确保平时预编预设的科学性，促进指挥人员、岗位、职责和训练的落实。建立战时人民防空指挥部，通常由人民防空办公室根据预编预设方案，结合当时的情况提出建议，并报地方人民政府和同级军事机关批准。建议内容主要包括：指挥所的编成、编组、方法和要求等。必要时，还应当明确指挥所转移的时机、路线和位置。

2. 指挥人才培养

人民防空指挥员及指挥机关素质的高低，是能否提高指挥效能的关键。因此，我们在平时的组织指挥体系建设中必须加强指挥人才培养，造就一批年富力强、具有较高文化素质、专业知识和较强组织指挥能力的人民防空指挥干部。

3. 指挥场所建设

指挥场所已成为敌对双方的重要攻击目标，加之现代侦察技术装备的广泛运用，使指挥所被发现、破坏、摧毁的可能性增大。因此，指挥场所建设必须按照行业规范标准和防护等级规定，做好工程、指挥通信设施建设和管理。

4. 指挥手段建设

指挥手段建设是人民防空组织指挥体系建设的重要组成部分，是保障人民防空稳定、不间断指挥的物质基础。人民防空指挥自动化系统是指挥手段建设的重点，其内容主要包括人民防空指挥自动化系统的体系结构、系统设备以及训练与管理等。

5. 指挥制度建设

人民防空指挥制度是指挥工作的总体把握和基本工作方法的规范，解决“应该怎么干”的问题。制度建设对人民防空指挥活动保持良好秩序，提高工作效率有着重大作用。人民防空指挥制度主要包括以下几个方面：一是值班制度，二是计划制度，三是请求报告制度，四是情况分析制度，五是会议制度，六是登记统计制度，七是资料档案制度，八是保密制度，九是检查考核制度，十是总结制度。

（二）人民防空通信、警报和指挥自动化系统建设

人民防空通信、警报和指挥自动化系统建设是人民防空指挥体系建设的一个重要内容。根据人民防空法的规定，人民防空通信、警报和指挥自动化系统建设具有“平战结合”的双重职能。随着我国城市化的发展，人民防空通信、警报和指挥自动化系统化建设对于平时防灾和战时防空都有十分重要的作用。

人民防空通信建设的基本目标是：按照信息传输快捷、准确，抗干扰、抗摧毁能力强，能确保人民防空指挥及时、准确、稳定和高效的要求；以现代指挥通信理论为基础，依托军、民通信保障体系，采用先进的通信技术和多种通信手段；以提高与军用有线网、公众电信网及有关部门、单位专网的互通和协同通信能力为目标；建设成以各省、自治区、直辖市人民防空指挥部为中心，并向县（区、市）街道及重点防护目标辐射，具有技术体制先进、智能化程度高、多路由、高可靠性、组网灵活及安全保密性强的通信网络①。

人民防空警报建设的基本目标是：着眼未来信息化条件下局部战争和平时防灾应急救援的需要，增加数量，提高质量，扩大覆盖率。人民防空警报系统是以无线控制为主，有线控制为辅，广播、电视、邮电等多种媒体积极配合，加强固定与机动、电场与电动、地下与地上等各种手段的有机结合，逐步形成布局合理、手段多样、设备先进、传递快速、管理科学和灵敏可靠的警报网络②。

人民防空指挥自动化系统建设的目标是：建成以城市为重点，以军队指挥自动化网络为依托，以各省、自治区、直辖市人民防空指挥部为节点，辐射各市（地）、区（县）、街道，集指挥、控制、通信、警报和情报于一体的人民防空指挥自动化系统。具体目标是：具有快速、保密、不间断的信息收集、传递和处理能力；实时、可靠的信息综合能力；科学、准确的辅助决策能力；完整、系统的互联互通能力；较强的抗干扰、抗电磁脉冲、防计算机病毒和防电磁泄漏能力③。

（三）人民防空防护体系建设

人民防空抗体系建设，主要包括人民防空工程建设、疏散地域建设和重要经济目标防护建设。

1. 人民防空工程建设

人民防空工程是战时掩蔽人员、物资，保护人民生命和财产安全的重要场所，是实施人民防空最重要的物质基础，其基本内容包括：

（1）人民防空指挥工程建设。该项工程是人民防空指挥机构在战时实施安全、稳定和高效指挥的重要场所，在人民防空工程中占据核心位置。在所有人民防空工

① 吴政宏，王胜利．高技术条件下人民防空［M］．北京：军事科学出版社，2000：155.
② 吴政宏，王胜利．高技术条件下人民防空［M］．北京：军事科学出版社，2000：159.
③ 吴政宏，王胜利．高技术条件下人民防空［M］．北京：军事科学出版社，2000：163.

程中，指挥工程的防护标准最高，要求有较高的防核武器冲击波抗力，还要求采取防电磁脉冲和防震、隔震措施。该项工程建设由人民防空主管部门负责，其经费由本级人民政府预算安排。

（2）公用的人员掩蔽工程和疏散干道工程建设。该项工程是解决城市公共场所和人口密集地区人员掩蔽疏散的公共防护设施，是确保战时人民生命安全的重要设施。该项工程建设由人民防空主管部门负责，经费主要由地方各级预算安排、中央预算补助和人民防空主管部门多渠道筹措解决。

（3）医疗救护、物资储备等专用工程建设。该项工程是指地下医院、救护站（所），各类为战时储备物资的仓库、车库，人民防空专业队伍集结掩蔽部等。该项工程建设由县级以上人民政府所属的公安、城建、电力、化工、交通、邮电、商业、卫生、医药、环保和民航等部门负责，经费按照国家有关规定，由有关部门列入基本建设计划统一安排解决。

（4）民用建筑地下室建设。该项工程是指住宅、旅馆、执行所、商店、大专院校教学楼和办公、科研、医疗用房等民用建筑，应按照国家有关规定修建战时可用于防空的地下室。该项工程建设由建设单位负责，所需资金列入项目的设计任务和概（预）算之内，纳入基本建设投资计划。

（5）城市的地下交通干线以及其他重点工程兼顾人防需要的配套建设。该项工程无论在平时还是战时，对于城市的稳定都有着极其重要的作用，是保证城市的正常运转，人民群众的生产、生活的生命线工程。该项工程建设应由建设单位负责，所需经费列入城市的地下交通干线以及其他重点工程建设的概（预）算之内，纳入基本建设投资计划。

2. 人民防空疏散地域建设

人民防空疏散地域是安排、配置城市疏散人口、物资和工业设施的地区，是人民防空防护体系的重要组成部分，是战时顺利进行城市人口、物资和工业设施疏散的基本保证①。

人民防空疏散地域的选择要符合防空袭斗争的要求，以减少战时损失为基本目标，具体应满足以下几个条件：一是便于掩蔽、伪装；二是要有较好的交通道路条件，保证“进得去、进得快、散得快”；三是便于防护，要尽量避开核电设施和大型水利设施的下游等容易产生空袭次生危害的地区，避开主要空袭方向、交通枢纽和军事设施，避开重要经济目标；四是要有一定的生活保障设施，如粮食、水、电、医疗卫生的保障等。

疏散地域建设的基本内容包括：一是基本设施建设，主要包括居住生活保障和

① 吴政宏，王胜利．高技术条件下人民防空［M］．北京：军事科学出版社，2000：185-186.

交通、电力、通信设施等建设。二是公共事业建设，主要包括供水、供电、供热、供气，医疗卫生等建设。三是物资储备和供应建设，主要包括物资储备的库房建设和生活、生产物资的供应准备工作。四是其他配套建设，主要包括疏散地域人员的思想教育、疏散地域人文习俗的搜集与整理等①。

3. 重要经济目标防护建设

重要经济目标，是指维系国家的经济命脉，在国民经济和社会生活中占有举足轻重的地位，对国计民生和战争潜力影响较大的目标，包括重要的工矿企业、科研基地、交通枢纽、通信枢纽及桥梁、水库、仓库、电站等生命线工程。重要经济目标防护建设，是人民防空防护体系建设的重要内容。利用当前的和平环境和难得的有利时机，积极而稳妥地开展重要经济目标防护建设，是人民防空建设的重要任务，也是增强国家整体防护能力和国防建设的不可缺少的组成部分。

重要经济目标防护建设的主要措施包括：

一是科学界定和区分目标类别和防护等级，是搞好重要经济目标建设的前提条件。依据经济目标的综合价值，重要经济目标大体可分为三类②。一类目标：在战争中直接支持军队行动，保障重要军用物资供应，保证国家、战区、城市发挥必要功能方面极其重要、必不可少、无可替代的目标。二类目标：在保障军事必需物资供应，保证战时城市发挥功能，保障居民在战争环境中的基本生存条件等方面非常重要的目标。三类目标：在保证战时功能和居民生存方面有重要作用，在空袭中可能引发次生灾害，可为战后抢修、恢复工作提供必要的设施和物资的目标。为了方便组织领导，合理使用防护力量，有必要对已确定的各类目标分级管理，原则上定为三级，即国家级、区域（或省）级和城市级。

二是搞好重要经济目标的配置和布局。从全国范围来讲，关键是要制定好重要经济目标建设发展规划。从某个城市范围来讲，关键是结合城市改造和新建种类设施，对不利于战时防护的重要经济目标及时进行调整。如，对化工厂、油库、煤气等易燃易爆目标要实行分散配置，避开人口密集地区，并注意日常主导风向的影响，以减少空袭时的连锁反应造成的间接杀伤人员；把企业的要害部位建设在比较隐蔽的地点，避开该企业的标志性建筑物等。

三是突出抓好重要目标防护措施建设。第一，战时重要的工厂、车间、设备应转入地下。第二，平时要制订应急抢险抢修方案。各级人民防空部门和重要经济目标单位应在充分调查研究、掌握情况的基础上，制订经济、适用、有效的应急方

---

① 吴政宏，王胜利．高技术条件下人民防空［M］．北京：军事科学出版社，2000：187-188.

② 吴政宏，王胜利．高技术条件下人民防空［M］．北京：军事科学出版社，2000：194-195.

案。条件允许时，可通过演练检验。第三，要做好关键技术和物资器材储备，对企业掌握核心技术的人员，以及重要生产设备、重要生产保障设施等，必须重点保护和重点储备。

（四）人民防空专业队伍建设

人民防空专业队伍，是根据战时消除空袭后果的需要，按照专业系统组成的担负人民防空的群众性组织，是人民防空袭斗争的骨干力量①。根据人民防空法的规定，县级以上地方各级人民政府应当根据人民防空的需要，组织有关部门建立人民防空专业队伍。人民防空专业队伍主要包括抢修、医疗救护、消防、治安、防化防疫、通信和运输七种队伍。各专业队伍由城市人民防空主管部门和军事部门根据城市防空袭斗争的需要提出计划，经人民政府批准，分别由以下主管部门负责组建，并担负以下任务：

1. 抢险抢修专业队

由城市建设、公用事业、电力等部门组建，主要负责抢修被破坏的交通、水、电、煤气等公用设施和其他工程设施，可分为道路抢修分队、桥梁抢修分队、电力抢修分队、煤气抢修分队、供水抢修分队和工程抢修分队。其中工程抢修分队主要负责搜寻抢救被掩埋在建筑物和工事内的人员及重要物资，抢修重要的建筑物和人民防空工事。

2. 医疗救护专业队

由卫生、医药以及红十字会等部门组建，主要负责抢救、输送、治疗伤员，组织防疫灭菌，组织指导广大群众自救互救。

3. 消防专业队

由公安部门和武警消防部队组建，主要负责火情观察，重要目标设施的防火、灭火，指导广大群众扑灭大面积火灾，必要时配合防化队执行洗消任务。

4. 治安专业队

由公安部门组建，主要担负治安、保卫、交通、照明等正常生活秩序的管理控制工作。

5. 防化防疫专业队

由卫生、化工、环保等部门组建，主要负责对核、化、生武器袭击或者我国核、化、生工业设施遭到袭击后沾染、染毒地区的侦察、监测和标示，消除滞留危害，指导群众进行防护和洗消，负责市、区指挥所及人民防空工程的防化保障，以及生产、生活环境的生物、化学安全保障。

6. 通信专业队

由通信部门组建，主要负责保障人民防空斗争的通信联络，重点是各级指挥

① 吴政宏，王胜利．高技术条件下人民防空［M］．北京：军事科学出版社，2000：199.

所、人民防空专业队伍之间以及人民防空指挥所与当地党政机关和军队的通信联系；保障社会心理及警报的接收与发放；负责维护人民防空与城市指挥通信和警报设施的正常运转；抢修被破坏的通信线路和设施。

7. 运输专业队

由交通运输部门组建，主要负责保障人员、设施及危险品的疏散及转移；运送重要的战备物资；保障其他人民防空专业队伍执行任务；运送伤病员；协助其他部门抢运生活、生产物资等。

（五）人民防空教育

人民防空教育，是国家根据国防需要，对公民的国防观念、人民防空法规和人民防空知识与技能等方面施加影响的活动。人民防空教育是人民防空斗争在思想与精神方面的准备，是国防教育的组成部分，是人民防空整体防护能力的基础，其目的是提高公民的国防观念和防空意识，掌握人民防空的基本知识的技能。

1. 人民防空教育的基本内容

根据人民防空法的规定，人民防空教育的基本内容主要包括国防观念教育、人民防空法规、人民防空基本知识和人民防空基本技能等方面。

（1）国防观念教育。进行国防观念教育，重点是树立国家利益高于一切、居安思危和爱军习武三种观念。通过国防观念教育，民众可以更多地了解和掌握国防知识，发扬爱国主义精神，自觉履行国防义务，在增强国防观念的同时增强防空意识。

（2）人民防空法规教育。人民防空法规主要包括人民防空法及各种人民防空条例、细则，以及地方性人民防空法规、规章等，它是我国人民防空建设与人民防空斗争的基本依据和行动指南。广泛开展人民防空法规教育，不但有利于广大人民群众增强人民防空的法律意识，让人民群众了解和掌握自己所履行的责任、权利和义务，懂得应当做什么、怎么做，而且还有利于广大人民群众平时积极支持、自觉参与人民防空建设，战时勇猛顽强地投入人民防空斗争。

（3）人民防空基本知识教育。人民防空基本知识教育主要是普及教育，其内容包括以下几个方面：一是高技术空袭的特点与规律；二是警报信号识别，主要是了解和掌握人民防空警报信号、人民防空标志、行动方向等的识别方法以及通信联络的方法等；三是防护的措施和方法，以及防护空袭所带来的次生危害、消除空袭后果的方法等。

（4）人民防空基本技能教育。人民防空基本技能教育主要包括：自我防护技能、公众防护技能与心理防护技能等。自我防护技能是指在应急情况下，公民为避免或减轻空袭危害而采取的自我防护方法与措施，其内容通常包括个人防护、标志识别、隐蔽动作、自救互救、应急呼救等。公众技能是指在应急情况下，人民群众为避免减轻空袭危害而采取的集体防护方法与措施，其内容主要包括抢修、扑灭火灾、传递信息和设施保护等。心理防护技能是指人民群众在人民防空斗争中，针对敌方心理威慑和心理战所采取的保持正常心理的措施，包括牢固树立敢打必胜的信心，保持积极的防空心态，认真贯彻上级指示和作战方针、政策，学习人民防空技能，达到明辨是非、同仇敌忾，不畏强暴、英勇顽强，处乱不惊、临危不惧，防范和减轻空袭危害的目的。

此外，在进行人民防空教育的同时，还可结合当时当地的客观实际，进行必要的防灾救灾知识与技能的教育，强化公民的防灾、减灾和救灾意识。

2. 人民防空教育的组织形式

根据人民防空法的规定，结合我国的客观实际，我国人民防空教育的组织形式，应当采取学校、国家机关、社会团体、企事业单位、城乡人民政府相结合的方法，形成“五位一体”的人民防空教育网络体系。

(1) 学校人民防空教育。学校是开展人民防空教育的理想场所和思想基地。《人民防空法》第46条规定：“在校学生的人民防空教育，由各级教育主管部门和人民防空主管部门组织实施。”

(2) 国家机关人民防空教育。国家机关特别是负有领导、指挥、控制、管理等重要职能的国家机关，将是敌人实施空袭的重要目标。毫无疑问，这些要害目标也是实施人民防空教育的重点。依据人民防空法的规定，国家机关的人民防空教育由所在单位组织实施。

(3) 社会团体人民防空教育。在社会团体中进行人民防空教育具有重要的作用。一方面，社会团体涉及面广，是开展人民防空教育的重点之一；另一方面，社会团体在组织、宣传、教育人民群众进一步增强国防观念，掌握人民防空基本知识与技能方面，将起到十分重要的作用。工会、共青团、青联、学联、妇联、文联、作协和科协等社会团体，都应当在人民防空教育中发挥重要作用。

(4) 企业、事业单位人民防空教育。企业、事业单位是我国国民经济的支柱，也是战争潜力之所在，特别是一些作为重要经济目标的企业、事业单位，必将是敌人实施空袭的重点，也是人民防空的重点。依据人民防空法的规定，企业、事业单位的人民防空教育，由所在单位组织实施。

(5) 城乡人民政府人民防空教育。依据人民防空法的规定，除学校、国家机关、社会团体、企业、事业单位组织人员外，其他人员的人民防空教育，由城乡人民政府组织实施。通过实施人民防空教育，可以使城乡居民增强国防观念，掌握人民防空基本知识与技能，依法履行人民防空的责任和义务。居民平时自觉参加人民防空建设，保护人民防空设施，战时积极投入人民防空袭斗争。

总之，人民防空教育是一个巨大的社会工程，也是一项长期而又复杂的系统工程，必须依靠社会的力量，建立社会化的教育网络体系，广泛、深入、持久地开展。

第五节　人民防空行动

人民防空行动，包括人民防空行动原则、方法、指挥、协调与保障等。

人民防空行动原则是人民防空行动指导规律的高度概括和集中反映，是实施人民防空行动的基本依据。人民防空行动方法，主要指战时人民防空疏散、隐蔽、消除空袭后果和平时人民防空抢险救灾的行动方法。人民防空指挥是人民防空指挥员及其指挥机关对人民防空专业力量、社会团体及人民群众的防空行动进行的组织领导活动。人民防空协调是人民防空各组成部分的相互协调与配合。人民防空保障是为顺利遂行人民防空任务而采取的各项保证性措施与进行的相应活动的总称。本节重点阐述人民防空指挥和人民防空行动方法的有关内容。

一、人民防空的战时组织指挥

人民防空的战时组织指挥主要表现在临战准备、空袭和消除空袭后果三个阶段。

在临战准备阶段，人民防空指挥机构应按预定方案组织工厂搬迁和人口疏散，抓好群众防空组织临战训练，随时准备进入预定位置集结待命，加固和伪装重要经济目标，检查和清理人防工程。

在空袭阶段，当接到敌空袭预报信号时，人民防空指挥机构应立即命令警报中心发布敌空袭预报，并着手组织居民进入人防工事或就近进行紧急疏散，指挥治安队警卫重要目标，维护社会秩序，防奸防特。当接到敌空袭警报时，人民防空指挥机构应立即命令发布空袭警报和各种辅助警报，迅速组织除观察、警戒人员以外的一切人员就地就近隐蔽。在敌空袭的过程中，人民防空指挥机构要不断掌握空袭情况，指挥群众防空组织对重要目标进行抢救抢修，并随时调整部署，加强重要目标的防护。

在消除空袭后果阶段，人民防空指挥机构应在敌空袭结束时及时发布解除空袭警报，指挥群众防空组织消除空袭后果。尤其是派专业人员迅速查明敌原子、化学、生物武器使用的地点和沾染区，划定人员活动禁区，设立洗消站，对受染人员和物资器材进行洗消。各种群众防空组织应根据先急后缓的原则，迅速进行抢救、抢险、抢修，尽快恢复城市的生产与生活。为了防止敌人再次空袭，还应迅速调整各种群众防空组织，总结经验教训，认真做好再次反空袭的准备。

二、人民防空的防护行动

防护是针对敌对我侦察、袭击的情况，通过工事隐蔽和疏散、伪装、管制等措施，避免或减轻人民群众和重要目标被敌侦知、杀伤和破坏而进行的保护性行动①。组织严密防护是防空袭斗争的重要组成部分，是保存自己的有效手段，并贯穿防空袭斗争的全过程。

（一）组织人民群众的防护

我国城市人口密集，在强敌实施高技术空袭的情况下，不仅可能遭到直接打击的伤害，而且还面临间接伤害的危害和次生灾害的危害。为避免和减少人员伤亡，保存有生力量和战争潜力，必须及时、严密组织人民群众的防护行动。组织人民群众防护的措施主要是疏散和隐蔽。

当接到防空袭命令或空袭预报时，各级人民政府在组织人口早期疏散和临战疏散的基础上，应及时组织可能遭袭目标及其附近人员充分利用人防工事和有利地形进行紧急疏散，尤其要注意疏散时机、疏散对象、疏散地域、疏散组织形式、疏散的路线和疏散方式的选择。

信息化条件下的空袭隐蔽性和突然性增大，我预警手段有限，一般不可能有较长的预警时间。通常情况下，疏散时机主要包括战争征候出现、形势比较紧张时的早期疏散，战争即将爆发之际的临战疏散，敌空袭即将来临或迎敌空袭时的就地就近组织紧急疏散。

疏散对象要以重点目标附近的人员为主。从近期几场局部战争实践来看，对空袭的主要目标通常是首脑机关、电信中心、交通枢纽、重要军事设施以及重要经济目标，而对商业区和居民住宅区破坏不大。因此，人口紧急疏散应以党政军领导机关和重要生命线工程目标附近的人员为主，并且要预先划分党政机关疏散的方向、路线和地域，确定疏散工具及各种保障，同时也不能忽视对其他重要目标附近人员的组织疏散。

疏散地域要以就地、就近为主。在未来信息化条件下的局部战争中，敌使用先进的常规兵器，精度高，涉及范围小，空袭的重点多在城市市区，而郊区、农村受空袭的威胁较小。因此，将人员疏散到距离近、交通方便的近郊可以缩短疏散时间，这样做既可以保证人员生命安全，又可以节省人力、物力和财力；既便于组织指挥，又便于组织各种保障；既便于安置，又便于组织人员返城恢复生产和工作。

人民防空疏散由县级以上人民政府统一组织，必须根据国家发布的命令实施，任何组织不得擅自行动，这是人民防空疏散组织形式的基本要求。为保证战时顺利疏散，县级以上人民政府应根据需要制订疏散计划，预定疏散地区。预定的疏散地区如在本行政区域内，由本级人民政府确定；跨越本行政区域的，由上一级人民政府确定。疏散时，各级人民政府应当组织有关部门和单位，做好城市疏散人口的安置和物资储运、供应工作。农村人口在有必要疏散时，由当地人民政府按照就近的

① 吴政宏，王胜利．高技术条件下人民防空［M］．北京：军事科学出版社，2000：282.

原则组织实施。

疏散的路线要明确区分，充分发挥城市交通网络的作用，尽可能选择辐射状路线分头疏散，千方百计提高疏散速度，避免因相互抢道、争道而影响集体疏散的进行。

疏散的方式通常采取集体组织与个人投亲靠友结合，以集体组织疏散为主；交通工具输送与徒步疏散相结合，以交通工具输送为主①。一般情况下，大城市疏散地域相对较远，应以集体输送疏散为主，个人疏散为辅；中、小城市离疏散地域较近，城镇居民一般拥有机动车、自行车等交通工具，可采取集体组织疏散同个人自行前往相结合的办法进行。

(二) 组织对重要经济目标的防护

重要的经济目标主要包括：工矿企业、科研实验基地、交通枢纽和电信中心、大型桥梁、水库、仓库和电站等。重要经济目标是国家的经济命脉，直接关系民生和战争潜力，是信息化条件下的局部战争中敌人空袭打击的重点，也是我国人民防空袭斗争必须严密防护的重要目标。

对重要经济目标的防护，除了平时在规划和建设时合理布局，分散配置和采取一些抗毁措施外，战时可以采取以下防护措施。

1. 隐蔽、加固

利用防护工程以及郊外的天然洞穴、废弃矿井等，将重要车间、设备转入地下，不易转入地下的采取加固措施，增强抗毁能力。

2. 伪装欺骗

近期局部战争的经验表明，在信息化条件下的局部战争中，隐真示假是对付高技术兵器侦察和空中打击的有效措施。因此，在未来防空袭斗争中对重要目标的伪装，除采取植物、迷彩、烟幕、灯火、音响伪装等传统的伪装方法外，还要特别重视技术伪装和设置假目标，以隐真示假。

对重要目标进行伪装，要采取人民防空专业队伍与人民群众相结合，预先伪装与临时伪装相结合，制式和简便器材相结合的办法，因地制宜、就地取材，力求达到严密性、适应性、多样性和群众性的要求。伪装效果不仅要能做到隐我之形、防敌之“目”，消我之声、防敌之“耳”，而且要能防止或欺骗敌人的雷达、红外、电子、激光等高技术的侦察。

3. 空中设障

实践证明，拦阻气球、空中飘雷、空中钢索等空中障碍物，对低空、超低空突防的飞机特别是巡航导弹有一定的拦截作用。战时接到空袭警报后，在预先选定设障地域和筹备空中障碍器材的基础上，根据人民防空指挥员的命令施放空中障碍

---

① 吴政宏，王胜利．高技术条件下人民防空［M］．北京：军事科学出版社，2000：284.

物。通常情况下，宜施放在重要防护目标附近、敌空袭兵器低空进袭的航路上，以阻止敌空袭兵器特别是巡航导弹对我重要目标的突击。

三、消除空袭后果的行动

消除空袭后果的行动，是指在敌空袭间隙和空袭后，组织人民群众迅速进行的减少损失和恢复秩序的行动①。可以预见，未来信息化条件下强敌一旦对我城市进行空袭，所造成的直接毁伤后果及其附加效应将十分严重。因此，在未来防空袭斗争中，及时、有效地消除敌空袭后果，对于减轻遭袭后的人员伤亡和财产损失，尽快恢复城市功能和生产、生活秩序，保持战争潜力和防空袭斗争的能力，都有着十分重要的作用。

（一）及时查明遭敌空袭破坏的情况，迅速明确工作

遭敌空袭后，人民防空指挥员及其指挥机关，要迅速组织力量，通过多种渠道，迅速查明受损情况，主要包括：党政领导机构、厂矿企业、科研实验基地、机场、港口、火车站和列车编组站、通信枢纽和指挥中心、大型桥梁、水库、仓库和电站等重点目标的受损情况和人员伤亡情况，以及核、化设施遭破坏后引起次生灾害的涉及范围和影响程度等。

人民防空指挥机关根据损伤情况和防空袭行动的需要，明确消除空袭后果的工作重点，合理组织力量，正确区分任务。对于交通枢纽、指挥通信和警报系统等影响防空行动的目标，以及水、电、气等关系人民日常生活的设施，应组织人民防空专业队伍随炸随修，及时恢复；对于其他目标，主要是动员人民群众在人民防空专业队伍的指导下进行抢救抢修，并对产生次生灾害的目标迅速采取控制措施。

（二）组织人民群众自救互救

在敌空袭空隙期，充分发动群众搞好自救互救是保护广大人民群众生命和财产安全的重要方法。组织人民群众自救互救，必须充分发挥医疗、消防、城建、电力、化工、环保、交通、公安、邮电等部门专业技术人员的作用，指导和协助人民群众医治受伤人员、扑灭住宅火灾、清除倒塌建筑物。

（三）组织人民防空专业队伍实施消除空袭后果的行动

人民防空专业队伍是消除空袭后果的骨干和突击力量，战时应充分发挥他们的作用，重点加强对重要经济目标和生命线工程的抢救抢修，做到一有情况，能够快速展开行动。

当重要经济目标遭敌空袭引起火灾时，应迅速组织消除专业队在当地人民群众的协助下，充分利用各种消除设施和简便器材，尽快扑灭火灾，对一时难以扑灭的严重火灾要控制其蔓延。

---

① 吴政宏，王胜利．高技术条件下人民防空［M］．北京：军事科学出版社，2000：291.

组织抢险抢修专业队，在当地人民群众的支援配合下，消除倒塌建筑，排除爆炸性障碍物，紧急抢修道路、桥梁、港口、机场，供电、供气、供水设施，保障城乡居民供水、供电、供气等。尤其是当通信枢纽和指挥通信警报设施遭到破坏时，应立即组织通信专业队迅速抢修被破坏的警报、指挥通信线路和设施，保障警报的及时发放和指挥联络畅通。

当人员遭到空袭伤害时，应组织医疗救护专业队，本着先重后轻的原则及时抢救和运送伤员，并指导人民群众进行自救互救。当遭敌核、化武器袭击，或民用核、化学工业设施遭袭后产生次生灾害时，应组织防化防疫专业队，迅速查明灾害源的位置、性质及其危害情况，查明沾染区性质及程度，划定人员活动禁区，并严格控制，设立洗消站，对受染人员进行洗消，并做好计量监督检查。同时，对民用核、化学工业设施进行妥善处理，清除灾害源。

为了保证消除空袭后果行动的顺利进行，还应及时组织治安专业队加强巡逻和纠察，进行治安联防，维持城市秩序，组织运输专业队积极配合其他专业队的行动，保障人员、物资的前送后运。

思考题：

1. 高技术空袭具有哪些主要特点？
2. 高技术空袭对人民防空具有哪些方面的影响？
3. 人民防空的基本内涵是什么？
4. 人民防空的主要任务是什么？
5. 人民防空的战略地位反映在哪些方面？
6. 人民防空主要有哪些防护行动？
7. 消除空袭后果主要有哪些行动？

第七章　突发事件

2008年5月12日，在我国的四川省发生了震惊世界的汶川大地震，遇难人数达8万之多，人们不曾预料或者不能准确预料的事件就这样突然发生了。其他如2009年2月18日发生在云南省怒江傈僳族自治州兰坪白族普米族自治县的群体中毒事件；2009年2月22日发生在山西焦煤集团屯兰矿的瓦斯爆炸事件；2009年3月3日发生在贵州省黔东南苗族侗族自治州剑河县的沉船事故，所有这些事故都有一个共同的名字——突发事件。突发事件自古有之，以后也将继续存在。如今，突发事件频繁发生，它已经引起世界各国政府和社会的高度关注。作为当代大学生，我们有必要了解突发事件的一些基本问题，如突发事件的概念、类型、特点等，并能够有效的预防和处理突发事件。

第一节　突发事件概述

一、突发事件的概念

根据我国2007年11月1日起施行的《中华人民共和国突发事件应对法》的规定，突发事件是指突然发生，造成或者可能造成严重社会危害，需要采取应急处置措施予以应对的自然灾害、事故灾难、公共卫生事件和社会安全事件。

根据突发事件的定义，可知，突发事件至少由以下五个必不可少的基本要素构成：突然爆发；难以预料；由必然原因导致；产生严重后果；需紧急处理。①

1. 突然爆发。

突发事件顾名思义就是突然发生的事件。突然爆发是突发事件的第一构成要素。突发事件的发生是一个量变到质变的过程，但这是一个爆发式的过程，其何时、何地发生，发生的规模和程度是人们难以预料的，带有非常大的偶然性和突发性。

2. 难以预料。

由于突发事件的发生带有很大的偶然性，具有很大的不确定性，因此，人们对

① 秦启文等．突发事件的预防与应对［M］．北京：新华出版社，2008：4.

于突发事件是否会发生、在什么时间、以何种方式以及在多大程度上发生，人们往往是难以完全根据以前的经验做出准确的推测和判断的。

3. 必然原因导致。

任何事件的发生都是有着一定规律的，也就是说其发生是有着内在必然性的。突发事件虽然常以偶然形式表现出来，但其发生也反映出必然性的内容。突发事件的发生无论是怎样的出人意料，其发生还是有着内在依据和具体条件的，即只要诱发突发事件的条件具备，它就会发生。无论哪种突发事件，其发生都存在某种必然性。①

4. 后果严重。

从《中华人民共和国突发事件应对法》中对突发事件的界定可知，任何突发事件的发生都会给社会和人民造成重大的损失和破坏，包括政治、经济、文化等各个方面的损失和破坏，既有物质方面的损失，也有精神方面的损失。

5. 需紧急处理。

突发事件是需要采取应急处置措施应对的事件。突发事件发生迅速、造成的损失大。因此，要能有效处理突发事件，使其造成的损失减少到最低程度，就必须对其作出快速反应，采取有效措施。

二、突发事件的类型

突发事件的种类繁多，依据《中华人民共和国突发事件应对法》对突发事件的定义，我们把突发事件主要分为以下四种类型：自然灾害、事故灾难、公共卫生事件和社会安全事件。各类突发公共事件按照其性质、严重程度、可控性和影响范围等因素，一般分为四级：Ⅰ级（特别重大）、Ⅱ级（重大）、Ⅲ级（较大）和Ⅳ级（一般）。法律、行政法规或者国务院另有规定的，从其规定。

1. 自然灾害

因特有的地质条件和自然地理环境，我国是世界上遭受自然灾害最严重的国家之一。所谓自然灾害是指因人力不能支配、不能控制的自然力给社会的生产生活和人民生命财产造成的危害和损失，主要包括：①地质灾害，如地震、滑坡、泥石流等；②气象灾害，如干旱、洪涝、台风、冰雹、海啸等；③生物灾害，如蝗灾、鼠害等。

2. 事故灾害

事故灾害是指在生产、生活中由于自然原因或者人为因素而导致的人员伤亡、财产损失，并在一定范围内引起社会震荡、公众心理恐慌的各种事故，主要有工矿

---

① 刘玉梅. 论突发事件的偶然性和必然性［J］. 内蒙古财经学院学报（综合版），2005，3（1）：105.

商贸等企业的各类安全事故、交通运输事故、公共设施和设备事故、环境污染和生态破坏事件等。近年来，由于各种原因，我国各类安全事故频繁发生，如煤矿、交通等事故接连发生，环境污染和生态破坏事件也频频发生，所有这些给人民群众生命财产造成了严重损失。

3. 公共卫生事件

近年来，我国人民医疗保障水平得到了极大的提高，但还有很多传染病没有得到有效控制，各类公共卫生事件仍然时有发生，严重威胁到了广大人民群众的生命和健康。所谓公共卫生事件是指突然发生的，严重影响或可能会影响社会公众健康和生命的重大事件，包括传染性疾病、群体性不明原因疾病、重大食物中毒以及其他严重影响公众健康和生命安全的事件。如鼠疫、SARS 病毒、手足口病、食物中毒、禽流感、口蹄疫等重大动物疫情以及外来有害生物入侵等。

4. 社会安全事件

社会安全事件是指突然发生，造成或者可能造成重大人员伤亡、财产损失、生态环境破坏和严重社会危害，危及公共安全的紧急事件，主要包括：恐怖袭击事件、涉外突发事件、经济安全事件、重大刑事案件、社会治安突发事件等。例如 2001 年在美国发生的“9・11”恐怖袭击事件就属于此类事件。

三、突发事件的特点

根据《中华人民共和国突发事件应对法》中对突发事件的界定可知，突发事件是非预期的，其突然发生的特点决定了其有关信息必然是不充分的，事态的发展具有高度的不确定性。综合国内外有关突发事件的研究，突发事件主要具有以下一些特点：

1. 突发性。

一般来说，任何事件的形成都有一个量变到质变的萌芽、形成和发展过程。但对于突发事件来说，这种量变到质变的过程有其特殊性，比如人们对突发事件是否会发生、在什么时间、什么地点、以何种方式爆发、爆发的程度等都是始料未及，难以准确把握的，也就是说突发事件被人们感知的时候，往往表现出很大的突发性。这充分反映了突发事件的发生具有极大的偶然性和随机性，也正是因为如此，突发事件会在较短时间内成为人们关注的焦点和热点。

2. 破坏性。

突发事件是一种造成或可能造成破坏性后果的危机，一定会对决策者的核心价值（社会的正常运转）构成威胁，这种威胁既可能是局部的破坏，也可能是根本性的毁坏。危险性必然达到巨大的程度，即可能给人们的生命财产带来巨大损失，人们的依法活动被影响，国家权力的正常运作被阻断，社会组织面临崩溃的威胁，必须采取特殊的应对措施才能恢复秩序。

3. 紧迫性。

突发事件的突发性决定了决策者（通常是政府部门）的反应时间非常有限，即事件发展迅速，立刻有局势恶化、社会混乱、组织崩溃的危险，要求马上采取救援和恢复等应对策略。① 应急管理越是迅速、合理，所能避免或减少的损失则越大，对时间的把握程度决定了突发事件处置的有效性程度。

4. 难以预测性。

突发事件的发生往往带有很大的偶然性，因此，突发事件具有不可预料性或非预期性，不仅突发事件的开端无法用常规性规则进行判断，而且其发展、影响也没有经验性规则进行指导，这使得突发事件不容易准确把握。所以，一旦突发事件发生，人们往往措手不及。由于自然界和人类社会自身发展的复杂性，人类对于自然和社会的规律也不可能完全掌握，从而使得人类对于突发事件何时、何地发生以及爆发的规模、影响深度等很难完全预测。

5. 复杂性。

突发事件往往是多种原因综合形成的结果，表现出一果多因、多因多果、一因多果的复杂状态。突发事件的复杂性还表现在其具有多变性，如突发事件若处置不当可能会加大损失，扩大危害范围，有的还可能由非政治性事件转为政治性事件。突发事件防治的组织系统也较复杂，至少包括中央、省市及有关职能部门、社区三个层次。另外，有关突发事件的有效管理和防治，牵涉到不同层次之间的整合及其怎样处理不同层次之间的多样性和统一性问题，这也是一个比较复杂的问题。突发事件的不同阶段，存在集成与整合的目标与任务不同，组织系统中的薄弱环节也不同的问题，这些都需要作系统的探索和考察。

6. 持续性。

在整个人类文明进程中，突发事件从未停止过。突发事件自人类产生以来，就一直伴随着人类，而且将会永远伴随着人类。当然，面对突发事件，人类并不是束手无策。人类可以通过共同努力，最大限度降低突发事件发生的频率和次数，减轻其危害程度及对人类造成的负面影响。也正是因为无数次突发事件，使得人类在不断反思人与自然的关系过程中变得更加成熟，行为也更加理性。而且突发事件一旦爆发，总会持续一个过程，表现为潜伏期、爆发期、高潮期、缓解期、消退期。持续性还表现为蔓延性和传导性，也就是说一个突发事件经常导致另一个突发事件的发生。如“9·11”恐怖袭击事件导致了美国对阿富汗的军事打击、炭疽病菌邮件等一系列突发事件；发生在罗马尼亚境内的金矿氰化物污染引发了多瑙河生物死亡，对匈牙利等国的国民经济和人民生活造成了严重的影响和破坏。另外，突发事件的持续性还表现为延滞性，即突发事件所导致的后果往往在时空上有一个扩展、

① 韩大元，莫于川．应急法制论［M］．北京：法律出版社，2005：42.

滞留的过程。如瑞典的桑多兹事件就体现了这一特点。突发事件还具有反复性，这也体现了其持续性，也就是说有些突发事件，表面上看已经消退了，但若丧失了警惕性，它们还可能复发。如新加坡在保持 SARS 零感染的第 20 天，因为新增 1 名病例而失去解除疫区名单的机会。

7. 可控性。

控制指掌握住使之不超出范围。从系统论看，控制是对系统进行调节以克服系统的不确定性，使之达到所需要的状态的活动过程。它是人类改造自然、利用自然的重要内容和社会进步的重要标志。随着人类认识能力和科技水平的不断提高，人类对于自然性突发事件的控制能力也在不断提高，从而使得自然灾害对人类造成的破坏和损失也越来越小。同样，人类对于社会性突发事件的控制和利用能力及其程度也得到了不断提高，因为这类事件主要是人为因素引起的，人类可以利用现代科技成果阻止突发事件的发生，缩短突发事件的进程，减轻突发事件的危害，降低或消除突发事件带来的负面影响等。比如说 2003 年发生的 SARS，通过良好的公共卫生措施的干预，就得到了控制。英国—香港研究小组使用模型评估不同公共卫生手段对 SARS 的控制情况。A 没有采取任何控制措施的发病情况，B 爆发后 30 天开始，把出现症状到入院治疗间隔平均缩短 2 天，可减少 19% 发病人数。C 在 B 基础上于第 45 天停止各区域间人员往来，减少 76% 发病人数。D 在 B 基础上于第 45 天减少 50% 人员相互接触和医院感染率，能够阻止疫情增长。E 在 D 基础上于第 55 天减少 70% 医院感染率，疫情能得到非常迅速地控制。① 由此可见，无论是何种类型的突发事件，它们都是具有可控性的。

8. 机遇性。

任何事件的发展都有其两面性。突发事件也不例外，它也具有双重属性。也就是说突发事件具有机遇性，即突发事件尽管难以避免，会带来重大危害，但在危害之中往往也孕育着机遇。这正如中国古代名言“祸兮福所倚，福兮祸所伏”。突发事件存有 50% 的可能走向更坏，也有 50% 的可能走向更好。虽然事实已经表明突发事件存在机遇或机会，但它们不会凭空掉下来，需要付出代价。机遇的出现有客观原因，偶然性之后有必然性和规律性。只有充分发挥人的主观能动性，通过人自身的努力或变革，才能捕捉住机遇。正如我们常说的那样，机遇总是偏爱有准备的头脑。但突发事件毕竟是人们不愿看到、不愿接受的事情，所以，我们不应过分强调其机遇性，否则就会导致人们对突发事件的忽视，从而疏于对其防范，造成不可估量的严重后果。

---

① 柯南．SARS 传染能力及超级传染者揭秘［N］．南方周末，2003-05-29（20）．

四、突发事件的消极影响

突发事件是一种全球性现象和灾难。突发事件的发生，从社会经济到社会政治、社会文化、社会心理等各个方面，都可能会带来巨大的消极影响。它已经成为影响社会稳定、制约社会发展的重要因素之一。

1. 社会经济方面的消极影响

一般来说，突发事件可能会造成大量人员伤亡和财产损失。如美国“9·11”事件、印度洋海啸，波及全球的SARS病毒以及发生在我国四川汶川的8级大地震等等，这些突发事件对人类生命和财产都造成了巨大的破坏。相关统计数据显示：2007年，我国发生各类突发事件，造成23万人死亡，180万人受伤。全年自然灾害、事故灾害和社会安全事件造成的直接经济损失超过4700亿元。突发事件的爆发还可能会导致经济发展速度减缓。1998年的亚洲金融危机就是当年世界经济领域的突发事件，它不但导致了当时亚洲经济衰退，还导致了当时拉美地区经济增速下降，从而也就使得当时全球经济增长速度明显下降。2008年的美国“两房危机”（即房利美、房地美）所引发的全球“金融海啸”，导致全球经济全面快速衰退。这些突发事件导致社会发展偏离正常轨道，具有极大的破坏和摧毁效应。

2. 社会政治方面的消极影响

突发事件造成的影响是复杂的。任何突发事件不仅会在社会经济的发展方面造成巨大危害和损失，也会对社会政治造成严重后果和消极影响。突发事件会损害现有的政治资源，造成政治动荡，甚至可能会动摇国际政治格局、破坏国内政治体系。2003年以美国为首的英美联军对伊拉克发动战争，推翻了萨达姆政权，同时在某种程度上改变了国际政治格局。如破坏了原有的国际秩序，践踏了国际法和国际准则，导致了各个大国之间关系的重新调整和组合，造成了伊斯兰世界对美国的极端仇恨，地区安全形势出现变数。1989年12月16日发生在罗马尼亚的蒂米什瓦拉市的群体性游行事件直接导致了齐奥塞斯库政权的垮台。1997年爆发的东南亚金融危机使得统治印度尼西亚32年之久的苏哈托政府解体。2006年9月19日晚，泰国军事政变，使得泰国政权在短时间内就改朝换代。近年来，我国一些地方，群体性突发事件时有发生，严重影响到了党和政府的公信力，严重影响和谐社会建设。

3. 社会文化、社会心理方面的消极影响

无论是自然性突发事件，还是社会性突发事件，它们的发生都很容易造成社会恐慌，危害社会稳定、国家安全和人民生活。一般，突发事件会造成公众心理的脆弱和变态，会造成他们对自身命运的时刻担心。这种造成公众个体心理的恐惧，如果不及时加以控制，势必会造成连锁反应，从而引起整个社会的恐慌。2003年初，一场突如其来的“非典”就曾引起了一系列的社会恐慌行为：谣言四起、抢购成风、没病喝药等等，造成了社会正常秩序的混乱。由于突发事件的发生及其消极影响的迅速扩散，它还可能造成社会上的信任危机。还以 2003 年的“非典”为例，当年“非典”的发生，就曾造成整个社会的信任危机。民众对医药行业、媒体、政府的信任出现了危机。突发事件的发生，还可能会使某些人平时深藏的自私自利的本性暴露，人与人之间相互抱怨，关系冷漠。

五、突发事件的发展态势

虽然突发事件的发生具有突发性、破坏性、难以预测性、机遇性等共性，但由于时代背景不同，不同时代的突发事件又具有各自不同的特点。为了更好地应对突发事件，特别是全球化、信息化条件下的突发事件，就必须正确把握不同时代突发事件的特点，尤其是当今时代条件下的突发事件的发展态势。一般来说，全球化、信息化条件下，突发事件呈现以下发展态势：

1. 突发事件由偶发变为常态

由于经济、文化发展的全球化，整个世界被紧密联系在了一起。在这种条件下，即使是在某一国家或地区发生的突发事件，其可能是受该国或该地区的因素影响而发生的，也可能是由该国或该地区以外的其他因素影响而发生的，它所造成的后果也有可能迅速波及全球。如由美国次贷危机引发的金融危机就给全球各国经济造成严重的影响。正是由于全球化，突发事件也由偶发变为常态。全球化是一把双刃剑，它带来的不仅仅是有利的一面，它也会带来许多消极影响，这会给全球带来诸多矛盾，从而也就提高了突发事件爆发的可能性。可以说，当前，世界性突发事件频频发生，在一定意义上看，它已经从偶然发生逐步变为一种常态。①

2. 突发事件信息扩散的速度加快

在农业时代，由于人类的交通工具和通信工具还很原始，人员的流动也比较少，因此，突发事件扩散的速度是很慢的，扩散的范围也比较有限。到了工业时代，随着交通工具和通信工具的改善，人类的活动范围扩大，信息的传播速度有了很大的提高，但是，信息传播的方式主要通过电话、电视等，传播的速度、传播的多元化还是受到一定的限制。进入信息时代后，随着现代通信技术、电视技术、卫星技术、网络技术的广泛运用和迅速普及，传播手段越来越快捷方便。人类的交流方式、交流途径更加多样，人们获取信息的途径越来越多元化，也更加便捷。人们除了通过电话、电视等传播信息外，还可以通过短信、互联网等将事件的信息迅速传播到各地，重大突发事件信息的传播带有越来越强的扩散性。突发事件可以在很短的时间内牵动社会各界公众的“神经”，成为社会舆论关注的焦点和热点。如果不

---

① 龙小农．跨国危机管理——理论、方法及案例分析［M］．北京：中国传媒大学出版社，2005：2.

加强对民众的疏导和控制，不用正确的信息去引导，那么，谣言、流言、政治性笑话、未经证实的小道消息，就会通过大量的人际传播网络，迅速向各地传播，很容易打破人们生活中相对平衡的心理，引起心理恐慌和行为失常，使突发事件信息进一步放大，影响社会的稳定。比如，1988 年出现的抢购风潮，只是由于风闻政府在北戴河会议上将出台"涨价"举措，这一"消息"迅速在全国广泛传播，引发全国性的抢购风潮，几百亿元银行存款被提，所有的商品，从食盐到电器被抢购一空，使当年物价在很短的时间里上涨了 21.5%，这一年也成为改革开放以来物价上涨最多的一年。又如，在 2003 年的"非典"危机中，出现抢购风潮，一个重要的原因就是受"封城"传言的影响。

3. 突发事件的连锁反应增强

全球化条件下，引发突发事件的因素多样化，其产生的影响也是复合型的。区域性的或是某一领域的突发事件，如果不及时处理，就有可能导致全球风波，甚至可能引发其他领域的突发事件发生，也就是说突发事件的连锁反应增强。如 1997 年始发于泰国的金融危机，在短时间内就迅速波及整个东南亚，然后造成了 1998 年的整个亚洲金融危机，而且这次金融领域的突发事件还从经济领域蔓延到了政治领域，给整个亚洲甚至全世界造成了巨大影响。

4. 突发事件的人为因素增加

当前，全球化是西方发达国家主导的，它们通过全球化过程，从经济、技术和文化上对其他民族国家特别是不发达国家进行控制，干涉他国内政，引起这些国家人民和当局的不满，这就为突发事件发生埋下了祸根。除此之外，发达国家还常利用借口引发突发事件达到其政治目的，政治上采取强权，经济上西方投机资本或进或出国际金融体系，造成金融动荡。如 1998 年的亚洲金融危机，就有西方投机资本兴风作浪的身影，使得广大亚洲受害国家望而兴叹。可见，在全球化、信息化条件下，突发事件产生的人为因素处处可见，而且在不断增加。

第二节　突发事件的处置原则

有很多突发事件的发生带有很大的偶然性，有些甚至无法抗拒。但这并不意味着，人类对突发事件无能为力，一般来说，突发事件还是可以控制的。关键是，突发事件发生后，社会组织或公共管理机构能否有效地处置突发事件。所谓突发事件的处置，是指社会组织或公共管理机构对突发事件的突然发生采取应急措施，从而有效地制止事态的发展，尽可能减少破坏和损失，最终化危害为机遇的过程及其活动。对于突发事件采取何种方式处置，这是没有固定规定的，要具体问题具体对待。但是，我们还是可以根据以往处置突发事件的一些经验来应对，这就要了解处置突发事件的一般原则。根据一些专家对突发事件的实践经验总结，处置突发事件的基本原则主要包括以人为本原则、公众利益原则、防患于未然原则、依法规范原则、协同应对原则、科学性原则。

一、以人为本原则

突发事件的发生往往会给人们带来生命、财产等各方面的危害。当突发事件发生时，作为政府，是保财产第一，还是保生命第一，这将直接体现其价值目标。作为一个负责任的政府，在应对突发事件时，应该坚决秉持以人为本，减少危害的原则，即切实履行政府的社会管理和公共服务职能，把保障公众健康和生命财产安全作为首要任务，最大限度地减少突发事件造成的人员伤亡和危害。处置突发事件时，一定要以确保受害和受灾人员的生命为基本前提，要尽一切可能保护、挽救人的生命，同时，也要最大限度地保护参与处置突发事件人员的生命安全。因为，生命权益是人的最根本的权益，人世间最宝贵的莫过于生命。可以说，衡量一个政府处置突发事件的成功与否，关键在于看其最后是否能够保障人民群众的生命安全。近年来，每逢遭遇重大突发事件，党中央、国务院都把救人放在第一位，作为首要任务来抓。“5・12”汶川大地震后，胡锦涛总书记明确要求：抗震救灾工作必须坚持以人为本。国务院总理、抗震救灾总指挥温家宝说：“只要有一线生机，我们就要尽百倍的努力”，“救人，是我们当前抗震救灾战斗的重中之重的首要任务”，“路不通，我们就用飞机送，我们还要加大运量，让受伤的灾民得到及时的救治!”另外，值得一提的一点是，国务院还首次为这次大灾难中遇难同胞设立全国哀悼日，从5月19日至5月21日。这充分显示出，我们的政府是一个负责任的政府，是以人为本的政府。总之，坚持以人为本，这是处置突发事件的出发点和落脚点。能否把以人为本原则贯穿于突发事件处置的始终，这将直接考验社会组织或公共管理机关的公信力和能力。

二、公众利益原则

突发事件的处置实际上是一种公共危机管理。这种公共危机管理是一种在社会非正常状态，即危机状态下保障公众利益，实现社会稳定的不可或缺的制度安排，这是一个政府不可推卸的责任。当突发事件爆发时，作为负责任的政府，无论困难有多少和多大，都应该坚持保障公众利益的基本原则。近年来，每当遭遇重大突发事件，党和政府都高度重视广大人民群众的利益，以对人民群众生命财产高度负责任的态度来加以应对。在面对突发事件时，政府能不能把公众的利益置于首位，将会直接影响到政府的公信力和形象。因为，政府的权利来自于民众，如果政府脱离民众、不尊重和关心民众、不时刻关注民众的利益，那么将会失去民心。如果政府在处置突发事件时，以公众利益为重，便会在无形中树立起政府的良好形象，增强政府在民众中的公信力。当然，如果政府在处置突发事件时，能时刻牢记维护政府形象，也必然能保证公众利益。我们党和政府长期以来一直坚持群众路线和全心全意为人民服务的宗旨，以人民群众的利益为自己的最高利益。自党的十六大以来，我们政府坚持“权为民所用、情为民所系、利为民所谋”，这充分体现了我们政府的一切行为，包括处置突发事件，都以保障公众利益为基本准则。

三、防患于未然原则

对突发事件的最有效的应对不是突发事件形成和发生后的干预，更重要的是在突发事件形成和发生之前就采取措施排除引发突发事件的各种根源，以从根本上防止突发事件的爆发，这也就是我们通常所说的“防患于未然”。社会组织或公共管理机构做好突发事件的应对工作，就必须坚持居安思危，防患于未然的原则。要在突发事件萌芽时就对其加以认真研究，并及时采取有效措施加以防范，这是应对突发事件的出发点。英国著名危机公关专家迈克尔·杰里斯特就曾明确指出：“不管对危机的警戒和准备是自发的，还是法律所要求的，危机管理的关键是危机预防。”① 由此可见，最好的危机管理是预防危机的发生。

自古以来，我国就非常重视对危机或突发事件的预防。在我国古代文化中就有不少与危机管理相关的名言和警句。譬如，“存而不忘亡，安而不忘危，治而不忘乱”，“天有不测风云”，“无时防有，有备无患”，“凡事预则立，不预则废”等等，都体现了未雨绸缪，防患于未然的重要思想。对于政府和各种组织来说，应急管理的目的是“用小钱防病而不是用大钱治病”。只有这样，才有可能防止突发事件的发生，即使发生了，由于提前做了应急措施，还是可以把损失减少到最小。根据国外研究，有没有做应对危机的计划，其结果是截然不同的。一般，危机困扰的平均时间是 8 周半，没有应变计划的危机比有应变计划的危机长 2.5 倍，也就是 21.25 周。如 1976 年唐山大地震时，青龙县当时由于提前做了应对计划，所以，当地震发生时，青龙县房屋倒塌损坏 18 万间，除了有一位老人震后因惊吓死于心脏病，无一人伤亡。而由于没有很好的应变计划，唐山其他地区则损失惨重，几十万人遇难。由此可见，对危机做了预防的组织遭受的损失相对较小。②

当前，我们正处于一个相对和平稳定的时期，也正因为这样，人们往往缺乏对突发事件的防范意识，所以，一旦危机来临，人们就会临危而乱，造成更大的损失。因此，在这个时期，培养政府、社会组织和公众突发事件防范意识就显得非常重要和必要，一定要加强对突发事件的管理，尤其是事前管理。因为，通过事前管

① ［英］迈克尔·里杰斯特．危机公关［M］．陈向阳等译．上海：复旦大学出版社，1995：30.

② 郭济．政府应急管理实务［M］．北京：中共中央党校出版社，2004：39.

理，可以分析突发事件发生的可能性和可能造成的后果，并及时将其消除、化解于萌芽阶段。为此，必须建立突发事件预警系统，对突发事件作出科学的预测和判断，做到防患于未然。当然，仅靠预警系统还远远不够，还必须采取一系列的应对措施，这样就可以防止在突发事件发生时束手无策。

四、依法规范原则

应对突发事件，需要相关的经验，但这还远远不够。要有效地应对突发事件，还必须制定相关法律，并依法处置。所谓依法规范，就是要依据有关法律和行政法规，加强应急管理，维护公众的合法权益，使应对突发事件的工作规范化、制度化、法制化。有了相关法律依据，就可以减少应对突发事件中的任意和无期，掌握应对突发事件的主动权。2003 年“非典”发生后，我国迅速制定了《突发公共卫生事件应急条例》，将突发公共卫生事件应急处理工作纳入了法制化轨道，也正是从这开始，我国加快了应急管理立法步伐。抗击“非典”之所以能迅速取得胜利，其中很重要的一点就是因为我们在抗击“非典”过程中坚持依法规范的原则。依据传染病防治法等相关法律法规，我国政府采取了必要的控制措施，如依法对“非典”患者和疑似患者进行隔离治疗和观察；封闭污染水源；停工停课停业等。还依法对一些违法违纪、对“非典”事件应对不力的相关责任人作出处理，对一些在此期间利欲熏心的不法之徒予以严厉的法律惩处。在有关法律法规的规范下，依靠全国人民的力量，我们最终战胜了这场突如其来的重大危机。由此可见，应对突发事件仅靠经验是不够的，更重要的是要法制。这既是我国依法治国的基本要求，也是我国在处置各类突发事件中总结出来的经验教训。仅仅依靠经验和管理者个人能力，是不足以预防突发事件发生和控制突发事件危害的。

作为政府，应对突发事件重要的是制定相关的法律，统一规定处置突发事件中的职权和职责，确定依法处置突发事件的法制原则。不少西方国家都制定了公共紧急状态法律制度，有的还有单行的紧急状态法等法律法规。美国宪法就规定，总统在国家处于严重危机时宣布全国“处于紧急状态”，以便应对危机。2003 年之后，我国在应急处理立法方面取得了长足的进步，制定了一系列相关的应急法律法规，尤其是 2007 年 11 月 1 日起实施的《中华人民共和国突发事件应对法》，更是我国应对突发事件的一个标志性事件。制定这部法律，其目的在于预防和减少突发事件的发生，控制、减少和消除突发事件所造成的严重社会危害，规范突发事件应对活动，保护人民生命财产安全。在这部法律中，对政府和公众应对突发事件的方式、原则、责任和义务等，作了具体规定。也正是有一系列相关的法律法规作依据，我们才能够最大限度地消除、化解危机，维护社会稳定，保护公众利益，把突发事件造成的危害减少到最低程度。

五、协同应对原则

通常，引发某一突发事件的因素是多方面的，带来的影响也是多方面的，涉及社会不同领域、不同部门。因此，仅靠单一社会组织或公共管理机构的力量是不可能有效应对突发事件的。这就要求政府在突发事件发生后，站在保护公众利益和维护社会稳定的高度，统揽全局，组织和协调好各单位、各部门、民间组织和社会公众等全部社会力量，共同应对。在应对突发事件时，既要考虑到人民的安危，社会的稳定，经济的发展，又要考虑到科技的进步；既要考虑到国内因素，又要考虑到国际因素。只有在政府统一领导下，各相关部门协调配合，才能全面准确把握突发事件的诱发因素、特点和造成的危害，及时形成有效决策并迅速落实，从而快速有效地解决事件。否则，不但应对突发事件效果不佳，而且会造成资源浪费、顾此失彼，贻误时机，造成更严重的社会危害。全社会协同应对突发事件，既可以为政府分担负担，又可以营造一种全社会通力合作，共同克服困难的氛围，从而有利于各种应急措施的顺利实施。

所谓协同应对，《中华人民共和国突发事件应对法》对其作出了具体规定，也就是，突发事件发生地的居民委员会、村民委员会和其他组织应当按照当地人民政府的决定、命令，进行宣传动员，组织群众开展自救和互救，协助维护社会秩序；受到自然灾害或者发生事故灾难、公共卫生事件的单位，应当组织本单位应急救援队伍和工作人员营救受害人员，疏散、撤离、安置受到威胁的人员，控制危险源，标明危险区域，封锁现场，并采取其他防止危害扩大的必要措施，做好本单位的应急救援工作；突发事件发生地的公民应当服从当地政府、居民委员会、村民委员会或者所属单位的指挥和安排，配合政府采取的应急处置措施，积极参加应急救援工作，协助维护社会秩序。我国政府历来就强调在应对突发事件或公共危机时，要调动全社会一切有效力量，强调要从全局出发，克服狭隘的部门主义和小团体主义，不同职能管理部门之间要协调配合，发挥整体功效，从而最大可能地减少突发事件造成的损失和破坏。近年来，我国政府在处置有关突发事件时，就很好地贯彻了协同原则，并因此很快控制事态的扩大，最终有效地解决了突发事件。如 1998 年长江流域特大洪涝灾害，2003 年的“非典”危机，2008 年的低温雨雪冰冻灾害、胶济铁路火车出轨、汶川大地震等突发事件发生后，我们都能看到包括军队、地方、企业、民众等在内的全社会各种力量被迅速调动起来，投入到突发事件处置的行动中。

六、科学性原则

随着社会的发展，我们所面对的突发事件越来越复杂。引发突发事件的因素多种多样，有自然的因素，有人为的因素，有经济的因素，有政治的因素，有时甚至是各种因素相互交织，造成危害的范围也越来越广。因此，要有效地预防和应对突发事件，就必须对突发事件发生的根源、特点和危害作出准确判断，并采取有效的措施，而这些都要靠科学的决策。所以，坚持科学性原则对于有效地预防和应对突发事件，或者说对于避免突发事件的发生或尽可能减少突发事件的危害，是非常必要的。

所谓坚持科学性原则，就是要依靠科技来预防和应对突发事件，即加强公共安全科学研究和技术开发，采用先进的监测、预测、预警、预防和应急处置技术及设施，充分发挥专家队伍和专业人员的作用，提高应对突发事件的科技水平和指挥能力，避免发生次生、衍生事件；加强宣传和培训教育工作，提高公众自救、互救和应对各类突发事件的综合素质。

对于政府来说，无论是预防还是处置突发事件都要坚持科学性原则，也就是说，我们要采用现代科学思维、科学方法和科学技术等来进行决策和指挥，否则就是盲目的行动，就会造成不可估量的严重后果。比如，对于处理那些因工业技术而引起的灾害以及由自然灾害而造成的危机事件，像危险品、化学毒品、辐射物品、火灾、水灾、海啸、泥石流、雪灾、飓风等，我们就要征询相关领域的专家和科学工作人员的意见，发挥他们的专长，以使危机所带来的危害减少到最低程度。2007年5月，在我国太湖流域发生了一场突如其来的由蓝藻引起的无锡市饮水危机。事件发生后，有关部门和领域的专家，通力合作，最终解决了这场危机。在汶川大地震中，我们通过动用诸多高科技，如遥感技术、生命探测仪、卫星电话、高科技器械等，及时解救了更多的受灾群众。再例如，在处置人质事件、突发群体性事件中，我们就得凭借社会学家、心理学家、谈判专家等技术力量，这样才能有效地消除、化解危机。

总之，突发事件是一种复杂事件，处置突发事件要坚持科学原则，而且要调动多方面的科技力量，即要以多方面科学的知识和技术为支撑，要充分发挥各方面专家和科技工作人员的作用，提高处置突发事件的有效性。2003年的“非典”事件中，如果不是依靠科技进步和有关医疗专家的研究和救护，是很难迅速取得抗击“非典”的胜利的。近几年来，一些重大矿难事故在我国频频发生，如果不是专业的救援队伍、医疗专家及时参与营救，要想取得成效是难以想象的。

第三节　突发事件的预防措施

全球化、信息化条件下，突发事件已经呈现出了发生频繁、范围广泛、危害严重、扩展迅速的态势。这就使得对突发事件的预防显得更为迫切。而且如果能够在突发事件发生之前，就能对其作出预判，并且及时采取措施消除其产生的根源，这将能有效地保障社会正常秩序。当前，随着人类不断加强对突发事件的研究，随着科技不断进步，随着全社会不断提高对突发事件的重视，突发事件的预防也就随之变成了可能。但是，要想有效地避免突发事件的发生，人类就必须在思想、行为等方面采取措施，构建一个行之有效的突发事件预防体系。具体来说，可以从以下几个方面着手：

一、培养突发事件防范意识

突发事件有很多是由人为因素引发的，而且大多都是因为人们缺乏防范意识或疏忽所造成的。而且也正因为缺乏防范意识，事先又没有准备什么应对措施，所以，当突发事件发生后，人们因其突发性而引发心理恐慌，手足无措，致使突发事件造成的破坏和损失迅速扩大。因此，在全球化时代，对突发事件予以高度重视，培养突发事件防范意识就显得尤为迫切和必要了。培养突发事件防范意识有以下两条基本途径：

1. 警示

要想有效地防范突发事件，首先必须采取行之有效的警示措施，告知人们可能会发生的突发事件及其可能会造成的危害，从而引起人们对突发事件的足够重视，以便他们提前有所防范。为此，我们可以采取发警报、设警示牌、发放宣传资料等措施。

所谓警报是指由有关部门针对某一特殊情况向特定群体发出的警示信息，以此告知公众关注某种突发事件，以便他们提前采取措施加以防范。如当台风来临之前，气象部门和国家海事部门向广大在海上作业的渔船发布台风预报，让他们回港避风，这样，当台风到来时，灾害损失就可以减少到最低。再比如，对于地震，虽然人类目前还不能完全准确预报，但在地震来临前给人们警示，是有可能减少灾害损失的。1975 年 2 月，我国辽宁海城发生 7.3 级地震时，国家地震局就发布了中期预报，震前 3 个月辽宁省革命委员会进行了短期预报，震前当天又发出了警报，让居民疏散到户外。正是由于这一系列警报，数十万居民免于此场灾难，从而使得此次地震灾害损失减少到了最低程度。

由于警示牌比较醒目、针对性强，而且可以长期提醒人们，所以，警示牌很容易引起人们的注意，让他们按警示牌作业，这样就可以比较有效地避免或减少突发事件的发生。如道路改造时，工程部会在重要位置设警示牌，提醒司机：道路改造，请绕行。再如，大家都会在加油站、鞭炮厂、油库、森林区等火灾易发地点设“严禁烟火”，“严防火灾”的警示牌，提醒人们注意防火，从而尽可能避免火灾。当然，也要根据具体情况，选择颜色、形状、大小和警示语合适的警示牌。这样，警示牌就可以更好地起到警示作用。

所谓发放宣传资料，是指为了让人们在短时间内了解所发生的突发事件而采取的有效的防范措施。2003 年初，一场突如其来的“非典”，引起了人们的恐慌。为了让大家了解 SARS，有效地防止 SARS 的蔓延，各个国家都发放了大量的宣传资料。当 SARS 发生时，在我国，上至中央，下至省、市、县、乡，各级机构都印制了大量的关于 SARS 的资料，并发放给公众，以普及 SARS 的知识，让大家对其有所了解，从而在其到来时，不再恐慌，能沉着应对。

2. 教育宣传

通常，对于突发事件人们总会有一些错误的认识。突发事件发生之前，人们对其发生的可能性或可能造成的后果视而不见，事发之后，又夸大突发事件的后果，自乱阵脚。之所以会这样，主要是因为他们缺乏关于突发事件的针对性教育。因此，有必要通过教育宣传在民众中营造一种居安思危、临危不乱的心理氛围，提高应对突发事件的能力。

为了达到教育宣传的目的，我们要采取不同的教育方式，开展有针对性的教育。通常，我们可以采取案例分析和强化性教育两种方式。一般来说，案例分析由于具有较强的趣味性，更容易吸引公众的注意力，是一种比较好的教育方式。通过选用一些典型的突发事件案例，并进行分析和讨论，让人们充分认识到提高突发事件防范意识对阻止突发事件发生或减少突发事件的危害具有重要作用。强化性教育也是一种较好的教育方式，它包括正面强化和负面强化两种形式。所谓正面强化是指通过权威人物的正面训导以激起或强化公众的突发事件防范意识。负面强化则是指通过向公众展示突发事件所造成的或可能造成的危害，以使他们提高突发事件防范意识。当然，强化性教育方式的使用既不能过多，也不能过少，否则就会削弱这种方式的效果。而且强化性教育的两种形式也要交替使用，因为一种方法连续使用会给公众造成单调感，这也会削弱强化性教育宣传的作用。

要通过教育宣传提高公众的突发事件防范意识，除了采取合适的教育方式，还必须采取正确的教育策略。为此，我们可以通过加大突发事件的防范教育和培训，提高各级管理者的突发事件防范意识；通过报纸杂志、广播电视、网络等各种媒体加大突发事件的宣传，以使公众充分认识到突发事件防范的意义，引起人们对突发事件的重视和关注，唤醒他们的突发事件防范意识；通过鼓励学校根据实际开设适应学生发展的突发事件防范课程，加大对学生的突发事件防范教育宣传，以提高他们的突发事件防范意识。

二、健全有效的突发事件应对机制

建立健全有效的突发事件应对机制是公共管理机构或社会组织应对突发事件发生的重要内容，也是提高公共管理机构或社会组织突发事件应急能力的重要环节。通常，突发事件的应对机制包括以下几个方面：

1. 应对突发事件的法律机制

从世界范围预防和应对突发事件的实际情况看，健全的法律机制在应对突发事件过程中具有不可替代的作用。因为，有了与预防和应对突发事件相关的法律，公共管理机构或社会组织在应对突发事件时行使紧急权利就有法律作保障。可以说，法律与突发事件的防范和应对之间有着密切关系，无论是制定法律，还是执行法律，只要其中存在缺陷，都有可能导致突发事件的发生。为此，我们必须制定统一应对突发事件的法律。西方许多国家都制定了统一应对各种突发事件的《紧急状态法》，在法律中明确规定公共管理机构或社会组织在突发事件应对过程中的职权和责任，确定应对突发事件的法制原则，最大限度地维护公共管理机构在突发事件发生时的合法性和权威性。这些年，我国也制定了关于突发事件预防和应对方面的法律，如《突发事件事态法》、《突发公共卫生事件应急条例》、《中华人民共和国突发事件应对法》等，这为我们国家应对突发事件提供了强有力的法律保障。当然，我国在这方面还存在许多不足，这需要我们今后在实际工作中加以健全和完善。

2. 突发事件的心理干预机制

当突发事件来临时，人们往往会出现心理恐慌，而且这种心理恐慌会造成严重的社会危害。如 2003 年，当广东、香港发生“非典”疫情时，北京市民觉得这件事离自己还很远。但随着小道消息的传播，民众开始心理紧张。到 4 月 20 日疫情完全公开后，这种心理紧张更进一步。后来在一些谣言的震动下，这种紧张心理迸发为持续两天的集中抢购风潮。SARS 发生后，河北某县一些不法分子竟然要放火烧掉作为 SARS 隔离区的某宾馆。之所以发生这种恶劣行为，就是因为恐慌导致不法分子丧失理智和社会责任感，从而做出疯狂之举。① 由此可见，心理恐慌对突发事件的应对是极为不利的。因此，我们在制定突发事件的防范机制时，要高度重视这种情况，建立突发事件的心理干预机制。首先是通过宣传和教育，让公众对突发事件有一个正确的认识。要及时主动地发布突发事件的有关信息，加大宣传教育等干预力度，从而更好地防范突发事件导致更大规模的社会恐慌。其次是当突发事件发生时，要对公众进行心理疏导，缓解其心理压力，增强大家战胜困难的信心。比如说，可以通过耐心细致地做好公众的思想政治工作，解决他们所面临的实际困难来克服因公众心理恐慌引发的社会恐慌。

3. 突发事件的日常防范机制

突发事件的处置很重要，但突发事件的防范更重要。要有效防范突发事件，除了建立有效的法律机制和心理干预机制，还必须建立起一整套科学的、行之有效的日常防范机制。在日常管理中，我们要强化公众的突发事件意识，采取各种措施来预防突发事件的发生。比如：宣传风险意识和突发事件意识，如发生天灾人祸的可能性、战争的可能性；做好资金、人力和物资的各种储备；建立畅通的信息网络

---

① 冯仕政．应对非典疫情下的恐慌心理［N］．人民日报，2003-05-30.

等。世界许多大公司就非常重视突发事件的日常防范。如美国戴尔公司，在“9·11”突发事件的处理中，由于考虑到了最糟糕的状况并设置了相关规划，才最终化险为夷。2003年的SARS事件中，为应付可能出现的供应链中断，戴尔未雨绸缪，早在年初就决定旗下各工厂商要提高库存准备。再比如，惠普亚太区在2003年3月底，及时观察到SARS在亚洲肆虐的情况，对营运计划及时作出调整，将旗下的各个分公司按所处地区疫情的不同分为三类，将行政、业务、客户服务、财务……各个部门都切出三分之一来，编成三组，每个组都独立进行业务运营。惠普亚太区的这一应对SARS突发事件的措施使它免受其害。

4. 突发事件的群防机制

仅仅靠公共管理机构来应对突发事件是远远不够的，还必须有包括社会公众在内的各种社会力量的参与。因此，为了高效、快速、协调、灵活地应对突发事件，我们要最大可能地吸纳各种社会力量，调动一切可以调动的社会资源，建立起一个全社会的突发事件群防机制。如，2003年3月，美国发动对伊拉克的战争。同时，美国公共管理机构启动了突发事件群防机制。美国公共管理机构各个部门纷纷根据早就拟定的预案采取行动，防范因伊拉克战争引发的各种突发事件。美国国务院对本国公民、驻外领事馆发布了警告，并要求其他国家采取行动保护美国的海外侨民和设施。财政部公布了《在与伊拉克敌对期间保护金融市场的措施》，划定了美国“最关键”的金融设施，并安排专家寻找和评估其弱点，承诺向金融机构提供优先通讯服务，使之在突发事件期间保持畅通，从而保持金融系统的稳定。除了这些公共管理机构的努力外，美国还高度重视企业组织和公众个人在突发事件应对中的作用。如各大铁路公司增派人手，加强关键路段的安全防范；美国行业协会之一的石油协会建立了专门的信息分享和分析中心，负责及时把出现的威胁和隐患通知企业，以便企业能及时采取措施。当时的美国国土安全部部长里奇还特别强调，公众要对可疑情况保持警惕，在突发事件发生时要避免恐慌。

5. 突发事件的合作机制

全球化时代，突发事件的发生往往是因为多种因素共同作用，而且涉及范围广泛，包括不同部门、不同领域，甚至不同国家和地区。如环境问题、气候灾变、疫情、国际恐怖主义等可能引发的全球性突发事件。要有效处置类似突发事件，就必须各个部门、各个组织、各个国家和地区通力合作，建立起一种突发事件的合作机制，以便调动一切力量来应对突发事件。为此，一方面我们要充分发挥包括联合国在内的国际组织在协调应对突发事件中的作用。比如，联合国粮农组织在65个国家和地区开展210个紧急项目，加强了对自然灾害和人为紧急情况做出的反应，有效地缓解了这些突发事件对各国公众生计的威胁。再比如，2001年“9·11”突发事件发生后，美国通过联合国和全球绝大多数国家建立了共同反恐联盟。另一方面，我们要建立国家间的合作机制。一般情况下，在应对突发事件中，一个国家无论是在技术、资金，还是人员、信息等方面都会有不足，这些都不利于应对突发事件。因此，在应对突发事件时，加强国家之间的交流与合作，是非常必要的。它有助于提高各国应对突发事件的能力。如在SARS流行期间，各个国家科学家通力合作，仅用三周时间就把SARS元凶锁定为冠状病毒变种，仅用六天时间就将这种病毒的基因图谱解开。这就为最终战胜SARS病毒奠定了基础。

三、建立突发事件的预警系统

事实证明，能否有效预防和应对突发事件，其中很重要的一点就是看有没有建立一个有效的突发事件预警系统。通过突发事件预警系统，我们可以对预警对象和范围、预警指标、预警信息进行分析和研究，以便及时发现和识别潜在的或现实的危机诱发因素，评估即将发生的突发事件可能造成的危害程度，决定是否发出危机警报，以便及时采取预防措施减少突发事件发生的突然性和破坏性，从而做到防患于未然。综合国内外相关研究来看，突发事件的预警系统包括以下几个方面：

1. 突发事件的监测子系统

能否做到对突发事件早期预警监测，会影响到防范和应对突发事件的有效性。所谓突发事件监测就是应用一系列预测技术对突发事件发生的可能性及其危害程度的估计。为了作出正确的估计，我们必须对有关信息源头作出正确判断，并通过大众传媒、事故及隐患鉴定报告、实地调研等途径收集相关信息，然后根据这些信息对风险进行分析和监测。2005年11月13日，由中国石油吉林石化公司双苯厂发生爆炸引发的松花江水污染事件，就是因为此次污染事件的早期预警监测严重失职所致。

2. 突发事件的评估识别子系统

所谓突发事件评估识别系统就是将监测过程中收集到的信息进行分类、整理、评估。根据所设置的评估指标体系，将整理过的信息与各个评估指标进行分析、比较，对未来可能发生的突发事件类型、性质和危害程度做出恰当的估计。建立这样的系统，主要做好以下三个方面的工作：一是做好信息整理工作。只有将已经收集到的信息进行有效整理才能起到预警作用。为此，首先要对信息的真实性、客观性进行鉴别，再对其进行分类，最后形成预警信号。二是做好评估指标的设置工作。为了很好地评估突发事件，必须设置合理的评估指标。在设置突发事件评估指标时，我们要坚持科学性、完整性、动态性、可比性等原则。① 只有这样，我们才能真正建立一个有效的突发事件评估识别系统，从而对可能发生或即将发生的突发事件作出合理的判断，以便及时采取措施加以预防和应对。三是做好评估潜在威胁的工作。做好信息整理后，将整理好的信息与所设的评估指标进行比较，以便为系统

---

① 胡百精．危机传播管理［M］．北京：中国传媒大学出版社，2005：106.

决定是否发出警报做好准备，这就要求评估潜在威胁。评估潜在威胁时，要根据信号或指标的水平判断是否达到了突发事件警报的临界点以及达到了哪个临界点，从而决定是否发出突发事件警报和发出何种级别的警报。

3. 突发事件的预报子系统

要有效地对可能发生的或即将发生的突发事件作出及时的预警，除了建立突发事件预警监测子系统和突发事件评估识别子系统外，还要建立突发事件预报子系统。通常，突发事件预报子系统具有这样的职能：根据突发事件评估结果，对危害程度较大的潜在突发事件向各个利益相关者发出警报，提请他们注意并提前采取措施。为了到达预防突发事件的预期效果，我们在发布突发事件预报时要做好以下几点：一是，要根据突发事件反应者和潜在受害者的特点选择警报，并且确保他们及时准确地收到警报，从而确保突发事件预报子系统的有效性。二是，要根据突发事件反应者和潜在受害者的知识水平和心理特点选择警报内容，确保他们能充分理解警报内容并采取相应的行动。三是，要根据警报内容在平时就对突发事件反应者和潜在受害者进行教育培训，以便他们了解、熟悉警报的内容，从而提高对突发事件的反应能力。

四、编制突发事件应急预案

所谓突发事件应急预案是突发事件应对的原则性方案，是为了迅速、有序而有效地展开应急行动、减少损失，针对可能发生的突发事件，预先制定的有关计划或方案。它提供突发事件处置的基本原则，是突发事件应急响应的操作指南。制定了突发事件应急预案，当突发事件发生时，可以减少决策时间和压力、减轻人们的心理紧张感、有利于合理配置突发事件反应和恢复所需资源、促使突发事件反应和恢复行为更加科学合理。可以说，有没有突发事件应急预案，应对突发事件的效果是截然不同的。美国一位长期从事突发公共事件研究的学者通过研究，得出这样的结论：如果发生某一特别重大的突发公共事件，各级政府都有应急预案并立即启动，采取应对措施，要比没有预案、预案体系不健全、等待总统下达命令再采取应对措施的效率高出320倍。① 因此，为了有效应对突发事件，必须编制突发事件应急预案。这就要我们对突发事件应急预案的有关知识有一个充分的了解和认识。

1. 突发事件应急预案的类型划分

由于突发事件种类繁多，所以突发事件应急预案类型也有很多，按不同维度可以分为不同类型。

参照《国家突发公共事件总体应急预案》的分类标准，依据应急对象，突发事件应急预案可以分为四大类：自然灾害应急预案，即应对各类自然灾害的预案；

① 柳永法．应急预案及其制定的必要性［J］．中国减灾，2005（5）：33-35.

事故灾难应急预案，即应对各类事故灾难的预案；公共卫生应急预案，即应对各类公共卫生的预案；社会安全应急预案，即应对各类社会安全事件的预案。

按照应急预案编制和执行主体不同，突发事件应急预案可以分为四类：国家应急预案，即一种宏观管理，以场外应急指挥为主的综合性预案。如《国家突发公共事件总体应急预案》、《国家专项应急预案》、《国务院部门应急预案》等；省级预案，即与国家预案大体类似但涉及问题更具地区针对性的突发事件应急预案；市级预案，即各个城市编制的应对本市突发事件的预案；组织预案，即各种组织根据自身特征制定的应对各种突发事件的预案，如企业应急预案、学校应急预案、医院应急预案等。

根据应急预案的功能和目标，突发事件应急预案可以分为三类：综合预案，即以场外指挥和集中指挥为主，侧重于应急活动的组织协调的总体、全面的预案；专项预案，即主要针对特殊和具体突发事件而制定的应急预案，如地震应急预案、地质灾害应急预案等；现场预案，即以现场设施或活动为具体目标而制定和实施的应急预案。

2. 突发事件应急预案的基本内容

一般，突发事件应急预案的基本内容主要包括以下七个部分：

（1）总则，主要是对预案的编制目的、编制依据、工作原则、预案适用范围、应急预案的体系等内容加以说明。

（2）组织机构与职责，主要是详细描述突发事件应对组织的体系框架，明确各类突发事件预测、预警、报警、处置、结束、善后和灾害重建等环节的主管部门、协作部门、参与单位及其职责。

（3）预测、预警，主要是对突发事件及其后果的预测、辨识、评估、分析。

（4）应急处置，主要是构建突发事件基本的响应程序。

（5）后期处置，主要是对应急结束后的工作的安排。

（6）保障措施，主要是对预案的实施所需后勤保障资源的说明。

（7）预案管理，主要是提出对预案本身的管理方式。如预案的演练、评估、更新等。

3. 突发事件应急预案的编制原则

要有效应对突发事件，不但要编制应急预案，而且在编制应急预案时要遵循一些基本原则，主要有：科学性原则、系统性原则、动态性原则、可操作性原则。首先，编制应急预案要遵循科学性原则。以科学的指导思想和科学的态度，在全面调查研究的基础上，开展分析和论证，制定出的应急预案才是严密统一、协调有序、高效快捷的预案，才能保证预案顺利实施并取得良好效果。其次，编制应急预案要遵循系统性原则，这是由突发事件应急预案的特点决定的。突发事件应急预案本身是一个复杂的系统。一方面，各个应急预案本身是由各个环节构成的一个系统；另一方面，各个预案之间又形成一个预案体系。再次，编制应急预案要遵循动态性原则。突发事件往往是复杂多变的，这就决定了任何应急预案都不可能包含突发事件的各种可能情况。因此，突发事件应急预案必须具有动态性。最后，编制应急预案要遵循可操作性原则。我们编制应急预案就是为了达到预期目的或效果，因此应急预案必须有针对性和可操作性，否则其价值就非常小甚至没有价值。为此，我们编制应急预案时，应使其可量化和程序化。

4. 突发事件应急预案的编制流程

要编制一个科学的突发事件应急预案，既要明确突发事件应急预案的基本内容和编制原则，还要按照一定的编制流程。通常，突发事件应急预案的编制流程包括这几个部分：

(1) 成立应急预案编制小组。由于突发事件的应对涉及的领域、部门都很多，这就需要各有关方面的合作与配合。因此，要编制一个科学合理的突发事件应急预案，就必须要求各有关方面参与，为此成立一个应急预案编制小组就显得非常必要。这个应急预案编制小组应由最高管理部门牵头，其成员应包括突发事件涉及的各个部门。

(2) 风险评估和应急能力评估。风险评估是编制应急预案的基础，它可以为突发事件应急预案编制的优先级别提供依据，也可以为突发事件应急预案的编制提供必要的信息和资料。由于应急资源和能力将直接影响应急行动的有效性，所以，要根据风险评估的结果，对组织的应急资源和应急能力进行评估，这主要包括：应急人员，应急设施，装备和物资，人员的技术、经验和接受的培训等。

(3) 分类分级。对突发事件进行分级分类，这样做是为了使应急预案更具有针对性，当然要做到准确无误是不现实的。

(4) 应急措施的制定。要使应急预案具有可操作性，以便实施后达到预期目的或效果，就必须根据实际情况，如组织的应急资源和应急能力等，制定出尽可能具体和可操作性的应急措施。

(5) 评审与发布。为了保证应急预案的科学性和合理性，有关应急预案的编制单位要依据有关法律对应急预案开展评审，并及时将评审结果予以发布。应急预案的评审包括内部评审和外部评审。所谓内部评审是指编制小组成员内部实施的评审，通过内部评审以保证预案的内容完整和语言简洁流畅。所谓外部评审是指为确保应急预案被各相关组织接受而由编制小组外部各有关方面对预案进行的评审。

(6) 演练预案。任何应急预案都不可能包含到突发事件的各种可能情况，它有一个逐步完善的过程。而通过应急预案的演练，正好可以及时发现应急预案的各种不足和缺陷，这对我们完善应急预案是必要的。

五、成立突发事件应对机构

一般，突发事件会涉及多个部门机构，因此，要有效预防和应对突发事件，就必须做到各个部门机构之间高效、协调，这就要求成立一个能协调各相关部门机构的突发事件应对机构。这一应对机构主要承担以下职责：信息的收集；战略的规划并将其纳入公共管理机构的日程；判断各种突发事件发生的可能性并评估其危害和风险；防范突发事件；监督管理突发事件处理日程的实施；进行突发事件管理教育和训练；突发事件发生时，协调各级公共管理机构、各个部门的行动。① 通常，突发事件的应对机构包括以下几个组成部分：决策组织机构、信息管理机构、后勤保障机构、参谋咨询机构。

决策组织机构是应对突发事件时所依托的决策平台，在防范突发事件过程中具有非常重要的作用。建立突发事件决策组织机构，应该从以下几个方面着手：一是，建立突发事件决策制定、协调的核心机制，这样才能提高决策系统的整合能力、协调能力和沟通能力；二是，强化突发事件决策参谋咨询机构，保证参谋咨询组织体系的相对独立性，这样才能为决策者提供及时、有效的突发事件的有关信息，以便决策者及时作出正确的决策；三是，提高地方公共管理机构的决策能力，因为全球化趋势导致了突发事件部分决策权向地方公共管理机构转移。所以，要更好地应对突发事件，就必须提高地方公共管理机构的突发事件决策能力。

信息管理机构是应对突发事件体系的信息交流平台，它有两个主要职能：预警信息的处理和突发事件相关信息的发布。建立突发事件信息管理机构，就可以对突发事件发生前后的各个环节进行监视，同时收集有关信息并及时予以发布，保证各种相关信息畅通无阻地传递，这样就可以提高对突发事件的反应速度。因此，在一定意义上来说，信息管理机构工作情况如何决定着突发事件应对的成败。

后勤保障机构，这不是指一般的物资保障机构，它是涉及很多部门的保障机构，这些部门包括：交通、通信、信息、商业、物资支持、卫生和医疗服务、救援、财政、银行、保险公司、审计部门等等。后勤保障机构为应对突发事件提供有力的后勤保障。可以说，如果没有后勤保障机构，即使是制定了有效的应对突发事件的各种措施，它们也是无法得以实施的。由此可见，建立应对突发事件的后勤保障机构是非常必要的。

要有效预防和应对突发事件，决策就是一个组织和个人避免不了的问题，决策是否正确将直接影响到突发事件应对的有效性。由于突发事件会涉及很多方面、因素，这样应对突发事件决策也必然会涉及很多方面，而公共管理机构或社会组织不可能对涉及应对突发事件决策的每一个方面都充分了解，这就要求公共管理机构或

① 梅雪芹，郭俊．应对突发性灾难：国际经验的审视与启示．前线［J］．2003（6）：68.

社会组织集思广益，发挥参谋咨询机构的作用。因为参谋咨询机构具有一般传统组织没有的优势，如由于其自身特点决定了它能够拥有分析复杂问题的宝贵经验和解决问题的方法；它不会因循守旧等等。一般来说，现代参谋咨询机构有以下基本功能：收集信息，进行科学预测；拟订方案，进行综合分析和评价；跟踪检查，提供反馈信息；独立调查，公开甄别事件诱因；培训、储备和交流人才。①

六、储备足够的后勤保障

足够的物资储备和财政保障资金是突发事件防范和处置的后勤保障工作，是政府危机管理的基础。可以说，后勤保障工作做得如何将直接影响到突发事件防范与应对的成功与否。政府要加大直接服务于人民的基础设施建设投入，因为基础设施的落后往往是导致危机产生和扩大的一个重要因素。各级人民政府要把危机管理的预算纳入政府的预算体系之中，作为政府应该设立专项基金，用于应对各种突发事件和危机，并且建立监督制度和程序，以保证基金的合法、合理、有效使用。

实践证明，在突发事件防范和应对中，有无充足及时的物质保障和财政资源支持，是直接影响突发事件处置后果的关键所在。2003 年 SASR 爆发，北京出现了防 SARS 物资抢购潮。为了应对这一局面，北京市政府迅速成立了应急物资保障机构。采取各种有效措施，从各地调集各种防 SARS 物资，从而满足了北京医疗机构和市场的需要。做好物质保障和财政资源支持应注意以下几个方面：建立危机物质保障和财政资源支持的管理体制；进一步完善危机物质保障和财政拨付的运行机制；做好重要战略物资的储备工作。美、日、韩等国家将危机管理经费纳入政府财政预算体系，建立应对危机基金，保证其有稳定的资金保障。为应对突发性灾难事件，许多发达国家都有足够的物质储备。美国还建立了一个全国性的资源目录，一旦危机爆发，可以清楚地知道从什么地方调配什么资源，动用哪些设施。这一点，非常值得我们借鉴。

在应对突发事件的实际工作中，到底应该储备多少物资和保障资金，对于一个国家来说，是一项比较复杂的工作。储备多了，会造成资源浪费，储备不足又难以应付突发事件的需求。② 所以，是否储备了足够的后勤保障，而且储备布局、结构合理与否，将直接影响到突发事件物资的保障效果，最终也会影响到突发事件防范与应对的效果。因此，为了更好地防范和应对突发事件，我们必须确定合理的储备量、合理的储备布局和结构，这样就可以从整体上实现突发事件防范目标的最优化。

---

① 秦启文等．突发事件的预防与应对［M］．北京：新华出版社，2008：122.

② 王宗喜．应加强军事物流理论研究［EB/OL］．http：//www.chinawuliu.com.cn/papers/content/wzx3.htm，2009-05-29/2009-06-06.

此外，政府财政资源支持应做到未雨绸缪，将其渗透到全民危机意识培养战略中。例如，2008 年春节前后，北京市政府通过邮政系统给全市居民家庭免费派送了《首都市民预防传染病手册》和《首都市民健康膳食指导》，这两本手册是第一次在市政府组织下，由包括院士、教授、博士在内的一批著名医学专家参与编写的实用健康书籍，可以有针对性地指导北京市民科学饮食、健康生活。北京市还可以继续通过类似方式，向全市居民家庭派送《北京市民突发事件应对手册》，内容包括关于突发事件相关知识的基本介绍，一旦发生应如何自救等内容 。这是个全民普及突发事件知识的好方式。

七、组织必要的训练与演习

突发事件有些可以提前采取措施加以预防，以避免其发生；有些虽然难以避免，但我们也可以提前采取措施以使其发生造成的危害减少到最低限度，如组织必要的训练和演习。通过定期训练和演习，可以提高社会组织或公共管理机构以及公众应对突发事件的能力。通过组织有针对性的针对突发事件的培训和演习，可以让组织、公众了解引发突发事件的因素、它们是如何引发突发事件的以及突发事件可能会造成什么样的危害，这样会有助于组织、公众提高对突发事件风险根源的警惕，从而会减少突发事件发生的可能。一般，突发事件发生得比较突然，而且危害比较大，所以，当突发事件发生时，往往容易造成人们心理恐慌，反应迟钝。而通过组织针对性演习和训练，可以训练他们在突发事件中的心理状态，面对突发事件时能保持镇定，这样会有助于提高组织和公众应对类似事件的反应能力。还有，当突发事件发生时，因为各种原因，公众与组织以及公众之间沟通会出现障碍，这对处理突发事件是极为不利的。而通过演习和训练，可以训练公众之间以及公众与组织之间如何在突发事件发生时进行沟通和合作，提高突发事件处置能力。

由此可见，为了更好地应对突发事件，定期组织有针对性的训练和演习，不但是重要，而且是必须的。在训练和演习中，要实施突发事件应急预案，以检测其是否充实、可行；要对应对突发事件参与者进行操作培训，要训练公众应对突发事件时的沟通技巧，要训练公众在突发事件中的心理状态。如，特警的处置恐怖袭击演练，消防警察的防火灭火演练，水灾、地震、台风、海啸、火山爆发等自然灾害的防护演练，以及其他重大突发事件的防护演练，所有这些，对于未来应对类似突发事件将会发挥非常重要的作用。近年来，我们国家多次组织应对突发事件的训练和演习，以提高人们应对突发事件的能力。西方许多国家也经常组织相关演练。例如，美国联邦紧急事务管理署在平时就针对恐怖事件进行演习、培训，和相关部门进行讨论，以避免事件发生时他们之间的争执和推诿。各州紧急事务办公室，通过对相关组织和公众进行各类突发事件的培训来防御各种灾难，并尽可能地完成备灾工作，响应各种灾难，迅速从各种灾难中恢复到正常状态。1989 年 8 月的旧金山大地震，就是由于6个星期前进行了一次千人以上的地震救灾反应演习，使得救灾和医疗抢险及时，大大减少了损失。再如，1995年5月，美国组织了一次由联邦、州、自治团体等参加的，以发生大规模飓风为假想目标的大型防洪演习，以检验联邦、州、地方各级公共管理机构的现行防洪政策、计划、程序、组织结构以及援助系统等是否可行。

第四节　突发事件的安全防护

近年来突发事件的发生次数逐年上升，突发事件对人类的危害非常巨大，因此，对各类突发事件的安全防护知识进行宣传教育，就显得尤为重要。

一、自然灾害的安全防护

1. 水灾的安全防护

我国是降雨量很丰富的国家，夏秋季节降雨量非常大，有时会形成洪水灾害，给人们的生命和财产安全造成危害，因此，学习水灾来临时的安全防护措施就显得尤为重要。在野外遇到暴雨时，如果一时找不到安全场所，可以爬上大树，并将自己固定在树干上；身处险境时，要寻找绳索、漂浮物等救生用品和可以发出求救信号的物品；另外，不能在堤坝上、山脚下、山坡上、危墙、高墙边久留，要避开电线杆、高压线塔周围，以防坍塌被砸伤；也不要在河道、沟谷、洼地、地下通道、岩洞里行走或久留，因为洪水最先到达水平线低的地方；避险过程中，要随时注意其他险情，避免掉入深沟、触电、被砸，特别要提防泥石流和山体滑坡等威胁。在室内被洪水围困时，要设法阻止或减缓其进入屋内；万一洪水进入屋内，要随着不断上涨的洪水向高处移动；洪水到达屋顶时，应尽量呆在基础牢靠的地方，找不到安全避险场所时，要及时借助漂浮物离开险境；被迫水中逃生时，要立即脱掉衣服和鞋子，以防水中杂物缠绕或伤害身体，并向最容易被人发现和最近的安全地点靠近，当发现救援人员时，要大声呼救，让救援人员发现自己。会游泳的要迅速向最近且最容易脱离洪水的地方靠近；不会游泳的要设法抓住身边的固定物体或漂浮物体，并用衣服将自己捆绑在上面。多人同时落水时，可以手拉手，用相互的牵制力共同抵御洪水。

2. 火灾的安全防护

火灾对人体的伤害主要有烧伤、热损伤、中毒、砸伤、缺氧熏呛以致窒息等，另外，火灾还会引起爆炸，人员疏散时还会发生踩踏事件等。对学生开展防火灭火知识教育，有助于增强学生的避险意识，提高其防护能力。首先要控制火源，防止火灾的发生。根据燃烧原理，燃烧必须具备三个条件：火源、可燃物质和助燃物质。在学生宿舍或者实验室里，同学们使用的书籍、纸张、衣服、蚊帐、被子以及酒精、汽油、乙炔等物品全是可燃物质，而空气中的氧气即是很好的助燃物质，因此，我们要预防火灾的发生，关键是控制火源。所以在宿舍和实验室里，我们不能随便使用打火机、火柴、热得快、电暖器、电夹板等物品，从根本上切断火灾的源头；万不得已使用时，也要与可燃物质隔离开。其次要选择合适的灭火方法。万一火灾真的发生在我们身边，救火必须分秒必争。除了立即拨打火警电话，告知火灾的地点、单位、着火的对象、类型、范围等具体情况外，我们还要想办法自己灭火，控制火势蔓延。火灾初发时，要立即把整个楼层的电源、气源断开，并利用最近的灭火器具、消火栓等工具扑灭火苗、压制火势。若没有灭火器具时，可以用棉被、窗帘浸湿后灭火。如果火势扩大蔓延难以控制，则不能冒险扑救，必须迅速撤离避险。最后要避险逃生。一旦火灾发生，在火势无法控制、消防队员还没到达时，要抓紧时机离开险境。受到烟、火威胁时，可披上浸湿的衣服、被子，并用湿毛巾捂住口鼻，寻找安全的撤离路线。逃生时应选择楼梯而不能走电梯，如果着火点在自己的上层应往楼下撤，着火点在下层应往上转移至顶楼平台。被困时，尽量躲避到阳台、窗口等易被人发现的地方，以便消防人员找到自己。

3. 地震的安全防护

地震是由地球内部变动引起的自然灾害。强烈地震会造成楼房倒塌、山体滑坡、公路铁路断裂等严重后果，给人类的生命和财产安全带来巨大损失。而对地震灾害的预防准备，能有效地减小灾害损失。自然科学研究表明，地震发生前是有很多前兆的。①地下水突然升降，井水打旋、冒泡、变色、变味。②鸡不进窝飞上树，老鼠出洞乱窜，家猫、家犬烦躁不安。③震中地区或附近区域出现形态各异的光带、光柱、火球等地光现象。④地光之后发生地声或单独发生地声，声音像打雷、狂风或放炮。地震发生后，要根据不同情况采取有效的自救办法。在室外要避开电线杆、路灯杆、大型广告牌、危墙、破旧房屋、立交桥、过街天桥和隧道等可能会坍塌的区域。室内的人，如有机会，要迅速撤离到地面宽敞的空地；如果是高楼不能及时出来，可躲避到结实的桌子或床下、墙角、卫生间、储藏室等面积较小或者三角形空间内。一次震波或确认地震停止后，要迅速转移到宽敞的空地等更安全的地方，但转移时不能盲目乱跑，以防被建筑物或其他物品砸伤。另外，地震发生时要采取正确的避震姿势，以保护好身体的重要部位，增加生存的机会。在室外遇到地震时，趴在地上相对比较安全。不管是蹲、坐还是趴，都要使身体重心降低，避免摔倒受伤，同时也减少身体的暴露面积，避免被砸伤或击伤。在室内躲避时，最好是蹲下或坐下，使身体尽量弯曲。身体应紧贴墙角、墙根，头部尽量靠近墙面。在躲避时还要低头、闭眼，用枕头、被褥保护好头部，防止塌落物体砸伤头部和眼睛，并用毛巾捂住口鼻，防止吸入灰尘和有害气体。

4. 雪灾的安全防护

在我国的中北部地区，冬季降雪的次数和厚度，普遍都比较大，特别是东北地区，一年中有四五个月有积雪存在。下雪时间持续长达16～24小时，可能会出现大量积雪，甚至塌方。积雪、塌方和雪崩会给人类的生命和财产造成极大的损失。暴风雪来临时，我们要提前做好安全防护工作，尽量减少人身伤亡和财产损失。首先，要存贮足够的粮食和水，密闭好住宅，保存热气，不要让孩子外出，大人也尽量减少外出往来，特别是农村和山区，以防陷入沟壑中难以爬出。如果必须在积雪中行走，要准备好电笛、哨子、通讯设备、灯光信号等求助设施，并在脖子上系一条鲜艳的布，走路时手里可拿一根拐杖或类似的东西作为探路工具。如果遇到有雪崩和山崩发生的地方，要绕开那里，不走坡度大于30度的斜坡并保持平静和小心，记住雪崩和山崩会破坏电力输送线路，这将有致命的危险，遇到电力输送设备一定要远离并绕行。在遇到雪崩的情况下，尽量躲在大岩石下、大树干下，要脸朝下趴在地上，并用双手抱住头，透过衣服呼吸，保护鼻子和嘴。如果你被雪覆盖了，稍等，暂时停止运动，而后开始用身体推开身上的雪，并逐步向上、向有空气的方向移动，像游泳一样用手和脚移动雪并踩实它。停下休息时，要尽量扩大鼻子和胸部的空间，并克服想睡觉的欲望，及时打开通讯工具向救援人员求救。

5. 风灾的安全防护

在我国，风力在8级以上的称为大风，12级则称飓风。飓风具有很强的破坏力。现代科技可以比较准确地预测台风的发生时间、发生地点、风力强度等信息，因此，只要及时收看台风预报，做好预防准备，就能有效地减小台风造成的损失。台风来临前，我们要切断电源、气源，关好门窗并转移到安全牢固的地方；出海的渔船要迅速回到避风港并把船只系牢固；在外行走的人要就近到商店等公共场所暂避，躲避地点最好是地下室、防空洞、高楼最底层，在低洼处时要防止遭水淹。出门在外遇台风时，首先要穿上雨衣，不要打伞；要远离树木、棚架、高墙、广告牌、架空的电线等可能倒塌的物体；不要在居民楼下、道路边缘或打漩涡处行走；遇到倾斜或倒塌的电线杆等输电设备，要绕开行走以防触电。

二、意外事故灾难的安全防护

1. 公路意外事故灾难的安全防护

如果预感到可能发生翻车或撞车事故时，车上人员决不能盲目跳车，也不要混乱，因为这样会造成车身重心偏移而更加难以控制。驾驶员要紧紧抓住方向盘，两脚钩住踏板，尽量软化即将发生的碰撞。车上人员应双手抱头，侧卧在坐椅上，或迅速趴到坐椅上，抓住桌椅等固定物体，避免在车内滚动而受伤。如在山路上，驾驶员可以把车开到靠近山体的一边，用车身侧面与山体刮撞使车减速，确定无法控制车辆时，要抓住时机迅速离开车辆。如果车门打不开，可以打碎车窗玻璃跳出去。跳车逃生时，要逆着车翻滚的方向往外跳，以防被压在车下。若被抛出车外，应在被抛出的瞬间猛蹬双腿，以增加离开险区的距离。落地时要双手抱头，顺着惯性方向滚动，以免再次受伤。如果车翻倒在路沟、山崖边，先判断车身是否稳定，车身不稳时不要乱动，以防重心偏移引起二次滚动。车身稳定后，车内人员要有秩序的快速离开，离开时要让靠近崖边的人先下，离开后，尽量远离车辆，以防发生爆炸。如果汽车落入水中，要赶紧关上车门和车窗，减缓水流进入的速度，并打开车灯发出求救信号，如果车里的水已经超过车门高度，要立即打开车门或打碎车窗钻出车外，钻出去的时候要把脸朝里让身体先出去。

2. 铁路意外事故灾难的安全防护

铁路意外事故主要是指火车相撞、出轨翻车和火灾。铁路发生意外事故多数没有明显迹象，所以避险的时间也是极为短促的。首先，在站台上候车时，要听从列车员的指示，站在白色警戒线以内，在列车停稳和有人下车时再上、下车；如果车上人不多，我们要尽量选择中间的、有人乘坐的车厢，因为中间的车厢在出现意外时一般受损较小，而人多相对来讲也比较安全，不会有抢劫事件发生；沉重的行李不要放在上面，以防发生强烈碰撞时这些物品掉下并伤害到人。夜间乘车时，要把贵重物品随身携带，不要随便吃喝别人给的东西，不要睡得太沉，睡觉时最好把脚朝向火车前进的方向，以免发生事故时身体向前冲去，造成颈椎骨折。火车或地铁发生意外事故时，如果时间允许，要尽快向远离机车的方向走去，因为靠近机车的车厢危险较大；车厢连接处最危险，千万不可在此处久留。车厢内的人要远离车窗，以防玻璃或车外的利器伤人，然后就地趴下，抓住椅子腿，低头，下巴贴胸，以防被抛起或者头部受伤；如果正在卫生间，要立即抓住扶手，背对火车前进的方向，蹲下或坐下最好；如果可能，要寻找时机离开火车，如果车门打不开，可以打碎车窗玻璃爬出去，离开后，尽量远离车厢，以防发生爆炸。如果火车仍在行驶，不可以跳车，否则因为惯性作用，身体会摔向铁轨或路基。

3. 水路意外事故灾难的安全防护

随着科学技术的迅速发展，现代轮船即安全又舒适，但无奈海面上风大浪高，暗礁、险滩、冰山还有轮船火灾等水路意外事故时有发生，学习水路意外事故的安全防护措施是十分必要的。遇到船难时，不要慌乱，要迅速用半导体或其他设备发出求救信号，向最近的港口或邻近船只求救，然后听从船长的安排和命令，脱掉束缚手脚的衣服和鞋子，用塑料袋把重要证件包好放在内衣里，帮助老弱妇幼爬上甲板。如果有小艇，要扶助妇女儿童先走，在上小艇时，要从船尾上，不要使劲摇动船舷。如果无法坐小艇，可以拿上一个漂浮物（救生圈、木板、车胎、密封的空塑料瓶等）跳水。跳水时要注意选择时机，即不会踩到别人，也不会被别人砸到。跳水的地点应选在船的上风舷，即迎着风跳，以免被船只撞击。跳水时应两脚朝下，进入水中后，要尽快游离船舷 200 ~ 300 米远，以防被沉船压入水中。如果附近有小艇，可以请求艇上的人给你扔一根缆绳，将缆绳系在身上，让小艇拉着你向岸边游去。长时间漂浮在海面上，不要喝海水，要有毅力，不要丧失得救的希望。上岸或者被救起后，要迅速告知遇难船只的名称、失事的时间和地点等情况。

4. 航空意外事故灾难的安全防护

航空意外事故主要指飞机起飞、着陆过程中发生的事故，包括飞机起火、坠机、爆炸和严重损坏等事故。作为乘客，应该尽可能多地了解乘机安全常识。登机前，旅客携带的行李必须接受机场安全部门的检查，不能携带枪支、弹药、凶器、易燃、易爆、易腐蚀、放射性等危险品，以便维护飞机和乘客的安全。在机舱内吸烟，要得到机务人员的允许，在规定的范围内吸烟。机舱内通常配有灭火、氧气、救生衣、紧急出口等设备，乘客要注意这些东西，以便发生事故时，能够紧急应对。万一发生意外事故，则飞机发生事故后的90秒是逃生的最佳时机，俗称“黄金90秒”，乘客千万不能惊慌失措，要信任机上工作人员，服从命令听从指挥，积极配合撤离工作，尽量在90秒内撤离出事的飞机。事故发生时，机体会晃动，乘客要取下眼镜、假牙，脱掉高跟鞋，取出口袋中的尖锐物品，以防晃动时伤到身体。如果机体遭到破坏或保持舱内气压的舷窗被打破时，就会出现减压和漏气，乘客要立即带上氧气面罩并系好安全带，尽可能不要慌乱。如果机舱内有浓雾，用湿毛巾捂住鼻子和嘴，俯身走向太平门。舱门打开后，充气救生梯会自动膨胀，跳到梯上后用坐的姿势滑到地面，并迅速远离飞机，不要返回飞机去取行李。

三、公共卫生事件的安全防护

1. 传染病疫情的安全防护

传染病历来是人类健康的主要杀手，给人类的生命和心灵都带来了极大的伤害。仅2003年发生在我国的非典型性肺炎，就对我国甚至是世界带来了极大的生命和财产损失，并引起社会恐慌等重大问题。人类同传染病的斗争也是永无休止的，人类在传染病的病因、病源、预防、诊断和治疗等方面已经取得了很多成果。医学研究表明，防治传染病应以预防为主，做好传染病的预防工作是极其重要的。首先，我们要了解传染病的种类。它们主要包括鼠疫、霍乱、流行性感冒、疟疾、病毒性肝炎、流行性乙型脑炎、麻疹、艾滋病、非典型性肺炎、流行性出血热等，这些传染病传染性强，传播速度快，对身体的伤害也非常大，是我们要重点预防的对象。其次，我们要了解传染病的传播途径，它主要有五种传播方式：①通过水和食物传播，如细菌性痢疾、甲型肝炎等；②通过空气飞沫传播，如流感、麻疹、肺结核等；③虫媒传播，如疟疾、乙脑、鼠疫等；④接触传播，如皮肤炭疽、狂犬病、肠道传染病等；⑤血液、体液、血制品传播，如艾滋病、乙型肝炎等。其实传染病的传播途径非常广泛，在日常生活和学习中，我们要认真做好预防工作，把疾病排除在身体之外。具体做法如下：①在流行季节前免疫接种，能有效预防传染病；②搞好个人卫生，如餐具消毒、杀灭蚊虫、多开窗通风、勤洗手、不喝生水、不喝酒、不吸烟、加强体育锻炼、补充营养增加免疫力等；③洁身自爱、遵守性道德，杜绝一切不良交往，远离不健康场所，不参与不正常的性交往；抽血、输血要到正规医院；不用他人的指甲刀、修脚刀，自己受伤出血时不要沾染他人血液。如果怀疑自己或他人得了传染病，或接触过传染病患者，要及时向单位报告，到医院接受必要的检查，必要时，要进行隔离观察和治疗，这是对自己负责，也是对他人负责。

2. 群体性不明原因疾病的安全防护

卫生部印发的《群体性不明原因疾病应急处置方案》对群体性不明原因疾病的定义，是指一定时间内（通常是指2周内），在某个相对集中的区域（如同一个医疗机构、自然村、社区、建筑工地、学校等集体单位）内同时或者相继出现3例及以上相同临床表现，经县级及以上医院组织专家会诊，不能诊断或解释病因，有重症病例或死亡病例发生的疾病。群体性不明原因疾病具有临床表现相似性、发病人群聚集性、流行病学关联性、健康损害严重性的特点。这类疾病可能是传染病（包括新发传染病）、中毒或其他未知因素引起的疾病。《方案》要求，有传染性的不明原因疾病现场控制措施包括现场处置人员进入疫区时，应采取保护性预防措施，如戴口罩和手套、穿隔离衣、勤洗手等；隔离治疗患者；如果有暴发或者扩散的可能，符合封锁标准的，要向当地政府提出封锁建议，封锁的范围根据流行病学调查结果来确定；发生在学校、工厂等人群密集区域的，如有必要应建议停课、停工、停业；对病人家属和密切接触者进行医学观察或隔离。没有感染疾病的人也要注意防护，培养良好个人健康生活习惯，勤洗手，勤打扫卫生，勤晒被褥；注意营养的均衡，多运动，睡眠充足，增强身体抵抗力；避免在空气不通畅、人口密集的公共场所停留；如果出现类似症状要及时就医，争取做到早发现、早报告、早隔离、早治疗。

3. 动物疫情的安全防护

动物疫情是指动物疫病发生、流行的情况，包括家畜家禽和人工饲养、合法捕获的其他动物。动物疫情涉及动物的饲养、屠宰、经营、隔离、运输等活动。根据《中华人民共和国动物防疫法》第20条的规定，任何单位和个人发现本预案所述重大动物疫病或疑似疫病时，应立即报告当地动物防疫监督机构。动物防疫监督机构和指挥部办公室应当迅速采取措施，在6小时内报告当地人民政府的同时上报上一级动物防疫监督机构。乡动物疫情领导小组接到疫情报告后，要立即派人到现场，调查疫源，并报请区动物防治监督机构派员调查、诊断，协助其做好工作。首先要封锁疫点疫区，严禁人、动物、车辆出入和动物产品及可能污染的物品运出。根据防疫领导小组的要求实施封锁，并采取隔离、扑杀、销毁、紧急免疫等强制性控制、扑灭措施，迅速扑灭疫病。其次，要立即停止疫区动物、动物产品交易，停止动物配种；对易感染动物，必须进行检疫或者免疫接种；疫区内的动物粪便及其他垃圾、废弃物要专人清理，集中堆放，在动物防疫监督机构监督下定期作无害化处理；疫点出入口必须有消毒设施，疫点内动物运载工具、用具、受污染的物品，必须在动物防疫人员监督指导下进行无害化处理；全天候工作在疫区的人员应严格遵守技术操作和饲养规范，注意人身保护，确保人体健康。最后是疫情封锁的解除，疫点、疫区最后一头染疫动物处理后，经该疫病一个潜伏期以上时间，没有新的疫病发生，进行终末消毒，经动物防疫监督机构验收合格后，由乡防治重大动物疫情领导小组宣布解除封锁。

4. 食品安全

近来出现的三聚氰胺、苏丹红、假鸡蛋等一系列问题，时刻提醒我们应注意食品安全问题。吃了有毒、有害、被病菌污染的食物会发生食物中毒。食物中毒有轻、重不同程度的区别，严重的可导致死亡，因此，我们要谨慎注意食品安全，严把“病从口入”关。首先，我们要了解哪些食品对我们的健康有害，易引起食物中毒。有毒、有害、带致病菌的食品主要包括：①被致病菌或有毒物品污染过的食品，如腐败变质食品、喷洒过农药的蔬菜水果等；②本身有毒的物品，如毒蘑菇、亚硝酸盐等；③由于储存不当而变质的物品，如霉变的粮食、发芽的土豆等；另外由于烹饪不当未煮熟的豆角、河豚等也会引起食物中毒。这些食品在外观上与正常食品没有明显差别，仅凭看和闻是不易判别的，我们要从根本上把好质量关。购买食品时，应在大型市场或超市采购，确保食品新鲜、安全；包装产品应在保质期内食用，不食用来源不明的食品；肉、蛋、禽和水产品要购买卫生部门检验过的产品；贮存食品的容器要密闭，以防老鼠、蟑螂、蚊蝇等污染食品；烹饪时要勤洗手，食品要炒熟煮透；厨房应当有冷藏、消毒、排污等设备，要保持厨房清洁卫生，无食品的残渣、碎屑，要给餐具消毒。如果发现食品腐烂变质，绝不能食用；如果自己或别人出现腹痛、腹泻、恶心、呕吐或发热、头晕、痉挛等症状，可以初步判断为食物中毒，要立即到医院做进一步的诊治和调查。

四、社会安全事件的安全防护

1. 恐怖袭击事件的安全防护

恐怖主义（terrorism）是一种古老的政治、社会现象。在美国的“9·11”事件之后，恐怖主义已经成为威胁人类安全的一个严重的全球性问题。恐怖主义主要是指企图通过暴力或者以暴力相威胁的手段而制造政治影响的象征性活动。恐怖活动的主要方式有爆炸、绑架和劫持人质、劫机和生化袭击。因此，出门在外时，我们要防范恐怖活动的袭击，少在公共场所停留，尽量减少在机场、车站、码头、闹市区、外国使馆等场所停留的时间。选择交通工具和食宿地点时不能只图便宜和忽视安全问题。受到来源不明的信件和包裹时，不要轻易打开，要认真核对，如果觉得可疑，要报告有关部门，不可贸然行事。爆炸是恐怖袭击活动的首选，如果发现类似爆炸的可疑装置时，我们千万不要随便翻动打开，也不要喧哗制造紧张气氛，要保持原状，并立即报告有关部门，请公安部门和有关专家来处理，在没有确认的情况下不要散布任何消息。如果遇到爆炸事件，要及时躲避在墙壁、桌子、衣橱等遮盖物的下边，最好蹲下或趴下，双手抱头并护住眼睛，切不可慌忙乱跑。如果遇到劫机或绑架事件，要随机应变，机智周旋，不要与恐怖分子格斗，不要暴露不满情绪，不要与恐怖分子的眼睛对视，尽量表现出愚笨和迟钝，可以迎合恐怖分子的心理与之适当交谈，可与恐怖分子建立某种缓和的关系，要注意观察周围环境，了解周围地形，以备警方营救时逃脱获救。

2. 涉外突发事件的安全防护

涉外突发事件包括境外涉我突发事件（主要指境外发生的造成我国机构和人员伤亡及财产损失的突发事件）和境内涉外突发事件（主要指境内发生的造成外国机构和人员伤亡和财产损失的突发事件）。根据涉外突发事件发生的地点、性质、规模和影响，可以将涉外突发事件分为特别重大涉外突发事件（Ⅰ级）、重大涉外突发事件（Ⅱ级）和较大涉外突发事件（Ⅲ级）三级。处理涉外案件，首先要遵守中国刑法和刑事诉讼法的基本原则和国家主权原则。其次是必须遵守条约原则，遵守国际条约和国际法的重要原则。即使当中国宪法或者中国内部规定与国际公约或双边条约发生冲突时，亦应严格遵守中国已批准或签署的有关规定。不得以国内法规或者内部规定为由拒绝履行中国所承担的国际条约规定的义务。最后要遵守平等互惠的原则。在处理涉外突发事件时不能以损害对方的利益来满足自己的要求，而应该是对双方都有利，互相向对方提供便利。政府和有关部门要随时准备好应对涉外突发事件的措施，做好通信及网络设备建设，保持相互之间的通信联络畅通及网络运转正常，确保各种文电高效、迅速、准确地运转。在交通、医药、金融、餐饮等方面也要做好储备，确保应急响应有充足的物资保障。出境人员要树立安全观念，时时提高防范意识，并进行安全和纪律教育培训，使其了解和掌握前往国家和地区的基本社会状况、安全形势、交通规则、法律常识和应对各种危险情况的自救措施等。

3. 经济安全事件的安全防护

经济安全事件主要包括银行安全事件、证券安全事件、保险安全事件和物价异常波动事件。银行安全事件主要有突发性挤兑事件、计算机安全事件、员工涉案事件。保险安全事件包括保险资金运用出现风险，保险理赔出现行业性或局部性兑付困难，保险信用受损，保险市场管理及调控受阻等。证券安全事件主要指证券市场紊乱，股市持续异常波动，正常交易持续性中断等。对经济安全事件的防护首先要做到依法行事。所有防护行为要符合有关法律、法规、规章的规定，并按照有关程序来进行。其次要实现资源共享。根据突发经济安全事件的具体时间、类型、程度和范围等不确定性以及事件情况的特点，银行、保险、物价等经济安全事件的信息、资金等资源要在相关部门内部沟通协调解决。最后要分工协作，减少中间环节以提高效率。在相关部门的职责基础上，发挥银行、保险、物价等部门专业优势，并合理设置管理层级，减少中间环节，提高工作效率，尽快恢复经济环境的平安健全。

4. 社会治安突发事件的安全防护

良好的社会环境是人民生活幸福、经济发展前进的重要保障，但是我国一些社会治安问题屡治不绝，黄、赌、毒等社会丑恶现象在部分地方依然存在，各种偷窃抢劫行为依然不息。为了减少社会治安突发事件带来的灾害，我们要积极学习预防和应对的方法。人们上下班及外出活动应选择人多和光线好的道路而避免在偏僻路段行走，防止不法侵害的发生；如果固定在某一地点工作，也要经常改变一下出门的时间和路线；把家和办公室的门窗加固防盗系统，对你生活的环境有认真的了解，以便及时发现变化，做好防护；如果发现异常情况或可疑的人，要提高警惕并做好相应的记录，以备出事后提供线索；对来源不明的电话不要接或者举报，防止电信诈骗；如果发现自己被跟踪，要往人多或警察局的方向走，并及时报案；如果遇到绑架事件，要尽量大声呼救，并随手拿东西攻击绑架你的人；如果遇到枪击事件，要立即趴在地上，用手或皮包挡住头；如果遇到抢劫或强奸事件，在力量悬殊很大的情况下，不要武力反抗，要随机应变，口头应许歹徒一些好处，麻痹歹徒防范思想，再找机会逃跑或制服他们，事后要立即报案。

思考题：

1. 什么叫做突发事件？突发事件具有哪些特点？
2. 突发事件具有哪些消极影响？
3. 突发事件具有哪些发展趋势？
4. 遭遇自然灾害时如何进行安全防护？
5. 遭遇意外事故灾难时如何进行安全防护？
6. 遭遇公共卫生事件时如何进行安全防护？
7. 遭遇社会安全事件时如何进行安全防护？

主要参考文献

1. 江泽民．论科学技术［M］．北京：中央文献出版社，2001.

2. ［俄］弗·伊·斯里普琴科．第六代战争［M］．张铁华主译．北京：新华出版社，2004.

3. ［美］托夫勒夫妇．第三次浪潮战争［M］．高亚阳等译．北京：中国国防科技信息中心，1994.

4. 张万年．当代世界军事与中国国防［M］．北京：军事科学出版社，1999.

5. 宋时轮．中国军事百科全书［M］．北京：军事科学出版社，1993.

6. 奚纪荣，施芝华．军事思想［M］．上海：上海社会科学出版社，2004.

7. 金钿．国家安全论［M］．北京：中国友谊出版公司，2002.

8. 何兰．冷战后中国对外关系［M］．北京：中国传媒大学出版社，2005.

9. 康绍邦，宫力．国际问题二十讲［M］．北京：中共中央党校出版社，2006.

10. 刘宏煊．中国睦邻史［M］．北京：世界知识出版社，2001.

11. 葛东升．国家安全战略论［M］．北京：军事科学出版社，2006.

12. 陈岳等．中国周边安全分析［M］．北京：中国人民大学出版社，2006.

13. 朱听昌．中国周边安全环境与安全战略［M］．北京：时事出版社，2003.

14. 萨本望．我国新安全观的变化及新的普遍安全观［M］．北京：军事科学出版社，2000.

15. 楼耀亮．地缘政治与中国国防战略［M］．天津：天津人民出版社，2002.

16. 总参军训部．军队高技术知识教材（上、下册）［M］．北京：解放军出版社，1995.

17. 余高达．普通高等学校军队理论教程［M］．北京：国防大学出版社，2003.

18. 林建超．世界新军队变革概论［M］．北京：解放军出版社，2004.

19. 赵景露，钟海．当代军事高科技教程［M］．北京：军事谊文出版社，2000.

20. 王厚卿．中国军事思想论纲［M］．北京：国防大学出版社，2000.

21. 纽先钟．西方战略思想史［M］．桂林：广西师范大学出版社，2003.

22. 汪祖辉．中国军事百科全书［M］．北京：军事科学出版社，1991.
23. 总参军训部．步兵武器射击学理教材［M］．北京：中国人民解放军战士出版社，1983.
24. 郑法宝．战术基础与防护［M］．北京：解放军出版社，2004.
25. 李效东．比较军事思想［M］．北京：军事科学出版社，1999.
26. 牛力，郭同岭．军事思想与军事战略［M］．武汉：通信指挥学院内部资料，1998.
27. 吴学勇．战争动员学教程［M］．北京：军事科学出版社，2001.
28. 张召忠．打赢信息化战争［M］．北京：世界知识出版社，2004.
29. 邓 锋．转型中的军事理论［M］．北京：国防大学出版社，2006.
30. 蔡仁照．信息化战争论［M］．北京：国防大学出版社，2007.
31. 姜玉军．江泽民信息化军队建设思想专题研究［M］．北京：解放军出版社，2005.
32. 陈云金，吴忠国．国防教育教程［M］．武汉：武汉大学出版社，2007.
33. 武仁和．信息化战争论［M］．北京：军事科学出版社，2004.
34. 吴明贤．兵书战策［M］．成都：巴蜀书社，2001.
35. 郝翔．国防教育概论［M］．北京：高等教育出版社，2002.
36. 张蜀平等．直面信息化战争［M］．北京：国防工业出版社，2007.
37. 徐国成，张保良等．高技术空袭与防空［M］．北京：国防大学出版社，1999.
38. 吴政宏，王胜利．高技术条件下人民防空［M］．北京：军事科学出版社，2000.
39. 赵俊玉．人民防空实践与创新［M］．北京：解放军出版社，2008.
40. 戴凤秀．高技术条件下城市防空袭［M］．北京：军事科学出版社，2003.
41. 秦启文等．突发事件的预防与应对［M］．北京：新华出版社，2008.
42. 韩大元，莫于川．应急法制论［M］．北京：法律出版社，2005.
43. 龙小农．跨国危机管理——理论、方法及案例分析［M］．北京：中国传媒大学出版社，2005.
44. 胡百精．危机传播管理［M］．北京：中国传媒大学出版社，2005.
45. ［英］迈克尔·里杰斯特．危机公关［M］．陈向阳等译．上海：复旦大学出版社，1995.
46. 郭济．政府应急管理实务［M］．北京：中共中央党校出版社，2004.
47. 杨毅．国家安全战略研究［M］．北京：国防大学出版社，2007.
48. 武桂馥．战略环境与安全战略研究［M］．北京：解放军出版社，2008.

49. 中共中央关于加强党的执政能力建设的决定［M］. 北京：人民出版社，2004.

50. 吴温暖. 军事理论教程［M］. 厦门大学出版社，2008.

51. 金一南. 国际战略形势分析 2008［M］. 北京：国防大学出版社，2008.

52. 梁守德，洪银娴. 国际政治学理论［M］. 北京：北京大学出版社，2006.

53. 杨奎松. 冷战时期的中国对外关系［M］. 北京：北京大学出版社，2006.

54. 何兰. 冷战后中国对外关系［M］. 北京：中国传媒大学出版社，2005.

55. 武桂馥. 战略环境与安全战略研究［M］. 北京：解放军出版社，2008.

56. 朱听昌. 中国周边安全环境与安全战略［M］. 北京：时事出版社，2002.

57. 康绍邦，宫力. 国际问题二十讲［M］. 北京：中共中央党校出版社，2006.

58. 唐世平. 塑造中国的理想安全环境［M］. 北京：中国社会科学出版社，2003.

59. 章沁生. 信息化战争的基本特征与发展趋势［J］. 中国军事科学，2003，(2).

60. 刘玉梅. 论突发事件的偶然性和必然性［J］. 内蒙古财经学院学报（综合版），2005，3（1）.

61. 柳永法. 应急预案及其制定的必要性［J］. 中国减灾，2005（5）.

62. 冯仕政. 应对非典疫情下的恐慌心理［N］. 人民日报，2003-05-30.

63. 梅雪芹，郭俊. 应对突发性灾难：国际经验的审视与启示［EB/OL］. http：//www. qianxian. com/Article. asp.

64. 王宗喜. 应加强军事物流理论研究［EB/OL］. http：//www. chinawuliu. com. cn/papers/content/wzx3. htm.

65. 江涌. 经济全球化背景下的国家经济安全［J］. 求是，2007（6）.

66. 国务院新闻办公室. 2008 年中国的国防［EB/OL］. http：//www. gov. cn. 2009-01-20.

67. 胡锦涛主席接受俄罗斯媒体联合采访答问全文［N］. 光明日报，2007-03-26.

68. 新华社. 温家宝总理同安倍晋三首相会谈［N］. 人民日报，2007-04-12.

69. 新华社. 中日联合新闻公报［N］. 人民日报，2007-04-12.